中国民族统计

ZHONGGUO MINZU TONGJI

1949—1990

国家民委经济司
国家统计局综合司 编

中国统计出版社

中国民族统计
ZHONGGUO MINZU TONGJI
1949—1990
国家民委经济司
国家统计局综合司 编
*
中国统计出版社出版
河南省统计局印刷厂印刷
*
787×1092 毫米 16 开本 35.625 印张 105 万字
1991 年 11 月第 1 版 1991 年 11 月郑州第 1 次印刷
印数:1—3000
ISBN 7-5037-0675-9/C·406
定价:

编 者 说 明

一、《中国民族统计》(1949—1990)是一部全面反映我国民族自治地方建国以来国民经济和社会发展情况的大型统计工具书,本书收录了1990年全国和各民族自治地方经济、社会各方面大量的统计数据,以及历年分省、自治区民族自治地方的主要统计数据。

二、本书由两大部分组成,即综合篇和地区篇。综合篇包括国民经济主要指标:综合;人口、劳动力;农业;工业;交通运输和邮电;固定资产投资;商业;民族贸易和民族用品生产;对外经济贸易和旅游;财政、金融;人民生活;教育、科技;文化、出版;卫生、体育。该篇是按全国民族自治地方区域内的全面资料进行统计的(不作重复计算),本篇因未扣除区域变动因素,所以年度之间不可比。附录的牧区畜牧业内容为全国牧区、半农半牧区的主要统计资料。各部分末附有《主要统计指标解释》,对主要统计指标的含义、统计范围和统计方法作了简要说明。

地区篇的统计区域口径则有所不同,是以截止于1990年底的全国民族自治地方区域为统一基准区域,所有历年的各项指标均为该区域上的发生数,从而避免了因民族自治地方区域变动因素而造成的对比失真。该篇汇编了全国现有民族自治地方的19省、自治区的有关主要经济、社会指标的统计资料。

三、书中涉及到的全国性统计数据均不包括台湾省和香港、澳门地区;资料所使用的度量衡单位除耕地面积,有效灌溉面积照顾到我国使用习惯外,其他均使用国际统一标准计量单位。

四、本书资料大部分来自各民族自治地方的统计资料;地区篇中的十四省资料是通过各民族自治地方上报资料汇总得来的;一些反映民族特色的指标,如民族贸易和民族用品生产、文化、出版等资料来源于各有关主管部委。

五、本书中的符号使用说明:

“ ”空格表示该项统计指标数据不详或无该项数据;

“#”表示其中的主要项;

“*”表示本表下有注解。

序

《中国民族统计》（1949—1990）是我国首次公开出版发行的大型民族统计资料。它全面系统地反映了建国以来，我国民族自治地方在国民经济和社会发展中所取得的巨大成就。

中国共产党实行了民族区域自治政策，成功地解决了我国的民族问题，建立和发展了各民族之间平等互助、团结合作、共同繁荣的新型的社会主义民族关系。四十余年来，我国民族自治地方发生了翻天覆地的变化，工业从无到有，从小到大，成为国民经济的重要组成部分，农牧业生产迅速发展，少数民族群众生活明显改善。特别是党的十一届三中全会以来，民族地区各族人民坚持党的基本路线，自力更生、艰苦奋斗，在国家和发达地区的支持下，民族地区各项事业得到了空前的发展。这本统计资料处处反映了这种巨大的变化。

民族统计工作是认识民族自治地方社会、经济发展的窗口。《中国民族统计》从总体上概览了民族自治地方社会、经济的全貌。我相信这本书对于进一步发挥民族自治地方的优势，振兴民族自治地方的经济，促进民族自治地方的社会发展必将起到有益的作用。民族自治地方应重视民族统计工作，将本地区的统计工作纳入全国民族统计工作之中，协调配合，形成民族统计网络，将民族统计工作做得更全面、系统、科学。借《中国民族统计》与广大读者见面之机，我衷心祝愿中国民族统计事业取得更大的成绩。

文精

目　　录

综　合　篇

一、综　　合

二、人口、劳动力

三、农　　业

附录：牧区畜牧业

四、工　　业

五、运输、邮电

六、固定资产投资

七、商　　业

八、民族贸易、民族用品生产

九、对外经济贸易旅游业

十、财　政、金　融

十一、人　民　生　活

十二、教育、科技

十三、文化、出版

十四、卫 生、体 育

地 区 篇

综　合　篇

一、综　　合

民族自治地方行政区划

(1990 年末)

省级		地级		县级		市			市辖区
合计	行政单位	合计	行政单位	合计	行政单位	合计	地级	县级	
5	5 自治区	62	24 地区 30 自治州 8 盟	589	414 县 51 旗 121 自治县 3 自治旗	71	14	57	55
河北				6	6 自治县				
内蒙古		8	8 盟	71	17 县、51 旗、 3 自治旗	17	4	13	16
辽宁				10	10 自治县				
吉林		1	1 自治州	6	3 县、3 自治县	5		5	
黑龙江				1	1 自治县				
浙江				1	1 自治县				
湖北		1	1 自治州	8	6 县、2 自治县	2		2	
湖南		1	1 自治州	14	7 县、7 自治县	1		1	
广东				3	3 自治县				
广西		8	8 地区	76	63 县、13 自治县	12	5	7	21
海南				7	7 自治县				
四川		3	3 自治州	54	46 县、8 自治县	1		1	
贵州		3	3 自治州	43	32 县、11 自治县	3		3	
云南		8	8 自治州	74	45 县、29 自治县	5		5	
西藏		6	6 地区	76	76 县	2	1	1	1
甘肃		2	2 自治州	19	12 县、7 自治县	1		1	
青海		6	6 自治州	33	26 县、7 自治县	2		2	
宁夏		2	2 地区	16	16 县	4	2	2	6
新疆		13	8 地区、5 自治州	71	65 县、6 自治县	16	2	14	11

民族自治地方县（旗）、市分布（一）

（1990年末）

地　区	县(旗)、市数	县（旗）、市名称
合　计	646个县级单位(57县级市、414县、51旗、121自治县、3自治旗)、14个地级市	
河　北	6自治县	秦皇岛市:青龙满族自治县 廊坊市:大厂回族自治县 承德地区:丰宁满族自治县、围场满族蒙古族自治县、宽城满族自治县 沧州地区:孟村回族自治县
内蒙古	13县级市、17县、51旗、3自治旗、4地级市	＊呼和浩特市:土默特左旗、托克托 ＊包头市:土默特右旗、固阳 ＊乌海市 ＊赤峰市:阿鲁科尔沁旗、巴林左旗、巴林右旗、林西、克什克腾旗、翁牛特旗、喀喇沁旗、宁城、敖汉旗 呼伦贝尔盟:海拉尔市、满洲里市、扎兰屯市、牙克石市、阿荣旗、莫力达瓦达斡尔族自治旗、额尔古纳右旗、额尔古纳左旗、鄂伦春自治旗、鄂温克族自治旗、新巴尔虎右旗、新巴尔虎左旗、陈巴尔虎旗 兴安盟:乌兰浩特市、科尔沁右翼前旗、科尔沁右翼中旗、扎赉特旗、突泉 哲里木盟:通辽市、霍林郭勒市、科尔沁左翼中旗、科尔沁左翼后旗、开鲁、库伦旗、奈曼旗、扎鲁特旗 锡林郭勒盟:二连浩特市、锡林浩特市、阿巴嘎旗、苏尼特左旗、苏尼特右旗、东乌珠穆沁旗、西乌珠穆沁旗、太仆寺旗、镶黄旗、正镶白旗、正蓝旗、多伦 乌兰察布盟:集宁市、武川、和林格尔、清水河、卓资、化德、商都、兴和、丰镇市、凉城、察哈尔右翼前旗、察哈尔右翼中旗、察哈尔右翼后旗、达尔罕茂明安联合旗、四子王旗 伊克昭盟:东胜市、达拉特旗、准格尔旗、鄂托克前旗、鄂托克旗、杭锦旗、乌审旗、伊金霍洛旗 巴彦淖尔盟:临河市、五原、磴口、乌拉特前旗、乌拉特中旗、乌拉特后旗、杭锦后旗 阿拉善盟:阿拉善左旗、阿拉善右旗、额济纳旗
辽　宁	10自治县	抚顺市:新宾满族自治县、清原满族自治县 本溪市:本溪满族自治县、桓仁满族自治县 丹东市:凤城满族自治县、岫岩满族自治县、宽甸满族自治县 锦州市:北镇满族自治县 阜新市:阜新蒙古族自治县 朝阳市:喀喇沁左翼蒙古族自治县
吉　林	5县级市、3县、3自治县	四平市:伊通满族自治县 浑江市:长白朝鲜族自治县 白城地区:前郭尔罗斯蒙古族自治县 延边朝鲜族自治州:延吉市、图们市、敦化市、龙井市、和龙、汪清、珲春市、安图
黑龙江	1自治县	齐齐哈尔市:杜尔伯特蒙古族自治县
浙　江	1自治县	丽水地区:景宁畲族自治县
湖　北	2县级市、6县、2自治县	宜昌地区:长阳土家族自治县、五峰土家族自治县 鄂西土家族苗族自治州:恩施市、利川市、建始、巴东、宣恩、咸丰、来凤、鹤峰

注:表中有＊号为地级市，共14个。地级市辖的区(相当县级)55个，本表未作统计。

民族自治地方县（旗）、市分布（二）

（1990 年末）

地　区	县(旗)、市数	县（旗）、　市　名　称
湖　南	1 县级市、7 县、7 自治县	邵阳市:城步苗族自治县 零陵地区:江华瑶族自治县 怀化地区:麻阳苗族自治县、新晃侗族自治县、芷江侗族自治县、靖州苗族侗族自治县、通道侗族自治县 湘西土家族苗族自治州:吉首市、泸溪、凤凰、花垣、保靖、古丈、永顺、龙山
广　东	3 自治县	清远市:连山壮族瑶族自治县、连南瑶族自治县 韶关市:乳源瑶族自治县
广　西	7 县级市、63 县、13 自治县、5 地级市	*南宁市:邕宁、武鸣 *柳州市:柳江、柳城 *桂林市:阳朔、临桂 *梧州市:苍梧 *北海市:合浦 南宁地区:凭祥市、横县、宾阳、上林、隆安、马山、扶绥、崇左、大新、天等、宁明、龙州 柳州地区:合山市、鹿寨、象州、武宣、来宾、融安、三江侗族自治县、融水苗族自治县、金秀瑶族自治县、忻城 桂林地区:灵川、全州、兴安、永福、灌阳、龙胜各族自治县、资源、平东、荔浦、恭城瑶族自治县 梧州地区:岑溪、藤县、昭平、蒙山、贺县、钟山、富川瑶族自治县 玉林地区:玉林市、贵港市、桂平、平南、容县、北流、陆川、博白 百色地区:百色市、田阳、田东、平果、德保、靖西、那坡、凌云、乐业、田林、隆林各族自治县、西林 河池地区:河池市、宜山、罗城仫佬族自治县、环江毛南族自治县、南丹、天峨、凤山、东兰、巴马瑶族自治县、都安瑶族自治县、大化瑶族自治县 钦州地区:钦州市、上思、防城各族自治县、灵山、浦北
海　南	7 自治县	白沙黎族自治县、昌江黎族自治县、东方黎族自治县、乐东黎族自治县、陵水黎族自治县、保亭黎族苗族自治县、琼中黎族苗族自治县
四　川	1 县级市、46 县、8 自治县	乐山市:峨边彝族自治县、马边彝族自治县 黔江地区:石柱土家族自治县、彭水苗族土家族自治县、黔江土家族苗族自治县、酉阳土家族苗族自治县、秀山土家族苗族自治县 阿坝藏族羌族自治州:汶川、理县、茂县、松潘、南坪、金川、小金、黑水、马尔康、壤塘、阿坝、若尔盖、红原 甘孜藏族自治州:康定、泸定、丹巴、九龙、雅江、道孚、炉霍、甘孜、新龙、德格、白玉、石渠、色达、理塘、巴塘、乡城、稻城、得荣 凉山彝族自治州:西昌市、木里藏族自治县、盐源、德昌、会理、会东、宁南、普格、布拖、金阳、昭觉、喜德、冕宁、越西、甘洛、美姑、雷波

民族自治地方县（旗）、市分布（三）

（1990年末）

地区	县(旗)、市数	县（旗）、市名称
贵州	3县级市、32县、11自治县	遵义地区:道真仡佬族苗族自治县、务川仡佬族苗族自治县 铜仁地区:玉屏侗族自治县、印江土家族苗族自治县、沿河土家族自治县、松桃苗族自治县 毕节地区:威宁彝族回族苗族自治县 安顺地区:关岭布依族苗族自治县、镇宁布依族苗族自治县、紫云苗族布依族自治县 黔西南布依族苗族自治州:兴义市、兴仁、普安、晴隆、贞丰、望谟、册亨、安龙 黔东南苗族侗族自治州:凯里市、黄平、施秉、三穗、镇远、岑巩、天柱、锦屏、剑河、台江、黎平、榕江、从江、雷山、麻江、丹寨 黔南布依族苗族自治州:都匀市、荔波、贵定、福泉、瓮安、独山、平塘、罗甸、长顺、龙里、惠水、三都水族自治县
云南	5县级市、45县、29自治县	昆明市:路南彝族自治县、禄劝彝族苗族自治县 曲靖地区:寻甸回族彝族自治县 玉溪地区:峨山彝族自治县、新平彝族傣族自治县、元江哈尼族彝族傣族自治县 思茅地区:普洱哈尼族彝族自治县、墨江哈尼族自治县、景东彝族自治县、景谷傣族彝族自治县、镇沅彝族哈尼族拉祜族自治县、江城哈尼族彝族自治县、孟连傣族拉祜族佤族自治县、澜沧拉祜族自治县、西盟佤族自治县 丽江地区:丽江纳西族自治县、宁蒗彝族自治县 临沧地区:双江拉祜族佤族布朗族傣族自治县、耿马傣族佤族自治县、沧源佤族自治县 楚雄彝族自治州:楚雄市、双柏、牟定、南华、姚安、大姚、永仁、元谋、武定、禄丰 红河哈尼族彝族自治州:个旧市、开远市、蒙自、屏边苗族自治县、建水、石屏、弥勒、泸西、元阳、红河、金平苗族瑶族傣族自治县、绿春、河口瑶族自治县 文山壮族苗族自治州:文山、砚山、西畴、麻栗坡、马关、丘北、广南、富宁 西双版纳傣族自治州:景洪、勐海、勐腊 大理白族自治州:大理市、漾濞彝族自治县、祥云、宾川、弥渡、南涧彝族自治县、巍山彝族回族自治县、永平、云龙、洱源、剑川、鹤庆 德宏傣族景颇族自治州:畹町市、潞西、梁河、盈江、陇川、瑞丽 怒江傈僳族自治州:泸水、福贡、贡山独龙族怒族自治县、兰坪白族普米族自治县 迪庆藏族自治州:中甸、德钦、维西傈僳族自治县
西藏	1县级市、76县、1地级市	*拉萨市:林周、当雄、尼木、曲水、堆龙德庆、达孜、墨竹工卡 昌都地区:昌都、江达、贡觉、类乌齐、丁青、察雅、八宿、左贡、芒康、洛隆、边坝、盐井、碧土、妥坝、生达 山南地区:乃东、扎囊、贡嘎、桑日、琼结、曲松、措美、洛扎、加查、隆子、错那、浪卡子 日喀则地区:日喀则市、南木林、定日、萨迦、拉孜、昂仁、谢通门、定结、仲巴、吉隆、聂拉木、萨嘎、江孜、白朗、仁布、康马、亚东、岗巴 那曲地区:那曲、嘉黎、比如、聂荣、安多、申扎、索县、班戈、巴青、尼玛 阿里地区:普兰、札达、噶尔、日土、革吉、改则、措勤、隆格尔 林芝地区:林芝、工布江达、米林、墨脱、波密、察隅、朗县

民族自治地方县（旗）、市分布（四）

(1990年末)

地 区	县(旗)、市数	县（旗）、市名称
甘 肃	1县级市、12县、7自治县	天水市:张家川回族自治县 酒泉地区:肃北蒙古族自治县、阿克塞哈萨克族自治县 张掖地区:肃南裕固族自治县 武威地区:天祝藏族自治县 临夏回族自治州:临夏市、临夏、康乐、永靖、广河、和政、东乡族自治县、积石山保安族东乡族撒拉族自治县 甘南藏族自治州:临潭、卓尼、舟曲、迭部、玛曲、碌曲、夏河
青 海	2县级市、26县、7自治县	西宁市:大通回族土族自治县 海东地区:民和回族土族自治县、互助土族自治县、化隆回族自治县、循化撒拉族自治县 海北藏族自治州:门源回族自治县、祁连、海晏、刚察 黄南藏族自治州:同仁、尖扎、泽库、河南蒙古族自治县 海南藏族自治州:共和、同德、贵德、兴海、贵南 果洛藏族自治州:玛沁、班玛、甘德、达日、久治、玛多 玉树藏族自治州:玉树、杂多、称多、治多、囊谦、曲麻莱 海西蒙古族藏族自治州:格尔木市、德令哈市、乌兰、都兰、天峻
宁 夏	2县级市、16县、2地级市	*银川市:永宁、贺兰 *石嘴山市:平罗、陶乐、惠农 银南地区:吴忠市、青铜峡市、中卫、中宁、灵武、盐池、同心 固原地区:固原、海原、西吉、隆德、泾源、彭阳
新 疆	14县级市、65县、6自治县、2地级市	*乌鲁木齐市:乌鲁木齐 *克拉玛依市 石河子市 吐鲁番地区:吐鲁番市、鄯善、托克逊 哈密地区:哈密市、巴里坤哈萨克自治县、伊吾 阿克苏地区:阿克苏市、温宿、库车、沙雅、新和、拜城、乌什、阿瓦提、柯坪 喀什地区:喀什市、疏附、疏勒、英吉沙、泽普、莎车、叶城、麦盖提、岳普湖、伽师、巴楚、塔什库尔干塔吉克自治县 和田地区:和田市、和田、墨玉、皮山、洛浦、策勒、于田、民丰 昌吉回族自治州:昌吉市、米泉、呼图壁、玛纳斯、奇台、阜康、吉木萨尔、木垒哈萨克自治县 博尔塔拉蒙古自治州:博乐市、精河、温泉 巴音郭楞蒙古自治州:库尔勒市、轮台、尉犁、若羌、且末、焉耆回族自治县、和静、和硕、博湖 克孜勒苏柯尔克孜自治州:阿图什市、阿克陶、阿合奇、乌恰 伊犁哈萨克自治州:奎屯市 伊犁地区:伊宁市、伊宁、察布查尔锡伯自治县、霍城、巩留、新源、昭苏、特克斯、尼勒克 塔城地区:塔城市、额敏、乌苏、沙湾、托里、裕民、和布克赛尔蒙古自治县 阿勒泰地区:阿勒泰市、布尔津、富蕴、福海、哈巴河、青河、吉木乃

民族自治地方分地区面积

(1990年)

单位：平方公里

地区	总面积	#民族自治地方面积	民族自治地方面积占总面积%	人口密度(人／平方公里)
全国总计	**9600000**	**6170334**	**64.3**	**118.0**
合计	8346088	6170334	73.9	24.8
河北	190000	24008	12.6	77.9
内蒙古	1183000	1183000	100.0	18.2
辽宁	151000	42076	27.9	105.6
吉林	187000	54939	29.4	58.3
黑龙江	463600	6176	1.3	38.2
浙江	101800	1950	1.9	86.1
湖北	187500	29444	15.7	139.6
湖南	210500	30988	14.7	145.7
广东	186480	4606	2.5	92.0
广西	236660	236660	100.0	179.2
海南	33920	13657	40.3	156.8
四川	569000	318286	55.9	25.6
贵州	176128	97726	55.5	136.9
云南	394100	276674	70.2	70.0
西藏	1228400	1228400	100.0	1.8
甘肃	396500	179202	45.2	15.2
青海	723700	715742	98.9	4.0
宁夏	66400	66400	100.0	70.1
新疆	1660400	1660400	100.0	9.0

注:合计为全国民族自治地方合计数，下同。

全国和民族自治地方主要社会经济指标

项目	单位	全国 1980年	全国 1985年	全国 1989年	全国 1990年	民族自治地方 1980年	民族自治地方 1985年	民族自治地方 1989年	民族自治地方 1990年
工农业总产值	亿元	7077	13335	28552	31586	473.81	1208.25	2034.13	2272.82
农业总产值	亿元	1923	3619	6535	7662	222.81	436.54	832.45	977.76
工业总产值	亿元	5154	9716	22017	23924	251.00	771.71	1201.68	1295.06
耕地面积	亿亩	14.90	14.53	14.35	14.35	2.49	2.62	2.63	2.65
粮食总产量	万吨	32056	37911	40755	44624	3300	4006	4662	5373
棉花产量	万吨	270.70	414.70	378.80	450.80	8.33	19.36	29.80	47.37
油料总产量	万吨	769.10	1578.40	1295.20	1613.20		192.82	169.33	208.13
大牲畜年末头数	万头	9525	11382	12805	13021	3928	4749	5230	5286
羊年末只数	万只	18731	15588	21164	21002	9984	9757	11284	11362
猪年末头数	万头	30543	33140	35281	36241	3256	4533	5435	5665
钢产量	万吨	3712	4679	6159	6635	166.60	232.50	320.00	368.30
原煤产量	万吨	62000	87200	105400	107988	5478	8597	13924	12077
原油产量	万吨	10595	12490	13764	13831	623.60	804.90	1132.60	1265.00
发电量	亿度	3006	4107	5848	6212	193.40	389.00	675.60	738.80
木材产量	万立方米	5359	6323	5802	5571	1619	1826	1763	1761
布(混合数)	亿米	134.70	146.70	189.20	188.80	4.43	5.42	7.79	7.37
铁路通车里程	公里	49900	52100	53200	53378	12017	12495	12901	13064
公路线路里程	万公里	88.33	94.24	101.43	102.83	21.16	25.41	30.05	29.20
社会商品零售总额	亿元	2140.00	4305.00	8101.40	8300.10	203.44	411.57	752.98	780.57
国内纯购进总额	亿元	2263.00	3532.50	7606.00	8221.20	131.23	237.74	554.74	618.58
全民基本建设投资额	亿元	558.89	1074.37	1551.74	1703.81	56.81	114.70	133.52	164.27
财政收入	亿元	1085.20	1866.40	2947.90	3244.80	31.07	63.45	147.65	166.73
财政支出	亿元	1212.70	1844.80	3040.20	3395.20	81.20	156.98	273.27	304.38
各级学校数	万所	103.94	93.01	87.19	85.88	14.30	13.34	13.40	13.01
各级学校专任教师	万人	989.40	854.70	915.00	924.50	109.62	95.74	134.98	129.19
各级学校在校学生	万人	20373.80	18403.60	17353.00	17258.10	2309.94	2420.63	2718.16	2476.09
医院数	个	65450	59614	61929	62454	10433	10061	10342	10574
医院疗养院(所)床位	万张	205.00	233.50	269.10	274.70	24.60	29.49	32.76	33.82
卫生技术人员	万人	279.80	341.10	380.90	389.80	32.43	42.37	47.83	48.87

注:1.工农业总产值按当年价格计算，并用新口径统计。

2.1990年民族自治地方各级学校数、专任教师、在校学生不包括农职业中学，工读学校，特殊教育学校。

全国和民族自治地方主要社会经济指标发展速度

项　目	全国					民族自治地方				
	1990年为各年度的%			平均每年增长%		1990年为各年度的%			平均每年增长%	
	1980年	1985年	1989年	1981-1985年	1986-1990年	1980年	1985年	1989年	1981-1985年	1986-1990年
工农业总产值	288.5	171.4	107.7	11.0	11.3	244.5	156.7	107.7	9.3	9.4
农业总产值	185.8	126.1	107.6	8.1	4.7	189.8	129.9	111.1	7.9	5.4
工业总产值	327.7	185.7	107.8	12.0	13.1	293.9	178.0	105.7	10.5	12.2
耕地面积	96.3	98.8	100.0	-0.5	-0.2	98.1	101.0	100.9	-0.5	0.3
粮食总产量	139.2	117.7	109.5	3.4	3.3	143.3	128.5	115.9	2.2	5.1
棉花产量	166.5	108.7	119.0	8.9	1.7	563.9	243.9	159.2	18.3	19.5
油料总产量	209.8	102.2	124.6	15.5	0.4	253.7	108.2	124.3	18.5	1.6
大牲畜年末头数	136.7	114.4	101.7	6.5	2.7	128.7	109.2	101.3	3.3	1.8
羊年末只数	112.1	134.7	99.2	-3.6	6.1	111.6	115.1	100.7	-0.6	2.9
猪年末头数	118.7	109.4	102.7	3.5	1.8	147.1	120.6	104.9	4.0	3.8
钢产量	178.7	141.8	107.7	4.7	7.2	220.8	158.6	115.0	6.9	9.7
原煤产量	174.2	123.9	102.5	7.1	4.4	213.4	139.3	105.1	8.9	6.9
原油产量	130.5	110.7	100.5	3.3	2.1	203.6	163.2	111.7	4.5	10.3
发电量	206.7	151.3	106.2	6.4	8.6	377.4	189.1	109.5	14.8	13.6
木材产量	140.1	128.7	99.8	3.4	-2.5	111.2	96.3	100.1	2.9	-0.7
布(混合数)	133.6	122.7	95.1	1.7	5.2	162.5	134.8	95.1	3.8	6.2
铁路通车里程	107.0	102.5	100.3	0.9	0.5	118.3	108.0	100.8	1.8	1.6
公路线路里程	116.4	109.1	101.4	1.3	1.8	127.2	112.9	100.6	2.4	2.5
社会商品零售总额	387.9	192.8	102.5	15.0	14.0	354.1	184.9	104.1	13.9	13.1
国内纯购进总额	363.3	232.7	108.1	9.3	18.4	441.6	254.8	117.3	11.6	20.6
全年基本建设投资额	304.9	158.6	109.8	14.0	9.7	287.1	140.2	114.5	15.4	7.0
财政收入	305.3	177.5	112.4	11.5	11.7	513.6	248.1	113.3	15.7	19.9
财政支出	284.7	187.1	113.6	8.8	13.0	355.5	189.3	111.1	13.4	13.6
各级学校数	82.6	92.3	98.5	-2.2	-1.6	85.1	95.8	97.9	-2.4	-0.8
各级学校专任教师	93.4	108.2	101.0	-2.9	1.6	111.2	110.8	101.7	0.1	2.1
各级学校在校学生	84.7	93.8	99.5	-2.0	-1.3	98.0	100.3	99.5	-0.5	0.1
医院个数	95.4	104.8	100.8	-1.9	0.9	93.7	101.4	101.6	-1.6	0.3
医院疗养院(所)床位	134.0	117.6	102.1	2.6	3.3	130.6	113.7	105.6	2.8	2.6
卫生技术人员	139.3	114.3	102.3	4.0	2.7	139.7	112.0	101.6	4.5	2.3

注:1.工农业总产值、农业总产值、工业总产值指数按可比价格计算。
2.民族自治地方各项指标指数计算时已扣除区域变动因素。
3.社会商品零售总额指数未扣除物价变动因素。

民族自治地方主要社会经济指标占全国的比重

单位:%

项目	1980年	1985年	1989年	1990年	项目	1980年	1985年	1989年	1990年
工农业总产值	6.0	6.6	7.1	7.2	布(混合数)	3.3	3.7	4.1	3.9
农业总产值	10.5	12.1	12.7	14.3					
工业总产值	4.6	4.9	5.5	5.4	铁路通车里程	23.1	22.7	24.2	24.5
耕地面积	16.7	18.0	18.3	18.5	公路线路里程	24.2	27.0	29.9	28.4
粮食总产量	10.4	10.6	11.4	12.0	社会商品零售总额	9.5	9.7	9.3	9.4
棉花产量	3.1	4.7	7.9	10.5	国内纯购进总额	5.8	6.7	7.3	7.4
油料总产量	4.8	12.2	13.1	12.9	基本建设投资额	10.2	10.7	8.6	9.6
大牲畜年末头数	41.2	41.7	40.8	40.6	财政收入	3.6	5.4	7.8	8.7
羊年末只数	53.3	62.6	53.3	54.1	财政支出	14.4	15.0	13.9	15.7
猪年末头数	10.7	13.7	15.4	15.6	各级学校数	13.7	14.2	15.3	15.1
钢产量	4.5	5.0	5.2	5.6	各级学校专任教师	12.3	11.0	14.4	14.0
原煤产量	8.8	9.9	13.4	9.4	各级学校在校学生	11.3	13.0	15.4	14.3
原油产量	5.9	6.4	8.2	9.1	医院个数	15.9	16.9	16.7	16.9
发电量	6.4	9.5	11.6	11.9	医院疗养院(所)床位	12.0	16.2	12.2	12.3
木材产量	30.2	28.9	30.4	31.6	卫生技术人员	11.6	12.4	12.6	12.5

注:1.财政收支占全国的比重是占全国地方财政收支的比重。
2.工农业总产值按当年价格计算。

民族自治地方人口及自然资源情况

项目	单位	绝对数	占全国的比重(%)	项目	单位	绝对数	占全国的比重(%)
民族自治地方总人口	万人	15295.71	13.5	林木蓄积量	亿立方米	52.43	57.4
#少数民族	万人	6879.58	75.4	淡水面积	万公顷	407.82	24.5
土地面积	万平方公里	617.03	64.3	水力资源蕴藏量	万千瓦	35476.82	52.5
耕地面积	万公顷	1763.00	18.5	草原面积	万公顷	30000.00	94.0
森林面积	万公顷	4786.67	38.4	#可利用面积	万公顷	21313.33	94.5
森林覆盖率	%	7.75	59.7	草山草坡面积	万公顷	3599.56	32.5

民族自治地方分地区国民生产总值

(1990 年)

单位：万元

地区	合计	第一产业	第二产业	第三产业	构成(以国民生产总值为 100)		
					第一产业	第二产业	第三产业
全国总计(亿元)	17686.1	5024.0	7829.0	4818.1	28.4	44.3	27.3
合计	15855996	5962551	4553851	3719902	41.9	32.0	26.1
河北	151127	71045	45880	34202	47.0	30.4	22.6
内蒙古	2867400	1125700	1024300	717400	39.3	35.7	25.0
辽宁	435535	188044	149916	97575	43.2	34.4	22.4
吉林	559515	156741	264599	138175	28.0	47.3	24.7
黑龙江	22883	14300	4300	4283	62.5	18.8	18.7
浙江	12492	6864	2757	2871	54.9	22.1	23.0
湖北	283029	145553	68339	69137	51.4	24.2	24.4
湖南	344602	176854	79789	87959	51.3	23.2	25.5
广东	48923	22607	13809	12507	46.2	28.2	25.6
广西	3928308	1756077	1184522	987709	44.7	30.2	25.1
海南	242271	127495	50372	64404	52.6	20.8	26.6
四川	667931	318932	193394	155605	47.7	29.0	23.3
贵州	759104	429477	163045	166582	56.6	21.5	21.9
云南	1619692						
西藏	244504	108514	35701	100289	44.4	14.6	41.0
甘肃	158867	58834	49586	50447	37.0	31.2	31.8
青海	380544	140917	135094	104533	37.0	35.5	27.5
宁夏	610500	168500	253400	188600	27.6	41.5	30.9
新疆	2518769	946097	835048	737624	37.5	33.2	29.3

注:1.本表按当年价格计算。

2.云南国民生产总值分项数未报，故分项之和不等于合计数。

民族自治地方分地区社会总产值

(1990 年)

单位：万元

地区	社会总产值	农业	工业	建筑业	运输业	商业
全国总计(亿元)	37996	7662	23924	3009	1275	2126
合计	28410023	9777565	12950642	2435985	1257048	1988783
河北	278412	106868	119422	16624	14269	21229
内蒙古	5313358	1569192	2594766	490700	355500	303200
辽宁	887065	310668	428031	53875	39433	55058
吉林	1288734	249149	821053	94211	35866	88455
黑龙江	44297	24856	12584	2617	1216	3024
浙江	22010	10441	6678	3057	333	1501
湖北	498398	216930	175848	51648	15639	38333
湖南	583015	253025	235117	33983	23623	37267
广东	80005	33771	27188	5085	4678	9283
广西	7225530	2522200	3534331	451331	219420	498248
海南	348560	167984	88792	49362	15729	26693
四川	1031264	446126	355399	97164	55999	76576
贵州	1217258	626714	381697	72857	56765	79225
云南	2646285	1093361	941260	254341	120383	236940
西藏	360228	172324	30677	70450	22362	64415
甘肃	221830	91103	91577	12901	11373	14876
青海	611875	189431	259513	110597	21790	30544
宁夏	1165338	246887	647468	134979	65070	70934
新疆	4586561	1446535	2199241	430203	177600	332982

注:本表按当年价格计算。

民族自治地方分地区社会总产值构成

(1990年)

单位:%

地区	社会总产值	农业	工业	建筑业	运输业	商业
全国总计	**100**	**20.2**	**63.0**	**7.9**	**3.3**	**5.6**
合计	**100**	**34.4**	**45.6**	**8.6**	**4.4**	**7.0**
河北	100	38.4	42.9	6.0	5.1	7.6
内蒙古	100	29.6	48.8	9.2	6.7	5.7
辽宁	100	35.0	48.3	6.1	4.4	6.2
吉林	100	19.3	63.7	7.3	2.8	6.9
黑龙江	100	56.1	28.4	5.9	2.8	6.8
浙江	100	47.4	30.4	13.9	1.5	6.8
湖北	100	43.5	35.3	10.4	3.1	7.7
湖南	100	43.4	40.3	5.8	4.1	6.4
广东	100	42.2	34.0	6.4	5.8	11.6
广西	100	34.9	48.9	6.2	3.1	6.9
海南	100	48.2	25.5	14.2	4.5	7.6
四川	100	43.3	34.5	9.4	5.4	7.4
贵州	100	51.4	31.4	6.0	4.7	6.5
云南	100	41.3	35.6	9.6	4.5	9.0
西藏	100	47.8	8.5	19.6	6.2	17.9
甘肃	100	41.1	41.3	5.8	5.1	6.7
青海	100	30.9	42.4	18.1	3.6	5.0
宁夏	100	21.2	55.5	11.6	5.6	6.1
新疆	100	31.5	47.9	9.4	3.9	7:3

民族自治地方分地区国民收入

（1990年）

单位：万元

地区	国民收入	农业	工业	建筑业	运输业	商业
全国总计(亿元)	**14429**	**5000**	**6610**	**822**	**705**	**1292**
合计	**13175307**	**6642833**	**4098316**	**760717**	**510566**	**1162875**
河北	127746	68135	37780	5906	6552	9373
内蒙古	2333800	1088300	803500	150500	148000	143500
辽宁	383061	189678	132282	17516	15141	28444
吉林	482634	163762	230036	25146	16568	47122
黑龙江	20218	13927	3706	879	612	1094
浙江	10718	6817	1923	853	135	990
湖北	247959	144895	56560	15142	5796	25566
湖南	286872	167916	77247	10850	9692	21167
广东	42255	22294	11839	1420	1871	4831
广西	3359794	1750321	1079057	138348	94266	297802
海南	204508	130067	34945	15249	8578	15669
四川	566693	312221	157809	29415	19211	48037
贵州	643105	414434	133837	22337	24118	48379
云南	1369098	747181	355361	73846	44780	147930
西藏	187647	119291	16425	24300	10088	17543
甘肃	106309	61465	25433	3796	4642	10973
青海	280036	136023	87733	33218	5211	17851
宁夏	473371	163923	197900	38887	26148	46513
新疆	2049483	942183	654943	153109	69157	230091

注:本表按当年价格计算。

民族自治地方分地区社会总产值、国民收入生产、消费、积累平衡统计

(1990 年)　　　　单位：万元

地　区	社会总产值	物质消耗	国民收入生产额	国民收入使用额	消费总额	积累总额	积累率(%)
全国总计(亿元)	**37996**	**23567**	**14429**	**14339**	**9444**	**4895**	**34.1**
合　计	**28410023**	**15234716**	**13175307**	**12229523**	**8392484**	**3837039**	**31.4**
河　北	278412	150666	127746	120743	94049	26694	22.1
内蒙古	5313358	2979558	2333800	2785600	1835300	950300	34.1
辽　宁	887065	504004	383061	224955	156765	68190	30.3
吉　林	1288734	806100	482634	529214	378988	150226	28.4
黑龙江	44297	24079	20218	24746	16911	7835	31.7
浙　江	22010	11292	10718				
湖　北	498398	250439	247959	316614	225062	91552	28.9
湖　南	583015	296143	286872	317413	248555	68858	21.7
广　东	80005	37750	42255				
广　西	7225530	3865736	3359794	3421450	2671004	750446	21.9
海　南	348560	144052	204508				
四　川	1031264	464571	566693				
贵　州	1217258	574153	643105	369178	298641	70537	19.1
云　南	2646285	1277187	1369098				
西　藏	360228	172581	187647	275700	200500	75200	27.3
甘　肃	221830	115521	106309	111937	97336	14601	13.0
青　海	611875	331839	280036	410698	259406	151292	36.8
宁　夏	1165338	691967	473371	616875	367467	249408	40.4
新　疆	4586561	2537078	2049483	2704400	1542500	1161900	43.0

注:1.本表按当年价格计算。
　2.民族自治地方国民收入使用额为不完全统计。

民族自治地方工农业总产值

单位：亿元

年　　份	工农业总产值	农　业总产值	工　业总产值
按 1952 年不变价格计算			
1949	36.6	31.2	5.4
1952	57.9	46.5	11.4
1957	92.0	62.5	29.5
按 1957 年不变价格计算			
1962	87.8	48.0	39.8
1965	157.2	88.4	68.8
按 1970 年不变价格计算			
1975	306.5	152.2	154.3
1978	367.7	155.6	212.1
1980	399.8	159.6	240.2
1981	416.7	171.5	245.2
按 1980 年不变价格计算			
1982	564.9	268.9	296.0
1983	621.3	289.8	331.5
1984	681.7	317.1	364.6
1985	800.96	351.24	449.72
1986	872.37	363.53	508.84
1987	970.18	384.26	585.92
1988	1092.46	406.53	685.93
1989	1204.18	431.25	772.93
1990	1290.17	475.18	814.99
按 1990 年不变价格计算			
1990	2438.24	1062.34	1375.90

注:本表工、农业总产值均按新口径统计。

民族自治地方分地区工农业总产值

(1990年)

单位：万元

地区	工农业总产值	农业	工业		
				轻工业	重工业
合计	**12901742**	**4751813**	**8149929**	**4054731**	**4095198**
河北	130984	51088	79896	38906	40990
内蒙古	2417551	809872	1607679	693980	913699
辽宁	484229	154741	329488	155843	173645
吉林	625395	143405	481990	222256	259734
黑龙江	20473	12093	8380	6456	1924
浙江	9197	4177	5020	3897	1123
湖北	235865	115916	119949	80470	39479
湖南	272101	116383	155718	100350	55368
广东	32599	16351	16248	4262	11986
广西	3357041	1053618	2303423	1365634	937789
海南	113639	64489	49150	26608	22542
四川	453853	249184	204669	93866	110803
贵州	581590	308314	273276	135004	138272
云南	1081215	525747	555468	286463	269005
西藏	95300	78900	16400	6653	9747
甘肃	112138	51967	60171	30481	29690
青海	252086	91979	160107	42966	117141
宁夏	550550	126073	424477	129346	295131
新疆	2075936	777516	1298420	631290	667130

注：1.本表按1980年不变价格计算。
2.本表工业总产值中包括村及村以下工业产值。

民族自治地方分地区工农业总产值

(1990 年)

单位：万元

地　　区	工农业总产值	农　　业	工　　业	轻工业	重工业
合　　计	**24537848**	**10623356**	**13914492**	**6671299**	**7243193**
河　　北	237692	113873	123819	60769	63050
内 蒙 古	4499158	1652930	2846228	1171993	1674235
辽　　宁	778997	334011	444986	205810	239176
吉　　林	1087886	273877	814009	348565	465444
黑 龙 江	40551	27907	12644	10360	2284
浙　　江	19357	11955	7402	5720	1682
湖　　北	452481	256368	196113	132931	63182
湖　　南	526788	275851	250937	154041	96896
广　　东	67611	41020	26591	5934	20657
广　　西	6465590	2755702	3709888	2142231	1567657
海　　南	235198	147011	88187	39933	48254
四　　川	956526	558697	397829	159116	238713
贵　　州	1118515	684484	434031	219205	214826
云　　南	2222785	1159020	1063765	518172	545593
西　　藏	226300	196081	30219	9490	20729
甘　　肃	204957	106772	98185	42273	55912
青　　海	482404	195949	286455	68493	217962
宁　　夏	1014020	269478	744542	200126	544416
新　　疆	3901032	1562370	2338662	1176137	1162525

注：1.本表按 1990 年不变价格计算。
　　2.本表工业总产值中包括村及村以下工业产值。

民族自治地方分地区工农业总产值

(1990年)

单位：万元

地区	工农业总产值	农业	工业	轻工业	重工业
全国总计(亿元)	**31586.42**	**7662.09**	**23924.33**	**11812.93**	**12111.40**
合计	**22728207**	**9777565**	**12950642**	**6125880**	**6824762**
河北	226290	106868	119422	58355	61067
内蒙古	4163958	1569192	2594766	1085157	1509609
辽宁	738699	310668	428031	200987	227044
吉林	1070202	249149	821053	330605	490448
黑龙江	37440	24856	12584	9917	2667
浙江	17119	10441	6678	5046	1632
湖北	392778	216930	175848	117085	58763
湖南	488142	253025	235117	145218	89899
广东	60959	33771	27188	5658	21530
广西	6056531	2522200	3534331	195243	1581088
海南	256776	167984	88792	40585	48207
四川	801525	446126	355399	147476	207923
贵州	1008411	626714	381697	199192	182505
云南	2034621	1093361	941260	456429	484831
西藏	203001	172324	30677	9130	21547
甘肃	182680	91103	91577	415315	50262
青海	448944	189431	259513	56551	202962
宁夏	894355	246887	647468	179640	467828
新疆	3645776	1446535	2199241	1084291	1114950

注：1.本表按当年价格计算。

2.本表工业总产值中包括村及村以下工业产值。

民族自治地方分地区工农业总产值构成

（1990年）

单位：%

地　区	工农业总产值	农　业	工　业		
				轻工业	重工业
全国总计	**100**	**24.3**	**75.7**	**37.5**	**38.2**
合　计	**100**	**43.0**	**57.0**	**27.0**	**30.0**
河　北	100	47.2	52.8	25.8	27.0
内蒙古	100	37.7	62.3	26.1	36.2
辽　宁	100	42.1	57.9	27.2	30.7
吉　林	100	23.3	76.7	30.9	45.8
黑龙江	100	66.4	33.6	26.5	7.1
浙　江	100	61.0	39.0	29.5	9.5
湖　北	100	55.2	44.8	29.8	15.0
湖　南	100	51.8	48.2	29.7	18.5
广　东	100	55.4	44.6	9.3	12.3
广　西	100	41.6	58.4	32.3	26.1
海　南	100	65.4	34.6	15.8	18.8
四　川	100	55.7	44.3	18.4	25.9
贵　州	100	62.1	37.9	19.8	18.1
云　南	100	53.7	46.3	22.4	23.9
西　藏	100	84.9	15.1	4.5	10.6
甘　肃	100	49.9	50.1	22.6	27.5
青　海	100	42.2	57.8	12.6	45.2
宁　夏	100	27.6	72.4	20.1	52.3
新　疆	100	39.7	60.3	29.7	30.6

注:本表按当年价格计算。

全国自治区、自治州、

(1990年)

地 区	建立时间	首府驻地	面 积(平方公里)	年末总人口(万人)		少数民族占%
				总人口	#少数民族	
内蒙古自治区	1947.5.1	呼和浩特市	1183000	2149.43	400.28	18.62
广西壮族自治区	1958.3.15	南宁市	236660	4241.62	1649.87	38.90
西藏自治区	1965.9.1	拉萨市	1228400	218.05	211.31	96.91
宁夏回族自治区	1958.10.25	银川市	66400	465.68	155.88	33.47
新疆维吾尔自治区	1955.10.1	乌鲁木齐市	1660400	1498.72	934.10	62.33
吉 林						
延边朝鲜族自治州	1952.9.3	延吉市	42700	207.00	89.70	43.33
湖 北						
鄂西土家族苗族自治州	1983.12.1	恩施市	23942	359.38	141.32	39.32
湖 南						
湘西土家族苗族自治州	1957.9.20	吉首市	15486	230.67	152.97	66.32
四 川						
甘孜藏族自治州	1950.11.24	康定县	153002	82.33	64.85	78.77
凉山彝族自治州	1952.10.1	西昌市	60115	360.72	164.65	45.64
阿坝藏族羌族自治州	1953.1.1	马尔康县	83460	76.60	52.35	68.34
贵 州						
黔东南苗族侗族自治州	1956.7.23	凯里市	30302	368.04	273.56	74.33
黔南布依族苗族自治州	1956.8.8	都匀市	26197	327.98	173.10	52.78
黔西南布依族苗族自治州	1982.5.1	兴义市	16820	253.34	101.83	40.19
云 南						
西双版纳傣族自治州	1953.1.24	景洪县	19700	78.17	57.18	73.15
德宏傣族景颇族自治州	1953.7.24	潞西县	11526	90.64	46.63	51.45
怒江傈僳族自治州	1954.8.23	泸水县	14703	43.47	40.00	90.02
大理白族自治州	1956.11.22	大理市	9459	303.00	147.65	48.73
迪庆藏族自治州	1957.9.13	中甸县	23870	31.51	26.26	83.34
红河哈尼族彝族自治州	1957.11.18	个旧市	32931	364.01	196.18	53.89
文山壮族苗族自治州	1958.4.1	文山县	32239	296.83	165.34	55.70
楚雄彝族自治州	1958.4.15	楚雄市	29258	233.24	69.59	29.84
甘 肃						
甘南藏族自治州	1953.10.1	夏河县	38748	58.24	31.42	53.95
临夏回族自治州	1956.11.19	临夏市	7983	162.46	88.98	54.77
青 海						
玉树藏族自治州	1951.12.25	玉树县	197791	22.83	22.11	96.85

注：1.农民人均收入数打“*”号只包括生产性收入，下同。
2.本表工农业总产值、人均工农业总产值均按当年价格计算，下同。

自治县(旗)基本情况(一)

工农业总产值(万元)	农业	工业	人均工农业总产值(元)	农民人均纯收入(元)	财政收支(万元) 财政收入	财政支出	收支差额
4202500	1569200	2633300	1972.1	607.2	32976.4	609019.0	-576042.6
6056580	2522249	3534331	1443.5	499.8	468304.0	650003.0	-181699.0
187122	149922	37200	862.4	436.0	1800.0	129200.0	-127400.0
894350	246887	647463	1943.2	569.8	62307.0	144663.0	-82356.0
3645746	1446535	2199211	2469.3	622.5	210000.0	472000.0	-262000.0
683869	125956	557913	3326.4	733.0	67636.0	60504.0	128140.0
324280	176954	147326	905.9	448.0	2781.0	42419.0	-14609.0
241903	111138	130765	1057.1	372.0	25081.0	36407.0	-11326.0
78820	48591	30229	964.5	520.0	6633.9	32477.7	-25843.8
387877	210294	177583	1084.5	358.0	34018.0	58048.0	-24030.0
106567	51929	54638	1400.2	656.0	8424.0	22676.0	-14252.0
298337	186140	112197	816.2	474.0	20566.0	38220.0	-17654.0
358023	183203	174820	1100.3	473.0	26410.0	35697.0	-9287.0
138589	100788	37801	553.3	436.0	8220.6	19685.3	-11464.7
125812	99178	26634	1632.4	*624.2	6477.7	15981.4	-9503.7
115901	67913	47988	1292.4	712.0	12814.5	24760.4	-11945.9
35849	16014	19835	833.9	*294.5	3479.0	11496.4	-8017.4
334531	191162	143369	1111.4	567.0	43864.5	53427.6	-9563.1
24947	18606	6341	800.4	607.0	3787.4	9916.7	-6129.3
531030	174155	356875	1470.8	546.1	32652.2	52278.3	-19626.1
174327	135173	39154	590.5	453.0	8268.6	26818.4	-18549.8
322435	143143	179292	1389.1	*313.6	56659.9	58509.4	-1849.5
51502	25866	25636	893.8	375.0	2835.9	13135.9	-10300.0
76458	48202	28256	481.4	285.2	4696.4	18218.0	-13521.6
17663	14664	2999	778.8	*417.4	1284.9	6385.9	-5100.9

全国自治区、自治州、

(1990 年)

地　区	建立时间	首府驻地	面积(平方公里)	年末总人口(万人)		
				总人口	#少数民族	少数民族占%
青　海						
海南藏族自治州	1953.12.6	共和县	45785	36.30	22.60	62.26
黄南藏族自治州	1953.12.22	同仁县	17902	18.29	16.26	88.90
海北藏族自治州	1953.12.31.	门源回族自治县	44952	25.95	14.01	53.99
果洛藏族自治州	1954.1.1	玛沁县	75752	12.04	10.85	90.12
海西蒙古族藏族自治州	1954.1.25	德令哈市	320970	31.37	7.54	24.04
新　疆						
巴音郭楞蒙古自治州	1954.6.23	库尔勒市	480000	84.48	40.17	47.55
博尔塔拉蒙古自治州	1954.7.13	博乐市	27000	32.36	11.90	36.77
克孜勒苏柯尔克孜自治州	1954.7.14	阿图什市	70900	37.62	35.71	94.90
昌吉回族自治州	1954.7.15	昌吉市	92182	127.69	32.55	25.49
伊犁哈萨克自治州	1954.11.27	伊宁市	350000	353.02	187.08	52.99
河　北						
孟村回族自治县	1955.11.30	孟村镇	387	16.30	3.80	23.31
大厂回族自治县	1955.12.7	大厂镇	176	10.50	2.20	20.95
青龙满族自治县	1987.5.10	青龙镇	3508	51.85	32.34	62.37
丰宁满族自治县	1987.5.15	大阁镇	8765	36.01	23.22	64.48
围场满族蒙古族自治县	1990.6.12	围场镇	9220	49.95	24.83	49.71
宽城满族自治县	1990.6.16	宽城镇	1952	22.35	13.95	62.42
内蒙古						
鄂伦春自治旗	1951.10.1	阿里河镇	13800	30.29	2.60	8.58
鄂温克族自治旗	1958.8.1	巴彦托海镇	16800	12.97	4.75	36.60
莫力达瓦达斡尔族自治旗	1958.8.15	尼尔基镇	2351	26.00	5.00	19.23
辽　宁						
喀喇沁左翼蒙古族自治县	1958.4.1	大城子镇	2238	40.15	7.15	17.81
阜新蒙古族自治县	1958.4.7	阜新镇	6246	70.44	14.65	20.80
新宾满族自治县	1985.6.7	新宾镇	4432	31.60	24.50	77.53
岫岩满族自治县	1985.6.11	岫岩镇	4506	49.33	44.08	89.36
凤城满族自治县	1985.6.13	凤城镇	5748	60.50	46.40	76.69
清原满族自治县	1990.6.6	清原镇	3932	34.96	19.62	56.12
本溪满族自治县	1990.6.8	小市镇	3557	29.57	17.68	59.79
桓仁满族自治县	1990.6.10	桓仁镇	3555	31.00	15.20	49.03
宽甸满族自治县	1990.6.12	宽甸镇	6180	44.22	23.21	52.49
北镇满族自治县	1990.6.15	广宁镇	1682	53.00	33.00	62.26

自治县(旗)基本情况(二)

工农业总产值(万元)	农业	工业	人均工农业总产值(元)	农民人均纯收入(元)	财政收支(万元)		
					财政收入	财政支出	收支差额
79430	33575	45855	2222.4	*630.4	3446.1	12030.8	-8584.7
18283	12707	5576	1012.3	*434.2	942.0	5972.0	-5030.0
41038	25465	15573	1621.4	*730.9	2682.4	6244.4	-3562.0
13965	9986	3979	1191.6	*583.7	1127.9	5864.2	-4736.3
86430	18251	68179	2914.0	*1001.0	9373.4	13003.3	-3629.9
200584	63267	137317	2403.6	690.8	11324.0	26254.0	-14930.0
92459	57038	35421	2919.4	758.5	2695.4	12005.7	-9310.3
26597	21918	4679	717.1	422.6	1282.8	12237.1	-10954.3
204943	98751.0	106192	1616.1	751.0	17553.2	33644.1	-16090.9
448253	266544	181709	1284.6	649.0	38725.0	99077.0	-60352.0
25816	7744	18072	1613.5	565.0	1268.7	1678.8	-410.1
40533	7932	32601	3908.7	856.0	1785.1	1943.4	-158.3
46242	33474	12768	898.8	408.0	1891.0	3134.6	-1243.6
37767	22630	15137	1050.8	297.0	1747.6	3585.2	-1837.6
46655	22924	23731	934.0	380.0	2246.0	4120.0	-1874.0
25335	12164.0	13171	1142.2	558.0	1434.8	2353.2	-918.4
51922	13429	38493	1727.9	888.0	4562.3	4192.2	370.1
16510	4095	12415	1290.9	1014.0	1390.6	3116.1	-1725.5
58865	51625	7240	2286.9	641.0	1254.0	3698.0	-2444.0
54167	28131	26036	1357.6	462.0	1537.0	5253.9	-3716.9
85600	60209	25391	1220.8	732.0	2594.0	8298.0	-5704.0
62513	27380	35133	1987.7	535.0	6248.0	5863.0	385.0
81870	30864	51006	1664.4	576.0	2722.0	6655.0	-3933.0
147180	34992	112188	2436.8	887.0	5481.0	8020.0	-2539.0
50144	22696	27448	1438.9	527.0	2072.0	5769.0	-3697.0
68096	22684	45412	2324.9	791.0	2911.0	6372.2	-3461.2
39902	18722	21180	1295.1	452.0	1179.0	5800.0	-4621.0
93461	28052	65409	2118.8	830.0	3500.0	6443.0	-2943.0
96094	37158	58936	1821.3	711.0	3352.0	6194.0	-2842.0

全国自治区、自治州、

(1990 年)

地　区	建立时间	首府驻地	面积(平方公里)	年末总人口(万人) 总人口	#少数民族	少数民族占%
吉　林						
前郭尔罗斯蒙古族自治县	1956.9.1	前郭镇	7219	61.50	6.40	10.41
长白朝鲜族自治县	1958.9.15	长白镇	2498	8.20	1.50	18.29
伊通满族自治县	1989.8.30	伊通镇	2522	43.40	17.00	39.17
黑龙江						
杜尔伯特蒙古族自治县	1956.12.5	泰康镇	6176	23.70	4.75	20.04
浙　江						
景宁畲族自治县	1984.12.24	鹤溪镇	1950	17.22	1.72	9.99
湖　北						
长阳土家族自治县	1984.12.8	龙舟坪镇	3430	42.77	20.30	47.46
五峰土家族自治县	1984.12.12	五峰镇	2072	20.77	13.98	67.31
湖　南						
通道侗族自治县	1954.5.7	双江镇	2239	20.48	16.39	80.03
江华瑶族自治县	1955.11.25	沱江镇	3248	41.45	22.34	53.90
城步苗族自治县	1956.11.30	儒林镇	2647	23.60	12.31	52.16
新晃侗族自治县	1956.12.5	新晃镇	1500	24.17	20.06	83.00
芷江侗族自治县	1987.9.24	芷江镇	2099	32.41	18.01	55.57
靖州苗族侗族自治县	1987.9.27	渠阳镇	2201	23.00	14.00	60.87
麻阳苗族自治县	1990.4.1	高村镇	1568	32.45	23.22	71.56
广　东						
连南瑶族自治县	1953.1.25	三江镇	1215	13.93	6.94	49.82
连山壮族瑶族自治县	1962.9.26	吉田镇	1265	10.11	5.25	51.93
乳源瑶族自治县	1963.10.1	乳城镇	2126	18.26	1.83	10.02
广　西						
龙胜各族自治县	1951.8.19	龙胜镇	2373	16.53	12.43	75.20
金秀瑶族自治县	1952.5.28	金秀镇	2081	13.95	10.56	75.70
融水苗族自治县	1952.11.26	融水镇	4664	44.22	31.09	70.31
三江侗族自治县	1952.12.3	古宜镇	2452	31.83	25.72	80.80
隆林各族自治县	1953.1.1	新州镇	3543	32.12	25.52	79.45
都安瑶族自治县	1955.12.15	安阳镇	4095	61.65	59.73	96.89
巴马瑶族自治县	1956.2.6	巴马镇	1979	22.43	19.28	85.96
防城各族自治县	1958.5.1	防城镇	3391	47.54	13.38	28.14
富川瑶族自治县	1984.1.1	富阳镇	2560	25.70	12.68	49.34
罗城仫佬族自治县	1984.1.10	东门镇	2618	34.09	24.26	71.16
环江毛南族自治县	1987.11.24	思恩镇	4533	32.71	26.76	81.81

自治县(旗)基本情况(三)

工农业总产值(万元)	农业	工业	人均工农业总产值(元)	农民人均纯收入(元)	财政收支(万元)		
					财政收入	财政支出	收支差额
208221	70053	138168	3424.7	705.0	9042.0	7366.0	1676.0
23971	11192	12779	2948.5	706.0	2274.0	3466.0	-1192.0
64129	41948	22181	1482.8	763.0	2399.0	4397.0	-1998.0
39202	26009	13193	1678.9	297.0	1397.0	2292.0	-2893.0
16538	10441	6097	961.0	279.0	703.0	3147.0	-2444.0
23740	17401	6339	555.1	456.0	2427.8	4112.1	-1684.3
12679	9630	3049	611.9	515.0	1621.2	2818.5	-1197.3
21489	16363	5126	1059.1	277.0	1497.9	1436.5	61.4
37427	25364	12063	911.1	436.0	2259.5	3983.0	-1723.5
24252	15448	8804	1034.2	427.0	1173.6	2294.2	-1120.6
29865	14126	15739	1243.9	470.0	2454.0	2806.0	-352.0
48227	28391	19836	1498.7	546.0	2187.7	2837.7	-650.0
29698	19583	10115	1306.6	495.0	2176.0	2267.0	-91.0
34232	22553	11679	1062.8	414.0	1154.0	2521.0	-1367.0
16633	8750	7883	1200.9	676.0	476.4	2505.2	-2028.8
17501	12151	5350	1744.9	551.0	608.0	2044.0	-1436.0
22503	12870	9633	1241.2	559.0	1115.0	2562.0	-1447.0
14405	8967	5438	874.1	404.0	1387.0	2407.0	-1020.0
11941	9573	2368	860.3	* 394.9	1123.0	2305.0	-1182.0
34440	23862	10578	782.5	* 332.0	3965.0	5689.0	-1724.0
17599	12813	4786	556.6	303.0	1662.0	3178.0	-1516.0
15887	12080	3807	497.6	380.0	1118.0	2902.0	-1784.0
31996	26604	5392	519.0	437.0	1207.0	4359.0	-3152.0
10529	7983	2546	470.9	* 268.6	3071.0	5472.0	-2401.0
53523	40294	13229	1135.4	* 460.7	492.0	2015.0	-1523.0
41682	20431	21251	1643.0	* 490.2	3902.0	5914.0	-2012.0
19092	16168	2924	560.7	* 398.2	1281.0	3244.0	-1963.0
29380	13414	15966	900.4	426.0	1309.0	2907.0	-1598.0

全国自治区、自治州、

(1990年)

地　区	建立时间	首府驻地	面积(平方公里)	年末总人口(万人)		少数民族占%
				总人口	#少数民族	
广　西						
大化瑶族自治县	1987.12.23	大化镇	2716	40.39	37.29	92.32
恭城瑶族自治县	1990.10.15	恭城镇		26.78	14.00	52.28
海　南						
乐东黎族自治县	1987.12.28	抱由镇	2746	42.30	15.80	37.35
东方黎族自治县	1987.12.28	八所镇	2256	31.26	6.55	20.95
琼中黎族苗族自治县	1987.12.28	营根镇	2693	19.25	9.95	51.69
保亭黎族苗族自治县	1987.12.30	保城镇	1161	14.95	9.12	61.00
昌江黎族自治县	1987.12.30	石碌镇	1596	20.38	6.99	34.30
白沙黎族自治县	1987.12.30	牙叉镇	2118	15.57	8.96	57.55
陵水黎族自治县	1987.12.30	陵城镇	1087	25.66	13.48	52.53
四　川						
木里藏族自治县	1953.2.19	乔瓦镇	12000	11.27	8.24	73.11
秀山土家族苗族自治县	1983.11.7	中和镇	2462	53.06	25.01	47.14
酉阳土家族苗族自治县	1983.11.11	钟多镇	5182	67.11	42.54	63.39
峨边彝族自治县	1984.10.5	沙坪镇	2395	13.10	3.27	24.96
马边彝族自治县	1984.10.9	民建镇	2383	16.28	5.85	35.93
彭水苗族土家族自治县	1984.11.10	汉葭镇	3874	56.27	23.83	42.35
黔江土家族苗族自治县	1984.11.13	联合镇	2400	43.69	21.86	50.03
石柱土家族自治县	1984.11.18	南宾镇	3013	45.26	27.32	60.36
贵　州						
威宁彝族回族苗族自治县	1954.11.11	城关镇	6193	88.53	22.01	24.86
松桃苗族自治县	1956.12.31	城关镇	2866	54.37	22.26	40.94
三都水族自治县	1957.1.2	三合镇	2380	26.49	25.15	94.94
镇宁布依族苗族自治县	1963.9.11	城关镇	1718	29.95	16.13	53.86
紫云苗族布依族自治县	1966.2.11	松山镇	2280	28.13	16.93	60.18
关岭布依族苗族自治县	1981.12.31	关索镇	1466	27.32	16.10	58.93
玉屏侗族自治县	1984.11.7	平溪镇	517	11.89	8.06	67.79
印江土家族苗族自治县	1987.11.20	印江镇	1969	35.62	19.91	55.90
沿河土家族自治县	1987.11.23	和平镇	2476	46.77	20.43	43.68

自治县(旗)基本情况(四)

工农业总产值(万元)	农业	工业	人均工农业总产值(元)	农民人均纯收入(元)	财政收支(万元)		
					财政收入	财政支出	收支差额
23004	11247	11757	571.7	*216.8	1223.0	3369.0	−2146.0
39347	20388	18959	1469.3	*607.1	2359.0	3778.0	−1419.0
45696	36824	8872	1089.3	660.0	1979.0	4387.0	−2408.0
25415	19312	6103	827.6	674.0	1161.1	3675.1	−2514.0
13349	9182	4167	699.6	546.0	1049.0	3155.0	−2106.0
19039	15473	3566	1278.6	512.0	596.2	2395.7	−1799.5
54636	18888	35748	2706.1	508.0	1473.7	2999.4	−3325.2
20457	14124	6333	1324.9	660.0	1213.6	2860.5	−1646.9
22076	19206	2870	860.3	469.0	700.0	2772.0	−2072.0
11624	4898	6726	1038.8	281.0	1353.0	2179.0	−826.0
40306	23275	17031	762.2	325.0	1818.0	3268.0	−1450.0
41263	29436	11827	616.4	393.0	1806.0	3703.0	−1897.0
12153	9440	2713	930.6	470.0	1612.7	1741.6	−128.9
19076	7268	11808	1175.4	335.0	588.0	1419.0	−831.0
34883	25284	9599	622.5	306.0	2252.0	3958.0	−1706.0
50855	21885	28970	1170.4	318.0	10914.0	9045.0	1869.0
30081	19080	11001	669.6	313.0	1932.0	3116.0	−1184.0
50790	34391	16399	581.2	358.0	1820.6	4191.6	−2371.0
24939	21261	3678	459.0	387.0	1231.0	2673.0	−1442.0
15633	13254	2379	599.2	386.0	507.4	1600.7	−1093.3
21529	10416	11112	733.5	366.0	1442.0	2213.0	−771.0
9929	8364	1565	358.4	346.0	588.0	1687.0	−1099.0
14938	11894	3044	555.1	362.0	623.0	1711.0	−1088.0
14743	8869	5874	1247.3	584.0	683.5	1190.2	−506.7
15676	12119	3557	442.3	342.0	1034.6	2091.8	−1057.2
15982	14041	1941	343.1	222.0	949.0	2192.0	−1243.0

全国自治区、自治州、

(1990年)

地区	建立时间	首府驻地	面积(平方公里)	年末总人口(万人)		少数民族占%
				总人口	#少数民族	
贵州						
务川仡佬族苗族自治县	1987.11.26	都濡镇	2766	35.39	28.92	81.72
道真仡佬族苗族自治县	1987.11.29	玉溪镇	2156	29.71	17.28	59.85
云南						
峨山彝族自治县	1951.5.12	双江镇	1972	13.48	8.13	60.31
澜沧拉祜族自治县	1953.4.7	勐朗镇	8807	44.80	33.77	75.38
江城哈尼族彝族自治县	1954.5.18	勐烈镇	3476	8.85	6.98	78.87
孟连傣族拉祜族佤族自治县	1954.6.16	孟连镇	1957	9.74	8.61	88.40
耿马傣族佤族自治县	1955.10.16	耿宣镇	3837	21.95	10.93	49.79
宁蒗彝族自治县	1956.9.20	大兴镇	6206	20.09	15.55	77.40
贡山独龙族怒族自治县	1956.10.1	茨开镇	4506	3.30	3.15	95.45
巍山彝族自治县	1956.11.9	文华镇	2266	27.56	11.83	42.92
路南彝族自治县	1956.12.31	鹿阜镇	1777	20.22	6.39	31.60
丽江纳西族自治县	1961.4.10	大研镇	7648	31.94	26.36	82.53
屏边苗族自治县	1963.7.1	玉屏镇	1906	13.78	8.15	59.14
河口瑶族自治县	1963.7.11	河口镇	1313	7.05	4.33	61.42
沧源佤族自治县	1964.2.28	勐董镇	2539	14.70	13.75	93.54
西盟佤族自治县	1965.3.5	西盟镇	1391	7.76	7.34	94.59
南涧彝族自治县	1965.11.27	南涧镇	1802	20.22	9.72	48.07
墨江哈尼族自治县	1979.11.28	玖联镇	5459	35.24	25.55	72.50
寻甸回族彝族自治县	1979.12.20	仁德镇	3966	43.32	9.13	21.08
元江哈尼族彝族傣族自治县	1980.11.22	澧江镇	2858	17.72	13.64	76.98
新平彝族傣族自治县	1980.11.25	桂山镇	4223	24.86	17.18	69.11
维西傈僳族自治县	1985.10.13	保和镇	4661	13.02	11.13	85.48
漾濞彝族自治县	1985.11.1	上街镇	1957	9.33	5.80	62.17
禄劝彝族苗族自治县	1985.11.25	屏山镇	4378	42.21	12.60	29.85
金平苗族瑶族傣族自治县	1985.12.7	金河镇	3677	29.46	24.99	84.83

自治县(旗)基本情况(五)

工农业总产值(万元)	农业	工业	人均工农业总产值(元)	农民人均纯收入(元)	财政收支(万元)		
					财政收入	财政支出	收支差额
20760	15227	5533	590.4	415.0	1366.0	2396.0	-1030.0
24181	20002	4179	816.4	399.0	1466.0	2234.0	-768.0
22285	9950	12335	1663.1	672.0	1556.3	4320.4	-2764.1
22137	14149	7988	497.5	*259.0	1491.9	7074.2	-5582.3
5792	4104	1688	658.2	421.0	280.9	1632.9	-1352.0
8135	5767	2368	597.0	566.0	409.1	1781.0	-1371.9
27141	18973	8168	1246.7	*413.4	1147.4	5807.6	-4660.2
11411	9623	1788	574.0	270.0	557.2	2916.3	-2359.1
1548	1377	171	474.8	190.0	19.6	1112.2	-1092.6
19694	16240	3454	1192.3	557.0	1195.6	3025.3	-1829.7
24353	16943	7410	1211.6	*401.8	3186.6	2795.6	391.0
28200	14278	13922	887.4	1534.0	2670.3	4414.9	-1744.6
8145	6530	1615	597.1	527.2	309.5	1972.6	-1663.1
9454	7925	1529	1350.6	*313.6	417.2	1689.5	-1272.3
12210	8576	3634	839.8	501.0	475.8	4040.6	-3564.8
3139	1596	1543	408.7	*412.1	479.9	2005.8	-1525.9
14298	13229	1069	710.3	411.0	714.8	2270.7	-1555.9
16602	12356	4246	471.2	*181.8	995.2	2598.4	-1603.2
22720	18160	4560	528.4	393.0	2231.2	4700.5	-2469.3
23909	15169	8740	1356.2	643.0	1550.3	4933.0	-3382.7
27950	18112	9838	1130.7	561.0	1784.3	5684.9	-3900.6
9734	7938	1796	747.6	191.3	1125.9	2717.4	-1591.5
7079	4909	2170	764.5	398.0	601.1	1550.5	-949.4
23872	19940	3932	568.2	328.0	4107.5	7250.2	-3142.7
10006	8054	1952	342.3	361.0	601.3	2585.6	-1984.3

全国自治区、自治州、

(1990年)

地区	建立时间	首府驻地	面积(平方公里)	年末总人口(万人) 总人口	#少数民族	少数民族占%
云南						
普洱哈尼族彝族自治县	1985.12.15	宁洱镇	3670	18.40	8.78	47.72
景东彝族自治县	1985.12.20	锦屏镇	4532	34.06	15.54	45.63
景谷傣族彝族自治县	1985.12.25	威远镇	7777	28.05	12.86	45.86
双江拉祜族佤族布朗族傣族自治县	1985.12.30	勐勐镇	2292	15.01	6.60	43.97
兰坪白族普米族自治县	1988.5.25	金顶镇	4555	17.27	16.07	93.05
镇沅彝族哈尼族拉祜族自治县	1990.5.15	按板镇	4223	20.30	10.22	50.34
甘肃						
天祝藏族自治县	1950.5.6	华藏镇	7150	20.94	6.75	32.23
肃北蒙古族自治县	1950.7.29	党城湾镇	66748	1.00	0.50	50.00
东乡族自治县	1950.9.25	锁南镇	1518	22.54	19.21	85.23
张家川回族自治县	1953.7.6	张家川镇	1312	25.65	17.54	68.38
肃南裕固族自治县	1954.4.20	红湾寺镇	23887	3.56	1.89	53.09
阿克塞哈萨克族自治县	1954.4.27	博罗转井镇	33374	0.75	0.31	41.33
积石山保安族东乡族撒拉族自治县	1981.9.30	吹麻滩镇	921	19.52	10.02	51.33
青海						
门源回族自治县	1953.12.19	浩门镇	8620	13.70	7.10	51.82
互助土族自治县	1954.2.17	威远镇	3320	34.66	8.31	23.98
化隆回族自治县	1954.3.1	巴燕镇	2740	20.13	15.46	26.80
循化撒拉族自治县	1954.3.1	积石镇	1750	9.99	9.26	92.69
河南蒙古族自治县	1954.10.16	优干宁	6273	2.49	2.40	96.80
民和回族土族自治县	1986.6.27	上川口镇	1780	32.90	17.67	53.71
大通回族土族自治县	1986.7.10	桥头镇	3000	39.11	16.71	42.73
新疆						
焉耆回族自治县	1954.3.15	焉耆镇	2570	10.41	5.80	55.72
察布查尔锡伯自治县	1954.3.25	察布查尔镇	4430	10.69	8.49	79.42
木垒哈萨克自治县	1954.7.17	木垒镇	22171	8.70	2.40	27.59
和布克赛尔蒙古自治县	1954.9.10	和布克赛尔镇	30400	4.37	2.91	66.59
塔什库尔干塔吉克自治县	1954.9.17	塔什库尔干镇	25000	2.51	2.45	97.61
巴里坤哈萨克自治县	1954.9.30	巴里坤镇	38445	10.26	2.47	24.07

注:新疆和布克赛尔蒙古自治县工农业总产值按1980年不变价格计算。

自治县(旗)基本情况(六)

工农业总产值(万元)	农业	工业	人均工农业总产值(元)	农民人均纯收入(元)	财政收支(万元) 财政收入	财政支出	收支差额
18014	8129	9885	981.7	434.0	2161.1	3266.4	-1105.3
24761	19422	5339	728.3	536.0	1467.8	3106.5	-1638.7
21543	12713	8830	772.2	527.0	2041.0	3444.7	-1403.7
10493	7396	3097	705.6	* 223.1	518.8	3082.6	-2563.8
22255	5868	16387	1303.7	* 320.9	2340.4	3354.1	-1013.7
15477	12662	2815	762.4	426.0	1402.7	2692.7	-1290.0
13549	7543	6006	654.9	456.0	947.4	2172.7	-1225.3
3530	1557	1973	3530.2	2038.5	402.9		
5713	5157	556	261.0	233.0	66.7	1477.9	-1411.2
5519	3911	1908	218.9	276.5	333.2	2237.0	-1903.8
6228	3489	2739	1754.4	875.0	733.6	1632.8	-899.2
2237	537	1700	3106.4	1536.0	339.4	800.4	-461.0
5395	4540	855	280.9	223.0	112.0	1402.0	-1290.0
17789	10960	6829	1298.5	437.3	870.0	1649.0	-779.0
38584	30000	8584	1130.5	659.7	1871.2	3636.7	-1765.5
11725	8568	3157	591.6	367.0	557.4	2334.9	-1777.5
6224	4881	1343	635.1	392.2	212.0	1596.7	-1384.7
4262	3570	692		637.8	207.0	861.0	-654.0
30829	14511	16318	945.4	439.3	1247.5	3404.1	-2156.6
102594	16858	85736	2675.9	559.3	3262.5	4140.9	-878.4
24903	11616	13287	2415.4	799.0	944.5	1857.5	-913.0
14694	11331	3363	1403.4	* 567.1	562.1	2875.9	-2313.8
8529	5815	2714	983.7	410.0	434.0	2716.0	-2282.0
* 6967	1715	5252	1624.1	656.4	1845.6	3162.1	-1316.5
1080	1051	29	435.6	287.0	10.3	1086.8	-1076.5
8169	3207	4962	796.2	461.0	578.6	2802.4	-2223.8

主要统计指标解释

国民生产总值 是国（地区）内生产总值和国（地区）外净要素收入之和。

国内生产总值是指一个国家（地区）领土范围内，本国居民和外国居民在一定时期内所生产和提供最终使用的产品和劳务的价值。从生产角度说，它是国民经济各部门的增加值之和；从分配角度说，是这些部门的劳动者收入、福利基金（或公益金）、税金、利润和固定资产折旧等项目之和；从使用角度说，它是最终用于消费、固定资产投资、增加流动资产以及净出口的产品和劳务。

国（地区）外净要素收入是指本国居民对国外从事投资和提供劳务所取得的要素收入，与外国居民对本国从事投资和提供劳务所取得的要素收入的差额。

国民生产总值同社会总产值、国民收入的区别，从核算范围看，社会总产值和国民收入都只计算物质生产部门的劳动成果，而国民生产总值除计算物质生产部门劳动成果外，还计算非物质生产部门的劳动成果。从这三个指标的价值构成看，社会总产值计算了社会产品的全部价值；国民生产总值计算在生产产品和提供劳务过程中增加的价值，即增加值，不计算中间产品和中间劳务投入的价值；而国民收入除了不计算中间产品价值外，还不包括固定资产折旧价值，即只计算净产值。

国民收入 即国民收入生产额，是从事物质资料生产的劳动者在一定时期内新创造的价值，也就是从社会总产值中扣除生产过程中消耗掉的生产资料价值后的净产值，农业、工业、建筑业、运输业和商业净产值之和就是国民收入。我国计算国民收入的方法有二：(1) 生产法，用各物质生产部门的总产值减去生产中的物质消耗价值（如用生产的原材料、种籽、肥料、燃料、动力等的消耗，生产用固定资产折旧等）后的净产值相加。(2) 分配法，从国民收入初次分配的角度出发，等于物质生产部门的工资、职工福利基金、利润、税金、利息等项目的总和。

国民收入使用额 国民收入生产额经过在全社会范围内进行分配和再分配，形成各物质生产部门、非物质生产部门和居民个人的最终收入。最终收入一部分用于居民个人生活和社会公共需要、形成消费，即消费额；另一部分用于扩大社会再生产、增加非物质生产部门的固定资产和各种储备，形成积累，即积累额。消费额和积累额之和就是国民收入使用额。国民收入使用额与国民收入生产额的差别，主要是进出口差额（地区为流入、流出差额）影响。进口大于出口，国民收入使用额大于国民收入生产额，反之，国民收入使用额小于国民收入生产额。此外，还受统计计算误差的影响。

消费额 用于居民个人的生活消费和社会公共消费的物质产品总和。其物质形态为一定时期内用于个人和社会消费的消费品总量以及非生产性固定资产（包括住宅）的磨损。

居民消费包括居民个人日常生活中消费的食品、衣着、鞋袜、家庭耐用消费品、日用杂品、文教卫生用品、水、电、燃料以及住房磨损等物质消费，还包括居民在文化生活服务性支出中属于物质产品消费部分。社会消费包括国家行政机关、国防单位、文教卫生科学研究事业单位、经济建设部门的事业单位、人民团体等非生产性机构使用的燃料、电力、办公用品、图书和一般设备购置等物质消费和这些单位的房屋磨损的价值。

积累额 用于社会扩大再生产和非生产性建设以及增加社会生产性储备和非生产性储备的物质产品价值。其物质形态为一定时期内物质生产部门和非物质生产部门新增加的固定资产

（扣除固定资产磨损）和流动资产。积累按用途可分为生产性积累和非生产性积累；按性能可分为固定资产积累和流动资产积累。

生产性积累包括物质生产部门新增加的生产用固定资产（扣除固定资产磨损）以及各生产企业的原材料、燃料、半成品和属于生产资料的产成品库存、商品库存、物资储备库存等流动资产的增加额。

非生产性积累包括新增加的各种非生产用固定资产（扣除磨损）以及生产消费品工业企业的产成品库存和商业部门消费品库存的增长额。

积累和消费在国民收入使用额中所占比重分别叫做积累率和消费率。

社会总产值 也称社会总产品，它是以货币表现的农业、工业、建筑业、运输业、商业（包括饮食业和物资供销业）五个物质生产部门的总产值之和。

社会总产值，在实物形态上可分为生产资料和消费资料两大部份。在价值形态上可分为：(1) 生产过程中消耗掉的生产资料转移的价值（物质消耗）；(2) 劳动者新创造的价值，其中包括相当于劳动报酬的那部分必要产品的价值和为社会创造的剩余产品的价值。

物质消耗 物质生产部门在生产过程中消耗掉的生产资料价值，各部门的物质消耗大体包括三个部分：第一，产品生产过程中实际消耗的原料、材料、燃料、电力、种籽、饲料等；第二，生产过程中支付的外雇运输费、邮电费，以及委托其他生产企业进行的半成品加工费和修理费等；第三，生产性固定资产折旧和大修理基金。物质消耗的价值占总产值的比重称为物耗率。物耗率是反映效益的一个重要指标。

当年价格 指报告期的实际价格，如工厂的出厂价格，农产品的收购价格，商业的零售价格等。使用当年价格计算的数字，是为了使国民经济各项指标互相衔接，便于考察当年社会经济效益，便于对生产和流通、生产和分配、生产和消费进行经济核算和综合平衡。

按当年价格计算的价值指标，在不同年份之间进行对比时，因为包含有各年间价格变动的因素，不能确切地反映实物量的增减变动。必须消除价格变动因素后，才能真实反映经济发展动态。因此，在计算增长速度时都使用按可比价格计算的数字。

可比价格 指在不同时期的价值指标对比时，扣除了价格变动的因素，以确切反映物量的变化。按可比价格计算有两种方法；一种是直接按产品产量乘其不变价格计算；一种是用物价指数换算。

不变价格 用某一时期的同类产品的平均价格作为固定价格，来计算各个时期的产品价值。新中国成立后，随着工农业产品价格水平的变化，国家统计局先后四次制定了全国统一的工业产品不变价格和农业产品不变价格，从 1949 年到 1957 年使用 1952 年工（农）业产品不变价格，从 1957 年到 1971 年使用 1957 年不变价格，从 1971 年到 1981 年使用 1970 年不变价格，从 1981 年开始使用 1980 年不变价格，从 1991 年开始使用 1990 年不变价格。

平均每年增长速度 在我国计算平均增长速度有两种方法，一种是习惯上经常使用的“水平法”，又称几何平均法，是以间隔期最后一年的水平同基期水平对比来计算平均每年增长（或下降）速度。另一种是“累计法”，又称代数平均法或方程法，是以间隔期内各年水平的总和同基期水平对比来计算平均每年增长（或下降）速度。

在一般正常情况下，两种方法计算的平均每年增长速度比较接近，但在经济发展不平衡，出现大起大落时，两种方法计算的结果差别较大。

全民所有制单位 指生产资料归全民所有的各种企业、事业单位，以及各级国家机关、人民团体等单位。

集体所有制单位 指生产资料归劳动者集体所有的各种企业、事业单位。包括农村各种经济组织经营的农、林、牧、副、渔业，乡、村经营的企业、事业单位；城市、县、镇以及街道举办的集体所有制的企业、事业单位。

全民所有制预算内企业 也叫国营预算内企业，是纳入各级财政预算管理的企业，财政部所提供的各项数字如全民所有制企业固定资产原值、净值、折旧和定额流动资金各表数字，仅限于这个范围。人们往往容易把这个口径混同于全民所有制企业的口径，其实不完全一样。以工业企业为例，全民所有制预算内工业企业不包括全民所有制预算外工业企业和非独立核算工业企业两部分，而全民所有制工业企业的范围较广，口径较大，不管是预算内和预算外的工业企业，还是独立和非独立核算的工业企业全部包括在内。

三次产业 根据社会生产活动历史发展的顺序对产业结构的划分，产品直接取自自然界的部门称为第一产业，对初级产品进行再加工的部门称为第二产业业，为生产和消费提供各种服务的部门称为第三产业。它是世界上通行的产业结构分类，但各国的划分不尽一致。我国的三次产业划分是：

第一产业：农业（包括林业、牧业、渔业等）。

第二产业：工业（包括采掘业、制造业、自来水、电力、蒸气、热水、煤气）和建筑业。

第三产业：除第一、第二产业以外的其他各业。由于第三产业包括的行业多、范围广，根据我国的实际情况，第三产业可分为两大部门；一是流通部门，二是服务部门，具体又可分为四个层次。

第一层次；流通部门，包括交通运输业、邮电通讯业、商业饮食业、物资供销和仓储业。

第二层次；为生产和生活服务的部门，包括金融、保险业，地质普查业，房地产事业，公用事业、居民服务业、旅游业，咨询信息服务业和各类技术服务业等。

第三层次：为提高科学文化水平和居民素质服务的部门，包括教育、文化、广播电视事业，科学研究事业，卫生、体育和社会福利事业等。

第四层次：为社会公共需要服务的部门，包括国家机关、政党机关，社会团体，以及军队和警察等。

二、人口、劳动力

全国少数民族人口(一)

单位：人

民族	历次普查人口数			
	1953年	1964年	1982年	1990年
全国总计	**582603417**	**694581759**	**1008175288**	**1133682501**
汉族	547283057	654565495	940880121	1042482187
少数民族合计	**35320360**	**40008848**	**67290325**	**91196893**
少数民族占全国比重(%)	6.06	5.76	6.67	8.04
蒙古族	1462956	1973192	3416881	4806849
回族	3559350	4488015	7227022	8602978
藏族	2775622	2504628	3874035	4593330
维吾尔族	3640125	4000402	5962814	7214431
苗族	2511339	2788800	5036377	7398035
彝族	3254269	3388940	5457251	6572173
壮族	6611455	8402483	13388118	15489630
布依族	1247883	1351899	2122389	2545059
朝鲜族	1120405	1348594	1766439	1920597
满族	2418931	2700725	4304160	9821180
侗族	712802	838254	1426335	2514014
瑶族	655933	857866	1403664	2134013
白族	567119	709673	1132010	1594827
土家族		525348	2834732	5704223
哈尼族	481220	630245	1059404	1253952
哈萨克族	509375	491867	908414	1111718
傣族	478966	536399	840590	1025128
黎族	360950	439587	818255	1110900
傈僳族	317465	270976	480960	574856
佤族	286158	200295	298591	351974
畲族		234320	368832	630378
高山族	329	366	1549	2909
拉祜族	139060	191241	304174	411476
水族	133566	156388	286487	345993
东乡族	155761	147460	279397	373872
纳西族	143453	157862	245154	278009
景颇族	101852	57891	93008	119209

全国少数民族人口（二）

单位：人

民族	历次普查人口数			
	1953年	1964年	1982年	1990年
柯尔克孜族	70944	70175	113999	141549
土族	53277	77484	159426	191624
达斡尔族		63595	94014	121357
仫佬族		52949	90426	159328
羌族	35660	49241	102768	198252
布朗族		39411	58476	82280
撒拉族	30658	34680	69102	87697
毛南族		22419	38135	71968
仡佬族		26852	53802	437997
锡伯族	19022	33451	83629	172847
阿昌族		12032	20441	27708
普米族		14298	24237	29657
塔吉克族	14462	16236	26503	33538
怒族		15047	23166	27123
乌孜别克族	13626	7717	12453	14502
俄罗斯族	22656	1326	2935	13504
鄂温克族		9695	19343	26315
德昂族		7261	12295	15462
保安族	4957	5125	9027	12212
裕固族	3861	5717	10569	12297
京族		4293	11995	18915
塔塔尔族	6929	2294	4127	4873
独龙族		3090	4682	5816
鄂伦春族	2262	2709	4132	6965
赫哲族		718	1476	4245
门巴族		3809	6248	7475
珞巴族			2065	2312
基诺族			11974	18021
其他未识别的民族	1385702	33508	881838	749341
外国人加入中国籍		7416	4842	3421

历次人口普查少数民族人口的分布情况（一）

单位：人

地　区	1953年			1964年		
	绝对数	占该地区总人口的比重(%)	占全国少数民族人口的比重(%)	绝对数	占该地区总人口的比重(%)	占全国少数民族人口的比重(%)
全国总计	**35032085**	**6.06**	**100.00**	**39923718**	**5.78**	**100.00**
北　京	168562	6.09	0.48	283742	3.75	0.71
天　津	79856	2.96	0.23	132892	2.11	0.33
河　北	715762	1.75	2.04	605079	1.54	1.52
山　西	20319	0.14	0.06	40401	0.22	0.10
内蒙古	980176	16.07	2.80	1605182	13.00	4.02
辽　宁	1482674	8.07	4.23	1860063	6.90	4.66
吉　林	1193280	10.67	3.41	1342337	8.57	3.36
黑龙江	967886	8.18	2.76	1087870	5.41	2.72
上　海	31471	0.51	0.09	43710	0.40	0.11
江　苏	66376	0.16	0.19	83107	0.19	0.21
浙　江	83530	0.37	0.24	106634	0.38	0.27
安　徽	133806	0.45	0.38	155345	0.50	0.39
福　建	142436	1.10	0.41	150435	0.90	0.38
江　西	3652	0.02	0.01	9457	0.04	0.02
山　东	252545	0.52	0.72	294958	0.53	0.74
河　南	405820	0.93	1.16	5127330	1.03	1.30
湖　北	41171	0.15	0.12	184353	0.55	0.46
湖　南	680224	2.07	1.94	1278870	3.44	3.20
广　东	430944	1.25	1.23	749122	1.75	1.88
广　西	7414111	37.90	21.16	855949	41.05	21.43
海　南						
四　川	2035935	3.13	5.81	1730592	2.55	4.33
贵　州	3938879	26.19	11.24	4011049	23.40	10.05
云　南	5634655	32.89	16.08	6402543	31.22	16.04
西　藏	1273969	100.00	3.64	1214508	97.07	3.04
陕　西	56283	0.36	0.16	94077	0.45	0.24
甘　肃	1492133	11.75	4.26	955517	7.57	2.39
青　海	854139	50.95	2.44	829371	38.65	2.08
宁　夏				650374	30.86	1.63
新　疆	4451482	93.06	12.71	4948851	68.07	12.40

历次人口普查少数民族人口的分布情况（二）

单位：人

地　区	1982年			1990年		
	绝对数	占该地区总人口的比重(%)	占全国少数民族人口的比重(%)	绝对数	占该地区总人口的比重(%)	占全国少数民族人口的比重(%)
全国总计	**67038983**	**6.68**	**100.00**	**91155483**	**8.06**	**100.00**
北　京	322418	3.49	0.48	413816	3.82	0.45
天　津	164277	2.12	0.25	200743	2.28	0.22
河　北	853439	1.61	1.27	2400985	3.93	2.63
山　西	63805	0.25	0.10	81984	0.29	0.09
内蒙古	2996665	15.55	4.47	4158076	19.38	4.56
辽　宁	2910214	8.15	4.34	6164661	15.62	6.76
吉　林	1829733	8.11	2.73	2517624	10.21	2.76
黑龙江	1614026	4.94	2.41	1990770	5.65	2.18
上　海	49806	0.42	0.07	61588	0.46	0.07
江　苏	110614	0.18	0.16	152790	0.23	0.17
浙　江	161605	0.42	0.24	211462	0.51	0.23
安　徽	261811	0.53	0.39	322455	0.57	0.35
福　建	251505	0.97	0.38	463831	1.54	0.51
江　西	22134	0.07	0.03	100355	0.27	0.11
山　东	408053	0.55	0.61	503176	0.60	0.55
河　南	799716	1.07	1.19	1007794	1.18	1.11
湖　北	1778734	3.72	2.65	2136066	3.96	2.34
湖　南	2201261	4.08	3.28	4813348	7.93	5.28
广　东	1058039	1.78	1.58	350479	0.56	0.38
广　西	13935856	38.26	20.79	16508910	39.08	18.11
海　南				1115096	17.00	1.22
四　川	3661530	3.67	5.46	4888039	4.56	5.36
贵　州	7423455	26.00	11.07	11236546	34.69	12.33
云　南	10322124	31.71	15.40	12343554	33.39	13.54
西　藏	1772239	95.10	2.64	2114793	96.30	2.32
陕　西	133115	0.46	0.20	155630	0.47	0.17
甘　肃	1355216	6.93	2.02	1856152	8.30	2.04
青　海	1535786	39.42	2.29	1876527	42.10	2.06
宁　夏	1244240	31.94	1.86	1548081	33.25	1.70
新　疆	7797567	59.61	11.63	9460152	62.42	10.38

注：　1.本表不包括现役军人。

少数民族分布的主要地区

(1990年)

民族	分布的主要地区	民族	分布的主要地区
蒙古族	内蒙古、辽宁、吉林、河北、黑龙江、新疆	景颇族	云南
		柯尔克孜族	新疆
回族	宁夏、甘肃、河南、新疆、青海、云南、河北、山东、安徽、辽宁、北京、内蒙古、天津、黑龙江、陕西、贵州、吉林、江苏、四川	土族	青海、甘肃
		达斡尔族	内蒙古、黑龙江
		仫佬族	广西
藏族	西藏、四川、青海、甘肃、云南	羌族	四川
维吾尔族	新疆	布朗族	云南
苗族	贵州、湖南、云南、四川、广西、湖北	撒拉族	青海
彝族	云南、四川、贵州	毛南族	广西
壮族	广西、云南、广东	仡佬族	贵州
布依族	贵州、云南	锡伯族	辽宁、新疆
朝鲜族	吉林、黑龙江、辽宁、内蒙古	阿昌族	云南
满族	辽宁、河北、黑龙江、吉林、内蒙古、北京	普米族	云南
侗族	贵州、湖南、广西、湖北	塔吉克族	新疆
瑶族	广西、湖南、云南、广东、贵州	怒族	云南
白族	云南、贵州、湖南	乌孜别克族	新疆
土家族	湖南、湖北、四川、贵州	俄罗斯族	新疆、黑龙江
哈尼族	云南	鄂温克族	内蒙古
哈萨克族	新疆	德昂族	云南
傣族	云南	保安族	甘肃
黎族	海南、贵州	裕固族	甘肃
傈僳族	云南、四川	京族	广西
佤族	云南	塔塔尔族	新疆
畲族	福建、浙江、江西、广东	独龙族	云南
高山族	台湾、福建	鄂伦春族	黑龙江、内蒙古
拉祜族	云南	赫哲族	黑龙江
水族	贵州、广西	门巴族	西藏
东乡族	甘肃、新疆	珞巴族	西藏
纳西族	云南	基诺族	云南

全国年末总人口

(1990年)

单位：人

地 区	总户数(户)	总人口 合计	男	女	平均每户人数	性别比(女＝100)
全国总计	**288300203**	**1129543033**	**581888653**	**547654380**	**3.92**	**106.25**
北 京	3350438	10357141	5270138	5087003	3.09	103.60
天 津	2584197	8704569	4428116	4276453	3.37	103.55
河 北	15838410	61167986	31337069	29830947	3.86	105.05
山 西	7406348	28452245	14874381	13577864	3.84	109.55
内蒙古	5368451	21494318	11207387	10286931	4.00	108.95
辽 宁	11265058	39173483	19991108	19182375	3.48	104.22
吉 林	6372178	24401712	12480933	11920779	3.83	104.70
黑龙江	8999513	34888461	17843243	17045218	3.88	104.68
上 海	4152774	12833520	6471337	6362183	3.09	101.72
江 苏	19568905	66717290	34063287	32654003	3.41	104.32
浙 江	12594924	42349113	21937072	20412041	3.36	107.47
安 微	14446550	56607078	29336379	27270699	3.92	107.57
福 建	6796652	29998193	15466464	14531729	4.41	106.43
江 西	8524855	37614238	19472825	18141413	4.41	107.34
山 东	22041232	84235628	42986791	41248837	3.82	104.21
河 南	20140267	85644259	43963155	41681104	4.25	105.48
湖 北	13496784	53735459	27715492	26019967	3.98	106.52
湖 南	16613757	61105713	31783970	29321743	3.68	108.40
广 东	14110822	62463243	32132012	30331231	4.43	105.94
广 西	8958816	42416202	22050712	20365490	4.73	108.27
海 南	1503903	6512337	3383984	3128353	4.33	108.17
四 川	29865817	108133799	56089208	52044591	3.62	107.77
贵 州	7490909	32369726	16687729	15681997	4.32	106.41
云 南	8119918	36945122	18922292	18022830	4.55	104.99
西 藏	382905	2180520	1081862	1098658	5.69	98.47
陕 西	8019965	32750190	17061316	15688874	4.08	108.75
甘 肃	4866554	22299053	11531543	10767510	4.58	107.10
青 海	914573	4348425	2227555	2120870	4.75	105.03
宁 夏	1009078	4656774	2396934	2259840	4.61	106.07
新 疆	3495650	14987236	7694389	7292847	4.29	105.51

注：本表不包括现役军人。

民族自治地方年末总人口及构成

单位：万人

年　份	民族自治地方总人口			#少数民族人口	比重(以自治地方总人口为100)		少数民族人口占民族自治地方总人口的%
		农业人口	非农业人口		农业人口	非农业人口	
1952	5600.95	4967.73	633.22		88.69	11.31	
1957	6464.90	5663.04	801.86		87.60	12.40	
1965	7739.20	6618.05	1121.15		85.51	14.49	
1975	10441.43	8873.60	1567.83		84.98	15.02	
1978	11077.22	9376.34	1700.88	4342.36	84.65	15.35	39.2
1979	11333.94	9534.45	1799.49		84.12	15.88	
1980	11586.35	9717.60	1868.75	4714.31	83.87	16.13	40.7
1981	11767.29	9864.52	1902.77		83.83	16.17	
1982	12127.26	10161.43	1965.83	5007.50	83.79	16.21	41.3
1983	12659.05	10601.55	2057.50	5339.10	83.75	16.25	42.2
1984	12899.98	10769.19	2130.79	5491.20	83.48	16.52	42.6
1985	13547.71	11263.66	2284.05	5852.87	83.14	16.86	43.2
1986	13927.03	11567.63	2359.40	6072.23	83.06	16.94	43.6
1987	14246.65	11794.22	2452.43	6252.58	82.79	17.21	43.9
1988	14579.84	12037.74	2542.10	6442.79	82.56	17.44	44.2
1989	15060.57	12382.47	2678.10	6688.63	82.22	17.78	44.4
1990	15295.71	12580.41	2715.30	6879.58	82.24	17.76	45.0

民族自治地方分地区年末总人口及构成

(1990 年)

单位：万人

地　区	总人口	#少数民族	少数民族人口占总人口的(%)	按城乡分		按农业非农业分	
				城镇总人口	乡村总人口	农业人口	非农业人口
合　计	**15295.71**	**6879.58**	**45.0**	**6107.47**	**9188.24**	**12580.41**	**2715.30**
河　北	186.96	100.34	53.7	36.19	150.77	174.33	12.63
内蒙古	2149.43	400.28	18.6	1090.08	1059.35	1487.76	661.67
辽　宁	444.77	245.49	55.2	179.59	265.18	357.01	87.76
吉　林	320.10	114.60	35.8	239.00	81.10	179.90	140.20
黑龙江	23.70	4.75	20.0	5.30	18.40	18.55	5.15
浙　江	17.22	1.72	10.0	1.35	15.87	16.03	1.19
湖　北	422.92	175.60	41.5	202.19	220.73	387.98	34.94
湖　南	428.23	279.30	65.2	126.93	301.30	382.49	45.74
广　东	42.30	14.02	33.1	19.57	22.73	35.47	6.83
广　西	4241.62	1649.87	38.9	1960.29	2281.33	3676.64	564.98
海　南	214.81	92.98	43.3	127.86	86.95	170.74	44.07
四　川	814.42	435.41	53.5	121.65	692.77	727.89	86.53
贵　州	1337.04	737.02	55.1	349.64	987.40	1231.67	105.37
云　南	1913.57	1018.74	53.2	688.22	1225.35	1721.64	191.93
西　藏	218.05	211.31	96.9	35.68	182.37	188.22	29.83
甘　肃	272.60	147.39	54.1	48.63	223.97	244.19	28.41
青　海	283.57	160.78	56.7	13.64	269.93	225.02	58.55
宁　夏	465.68	155.88	33.5	189.29	276.39	354.29	111.39
新　疆	1498.72	934.10	62.3	672.37	826.35	1000.59	498.13

民族自治地方年末社会劳动者

单位：万人

年份	合计	全民所有制单位职工	城镇集体所有制单位职工	其他所有制单位职工	城镇个体劳动者	乡村劳动者
1965	3285.28	444.14	50.96			2790.18
1978	4359.67	814.60	118.85			3426.22
1980	4745.67	889.85	165.47			3690.35
1981	4816.16	923.84	174.58		14.36	3703.38
1982	5203.18	956.02	185.69		20.23	4041.24
1983	5511.64	1001.88	192.83		35.24	4281.69
1984	5717.66	987.11	233.50		54.70	4442.35
1985	5965.34	1022.31	243.55		77.33	4622.15
1986	6186.55	1098.13	256.46		86.07	4745.89
1987	6489.21	1138.36	258.43		93.47	4998.95
1988	6831.57	1173.16	263.63		113.82	5280.96
1989	7071.31	1227.86	269.59	4.40	98.13	5471.33
1990	7293.78	1268.57	270.88	3.94	97.81	5652.58

民族自治地方年末社会劳动者构成

单位：%

年份	合计	全民所有制单位职工	城镇集体所有制单位职工	其他所有制单位职工	城镇个体劳动者	乡村劳动者
1965	100	13.52	1.55			84.93
1978	100	18.68	2.73			78.59
1980	100	18.75	3.49			77.76
1981	100	19.18	3.63		3.30	76.89
1982	100	18.37	3.57		0.39	77.67
1983	100	18.18	3.50		0.64	77.68
1984	100	17.26	4.08		0.96	77.70
1985	100	17.14	4.08		1.30	77.48
1986	100	17.75	4.15		1.39	76.71
1987	100	17.54	3.98		1.44	77.04
1988	100	17.17	3.86		1.67	77.30
1989	100	17.36	3.81	0.06	1.39	77.38
1990	100	17.39	3.71	0.06	1.34	77.50

民族自治地方分地区年末社会劳动者及构成

(1990 年)

地区	社会劳动者（人）	全民所有制单位职工	城镇集体所有制单位职工	其他所有制单位职工	城镇个体劳动者	乡村劳动者	构成(以社会劳动者为 100)				
							全民	集体	其他类型	城镇个体	乡村
全国总计(万人)	**56740**	**10346**	**3549**	**164**	**671**	**42010**	**18.2**	**6.3**	**0.3**	**1.2**	**74.0**
合计	**72937896**	**12685747**	**2708822**	**39437**	**978130**	**56525760**	**17.4**	**3.7**	**0.1**	**1.3**	**77.5**
河北	795507	75360	22169		24657	673321	9.5	2.8		3.1	84.6
内蒙古	9245504	2822611	870479	3639	169256	5379519	30.5	9.4		1.8	58.2
辽宁	1738478	262890	125571	205	26201	1323611	15.1	7.2		1.5	76.2
吉林	1619116	587413	205491	1303	44425	780484	36.3	12.7		2.8	48.2
黑龙江	75469	21057	8111		2057	44244	27.9	10.7		2.7	58.6
浙江	74248	6704	2945		99	64500	9.0	4.0		0.1	86.9
湖北	2056141	185947	37204		8534	1824456	9.0	1.8		0.4	88.7
湖南	2055608	195182	48315		22496	1789615	9.5	2.4		1.1	87.1
广东	655321	30865	5116		3754	615586	4.7	0.8		0.6	93.9
广西	21085270	2586640	510772	20670	289288	17677900	12.3	2.4	0.1	1.4	83.8
海南	859479	193872	18564	1723	20986	624334	22.6	2.2	0.2	2.4	72.6
四川	4271292	469689	65656	1482	25715	3708750	11.0	1.6		0.6	86.8
贵州	6699524	469667	83356	690	57000	6088811	7.0	1.2		0.9	90.9
云南	10011109	1088470	171388	1165	67152	8682934	10.9	1.7		0.7	86.7
西藏	1087685	149144	8557	140	21344	908500	13.7	0.8		2.0	83.5
甘肃	1210002	102563	13543		16210	1077686	8.5	1.1		1.3	89.1
青海	1230569	257438	20649	58	12974	939450	20.9	1.7		1.1	76.3
宁夏	2111678	563791	108687	1637	28222	1409341	26.7	5.1	0.1	1.3	66.8
新疆	6055896	2616111	382249	6725	137760	2912718	43.2	6.3	0.1	2.3	48.1

注：城乡镇个体劳动者数除全国、内蒙古、广西、西藏、宁夏、新疆等省区为1990年数外，其他省均用1989年数代替。

主要统计指标解释

人口数　指一定时点，一定地区范围内的有生命的个人的总和。

年度统计的年末人口数是指每年12月31日24时的人口数。年度统计的全国人口总数内未包括台湾省和港澳同胞以及海外华侨人数。

市镇总人口和乡村总人口　一般是按常住人口划分的。

市镇总人口　指市、镇辖区内的全部人口。

乡村总人口　指县(不含镇)的全部人口。

市　是指经国家批准成立“市”建制的城市。

镇　是指经省、自治区、直辖市批准的镇。1963年以前为常住人口在2000人以上，非农业人口占50%以上的。1964年起改为常住人口在3000人以上，非农业人口占70%以上，或常住人口在2500人以上，不满3000人，非农业人口占85%以上的。1984年后又调整为，凡县级地方国家机关所在地；或以总人口在20000人以下的乡，乡政府驻地非农业人口超过2000人的；或总人口在20000人以上的乡，乡政府驻地非农业人口占全乡人口10%以上；或少数民族地区、人口稀少的边远地区、山区和小型工矿区、小港口、风景旅游、边境口岸等地，非农业人口虽不足2000人，确有必要，都可建镇。

人口自然增长率　指在一定时期内(通常为一年)人口自然增加数(出生人数减死亡人数)与该时期内平均人数(或期中人数)之比，一般用千分率表示。计算公式：

$$人口自然增长率=\frac{本年出生人数-本年死亡人数}{年平均人数}\times 1000‰$$

$$人口自然增长率=人口出生率-人口死亡率$$

性别比　反映两性人口间比例的指标，指标在总人口中或各年龄组人口中，男性人数与女性人数之比。通常以每100名女性人口中相应有多少男性人口来表示：

$$性别比=\frac{男性人口}{女性人口}\times 100$$

社会劳动者　指从事一定社会劳动并取得劳动报酬或经营收入的全部劳动力。包括全民所有制单位、各种合营单位、城镇集体所有制单位的全部职工，城镇个体劳动者，农村集体和个体劳动者，从事家庭副业，其收入相当于当地一个劳动者最低收入水平或参加社会劳动累计在三个月以上的乡村劳动者。

职工　指在全民所有制、城镇集体所有制、全民与集体合营、全民与私人合营、集体与私人合营、中外合营、华侨或港澳工商业者经营、外资经营企业、事业、机关及其附属机构中工作，并由其支付工资的各种人员。

全民所有制单位职工　　指在各级党政机关、人民团体及其所属全民所有制企业、事业单位工作，并由其支付工资的各种人员。具体包括：

(1) 固定职工　　指经国家劳动部门或组织部门正式分配、安排和批准招收为固定职工的人员。包括出勤的，因故未出勤的；编制内的，编制外的；在国外工作的；试用期间的以及临时借到其他单位工作，但仍由原单位支付工资的人员。

(2) 合同制职工　　指企业、事业和机关在国家劳动工资计划指标内招用的实行合同制的职工。包括招用五年以上的的长期工，一年至五年(含五年)的短期工和定期轮换工。不包括招用的签订劳动合同的一年以内的临时工、季节工。

(3) 临时职工　　指根据国家劳动计划，经各级劳动部门批准临时使用、到期可以辞退的人员，包括从事季节性、临时性生产和服务工作的人员。

(4) 计划外用工　　指在国家劳动计划以外，通过各种形式吸收到全民所有制单位，由全民所有制单位直接组织安排生产或工作，并支付工资的人员。这部分人员，不论其工资的经费来源和支付形式，不论是否享受劳保福利待遇，不论是否吃商品粮，都包括在内。

城镇集体所有制单位职工　　指在城镇集体所有制企业、事业及其管理部门中工作，并由其支付工资的各种人员。包括固定职工、临时职工、季节工、轮换工等。

其他所有制单位职工　　指全民与集体合营、全民与私人合营、集体与私人合营、中外合营、华侨或港澳工商业者经营、外资经营企业、事业单位中工作，并由其支付工资的人员。全民与集体合营单位包括乡村集体所有制单位合营。在统计职工人数时，包括参加劳动的乡村劳动力。中外合营、华侨或港澳工商业经营和外资单位职工人数中，不包括外籍职工和港澳职工。

城镇个体劳动者　　指个人参加生产劳动，生产资料和产品(或收入)归个人所有，在工商行政管理部门登记并领取“个体营业执照”的城镇劳动者。

乡村劳动者　　指乡村人口中经常参加社会劳动并取得劳动报酬的整、半劳动力。包括在乡镇企业及其他集体经济组织和农户中参加各项生产的劳动者及外出从事个体经营的劳动者。从事家庭副业，其收入相当于当地一个社会劳动者最低收入水平或参加社会劳动累计在三个月以上的劳动者，也包括在内。

三、农　　业

全国分地区农村基层组织情况

(1990年)

单位：个

地区	乡政府	#民族乡	镇政府	#民族镇
全国总计	**44446**	**1401**	**11392**	**62**
北京	215	5	76	
天津	186	2	35	
河北	2705	84	662	
山西	1436		494	
内蒙古	1298	17	237	
辽宁	781	97	435	32
吉林	641	28	288	4
黑龙江	804	59	353	8
上海	193		18	
江苏	1452	1	461	
浙江	2432	17	749	1
安徽	2932	3	404	
福建	688	16	278	
江西	1521	2	258	
山东	1591	4	862	3
河南	1741	12	386	8
湖北	1221	10	844	1
湖南	2794	82	475	
广东	338	6	1313	
广西	1002	58	357	
海南	97	7	207	5
四川	7784	117	766	
贵州	3525	454	345	
云南	1218	195	358	
西藏	899	8	31	
陕西	2227	3	394	
甘肃	1358	38	158	
青海	403	34	27	
宁夏	248		40	
新疆	716	42	81	

全国民族乡(镇)基本情况

(1990 年)

地区	民族乡			民族镇		
	个数	年末总人口(万人)	#少数民族人口	个数	年末总人口(万人)	#少数民族人口
全国总计	**1401**	**1438.50**	**775.00**	**62**	**146.02**	**56.50**
北京	5	3.65	1.39			
天津	2	1.70	0.53			
河北	84	89.92	42.77			
山西						
内蒙古	17	12.24	3.30			
辽宁	97	164.10	86.19	32	66.86	31.79
吉林	28	32.02	12.52	4	12.09	5.34
黑龙江	59	80.27	32.64	8	18.30	7.75
上海						
江苏	1	2.27	0.66			
浙江	17	9.90	2.78	1	0.90	0.23
安徽	3	3.89	1.73			
福建	16	31.26	10.12			
江西	2	0.32	0.14			
山东	4	7.61	1.06	3	7.41	1.89
河南	12	15.72	5.54	8	32.40	5.75
湖北	10	9.14	4.27	1	2.28	0.31
湖南	82	69.36	40.86			
广东	6	5.35	2.43			
广西	58	77.08	52.12			
海南	7	5.25	3.81	5	5.78	3.44
四川	117	43.70	19.80			
贵州	454	396.61	232.59			
云南	195	301.88	169.26			
西藏	8	0.32	0.24			
陕西	3	1.39	0.77			
甘肃	38	24.48	13.68			
青海	34	26.84	16.27			
宁夏						
新疆	42	22.23	17.53			

注：1.广西民族乡年末人口数及少数民族人口数为50个民族乡的统计数，有8个民族乡缺报。
2.甘肃省民族乡年末人口数为37个民族乡数，其中有一个民族乡缺报。
3.云南省民族乡年末人口数和少数民族人口数均用1988年数推算的。

民族自治地方农村基层组织情况

年　份	乡镇数(个)	乡村户数(万户)	乡村人口(万人)	乡村劳动力(万人)	农林牧副渔劳动力
1983	10129	2024.28	10268.99	4281.58	4141.33
1984	17742	2083.79	10443.52	4442.34	4219.30
1985	18429	2189.20	10968.25	4738.05	4411.43
1986	19165	2303.86	11198.14	4976.72	4537.43
1987	18776	2361.84	11794.22	5119.94	4679.94
1988	11594	2451.26	12033.54	5280.97	4789.85
1989	11792	2575.50	12998.49	5471.33	4868.75
1990	11295	2591.42	12358.22	5652.58	5103.59

民族自治地方分地区农村基层组织情况

(1990年)

地　区	乡镇数(个)	乡村户数(万户)	乡村人口(万人)	乡村劳动力(万人)	农林牧副渔劳动力
全国总计	**55838**	**22237.20**	**89590.30**	**42009.50**	**33336.40**
合　计	**11295**	**2591.42**	**12358.22**	**5652.58**	**5103.59**
河　北	163	44.22	232.08	67.33	57.48
内蒙古	1535	330.24	1414.36	537.95	477.48
辽　宁	231	94.81	367.20	132.36	102.28
吉　林	166	40.63	169.87	78.05	69.54
黑龙江	11	3.84	16.52	4.43	3.98
浙　江	37	3.79	16.07	6.45	5.86
湖　北	644	105.74	388.62	182.45	166.73
湖　南	397	93.91	394.64	178.96	174.01
广　东	42	8.14	39.35	61.56	13.41
广　西	1359	756.50	3710.63	1767.79	1589.12
海　南	122	26.47	144.86	62.43	52.50
四　川	1623	167.06	727.29	370.88	352.50
贵　州	1327	209.10	1229.77	608.88	568.71
云　南	951	349.10	1700.96	868.29	811.11
西　藏	930	33.49	189.77	90.85	86.72
甘　肃	317	46.22	242.52	107.77	91.60
青　海	355	38.73	212.74	93.95	86.36
宁　夏	288	69.49	347.27	140.93	124.42
新　疆	797	169.94	813.70	291.27	269.78

民族自治地方农村社会总产值和农业净产值

单位：万元

项　目	1986 年	1987 年	1988 年	1989 年	1990 年
农村社会总产值	**5740144**	**7310077**	**9537846**	**11046868**	**12807517**
第一产业	4823226	5606703	7332818	8310618	977565
第二、三产业	916918	1703374	2205028	2736250	3029952
其中：农村工业		784904	1109407	1530423	1645148
农业净产值	**3333592**	**3864916**	**5072937**	**5616348**	**6609214**

注：本表按当年价格计算。

民族自治地方农村社会总产值构成

单位：%

项　目	1986 年	1987 年	1988 年	1989 年	1990 年
农村社会总产值	**100**	**100**	**100**	**100**	**100**
第一产业	84.0	76.7	76.9	75.2	76.3
第二、三产业	16.0	23.3	23.1	24.8	23.7
其中：农村工业		10.7	11.6	13.9	12.9

民族自治地方分地区
农村社会总产值和农业净产值

(1990 年)　　　　单位：万元

地　区	农村社会总产值	农　业	农村工业	农村建筑业	农村运输业	农村商业	农业净产值
全国总计(亿元)	**16619.21**	**7662.09**	**6719.73**	**978.47**	**579.62**	**679.30**	**4999.71**
合　计	**12807517**	**9777565**	**1645148**	**539693**	**385094**	**460017**	**6609214**
河　北	210860	106868	62122	11665	14224	15981	71506
内蒙古	2037081	1569192	212595	103639	91076	60579	1088283
辽　宁	659898	310668	264373	24110	25999	34748	196143
吉　林	411170	249149	95590	22000	20578	23853	163763
黑龙江	29427	24856	1978	721	1088	784	13675
浙　江	13499	10441	1282	887	160	729	6817
湖　北	282938	216930	37965	9663	6757	11623	144895
湖　南	339225	253025	45143	13607	11508	15942	180831
广　东	47703	33771	7343	1342	1736	3511	23573
广　西	3297300	2522200	431900	155700	52700	134800	1750321
海　南	194886	167984	6868	8795	4489	6750	128833
四　川	568637	446126	74802	17631	15391	14687	312221
贵　州	765069	626714	75811	18273	20886	23385	420253
云　南	1372944	1093361	128081	64488	40849	46165	664974
西　藏	184261	172324	2055	2713	3433	3736	137116
甘　肃	143859	91103	27817	6306	9052	9581	61548
青　海	222687	189431	16277	5863	4472	6644	138280
宁　夏	358092	246887	63738	11827	26279	9361	164000
新　疆	1667981	1446535	89408	60463	34417	37158	942182

注：本表按当年价格计算。

民族自治地方农业总产值

单位：亿元

年　份	农业总产值	农　业	林　业	牧　业	副　业	渔　业
1980	159.61	105.25	7.68	35.39	10.57	0.72
1981	171.49	110.66	9.22	39.43	11.35	0.83
1982	268.92	167.03	18.24	59.22	22.51	1.92
1983	289.76	178.17	20.41	63.03	25.95	2.20
1984	317.05	190.87	25.05	68.35	30.40	2.38
1985	351.24	206.41	28.61	79.46	33.90	2.86
1986	363.53	209.93	27.31	85.38	37.63	3.28
1987	384.26	222.83	27.14	89.96	40.61	3.72
1988	406.40	234.36	27.88	95.04	44.96	4.16
1989	431.25	245.62	29.87	103.35	47.70	4.70
1990	475.18	283.19	31.61	108.13	45.35	6.90

注：本表农业总产值及各分项1980年—1981年是按1970年不变价格计算；1982年—1990年是按1980年不变价格计算；

民族自治地方农、林、牧、副、渔业产值比重

单位：%

年　份	农业总产值	农　业	林　业	牧　业	副　业	渔　业
1980	100	65.94	4.82	22.17	6.62	0.45
1981	100	64.53	5.38	22.99	6.62	0.48
1982	100	62.11	6.78	22.02	8.37	0.72
1983	100	61.49	7.04	21.75	8.96	0.76
1984	100	60.20	7.90	21.56	9.59	0.75
1985	100	58.77	8.15	22.62	9.65	0.81
1986	100	57.75	7.51	23.49	10.35	0.90
1987	100	57.99	7.06	23.41	10.57	0.97
1988	100	57.67	6.87	23.38	11.06	1.02
1989	100	56.96	6.92	23.97	11.06	1.09
1990	100	59.60	6.65	22.75	9.55	1.45

注：本表按 1980 年不变价格计算。

民族自治地方分地区农业总产值

(1990 年)

单位：万元

地　区	农业总产值	种植业	林　业	牧　业	副　业	渔　业
全国总计(亿元)	**3672.57**	**2261.38**	**149.10**	**778.63**	**354.04**	**129.41**
合　计	**4751813**	**2831918**	**316146**	**1081258**	**453496**	**68995**
河　北	51088	26059	5693	15204	2674	1458
内蒙古	809872	476794	36505	199772	92463	4338
辽　宁	154741	84762	10939	37046	17702	4292
吉　林	143405	108774	8091	19316	5862	1362
黑龙江	12093	4579	214	4718	1108	1474
浙　江	4177	1952	995	701	522	7
湖　北	115916	73162	12347	26417	3743	247
湖　南	116383	61279	12742	26870	13344	2148
广　东	16351	9213	2601	2358	1695	484
广　西	1053618	614698	70786	232642	107216	28276
海　南	64489	29772	13575	10395	5914	4833
四　川	249184	123975	18291	80356	14881	11681
贵　州	308314	155098	21765	67652	62577	1222
云　南	525747	287875	72487	98155	64601	2629
西　藏	78900	27650	1457	40886	8877	30
甘　肃	51967	25233	2068	20715	3907	44
青　海	91979	41366	2374	43726	4383	130
宁　夏	126073	94501	4251	22298	3775	1248
新　疆	777516	585176	18965	132031	38252	3092

注：本表按 1980 年不变价格计算。

民族自治地方分地区农业总产值

(1990年)

单位：万元

地　区	农业总产值	种植业	林　业	牧　业	副　业	渔　业
全国总计(亿元)	**8151.21**	**4702.62**	**378.43**	**2045.56**	**491.41**	**533.19**
合　计	**10623356**	**5999049**	**847222**	**2778352**	**766288**	**232445**
河　北	113873	54629	13273	36037	5071	4863
内蒙古	1652930	906265	67674	530101	136661	12229
辽　宁	334011	162098	35096	99124	34582	3111
吉　林	273877	190434	18254	48974	12203	4012
黑龙江	27907	9644	483	9376	3437	4967
浙　江	11955	4347	4523	1962	1097	26
湖　北	256368	146436	33905	70601	4594	832
湖　南	275851	130397	40729	69775	28816	6134
广　东	41020	22016	8587	6575	2669	1173
广　西	2755702	1601024	260206	610682	162263	121527
海　南	147011	72233	21730	24993	10302	17753
四　川	558697	263040	44212	193043	31648	26754
贵　州	684484	321479	67000	172358	117237	6410
云　南	1159020	630232	153505	238250	128377	8656
西　藏	196081	57071	7851	119826	11230	103
甘　肃	106772	48739	4699	48480	4707	147
青　海	195949	79988	5086	102231	8171	473
宁　夏	269478	183821	17501	59859	4086	4211
新　疆	1562370	1115156	42908	336105	59137	9064

注：本表按1990年不变价格计算。

民族自治地方分地区农业总产值

(1990 年)

单位：万元

地　区	农业总产值	种植业	林　业	牧　业	副　业	渔　业
全国总计(亿元)	**7662.09**	**4481.74**	**330.27**	**1964.07**	**475.45**	**410.56**
合　计	**9777565**	**5577624**	**630440**	**2692070**	**687533**	**189898**
河　北	106868	51610	10971	34392	5624	4271
内蒙古	1569192	888314	62298	464131	142942	11507
辽　宁	310668	160070	22989	93902	31521	2186
吉　林	249149	172309	12453	49819	10136	4432
黑龙江	24856	8171	548	9639	3184	3314
浙　江	10441	4253	3062	2084	1010	32
湖　北	216930	128695	23791	59222	4240	982
湖　南	253025	127288	32105	68190	19254	6188
广　东	33771	15187	6537	7946	2759	1342
广　西	2522200	1361800	180500	753500	136600	89800
海　南	167984	84393	21095	33928	9645	18923
四　川	446126	219862	32641	152415	23183	18025
贵　州	626714	315087	48913	160891	95798	6025
云　南	1093361	624025	110536	241102	108384	9314
西　藏	172324	73572	2871	82507	13319	55
甘　肃	91103	44642	3382	38248	4630	201
青　海	189431	83586	4410	91960	8916	559
宁　夏	246887	171087	13186	53936	4614	4064
新　疆	1446535	1043673	38152	294258	61774	8678

注：本表按当年价格计算。

民族自治地方分地区农业总产值构成

(1990 年)

单位:%

地　区	农业总产值	种植业	林　业	牧　业	副　业	渔　业
全国总计	**100**	**58.5**	**4.3**	**25.6**	**6.2**	**5.4**
合　计	**100**	**57.1**	**6.5**	**27.5**	**7.0**	**1.9**
河　北	100	48.3	10.3	32.2	5.2	4.0
内蒙古	100	56.6	4.0	29.6	9.1	0.7
辽　宁	100	51.5	7.4	30.2	10.2	0.7
吉　林	100	69.2	5.0	20.0	4.0	1.8
黑龙江	100	32.9	2.2	38.8	12.8	13.3
浙　江	100	40.7	29.3	20.0	9.7	0.3
湖　北	100	59.3	11.0	27.3	1.9	0.5
湖　南	100	50.3	12.7	26.9	7.6	2.5
广　东	100	45.0	19.4	23.5	8.1	4.0
广　西	100	54.0	7.1	29.9	5.4	3.6
海　南	100	50.2	12.6	20.2	5.7	11.3
四　川	100	49.3	7.3	34.2	5.2	4.0
贵　州	100	50.2	7.8	25.7	15.3	1.0
云　南	100	57.1	10.1	22.1	9.9	0.8
西　藏	100	42.7	1.7	47.9	7.7	
甘　肃	100	49.0	3.7	42.0	5.1	0.2
青　海	100	44.1	2.3	48.6	4.7	0.3
宁　夏	100	69.3	5.3	21.8	1.9	1.7
新　疆	100	72.2	2.6	20.3	4.3	0.6

注: 本表按当年价格计算。

民族自治地方分地区农业总产值指数

(1990年，以1989年为100)

地　区	农业总产值	种植业	林　业	牧　业	副　业	渔　业
全国总计	**107.6**	**108.6**	**103.1**	**107.0**	**103.8**	**110.0**
合　计	**110.2**	**115.3**	**105.9**	**104.6**	**95.1**	**146.7**
河　北	109.8	127.2	90.7	106.8	49.9	796.7
内蒙古	120.2	133.7	114.1	102.3	108.0	100.9
辽　宁	121.0	134.3	126.1	105.7	87.6	513.3
吉　林	114.1	123.7	82.7	102.2	75.3	106.7
黑龙江	135.6	245.3	89.5	131.0	60.6	106.8
浙　江	103.5	97.4	130.2	99.4	94.1	87.5
湖　北	101.2	101.4	101.4	101.5	95.0	99.6
湖　南	104.0	104.9	102.4	104.0	95.5	167.0
广　东	122.9	148.5	92.2	103.7	91.5	314.3
广　西	108.0	108.4	125.1	111.2	91.1	114.0
海　南	97.1	110.1	65.7	119.9	93.6	129.3
四　川	105.5	105.5	108.6	105.9	59.0	1794.9
贵　州	106.3	112.2	103.9	96.7	104.6	108.5
云　南	107.1	108.4	106.9	106.5	103.0	102.0
西　藏	107.0	117.2	132.5	99.2	113.8	63.8
甘　肃	107.7	111.7	94.5	104.7	107.2	157.1
青　海	105.3	105.7	88.7	105.8	107.5	99.2
宁　夏	104.3	102.5	128.8	110.4	94.4	104.0
新　疆	115.1	121.2	95.3	102.2	94.4	110.4

注：本表按可比价格计算。

民族自治地方耕地面积、总播种面积和粮食播种面积

单位：万亩

年　份	耕地面积	总播种面积	#粮食播种面积	粮食播种面积占总播种面积的%
1952	20219.50	23228.39	20162.40	86.80
1957	23031.40	27700.32	23524.90	84.93
1962	24440.00	26557.20	22969.06	86.49
1965	25085.00	28467.19	24561.42	86.28
1975	24532.00	29430.26	24889.30	84.57
1978	24594.00	30271.55	25115.16	82.97
1980	24863.36	29098.54	23755.58	81.64
1981	24755.00	28475.11	23165.81	81.35
1982	24778.60	29003.56	23428.15	80.78
1983	25284.20	29580.97	24140.32	81.61
1984	24921.36	29486.93	23743.32	80.52
1985	26205.88	30331.24	23135.61	76.28
1986	25456.06	30921.52	23694.04	76.63
1987	25477.65	31271.92	24332.42	77.81
1988	25875.54	32095.39	24293.85	75.69
1989	26273.07	33468.31	25280.52	75.54
1990	26450.79	34111.19	25765.32	75.53

民族自治地方分地区耕地面积和播种面积

(1990 年)

单位：万亩

地　区	耕地面积	水　田	旱　地	农作物播种面积	#粮食作物	#经济作物
全国总计	**143509.40**	**38278.30**	**105231.10**	**222543.40**	**170198.80**	**32125.20**
合　计	**26450.79**	**5383.57**	**21067.22**	**34111.19**	**25765.32**	**5364.32**
河　北	351.76	5.14	346.62	371.88	320.56	37.90
内蒙古	7448.65	114.32	7334.33	7083.64	5811.70	939.06
辽　宁	782.11	46.46	735.65	802.45	650.90	87.49
吉　林	735.04	124.83	610.21	780.90	698.59	54.79
黑龙江	93.97	3.38	90.59	79.08	71.18	2.94
浙　江	10.50	9.08	1.42	24.12	17.99	6.13
湖　北	521.77	118.86	402.91	1079.21	815.32	185.73
湖　南	400.16	300.64	99.52	879.08	570.31	188.32
广　东	37.43	26.37	11.06	74.19	60.76	13.43
广　西	3893.90	2377.34	1516.56	7711.91	5459.90	1208.27
海　南	184.66	104.29	80.37	363.15	267.50	95.65
四　川	1074.34	237.26	837.08	1752.37	1408.54	176.69
贵　州	1188.48	586.08	602.40	2243.20	1615.91	399.34
云　南	2496.44	939.70	1556.74	3719.28	3102.90	404.33
西　藏	333.73	1.16	332.57	320.57	281.60	16.11
甘　肃	427.48	4.06	423.42	422.74	350.99	39.00
青　海	646.37		646.37	600.69	422.07	145.37
宁　夏	1193.80	262.60	931.20	1333.43	1085.30	171.57
新　疆	4630.20	122.00	4508.20	4469.30	2753.30	1192.20

民族自治地方主要农产品产量

单位：万吨

年份	粮食	棉花	油料	烟叶	#烤烟	甜菜	甘蔗
1949	1155.50	1.02					
1952	1581.50	3.14	21.47	1.90	1.90	0.16	109.36
1957	1882.50	5.98	28.79	3.68	3.68	24.48	132.38
1962	1717.50	3.02	13.03			12.41	49.72
1965	2217.00	8.87	27.49	5.47	5.47	39.43	232.56
1975	3069.50	5.39	32.01	10.62	10.62	56.83	360.87
1978	3123.50	5.97	36.15	12.29	12.29	64.68	512.78
1980	3300.10	8.33	36.68	8.53	8.53	133.14	561.06
1981	3371.00	11.73	106.79	17.33	13.51	127.21	727.94
1982	3744.15	15.21	129.40	27.58	21.51	196.50	1012.21
1983	4026.64	16.83	140.51	17.72	13.61	207.68	1019.47
1984	4114.67	20.92	153.95	26.22	20.79	235.36	1103.44
1985	4006.33	19.36	192.82	46.40	33.72	243.59	1537.09
1986	4065.04	22.40	198.79	31.32	23.15	270.50	1683.76
1987	4338.74	28.58	175.58	35.14	26.66	306.06	1702.23
1988	4361.40	28.26	174.16	51.67	41.43	397.04	1938.43
1989	4662.37	29.80	169.33	53.65	42.29	335.89	1803.46
1990	5372.98	47.37	208.13	48.76	39.30	532.30	2141.68

注：油料总产量，1952 年—1980 年期间是花生、芝麻、油菜籽产量之和，1981 年以后为油料总产量。

民族自治地方分地区主要农产品产量（一）

(1990 年)

单位:万吨

地区	粮食	稻谷	小麦	薯类	玉米	高粱	谷子	大豆	其他杂粮
全国总计	**44624.30**	**18933.10**	**9822.90**	**2743.20**	**9681.90**	**567.60**	**457.50**	**1100.00**	**1318.00**
合计	**5372.98**	**2220.0**	**967.32**	**279.36**	**1356.13**	**92.97**	**77.08**	**119.80**	**260.31**
河北	57.42	1.33	7.43	6.72	23.79	5.84	7.4	1.67	2.80
内蒙古	972.97	31.13	261.73	61.30	393.08	38.92	59.35	47.68	79.78
辽宁	158.88	16.43	3.52	4.09	81.98	34.91	5.99	9.18	2.78
吉林	214.44	46.58	2.21	2.62	139.05	2.21	1.65	18.04	2.08
黑龙江	10.93	0.62	0.03	0.36	7.28	1.18	0.42	0.81	0.23
浙江	4.82	3.77	0.12	0.45	0.04			0.16	0.28
湖北	146.67	38.35	9.92	41.34	50.89	0.07		2.63	3.47
湖南	144.39	118.23	3.74	8.69	11.60	0.11		1.37	0.65
广东	16.99	15.57		0.59	0.66	0.01		0.13	0.03
广西	1361.10	1200.80	2.20	23.50	120.00	0.20		12.80	1.60
海南	60.54	43.40	0.55	13.27	2.04			0.21	1.07
四川	287.75	87.14	34.73	46.92	83.06	0.23		4.83	30.84
贵州	328.27	201.07	22.22	28.28	65.34	0.29	0.13	4.17	6.77
云南	564.58	317.87	54.65	14.31	130.55	0.37		5.19	41.64
西藏	55.50	0.32	16.43	0.22	0.92			0.60	37.01
廿肃	52.58		28.59	8.13	7.05	0.01	0.02	4.48	4.30
青海	78.85		49.65	6.67					22.53
宁夏	190.10	54.30	78.00	8.40	37.60	0.62	1.61	2.45	7.12
新疆	666.20	43.10	391.60	3.50	201.20	8.00	0.07	3.40	15.33

民族自治地方分地区主要农产品产量（二）

（1990 年）

单位：吨

地　区	棉　花	油　料	麻　类	甘　蔗	甜　菜
全国总计(万吨)	**450.80**	**1613.20**	**109.70**	**5762.00**	**1452.50**
合　计	**473741**	**2081281**	**53924**	**21416829**	**5322995**
河　北	1452	14098	69		22991
内蒙古	35	693642	6938		2364358
辽　宁	1901	49149	221		54291
吉　林		32058	980		127434
黑龙江		377			5489
浙　江		81	1	33	
湖　北	5	81117	386	2520	
湖　南	314	66615	956	15865	
广　东		4390	5	6918	
广　西		251899	22534	15018430	
海　南		16505	1	834678	
四　川	45	53058	3506	454508	18079
贵　州	618	159995	964	193602	124
云　南	437	61428	1574	4890275	
西　藏		17140			
甘　肃	2	27408	179		4003
青　海		100096			4666
宁　夏		62634	62		477890
新　疆	468932	389591	15548		2243670

民族自治地方分地区主要农产品产量（三）

（1990年）

单位：吨

地区	烟叶	#烤烟	茶叶	蚕茧	水果
全国总计(万吨)	**262.70**	**225.90**	**54.01**	**53.44**	**1874.42**
合计	**487633**	**393044**	**57110**	**41720**	**2585938**
河北	322			452	61370
内蒙古	8234	3601		1372	69180
辽宁	20201	15994		25161	61694
吉林	24527	18110		813	62732
黑龙江					13
浙江			215	23	1770
湖北	70086	32403	8537	339	20655
湖南	26124	16217	535	24	40821
广东	497	22	86	124	3476
广西	40777	29741	16410	7475	916094
海南	196		934		54332
四川	48229	42954	2951	2654	113657
贵州	89310	81702	4315	157	88389
云南	155396	152300	23061	592	198173
西藏			56		5445
甘肃	27				16124
青海	3				17979
宁夏	156				55208
新疆	3548			2534	798826

民族自治地方分地区林业主要指标

(1990 年)

单位: 公顷

地　区	当年造林面积	迹地更新面积
全国总计(万公顷)	**520.85**	**67.15**
合　计	**1450700**	**169704**
河　北	45635	3335
内蒙古	297466	44800
辽　宁	44527	8974
吉　林	27833	29763
黑龙江	1572	
浙　江	2148	30
湖　北	74253	4248
湖　南	6	4
广　东	74873	3402
广　西	424560	35213
海　南	31343	218
四　川	77963	13424
贵　州	145364	3962
云　南	116865	16116
西　藏	867	550
甘　肃	17888	333
青　海	20048	1252
宁　夏	9402	147
新　疆	38087	3933

民族自治地方分地区主要林产品产量

(1990年，包括自用部分)　　单位：吨

地区	橡胶	咖啡	胡椒	紫胶	生漆	油桐籽	油茶籽
全国总计	264243	1831	8000	1421	2683	350770	523313
合计	84790	390	344	162	653	131989	88821
河北							
内蒙古							
辽宁							
吉林							
黑龙江							
浙江						16	335
湖北					313	4723	1055
湖南					13	18505	15064
广东						279	1712
广西	3181		8	52	24	30789	58645
海南	14639	135	169				
四川					133	23314	1363
贵州			145	110	157	45273	7905
云南	66970	255	22		13	9082	2742
西藏						8	
甘肃							
青海							
宁夏							
新疆							

民族自治地方牲畜年末头(只)数及比重

单位: 万头(只)

年份	牲畜总头数	大牲畜	生猪	羊	比重(以牲畜总头数为 100)		
					大牲畜	生猪	羊
1949	4108.00	1646.00	796.00	1666.00	40.07	19.38	40.55
1952	7606.50	2439.20	1136.90	4030.40	32.07	14.95	52.98
1957	9914.20	2926.30	1589.00	5398.90	29.52	16.03	54.45
1962	10421.60	2560.60	1255.30	6605.70	24.57	12.05	63.38
1965	14119.70	3372.90	2151.40	8595.40	23.89	15.24	60.87
1975	16226.95	3848.53	3031.85	9346.57	23.72	18.68	57.60
1978	16646.50	3807.20	3259.70	9579.60	22.87	19.58	57.55
1980	17168.30	3928.32	3256.26	9983.72	22.88	18.97	58.15
1981	17713.95	4057.86	3314.11	10341.98	22.91	18.71	58.38
1982	18026.93	4244.84	3635.67	10146.42	23.55	20.17	56.28
1983	17983.04	4339.77	3970.58	9672.69	24.13	22.08	53.79
1984	18198.34	4462.62	4047.20	9688.52	24.52	22.24	53.24
1985	19038.77	4748.79	4532.86	9757.12	24.94	23.81	51.25
1986	19808.61	4950.94	4869.33	9988.34	24.99	24.58	50.43
1987	20260.96	5046.00	4968.82	10246.14	24.91	24.52	50.57
1988	20938.16	5130.19	5085.00	10722.97	24.50	24.29	51.21
1989	21948.68	5229.87	5434.73	11284.08	23.83	24.76	51.41
1990	22312.78	5285.92	5665.05	11361.81	23.69	25.39	50.92

民族自治地方大牲畜、生猪、羊年末头（只）数占全国比重

单位: %

年份	牲畜总头数	大牲畜	生猪	羊
1949	25.66	27.42	13.78	39.34
1952	33.36	31.90	12.66	65.24
1957	30.20	34.91	10.89	54.77
1962	34.19	36.48	12.56	49.06
1965	36.20	40.05	12.89	61.82
1975	30.75	39.73	10.78	57.21
1978	28.71	40.55	10.82	56.37
1980	29.20	41.24	10.66	53.30
1981	30.58	41.56	11.28	55.09
1982	30.89	41.97	12.09	55.81
1983	31.61	41.93	13.30	57.94
1984	31.73	41.17	13.19	61.16
1985	31.67	41.72	13.67	62.48
1986	31.83	41.64	14.45	60.23
1987	32.16	41.39	15.16	56.82
1988	31.34	41.04	14.87	53.35
1989	31.69	40.84	15.40	53.32
1990	31.76	40.59	15.63	54.10

民族自治地方主要畜产品产量

单位: 万吨

年份	猪肉	牛肉	羊肉	牛奶	羊毛
1980	131.04	14.30	19.66	43.78	10.70
1981	124.29	19.34	20.56	54.41	11.66
1982	136.55	15.30	23.14	61.08	12.18
1983	135.20	18.58	29.08	65.02	12.59
1984	151.09	20.46	28.54	76.37	12.64
1985	179.85	27.41	31.13	86.76	15.76
1986	191.05	29.60	35.35	111.18	13.00
1987	212.84	30.18	36.32	123.15	13.86
1988	217.22	33.94	35.37	119.51	14.57
1989	235.76	39.12	43.31	126.07	15.62
1990	245.99	40.59	31.33	135.06	17.96

民族自治地方分地区牲畜年底存栏数（一）

(1990年)

单位：万头

地区	大牲畜合计	牛	马	驴	骡	骆驼
全国总计	**13021.30**	**10288.40**	**1017.40**	**1119.80**	**549.40**	**46.30**
合计	**5285.92**	**4275.20**	**528.38**	**307.55**	**131.15**	**43.64**
河北	38.39	22.85	5.89	5.94	3.71	
内蒙古	707.47	385.29	156.75	87.81	55.33	22.29
辽宁	74.84	46.01	7.07	16.85	4.91	
吉林	49.52	39.53	7.59	0.73	1.67	
黑龙江	9.03	6.11	2.75	0.16	0.01	
浙江	1.38	1.38				
湖北	39.34	38.75	0.51		0.08	
湖南	67.00	66.78	0.21		0.01	
广东	6.77	6.77				
广西	730.85	703.90	26.11	0.05	0.79	
海南	44.68	44.68				
四川	619.65	564.49	48.17	4.22	2.77	
贵州	349.22	317.92	30.85	0.03	0.42	
云南	587.41	497.67	46.04	17.46	26.24	
西藏	553.82	505.59	33.48	13.57	1.18	
甘肃	170.06	139.53	13.80	9.36	6.21	1.16
青海	586.28	521.88	41.84	11.29	8.85	2.42
宁夏	74.33	27.85	2.74	27.12	16.28	0.34
新疆	575.88	338.22	104.58	112.96	2.69	17.43

民族自治地方分地区牲畜年底存栏数（二）

(1990 年)　　单位：万头(只)

地区	生猪	羊	山羊	绵羊	#细毛羊及改良羊
全国总计	**36240.80**	**21002.10**	**9720.50**	**11281.60**	**3251.40**
合计	**5665.05**	**11361.81**	**3334.52**	**8027.29**	**1246.62**
河北	69.50	98.31	54.68	43.63	21.24
内蒙古	522.95	3023.93	949.03	2074.90	621.82
辽宁	192.57	77.04	33.41	43.63	26.37
吉林	62.21	35.04	2.07	32.97	25.54
黑龙江	5.19	5.49	0.40	5.09	1.54
浙江	7.58	0.84	0.84		
湖北	258.78	36.41	36.24	0.17	0.05
湖南	213.00	21.24	20.92	0.32	
广东	15.23	0.01	0.01		
广西	1742.49	80.56	80.56		
海南	82.53	13.68	13.68		
四川	527.85	689.93	352.66	337.27	23.84
贵州	585.82	86.97	63.76	23.21	3.78
云南	1109.01	425.23	349.06	76.17	4.05
西藏	16.35	1676.90	566.20	1110.70	70.00
甘肃	44.72	380.85	71.64	309.21	125.50
青海	53.56	1560.96	199.65	1361.31	7.42
宁夏	66.00	317.61	90.28	227.33	15.37
新疆	89.71	2830.81	449.43	2381.38	0.10

民族自治地方分地区畜产品和水产品产量（一）

(1990年)

单位：万吨

地区	猪肉	牛肉	羊肉	禽肉
全国总计	**2281.10**	**125.60**	**106.80**	**322.90**
合计	**254.99**	**40.59**	**31.33**	**24.77**
河北	4.51	0.76	0.64	0.12
内蒙古	28.77	8.55	12.78	1.43
辽宁	10.45	0.51	0.38	0.37
吉林	4.28	1.07	0.14	0.57
黑龙江	0.43	0.25	0.02	0.04
浙江	0.34			0.02
湖北	12.60	0.08	0.13	0.18
湖南	11.41	0.27	0.12	0.97
广东	1.11	0.03		0.10
广西	87.19	3.04	0.29	13.60
海南	2.14	0.26	0.06	0.62
四川	20.01	3.95	1.67	1.20
贵州	26.09	1.36	0.41	1.28
云南	31.75	1.73	0.72	2.27
西藏	0.50	4.35	3.93	
甘肃	2.02	1.72	1.41	0.24
青海	2.38	5.04	5.40	0.07
宁夏	4.08	0.54	1.65	0.46
新疆	4.93	7.08	1.58	1.23

民族自治地方分地区畜产品和水产品产量（二）

(1990 年)

单位：吨

地区	牛奶	羊奶	羊毛	羊绒	蜂蜜	水产品
全国总计	4157000	594000	255963	5751	193000	12370203
合计	1350603	120881	179574	4251	32208	513553
河北	5616	24	1992	83	257	1049
内蒙古	369523	26477	61495	2076	2474	30428
辽宁	1511	185	24119	75	17904	7242
吉林	7535	1690	1266	600	979	11179
黑龙江	39405	1	205		1	12050
浙江					40	63
湖北	148		4		364	2012
湖南	2497		9		230	11642
广东					9	1380
广西	8589				2538	323493
海南	298				3	69200
四川	163847	1194	2825	4	1774	3848
贵州	595	1	579		662	3105
云南	49976	2320	654	2	2661	
西藏	125532	32010	9156	448		249
甘肃	51267	353	5349	61	306	350
青海	175497	8298	16919	137	20	2829
宁夏	40704	67	4070	158	517	10217
新疆	308063	48261	50932	607	1469	23217

民族自治地方平均每人农业总产值和主要农产品产量

年　份	农业总产值 (元)	粮　食 (公斤)	棉　花 (公斤)	油　料 (公斤)	大牲畜 (头)	猪 (头)	羊 (只)
1980	139.27	287.96	0.73		0.34	0.28	0.87
1981	146.86	288.69	1.01	9.15	0.35	0.28	0.89
1982	225.09	313.39	1.28	10.83	0.36	0.30	0.85
1983	233.81	324.91	1.36	11.34	0.35	0.32	0.78
1984	248.10	321.97	1.64	12.05	0.35	0.32	0.76
1985	265.61	302.96	1.47	14.58	0.36	0.34	0.74
1986	264.63	295.91	1.63	14.47	0.36	0.35	0.73
1987	272.78	308.00	2.03	12.46	0.36	0.35	0.73
1988	282.05	302.60	1.96	12.08	0.36	0.35	0.74
1989	290.99	314.60	2.01	11.43	0.35	0.37	0.76
1990	303.10	342.70	3.00	13.30	0.34	0.36	0.72

注：人均农业总产值1980年—1981年是按1970年不变价格计算，1982年以后均按1980年不变价格计算，并用新口径统计。

民族自治地方分地区平均每人农业总产值和主要农产品产量

(1990年)

地　区	农业总产值 (元)	粮　食 (公斤)	棉　花 (公斤)	油　料 (公斤)	大牲畜 (头)	猪 (头)	羊 (只)
全国总计	**328.0**	**393.1**	**4.0**	**14.2**	**0.12**	**0.32**	**0.19**
合　计	**303.1**	**342.7**	**3.0**	**13.3**	**0.34**	**0.36**	**0.72**
河　北	274.8	308.9	0.8	7.6	0.21	0.37	0.53
内蒙古	380.0	456.6		32.6	0.33	0.25	1.42
辽　宁	349.4	358.8	0.4	11.1	0.17	0.43	0.17
吉　林	451.3	674.8		10.1	0.16	0.20	0.11
黑龙江	517.9	468.1		1.6	0.39	0.22	0.24
浙　江	242.7	280.1		0.5	0.08	0.44	0.05
湖　北	275.0	348.0		19.2	0.09	0.61	0.09
湖　南	271.8	337.2	0.1	15.6	0.16	0.50	0.05
广　东	389.3	404.5		10.5	0.16	0.36	
广　西	251.1	324.4		6.0	0.17	0.42	0.02
海　南	301.5	283.1		7.7	0.21	0.39	0.06
四　川	308.0	355.7		6.6	0.77	0.65	0.85
贵　州	232.6	247.6		12.1	0.26	0.44	0.07
云　南	278.1	298.7		3.2	0.31	0.59	0.22
西　藏	363.6	255.8		7.9	2.55	0.08	7.73
甘　肃	194.2	196.5		10.2	0.64	0.17	1.42
青　海	331.7	284.3		36.1	2.11	0.19	5.63
宁　夏	273.9	413.0		13.6	0.16	0.14	0.69
新　疆	526.6	451.2	31.8	26.4	0.39	0.06	1.92

注：农业总产值按1980年不变价格计算，并用新口径统计。

民族自治地方分地区农牧业场站情况

(1990年)

单位：个

地　区	畜牧兽医站	经营管理站	草原工作站	农业技术推广站
合计	9405	7510	455	5930
河　北	101	31	2	30
内蒙古	1633	1071	126	1034
辽　宁	261	140	8	181
吉　林	178	174	70	166
黑龙江	20	1	1	
浙　江	8			6
湖　北	387	148	11	146
湖　南	412	119		101
广　东	41	21		29
广　西	1624	1455	8	1386
海　南	108	41	1	90
四　川	1426	765	34	608
贵　州	1165	171	30	257
云　南	88	88		1183
西　藏				
甘　肃	303	25	5	153
青　海	395	217	39	190
宁　夏	306	259	29	284
新　疆	949	2784	91	86

民族自治地方农业机械总动力和大中小型拖拉机拥有量

年份	农业机械总动力（万千瓦）	大中型农用拖拉机		小型拖拉机	
		（万台）	（万千瓦）	（万台）	（万千瓦）
1980		12.08	410.2	20.75	183.2
1981		12.28	428.2	21.33	188.2
1982		12.45	452.5	23.25	207.1
1983	1869.9	13.07	454.1	27.85	245.8
1984	1964.5	13.25	480.5	33.83	301.3
1985	2144.4	14.37	492.7	40.27	360.3
1986	2468.7	15.25	501.0	51.46	478.0
1987	2643.8	15.27	473.0	58.15	568.8
1988	2908.4	16.41	562.2	75.53	668.6
1989	3329.5	16.10	564.3	84.86	783.8
1990	3817.1	15.89	646.0	90.74	1019.6

民族自治地方机耕地面积、灌溉面积、农村用电量和化肥施用量

年份	机耕地面积（万亩）	灌溉面积（万亩）	农村用电量（万千瓦小时）	化肥施用量（折纯、万吨）
1980	8080.91	10265.91	237400	99.90
1981	6590.16	10159.28	260443	98.30
1982	6179.87	10090.04	278432	116.37
1983	5901.32	10339.53	292538	138.72
1984	6370.69	10095.09	328503	140.87
1985	5655.30	10279.89	335832	154.74
1986	5986.52	10575.35	422109	179.52
1987	6843.39	10764.10	463331	197.23
1988	7936.09	10851.59	485995	209.46
1989	8655.32	11051.85	568346	245.69
1990	10505.42	11465.58	702621	266.86

民族自治地方分地区农业机械化情况

(1990年)

地区	农业机械总动力(万千瓦)	大中型农用拖拉机		小型拖拉机		农用排灌动力机械		农用载重汽车(辆)
		(台)	(万千瓦)	(台)	(万千瓦)	(台)	(万千瓦)	
全国总计	**28707.70**	**813512**	**2745.50**	**6981000**	**6231.40**	**8486000**	**7129.30**	**624384**
合计	**3817.05**	**158918**	**646.01**	**907373**	**1019.64**	**422792**	**615.66**	**79150**
河北	40.27	460	1.95	10135	8.88	15045	32.86	1040
内蒙古	760.50	42873	165.70	238000	237.00	158000	133.90	12417
辽宁	178.19	10681	65.70	1644	19.15	23274	14.52	5305
吉林	106.18	8484	27.04	31873	27.59	17392	11.76	1915
黑龙江	8.70	519	2.07	4448	4.09	861	1.10	38
浙江	2.20			497	0.40			17
湖北	65.23	4141	7.26	2030	1.80	744	0.95	868
湖南	48.75	324	5.27	10615	6.85	17443	13.09	2752
广东	5.35	49	1.26	1963	1.66	962	1.07	163
广西	784.21	16433	49.08	230005	203.39	73660	72.31	15448
海南	28.70	1075	2.66	6284	55.29	5292	2.89	925
四川	97.18	1877	24.72	20338	101.57	4796	31.66	3034
贵州	439.35	3865	29.15	10136	29.89	27245	48.02	1828
云南	354.32	9284	34.89	82096	73.37	34124	37.51	9835
西藏	45.36	2314	9.70	8414	7.57	3620	3.41	3196
甘肃	55.82	1460	5.45	19554	18.32	2227	9.70	1210
青海	82.53	2925	11.15	37407	33.45	2190	4.92	2426
宁夏	191.11	5966	21.54	83934	77.57	10611	147.18	3892
新疆	523.10	46188	181.42	108000	111.80	25306	48.81	12841

民族自治地方分地区机耕地、灌溉面积、化肥施用量、农村水电站和农村用电量

(1990 年)

地　区	机耕地面积（万亩）	灌溉面积（万亩）	化肥施用量(万吨)		农村水电站		农村用电量（万千瓦小时）
			实物量	折纯量	（个）	（万千瓦）	
全国总计	**72382.80**	**71104.60**	**10551.40**	**2590.30**	**52387**	**428.80**	**8445000**
合　计	**10505.42**	**11465.58**	**903.83**	**266.86**	**9685**	**106.00**	**702621**
河　北	83.41	65.07	8.07	2.40	10	0.05	12573
内蒙古	3873.10	1877.27	105.53	34.51	14	0.20	113532
辽　宁	383.04	75.07	27.34	7.81	57	3.46	56028
吉　林	26.00	177.20	21.40	8.36	24	1.77	29316
黑龙江			0.69	0.29			1197
浙　江	0.38	6.77	0.85	0.17	87	0.69	418
湖　北	3.80	81.92	34.42	8.72	341	16.85	9374
湖　南	14.15	246.94	21.33	5.78	884	6.32	8153
广　东	4.96	19.89	2.14	0.50	178	11.20	4183
广　西	1018.99	2235.65	330.40	86.24	2578	11.00	126000
海　南	67.07	74.84	6.18	2.35	71	7.37	3226
四　川	99.22	286.34	31.27	9.45	1738	12.46	28195
贵　州	18.11	251.37	54.47	15.90	890	4.96	88663
云　南	312.51	917.45	101.50	26.22	1947	14.45	53683
西　藏	25.61	189.60	3.51	1.55	203	1.40	1428
甘　肃	122.12	82.00	5.53	1.64	85	4.10	14263
青　海	267.85	201.20	11.15	3.81	65	0.64	9098
宁　夏	507.60	390.40	46.11	11.66			38570
新　疆	3677.50	4286.60	91.94	39.50	513	9.08	104721

民族自治地方分地区受灾面积和成灾面积

(1990 年)

单位: 万亩

地　　区	受灾面积	#水灾	#旱灾	成灾面积	#水灾	#旱灾
全国总计	**57711**	**17706**	**27262**	**26729**	**8407**	**11708**
合　计	**8274.65**	**1687.37**	**5021.62**	**4744.66**	**920.32**	**2961.95**
河　北	71.78	37.33	34.45	40.07	17.08	22.99
内蒙古	1810.00	554.00	550.00	700.00	320.00	142.00
辽　宁	280.87	55.25	225.62	181.79	62.87	118.92
吉　林	53.91	52.15	1.86	37.84	36.62	1.22
黑龙江	23.92	7.92	16.00	22.52	7.92	14.60
浙　江	9.50	1.75	7.75	6.80	1.16	5.64
湖　北	360.06	14.51	319.47	280.48	11.27	252.21
湖　南	360.76	87.95	272.81	256.67	57.34	199.33
广　东	22.21	3.50	18.70	7.67	1.52	6.15
广　西	2200.00	240.00	1800.00	1379.00	107.00	1144.00
海　南	73.93	46.78	27.15	41.27	21.97	19.30
四　川	638.14	139.11	426.58	466.89	87.25	337.52
贵　州	760.73	118.68	489.30	502.35	73.45	336.00
云　南	699.82	258.28	179.91	339.90	77.02	79.10
西　藏	26.00	2.00	6.00	16.00	2.00	2.00
甘　肃	114.21	35.25	78.96	89.03	17.36	71.67
青　海	171.81	6.91	46.69	134.38	6.49	33.30
宁　夏	331.00	20.00	242.00	123.00	11.00	96.00
新　疆	266.00	6.00	200.00	119.00	1.00	80.00

主要统计指标解释

农村社会总产值　指在一定时期内，农村各物质生产部门生产的以货币表现的全部产品价值总量。根据我国目前的农村经济现状，农村社会总产值包括：乡、村及村以下各级合作经济组织和农户从事农业、工业、建筑业、运输业、商业、饮食业活动所生产的总产值和国营农场生产的农业总产值两部分。凡是在农村的国营工业、建筑业、运输业、商业和饮食业的总产值，也不包括在内。农村集体和国营联营的企业产值，凡场地在农村，并以农村集体合作经济组织的劳力、土地或生产用房为主的企业，其产值包括在农村社会总产值中。

农业总产值　以货币表现的农、林、牧、副、渔五业全部产品的总量，它反映一定时期内农业生产的总规模和总成果。

农、林、牧、副、渔五业的统计范围是：

(1) 农作物种植业　包括粮、棉、油料、糖料、麻类、烟叶、蔬菜、药材、瓜类和其他农作物的种植，以及茶园、桑园、果园的生产经营。

(2) 林业　包括林木的栽培（不包括茶园、桑园和果园的栽培、管理和收获等活动)、林产品的采集和村及村以下合作经济组织和农户的竹木采伐。

(3) 牧业　包括除渔业养殖以外的一切动物饲养和放牧。

(4) 副业　包括采集野生植物、捕猎野兽、野禽及农民家庭兼营的工业。

(5) 渔业　包括水生动物和海藻类植物的养殖和捕捞。

从所有制看，包括全民所有制的各种专业农（林、牧、渔）场和农业试验场、所以及国家各级机关团体、学校、科研机构部队经营的农业；集体所有制的乡镇村各级办农场和农村各种经济组织经营的农林牧渔业以及工矿企业家属集体经营的农业；农民家庭自营的农林牧渔业及兼营工业等。

农业总产值的计算方法通常是按农林牧渔业产品及共副产品的产量，分别乘以各自单位产品价格求得，少数生产周期较长，当年没有产品或产品产量不易统计的则采用间接方法匡算共产值。然后将五业产品产值相加即为农业总产值。

1957年以前的农业总产值中包括了厩肥和农民自给性手工业（如农民自制衣服、鞋、袜，自己从事粮食初步加工等)。1958年及以后的农业总产值，林业中增加了村及村以下竹木采伐产值；牧业中取消了厩肥产值；副业中取消了农民自给性手工业产值，增加了村及村以下办的工业产值；渔业中增加了海洋捕捞水产品产值。1980 年及以后的农业总产值，在副业中增加了农民商品性家庭手工业的产值。从 1984 年起村及村以下办工业产值划归工业。

农村工业总产值　以货币表现的乡办工业、村办工业和村以下办工业（即组办工业、农民联办工业和个体办工业）企业生产的产品总量。包括成品价值和对外承做的工业性作业价值两部分。出售的半成品的价值也计入总产值。

农村工业总产值按“工厂法”计算，即按每个企业工业生产活动的最终成果计算，在企业内部不允许重复，即不能将企业内部各个车间生产的成果相加。计算工业总产值的工业产品必须符合国务院和各省、自治区、直辖市主管部门规定的质量标准或订货合同规定的技术条件。凡不符合产品产量标准的不合格品，一律不准计算产量、产值。工业性作业只恢复或提高原来产品使用价值或只完成成品生产中的个别工序，只按加工费计算总产值，不包括原材料的价值。

粮食产量　指全社会的产量。包括全民所有制经营的、集体统一经营的和农民家庭经营的粮食产量，还包括工矿企业家属办的农场和其他生产单位的产量。粮食除包括稻谷、小麦、玉米、高粱、谷子及其他杂粮外，还包括薯类和大豆。其产量计算方法，豆类按去豆荚后的干豆计算；薯类（包括甘薯和马铃薯，不包括芋头和木薯）1963 年以前按每 4 公斤鲜薯折 1 公斤粮食计算，从 1964 年开始及以后改为按 5 公斤鲜薯折 1 公斤粮食计算。其他粮食一律按脱粒后的原粮计算。

油料产量　指全部油料作物的生产量。包括花生、油菜籽、芝麻、向日葵籽、胡麻籽（亚麻籽）和其他油料。不包括大豆，也不包括木本油料和野生油料。花生以带壳干花生计算。

水产品产量　指人工养殖的水产品和天然生长的水产品的捕捞量。包括海水的鱼类、虾蟹类、贝类和藻类以及淡水的鱼类、虾蟹类和贝类，不包括淡水水生植物。

猪、牛、羊肉产量　指当年出栏并已屠宰的猪、牛、羊的肉产量。即屠宰后除去头蹄下水后带骨肉（即胴体重）的重量。

耕地面积　指可以用来种植农作物、经常进行耕锄的田地。除包括熟地、当年新开荒地、连续撂荒未满三年的耕地和当年的休闲地（轮歇地）外，还包括以种植农作物为主并附带种植桑树、茶树、果树和其他林木的土地以及沿海、沿湖地区已围垦利用的“海涂”、“湖田”等面积。但不包括属于专业性的桑园、茶园、果园、果木苗圃、林地、芦苇地、天然或人工草地面积。

农作物播种面积　　指实际播种或移植有农作物的面积。凡是实际种植有农作物的面积，不论种植在耕地上还是种植在非耕地上，均包括在农作物播种面积中，同时还包括因遭灾而重新改种和补种的农作物面积，种一亩算一亩。

灌溉面积　　指有效灌溉面积，即具有一定的水源，地块比较平整，灌溉工程或设备已经配套，在一般年景下当年能够进行正常灌溉的耕地面积。

农用化肥施用量　　指实际用于农业生产的化肥数量。包括氮肥、磷肥、钾肥和复合肥。化肥施用量分别按实物量和折纯量两种方法计算。折纯法化肥施用量是把氮肥、磷肥和钾肥分别按含氮、含五氧化二磷、含氧化钾的百分之一百成份折算后的数量。复合肥按其所含主要成分折算。

农业机械总动力　　指主要用于农、林、牧、副、渔业的各种动力机械的动力总和。包括耕作机械、排灌机械、收获机械农产品加工机械、运输机械、植物保护机械、牧业机械、林业机械、渔业机械和其他农业机械〔内燃机按引擎马力折成瓦（特）计算，电动机按功率折成瓦（特）计算〕。不包括专门用于乡、镇、村组办工业、基本建设、非农业运输、科学试验和教学等非农业生产方面用的动力机械与作业机械。

附录:牧区畜牧业

全国牧区、半农半牧区县(旗)分布(一)

(1990年)　　　　单位: 个

地　区	合　计	牧　区	半　农 半农区	县（旗）名　称
总　计	266	120	146	
河　北	6		6	张北、康保、沽源、尚义、丰宁、围场
山　西	1		1	右玉
内蒙古	54	33		阿鲁科尔沁、巴林左、巴林右、克什克腾、翁牛特、鄂温克、新巴尔虎右、新巴尔虎左、陈巴尔虎、科尔沁右翼中、科尔沁左翼中、科尔沁左翼后、扎鲁特、锡林浩特市、阿巴嘎、苏尼特左、苏尼特右、东乌珠穆沁、西乌珠穆沁、镶黄、正镶白、正蓝、达茂、四子王、鄂托克前、鄂托克、杭锦、乌审、乌拉特中、乌拉特后、阿拉善左、阿拉善右、额济纳
			21	林西、敖汉、扎兰屯市、阿荣、莫力达瓦、科尔沁右翼前、扎赉特、突泉、通辽市、开鲁、库伦、奈曼、太仆寺、察右中、察右后、东胜市、达拉特、准格尔、伊金霍洛、磴口、乌拉特前
辽　宁	6		6	阜新、彰武、康平、北票市、建平、喀左
吉　林	10	1		通榆
			9	双辽、白城市、扶余、洮安、长岭、前郭尔罗斯、大安、镇赉、乾安
黑龙江	15	7		龙江、甘南、杜尔伯特、富裕、安达、青冈、肇源
			8	泰来、林甸、同江、虎林、肇东、兰西、肇州、明水

全国牧区、半农半牧区县(旗)分布(二)

(1990年)　　单位: 个

地　区	合计	牧区	半农半农区	县(旗)名称
四　川	48	10		松潘、壤塘、阿坝、若尔盖、红原、德格、白玉、石渠、色达、理塘
			38	汶川、理县、茂汶、南坪、金川、小金、黑水、马尔康、康定、泸定、丹巴、九龙、雅江、道孚、泸霍、甘孜、新龙、巴塘、乡城、稻城、得荣、西昌市、木里、盐源、德昌、会理、会东、宁南、普格、布拖、金阳、昭觉、喜德、冕宁、越西、甘洛、美姑、雷波
西　藏	37	13		当雄、仲巴、萨嘎、那曲、嘉黎、聂荣、安多、申扎、班戈、巴青、革吉、改则、措勤
			24	林周、昌都、江达、贡觉、类乌齐、丁青、察雅、八宿、曲松、措美、错那、昂仁、谢通门、比如、索县、普兰、札达、噶尔、日土、工布江达、浪卡子、康马、亚东、岗巴
甘　肃	19	7		肃北、阿克塞、肃南、天祝、玛曲、碌曲、夏河
			12	永登、永昌、靖远、安西、山丹、民勤、漳县、岷县、环县、华池、卓尼、迭部
青　海	30	26		祁连、海晏、刚察、泽库、河南、共和、同德、兴海、贵南、玛沁、班玛、甘德、达日、久治、玛多、玉树、杂多、称多、治多、囊谦、曲麻莱、格尔木市、德令哈市、乌兰、都兰、天峻
			4	门源、同仁、尖扎、贵德
宁　夏	3	1		盐池
			2	同心、海原
新　疆	37	22		伊吾、木垒、温泉、和静、阿合奇、乌恰、塔什库尔干、民丰、新源、昭苏、特克斯、尼勒克、托里、裕民、和布克赛尔、阿勒泰市、布尔津、富蕴、福海、哈巴河、青河、吉木乃
			15	乌鲁木齐、哈密、巴里坤、奇台、博乐市、精河、尉犁、且末、和硕、温宿、沙雅、阿克陶、巩留、塔城市、额敏

全国牧区、半农半牧区县(旗)牲畜年末头(只)数

单位：万头(只)

年　份	牲畜总头数	大牲畜	羊	生　猪
1949	2916.5	1014.2	1902.3	
1952	3688.4	1226.9	2461.5	
1957	5085.8	1462.7	3623.1	
1965	7394.0	1802.9	5591.1	
1978	8386.5	2166.0	6220.5	
1979	9152.7	2270.6	6882.1	
1980	9443.6	2358.0	7085.6	
1981	10118.7	2495.5	7623.2	1107.9
1982	10202.8	2703.8	7498.0	1125.8
1983	9568.9	2549.2	7019.7	1000.2
1984	9678.9	2624.5	7054.4	1063.0
1985	10008.7	2763.3	7245.4	1332.5
1986	9905.8	2781.0	7124.8	1159.1
1987	10096.0	2795.6	7300.4	2053.6
1988	10531.0	2817.0	7714.4	2123.0
1989	10524.9	2780.5	7744.4	1232.9
1990	10630.7	2810.8	7819.9	1330.1

注：生猪头数未包括在牲畜总头数中。

全国分地区草山草坡情况

(1990年)

单位：万亩

地　区	草山(坡)总面积	可利用面积	已利用面积
全国总计	**166103.03**	**137032.87**	**98937.26**
北　京	733.01	482.46	328.17
天　津	24.51	23.29	13.97
河　北	5082.42	4123.16	2983.27
山　西	6629.61	5529.54	3376.66
内蒙古	8884.00	6712.00	4279.00
辽　宁	3445.00	3224.00	3224.00
吉　林	1622.30	1100.10	870.30
黑龙江	8422.90	6246.20	2400.00
上　海			
江　苏	564.69	397.45	150.42
浙　江	1038.70	858.17	215.00
安　徽	2494.77	2227.76	550.00
福　建	786.28	650.00	55.00
江　西	6663.50	5771.30	1878.00
山　东	3149.47	2402.15	1496.27
河　南	5053.84	4322.54	1908.91
湖　北	9600.00	7600.00	3800.00
湖　南	9458.92	8111.34	4312.83
广　东	4901.00	4015.00	1174.55
广　西	13049.00	9752.00	7073.00
海　南	951.52	814.30	581.29
四　川	10285.30	8088.37	3735.04
贵　州	6430.90	5638.90	5638.90
云　南	28284.63	22619.37	22619.37
西　藏			
陕　西	8167.00	6790.00	6790.00
甘　肃	14273.21	14273.21	14273.21
青　海	3582.56	3075.66	3075.66
宁　夏	2523.99	2184.60	2134.44
新　疆			

全国分地区牧区、半农半牧区草地建设情况

（1990 年）

单位：万亩

地　区	草　原 总面积	可利用 面　积	已利用 面　积	累计人工 种草保留 面　积	当年新 增面积
全国总计	412744.97	328384.75	302154.71	13970.60	283.57
河　北	2490.00	2301.00	1977.50	232.32	21.78
内蒙古	121116.00	95283.00	83659.00	1938.00	510.70
辽　宁	1638.00	1633.00	1635.00	187.33	9.55
吉　林	2815.60	2066.00	2066.00	141.20	15.90
黑龙江	2876.70	2570.50	2539.00	247.00	34.80
四　川	24548.67	21343.15	20424.21	49.11	4.68
西　藏	101622.00	70502.00	58459.00	9900.00	
甘　肃	13500.00	11881.10	10600.00	41.64	16.64
青　海	54298.00	47100.00	47100.00	194.00	37.00
宁　夏	1952.00	1685.00	1685.00	40.00	5.00
新　疆	85888.00	72010.00	72010.00	1000.00	160.00

注：西藏各项指标均用 1989 年数代替。

地　区	累计改良 草场面积	当年新增 面　积	累计飞播 种草保留 面　积	当年新增 面　积	累计草场 围栏保留 面　积	当年新增 面　积
全国总计	5005.39	656.87	1216.93	171.67	7975.41	1038.86
河　北	33.49	5.62	27.98	5.53	160.98	12.40
内蒙古	2495.80	334.70	777.70	114.10	4804.80	670.80
辽　宁	46.86	4.22	16.78	2.70	14.39	0.70
吉　林	57.00	11.70	33.50	3.00	48.30	7.50
黑龙江	214.20	70.20	76.90	10.30	372.20	41.20
四　川	248.77	11.00	4.07		183.03	12.95
西　藏					33.63	
甘　肃	148.27	5.43			258.47	8.75
青　海	147.00	27.00	27.00	5.14	1095.28	128.46
宁　夏	114.00	13.00	3.00		4.33	2.10
新　疆	1500.00	174.00	250.00	30.90	1000.00	154.00

全国牧区、半农半牧区畜牧业情况

年份	年末总人口(万人)	农业总产值(1980年不变价格)(万元)	#牧业产值	农业机械总动力(万瓦特)	农村用电量(万千瓦小时)	猪牛羊肉产量(吨)	猪牛羊肉出售量(吨)
1985	3845.7	1334898.1	378250.7			862883.6	424496.2
1986	3831.4	1381465.0	395790.1	1030099.0	175945.7	921806.1	442018.7
1987	3937.7	1438841.6	414137.6	1119410.9	190124.3	988382.9	499887.1
1988	4333.0	1681331.0	467047.0	1240220.0	201925.0	1057875.0	594963.0
1989	3971.6	1461285.6	490283.2	1272478.3	211667.3	1141150.4	573594.7
1990	4116.5	1814671.6	496960.1	1414599.0	244873.7	1249826.0	641551.6

年份	牛、羊奶产量(吨)	牛、羊奶出售量(吨)	绵羊毛产量(吨)	绵羊毛出售量(吨)	年末猪存栏头数(万头)	年末羊存栏只数(万只)	年末大牲畜存栏头数(万头)
1985	926300.1	333730.7	102041.8	93589.1	1123.8	7045.2	2712.5
1986	941060.5	331636.2	101165.7	84493.2	1159.1	7124.8	2781.0
1987	1058565.0	418758.2	105652.9	93243.3	2053.6	7300.4	2795.6
1988	1157753.0	432822.0	110611.0	101118.0	2123.0	7714.0	2817.0
1989	1177373.5	497493.9	113967.5	90363.9	1232.9	7744.4	2780.5
1990	1343265.9	644988.2	116592.8	95859.5	1330.1	7819.9	2810.8

全国分地区牧区、半农半牧区畜牧业情况

（1990 年）

地　区	年　末 总人口 （万人）	农业总产值 （1980 年不变价格） （万元）	#牧业产值	农业机械 总动力 （万瓦特）	农　村 用电量 （万千瓦小时）	猪牛羊肉 产　量 （吨）	猪牛羊肉 出售量 （吨）
合　计	**4116.5**	**1814671.6**	**496960.1**	**1414599.0**	**244873.7**	**1249826.0**	**641551.6**
河　北	191.1	57191.0	19393.0	33452.4	5699.2	53082.0	38430.0
山　西	9.8	3546.0	785.0	4421.7	290.0	2360.9	1186.0
内蒙古	1102.1	526341.2	143192.7	505279.7	61867.0	360063.0	191981.0
辽　宁	298.3	109779.0	28514.0	59950.0	32600.0	96474.0	42089.0
吉　林	462.3	275729.0	40462.2	173777.8	31258.4	104280.0	57016.0
黑龙江	576.7	336491.9	69823.6	206927.1	36708.0	117833.0	75021.8
四　川	518.8	165809.0	60245.0	71538.3	21945.6	175643.6	69841.6
西　藏	85.4	20495.5	15852.1	11644.4	473.5	54361.8	15200.9
甘　肃	315.2	85946.3	25707.2	115286.5	22514.2	68945.7	39757.7
青　海	141.9	56609.0	35036.0	43370.0	3683.8	92652.9	55853.5
宁　夏	72.3	12738.1	3678.8	24529.1	2963.0	11361.1	4476.0
新　疆	342.6	163995.6	54270.5	164422.0	24871.0	112768.0	50698.1

地　区	牛、羊奶 产　量 （吨）	牛、羊奶 出售量 （吨）	绵羊毛 产　量 （吨）	绵羊毛 出售量 （吨）	年末猪 存栏头数 （万头）	年末羊 存栏只数 （万只）	年末大牲畜 存栏头数 （万头）
合　计	**1343265.9**	**644988.2**	**116592.8**	**95859.5**	**1330.1**	**7819.9**	**2810.8**
河　北	11205.0	7753.0	5380.0	4944.0	59.2	163.0	52.9
山　西	72.0	62.0	196.7	196.7	1.2	10.0	2.8
内蒙古	269600.0	122387.0	45291.0	40518.0	353.1	2493.4	579.3
辽　宁	2431.0	2251.0	3484.8	2807.0	141.3	91.0	63.4
吉　林	19665.0	19117.0	6801.4	6384.2	143.7	178.1	86.8
黑龙江	408729.0	382986.0	4659.9	4290.4	157.7	121.8	107.7
四　川	165038.6	27852.0	2623.4	1588.2	341.9	654.0	577.6
西　藏	73015.3	35.2	6009.9	84.2	1.3	1134.2	356.3
甘　肃	47440.7	11710.0	5989.6	5060.7	88.6	495.4	187.8
青　海	165419.3	13520.1	14114.4	12630.7	10.3	1188.8	530.6
宁　夏	114.0	70.0	1505.7	1357.0	5.2	122.2	15.3
新　疆	180536.0	57244.9	20536.0	15998.4	26.6	1168.0	250.3

注：西藏各项指标均用 1989 年数代替。

全国分地区牧区畜牧业情况

(1990 年)

地区	年末总人口(万人)	农业总产值(1980 年不变价格)(万元)	#牧业产值	农业机械总动力(万瓦特)	农村用电量(万千瓦小时)	猪牛羊肉产量(吨)	猪牛羊肉出售量(吨)
合计	**1175.9**	**564708.5**	**230089.2**	**529667.0**	**49036.3**	**499875.7**	**272349.7**
内蒙古	465.9	224609.8	86340.9	295433.7	20240.4	204348.0	120156.0
吉林	32.7	22975.3	3369.1	15856.4	2300.0	7401.0	3262.0
黑龙江	278.7	143202.3	35220.0	86265.0	16521.0	54972.0	35352.2
四川	46.8	23849.0	17567.0	6739.6	827.6	24157.0	11898.2
西藏	23.8	10276.8	9690.2	4485.1		26388.7	5787.5
甘肃	45.7	14235.8	9763.9	13933.0	1121.4	21628.4	15445.1
青海	107.9	44937.0	31600.0	31980.0	2296.9	84216.6	50909.9
宁夏	14.0	3411.0	1377.9	7695.5	1027.0	5210.0	2467.5
新疆	160.4	77211.5	35160.2	67278.7	4702.0	71554.0	27071.3

地区	牛、羊奶产量(吨)	牛、羊奶出售量(吨)	绵羊毛产量(吨)	绵羊毛出售量(吨)	年末猪存栏头数(万头)	年末羊存栏只数(万只)	年末大牲畜存栏头数(万头)
合计	**902103.7**	**379948.5**	**68176.9**	**55201.8**	**251.3**	**4856.9**	**1675.5**
内蒙古	230089.0	103508.0	30191.0	26507.0	135.3	1881.3	404.0
吉林	3721.0	3719.0	972.0	593.8	11.7	30.0	10.8
黑龙江	223011.0	203654.0	2477.1	2270.0	72.4	68.1	59.0
四川	105451.8	14465.2	856.9	582.6	4.0	153.7	287.2
西藏	30286.1		3978.5			655.3	155.2
甘肃	39090.3	8881.2	3586.6	3251.6	7.8	253.9	98.3
青海	149643.5	10817.1	13056.5	11734.9	6.1	1092.9	492.8
宁夏	114.0	70.0	406.3	714.0	3.3	44.0	3.0
新疆	120697.0	34834.0	12652.0	9547.9	10.7	677.7	165.2

全国分地区半农半牧区畜牧业情况

（1990年）

地区	年末总人口（万人）	农业总产值（1980年不变价格）（万元）	#牧业产值	农业机械总动力（万瓦特）	农村用电量（万千瓦小时）	猪牛羊肉产量（吨）	猪牛羊肉出售量（吨）
合计	**2940.6**	**1249963.1**	**266870.9**	**884932.0**	**195837.4**	**749950.3**	**369201.9**
河北	191.1	57191.0	19393.0	33452.4	5699.2	53082.0	38430.0
山西	9.8	3546.0	785.0	4421.7	290.0	2360.9	1186.0
内蒙古	636.2	301731.4	56851.8	209846.0	41626.6	155715.0	71825.0
辽宁	298.3	109779.0	28514.0	59950.0	32600.0	96474.0	42089.0
吉林	429.6	252753.7	37093.1	157921.4	28958.4	96879.0	53754.0
黑龙江	298.0	193289.6	34603.6	120662.1	20187.0	62861.0	39669.6
四川	472.0	141960.0	42678.0	64798.7	21118.0	151486.6	57943.4
西藏	61.6	10218.7	6161.9	7159.3	473.5	27973.1	9413.4
甘肃	269.5	71710.5	15943.3	101353.5	21392.8	47317.3	24312.6
青海	34.0	11672.0	3436.0	11390.0	1386.9	8436.3	4943.6
宁夏	58.3	9327.1	2300.9	16833.6	1936.0	6151.1	2008.5
新疆	182.2	86784.1	19110.3	97143.3	20169.0	41214.0	23626.8

地区	牛、羊奶产量（吨）	牛、羊奶出售量（吨）	绵羊毛产量（吨）	绵羊毛出售量（吨）	年末猪存栏头数（万头）	年末羊存栏只数（万只）	年末大牲畜存栏头数（万头）
合计	**441162.2**	**265039.7**	**48415.9**	**40657.7**	**1078.8**	**2963.0**	**1135.3**
河北	11205.0	7753.0	5380.0	4944.0	59.2	163.0	52.9
山西	72.0	62.0	196.7	196.7	1.2	10.0	2.8
内蒙古	39511.0	18879.0	15100.0	14011.0	217.8	612.1	175.3
辽宁	2431.0	2251.0	3484.8	2807.0	141.3	91.0	63.4
吉林	15944.0	15398.0	5829.4	5790.4	132.0	148.1	76.0
黑龙江	185718.0	179332.0	2182.8	2020.4	85.3	53.7	48.7
四川	59586.8	13386.8	1766.5	1005.6	337.9	500.3	290.4
西藏	42729.2	35.2	2031.4	84.2	1.3	478.9	201.1
甘肃	8350.4	2828.8	2403.0	1809.1	80.8	241.5	89.5
青海	15775.8	2703.0	1057.9	895.8	4.2	95.9	37.8
宁夏			1099.4	643.0	1.9	78.2	12.3
新疆	59839.0	22410.9	7884.0	6450.5	15.9	490.3	85.1

四、工　业

民族自治地方工业总产值

（按经济类型分类）

单位：亿元

年份	工业总产值	全民所有制工业	集体所有制工业	#乡办工业	村办工业	城乡个体工业	其他经济类型工业
1980	240.14						
1981	245.24				11.27		
1982	296.01	238.75	44.46		12.06		0.74
1983	331.51	267.06	48.74		14.18		1.53
1984	364.63	283.58	60.94	12.11	15.02	2.59	2.50
1985	449.72	343.02	75.16	17.30	21.15	5.62	4.77
1986	508.84	378.07	92.19	23.02	33.51	3.72	1.35
1987	585.92	428.89	105.77	26.28	20.47	27.99	2.80
1988	685.93	487.73	128.41	31.21	25.74	35.73	8.32
1989	772.93	531.13	153.23	40.66	33.20	44.42	10.93
1990	814.99	558.24	159.04	42.95	33.96	53.62	10.13

注： 1.工业总产值1980年、1981年按1970年不变价格计算；1982年以后均按1980年不变价格计算。

2.集体所有制工业产值中未包括村及村以下工业产值。

民族自治地方工业总产值构成

单位：%

年份	工业总产值	全民所有制工业	集体所有制工业	#乡办工业	村办工业	城乡个体工业	其他经济类型工业
1980	100						
1981	100				4.60		
1982	100	80.66	15.02		4.07		0.25
1983	100	80.56	14.70		4.28		0.46
1984	100	77.77	16.71	3.32	4.12	0.71	0.69
1985	100	76.27	16.71	3.85	4.70	1.26	1.06
1986	100	74.30	18.12	4.52	6.58	0.73	0.27
1987	100	73.20	18.05	4.49	3.49	4.78	0.48
1988	100	71.11	18.72	4.55	3.75	5.21	1.21
1989	100	68.72	19.82	5.26	4.30	5.75	1.41
1990	100	68.50	19.51	5.27	4.17	6.58	1.24

民族自治地方年末工业企业单位数和工业总产值

（按轻重工业分类）　　单位：亿元

年　份	工业企业单位数（个）	工业总产值			自治地方所属工业总产值
			轻工业	重工业	
1980	37881	240.14	122.32	117.82	
1981	35526	245.24	130.03	115.20	199.43
1982	37184	296.01	149.53	146.49	
1983	36838	331.51	164.97	166.54	214.27
1984	39769	364.63	180.09	184.54	226.63
1985	43762	449.72	215.49	234.23	280.83
1986	46588	508.84	249.39	259.45	344.20
1987	46435	585.92	289.62	296.30	386.03
1988	53495	685.93	341.13	344.80	467.26
1989	57443	772.93	378.72	394.21	577.90
1990	53451	814.99	405.73	409.26	609.35

注：1.工业总产值1980年、1981年是按1970年不变价格计算；1982年—1990年是按1980年不变价格计算。
2.工业总产值各年度均按新口径计算，产值中包括村办工业。
3.工业企业单位数未包括村及村以下工业。1990年村及村以下工业企业单位数为814994个。

民族自治地方乡村工业产值及占工业总产值比重

单位：万元

年　份	工业总产值	乡村工业产值			乡村工业产值占工业总产值比重（%）
			农村乡办工业	村及村以下工业	
1984	3646306	271348	121104	150244	7.44
1985	4497182	384562	173018	211544	8.55
1986	5088353	565316	230241	335075	11.11
1987	5859215	747407	262797	484610	12.76
1988	6244628	926765	312092	614673	14.84
1989	7729294	1182907	406573	776334	15.30
1990	8149929	1305324	429500	875824	16.02

注：本表按1980年不变价格计算。

民族自治地方分地区工业企业单位数

(1990 年)

单位：个

地 区	企 业 单位数	按轻重工业分		按经济类型分				按企业规模分		
		轻工业	重工业	全 民 所有制	集 体 所有制	#乡 办 工 业	其他经 济类型	大型企业	中型企业	小型企业
全国总计	**504386**	**276867**	**227519**	**104410**	**391142**	**228685**	**8834**	**3985**	**9520**	**490881**
合 计	**53451**	**29095**	**24356**	**15982**	**32336**	**17560**	**5133**	**261**	**625**	**48495**
河 北	2800	1506	1294	156	387	281	2257		1	2799
内蒙古	8716	4660	4056	2549	6147	2294	20	55	148	8513
辽 宁	3594	2054	1540	403	1863	1259	1328		6	3588
吉 林	2052	1115	937	507	1543	468	2	12	47	1993
黑龙江	92	58	34	25	67	35				92
浙 江	124	81	43	13	111	83				124
湖 北	1569	865	704	366	1203	938			4	1565
湖 南	2696	1653	1043	419	1116	679	1161		7	2689
广 东	286	98	188	93	191	155	2		2	284
广 西	11074	6401	4673	3738	7156	4415	180	110	220	10744
海 南	386	192	194	240	133	65	13	4	8	374
四 川	2937	1291	1646	849	2061	1574	27	6	13	2918
贵 州	2589	1283	1306	878	1667	1072	44	22	15	2552
云 南	4070	2222	1848	1480	2564	1345	26			
西 藏	271	127	144	181	90	16			4	267
甘 肃	762	369	393	219	527	371	16	4	3	755
青 海	777	343	434	380	390	191	7	8	7	762
宁 夏	1911	978	933	510	1390	774	11	18	39	1854
新 疆	6745	3799	2946	2976	3730	1545	39	22	101	6622

注： 企业单位数不包括村及村以下工业。

民族自治地方分地区工业总产值（一）

（1990年，按经济类型分类）　　单位：万元

地　区	工业总产值	全民所有制工　业	集体所有制工　业	#乡办工业	其他经济类型工业
全国总计(亿元)	**13747.03**	**8311.48**	**4574.38**	**2056.98**	**861.17**
合　计	**7274105**	**5582376**	**1590444**	**429500**	**101285**
河　北	53162	25003	22469	12866	5690
内蒙古	1481656	1176800	299073	53047	5783
辽　宁	186735	70781	110556	61889	5398
吉　林	424751	323307	101422	16752	22
黑龙江	7376	5492	1884	623	
浙　江	4503	1146	2801	674	556
湖　北	100964	77388	23576	12369	
湖　南	131878	84966	33562	10825	13350
广　东	12851	9684	2899	1846	268
广　西	2071683	1568191	459766	107410	43726
海　南	44954	41653	2083	923	1218
四　川	176273	132670	40960	25998	2643
贵　州	227966	179650	45253	19546	3063
云　南	489225	369430	117810	30490	1985
西　藏	15029	12127	2902	155	
甘　肃	44198	28148	15756	7342	294
青　海	152234	137907	14172	5080	155
宁　夏	396200	316372	77000	24938	2828
新　疆	1252467	1021661	216500	36727	14306

注：1.本表按1980年不变价格计算。
　　2.本表工业总产值中未包括村及村以下工业产值。

民族自治地方分地区工业总产值（二）

（1990 年，按经济类型分类）　　　　单位：万元

地 区	工业总产值	全民所有制	集体所有制	#乡办工业	其他经济类型工业
全国总计(亿元)	**20652.15**	**13736.10**	**5829.86**	**2574.88**	**1086.19**
合 计	**12694250**	**10164570**	**2361303**	**678176**	**168379**
河 北	77098	39852	30010	15911	7236
内蒙古	2675919	2211900	446465	85400	17554
辽 宁	272182	110435	153322	85880	8425
吉 林	740782	608249	132511	34052	22
黑龙江	11424	8777	2647	793	
浙 江	6786	2460	3686	881	640
湖 北	171773	139733	32040	17773	
湖 南	220931	155322	45559	16229	20050
广 东	22246	17162	4753	3126	331
广 西	3378240	2701952	613109	154679	63179
海 南	81780	77255	3719	1254	806
四 川	359724	286625	68012	43565	5087
贵 州	356332	278210	72420	33519	5703
云 南	963654	741589	217975	60692	4090
西 藏	29167	24728	4439	214	
甘 肃	75366	56615	18080	11162	671
青 海	277333	257147	19956	7843	230
宁 夏	705500	587014	114100	37757	4386
新 疆	2268010	18859541	378500	67446	29969

注： 1.本表按 1990 年不变价格计算。
2.本表工业总产值中未包括村及村以下工业总产值。

民族自治地方分地区工业总产值（三）

（1990 年，按经济类型分类） 单位：万元

地区	工业总产值	全民所有制工业	集体所有制工业	#乡办工业	其他经济类型工业
全国总计(亿元)	**19701.04**	**13063.75**	**5589.71**	**2441.41**	**1047.58**
合计	**11794512**	**9449288**	**2183237**	**609717**	**161987**
河北	74597	37966	29068	15919	7563
内蒙古	2430502	2005700	406505	74085	18297
辽宁	254724	108397	137814	77940	8513
吉林	749262	620374	128866	32228	22
黑龙江	11375	9013	2362	799	
浙江	6097	2481	3034	761	582
湖北	151508	122844	28664	15686	
湖南	205081	143266	43987	14950	17828
广东	22866	17880	4645	3111	341
广西	3195084	2550882	586910	152113	57292
海南	82385	77744	3789	1349	852
四川	318497	252852	61051	39807	4594
贵州	326782	261266	60657	26655	4859
云南	862258	657470	201440	53777	3348
西藏	29625	25395	4230	182	
甘肃	68758	50558	17521	10085	679
青海	249911	230995	18694	6686	222
宁夏	613400	509000	100400	33287	4000
新疆	2141800	1765205	343600	50297	32995

注： 1.本表按当年价格计算。
2.本表工业总产值中未包括村及村以下工业产值。

民族自治地方分地区工业总产值（一）

（1990年，按轻重工业和大、中、小型工业分类）　　　单位：万元

地　区	工业总产值	按轻重工业分		按企业规模分		
		轻工业	重工业	大型工业	中型工业	小型工业
全国总计(亿元)	**13747.03**	**6959.56**	**6787.47**	**4225.91**	**2475.73**	**7045.39**
合　计	**7274105**	**3559906**	**3714199**	**1909017**	**1429747**	**3935341**
河　北	53162	23909	26253		3648	49514
内蒙古	1481656	628956	852700	499200	266092	716364
辽　宁	186735	80312	106423		11065	175670
吉　林	424751	185586	239165	161481	68258	195012
黑龙江	7376	5712	1664			7376
浙　江	4503	3504	999		4503	
湖　北	100964	71757	29207		36850	64114
湖　南	131878	85229	46649		30786	101092
广　东	12851	3330	9521		1987	10864
广　西	2071683	1221477	850206	501719	507528	1062436
海　南	44954	24115	20839	14445	7222	23287
四　川	176273	76606	98667	13688	26281	136304
贵　州	227966	116315	111651	54316	38247	135403
云　南	489225	253341	235884	138744	85633	264818
西　藏	15029	5283	9746		1146	13883
甘　肃	44198	18387	25811	3803	9810	30585
青　海	152234	39430	112804	65933	20529	65772
宁　夏	396200	111800	284400	117129	92378	186693
新　疆	1252467	603857	648610	228559	222257	691651

注：1.本表按1980年不变价格计算。
2.本表工业总产值中未包括村及村以下工业产值。

民族自治地方分地区工业总产值（二）

（1990年，按轻重工业和大、中、小型工业分类）　　单位：万元

地区	工业总产值	按轻重工业分		按大中小型工业分		
		轻工业	重工业	大型工业	中型工业	小型工业
全国总计	**20652.15**	**9999.47**	**10652.68**	**6924.30**	**3921.28**	**9806.57**
合计	**12694246**	**5983234**	**6811010**	**3528541**	**2540653**	**6625052**
河北	77098	34559	42539		3738	73360
内蒙古	2675919	1084119	1591800	931200	538095	1206624
辽宁	272182	114379	157803		15748	256434
吉林	740782	301652	439130	320993	131897	287892
黑龙江	11423	9455	1968			11423
浙江	6786	5251	1535			6786
湖北	171773	121760	50013		65663	106110
湖南	220931	135009	85922		54903	166028
广东	22246	4742	17504		2883	19363
广西	3378240	1935924	1442316	910326	801068	1666846
海南	81780	36126	45654	37605	12674	31501
四川	359724	137297	222427	27341	53608	278775
贵州	356332	187156	169176	58172	62764	235396
云南	963654	468116	495538	273292	168736	521626
西藏	29167	7439	20728		2326	26841
甘肃	75366	24996	50370	4211	22564	48591
青海	277333	64397	212936	128060	38159	111114
宁夏	705500	175900	529600	227314	156133	322053
新疆	2268010	1133959	1134051	610027	409694	1248289

注：1.本表按1990年不变价格计算。
2.本表工业总产值中未包括村及村以下工业产值。

民族自治地方分地区工业总产值（三）

（1990 年，按轻重工业和大、中、小型工业分类）　　单位：万元

地　区	工业总产值	按轻重工业分		按企业规模分		
		轻工业	重工业	大型工业	中型工业	小型工业
全国总计(亿元)	19701.04	9420.46	10280.58	6549.40	3726.13	9425.51
合　计	11794512	5469349	6325163	3262800	2340383	6191329
河　北	74597	33209	41388		3643	70954
内蒙古	2430502	1000402	1430100	819200	501296	1110006
辽　宁	254724	109290	145434		15780	238944
吉　林	749262	284612	464650	344145	120427	284690
黑龙江	11375	9021	2354			11375
浙　江	6097	4604	1493			6097
湖　北	151508	105914	45595		55423	96085
湖　南	205081	126167	78914		53749	151332
广　东	22866	4472	18394		3584	19282
广　西	3195084	1742209	1452875	810001	749613	1635470
海　南	82385	36778	45607	29109	11796	41480
四　川	318497	126346	192151	27859	47152	243486
贵　州	326782	176541	150241	51628	65936	209218
云　南	862258	416928	445330	244536	150981	466741
西　藏	29625	8079	21546		2101	27524
甘　肃	68758	24038	44720	4203	18527	46028
青　海	249911	52239	197672	122421	30260	97230
宁　夏	613400	158500	454900	204786	126578	282036
新　疆	2141800	1050000	1091800	604912	383537	1153351

注：1.本表按当年价格计算。
　　2.本表工业总产值中未包括村及村以下工业产值。

民族自治地方工业总产值指数

(1990 年，以 1989 年为 100)

地　区	工业总产值	按经济类型分			按轻重工业分		按企业规模分		
		全民所有制	集体所有制	其他经济类型	轻工业	重工业	大型	中型	小型
全国总计	**106.2**	**103.0**	**107.5**	**139.3**	**107.6**	**104.8**	**108.2**	**105.6**	**105.2**
合　计	**104.6**	**105.1**	**103.8**	**92.6**	**104.7**	**104.5**	**115.3**	**103.1**	**100.6**
河　北	79.7	102.3	58.5	146.9	62.6	102.4			74.2
内蒙古	103.1	103.6	100.4	133.5	101.1	104.6	107.4	103.3	100.2
辽　宁	84.3	88.9	91.1	26.1	82.0	86.0		117.3	82.8
吉　林	104.6	105.3	102.5	7.2	101.7	106.9	136.5		86.8
黑龙江	102.5	107.9	89.5		100.2	111.2			102.5
浙　江	81.2	44.2	94.9		85.7	68.7			81.2
湖　北	104.5	103.9	106.3		106.0	100.9		103.9	104.8
湖　南	105.5	103.9	116.7	91.7	106.1	104.4		128.9	100.6
广　东	93.2	114.7	71.8	20.3	88.0	95.1		74.5	97.6
广　西	107.4	106.7	106.9	154.8	107.9	106.9	128.1	99.0	103.8
海　南	100.6	102.5	89.6	70.8	98.7	102.9	116.3	160.1	83.9
四　川	99.7	97.3	108.5	95.8	109.8	93.0	60.6	106.2	105.3
贵　州	101.2	105.9	111.0	20.7	100.4	102.0	148.0	72.3	99.8
云　南	111.3	112.1	108.7	126.4	111.6	110.9	111.3	111.3	111.3
西　藏	94.7	92.4	106.2		99.8	92.2		92.1	95.0
甘　肃	55.8	41.7	140.3	60.5	106.7	41.6	8.9	116.3	108.4
青　海	114.5	114.7	113.8	62.2	97.9	121.7	277.0	131.0	70.3
宁　夏	106.1	106.5	103.2	165.1	98.8	109.3	107.5	106.7	105.0
新　疆	109.4	108.8	112.2	112.6	111.1	107.8	109.7	105.3	110.6

注：本表工业总产值中只包括乡及乡以上工业产值。

民族自治地方分地区村及村以下工业企业单位数

(1990 年)

单位：个

地 区	合 计	城(镇)个体工业	城(镇)合作经营工业	农村村办工业	农村合作经营工业	农村个体工业
全国总计	**7453375**	**30852**	**432458**	**680802**	**565741**	**5743522**
合 计	**814994**	**27178**	**217572**	**23528**	**26237**	**520479**
河 北	10078	51	1996	713	882	6436
内蒙古	77797	209	16159	2852	1889	56688
辽 宁	28533	22	3168	3188	440	21715
吉 林	20555	45	4539	633	209	15129
黑龙江	656		106	73		477
浙 江	642		69	428		145
湖 北	38410	1	687	965	387	36370
湖 南	29327	46	1318	855	542	26566
广 东	2269	3	88	280	188	1710
广 西	237973	1375	22518	5180	15777	193123
海 南	2102	33	861	91	83	1034
四 川	41450	1	2597	1332	2147	35373
贵 州	62970	157	6302	378	2000	54133
云 南	176049	24965	139618	4556	188	6722
西 藏	4549	11	1104	13	21	3400
甘 肃	15376	22	567	179	698	13910
青 海	6552	105	622	143	94	5588
宁 夏	24423	7	3747	559	501	19609
新 疆	35283	125	11506	1110	191	22351

民族自治地方分地区村及村以下工业总产值（一）

(1990 年)

单位：万元

地　区	合　计	轻工业	重工业	城(镇)合作经营工业	轻工业	重工业	城(镇)个体工业	轻工业	重工业
全国总计	**42233097**	**23924726**	**18308371**	**545254**	**430237**	**115017**	**1072366**	**827705**	**244661**
合　计	**1156130**	**656531**	**499599**	**34646**	**24990**	**9656**	**174134**	**827705**	**58498**
河　北	44825	25146	19679	1235	768	467	3301	2209	1092
内蒙古	164264	84755	79509	2857	1824	1033	20798	15314	5484
辽　宁	173307	91697	81610	699	508	191	21008	12252	8756
吉　林	71791	45993	25798	1191	1022	169	15730	13076	2654
黑龙江	1209	896	313				142	142	
浙　江	581	442	139				96	62	34
湖　北	24340	11171	13169				1043	500	543
湖　南	30036	19051	10985	978	923	55	2098	1683	415
广　东	4322	1186	3136	5	5		350	232	118
广　西	339247	211034	128213	15882	13086	2796	43610	32653	10957
海　南	6407	3807	2600	1364	959	405	2574	1486	1088
四　川	36902	21130	15772	1	1		2275	1026	1249
贵　州	54915	22651	32264	607	392	215	7335	3202	4133
云　南	79002	39501	39501	6962	3481	3481	38912	19456	19456
西　藏	1052	1051	1	41	41		411	411	
甘　肃	22819	17277	5542	776	771	5	921	684	237
青　海	9602	4312	5290	1272	523	749	828	777	51
宁　夏	34068	21140	12928	97	87	10	3788	2777	1011
新　疆	57441	34291	23150	679	599	80	8914	8694	1220

注：　本表按当年价格计算。

民族自治地方分地区村及村以下工业总产值（二）

（1990 年）　　　　单位：万元

地　区	农村村办工　业	轻工业	重工业	农村合作经营工业	轻工业	重工业	农村个体工业	轻工业	重工业
全国总计	23940231	12202076	11738155	4844665	2848943	1995722	11730581	7615765	4214816
合　计	299631	114420	185211	114068	56836	57232	53365	344649	189002
河　北	16960	6552	10408	6953	4632	2321	16376	10985	5391
内蒙古	54602	12170	42432	14363	4407	9956	71664	51040	20604
辽　宁	72997	21444	51533	5648	3827	1821	72975	53666	19309
吉　林	17828	8305	9523	1734	1475	259	35308	22115	13193
黑龙江	458	154	304				609	600	9
浙　江	303	251	52				182	129	53
湖　北	5054	2016	3038	789	464	325	17454	8191	9263
湖　南	4424	2801	1623	1713	1090	623	20823	12554	8269
广　东	909	264	645	894	126	768	2164	559	1605
广　西	60515	33831	26684	60511	29605	30906	258729	101859	56870
海　南	264	118	146	232	107	125	1973	1137	836
四　川	4210	1083	3127	5176	2707	2469	25240	16313	8927
贵　州	2535	1641	894	4873	1824	3049	39565	15592	23973
云　南	25738	12869	12869	702	351	351	6688	3344	3344
西　藏	153	152	1	92	92		355	355	
甘　肃	2365	597	1768	6322	3971	2351	12435	11254	1181
青　海	1274	215	1059	877	506	371	5351	2291	3060
宁　夏	7654	2272	5382	1720	753	957	20809	15251	5558
新　疆	21408	7685	13723	1469	899	570	24971	17414	7557

注：　本表按当年价格计算。

民族自治地方主要工业产品产量（一）

单位：万吨

年份	生铁	钢	原煤	原油	发电量（万千瓦小时）	木材（万立方米）	纱（混合数）（吨）	布（混合数）（万米）
1952	0.90		178.00	5.20	8100	233.00	483	3500
1957	4.50		545.00	9.50	43000	645.10	4785	8100
1962	41.70	10.30	1631.00	100.60	234000	549.90	11215	8000
1965	55.80	39.40	2029.00	97.30	334000	858.20	29278	18200
1975	89.90	66.20	4561.00	440.90	1256500	1034.40	45542	25700
1978	168.20	128.50	6081.00	577.70	1739900	1211.90	66554	37300
1980	177.52	166.60	5478.15	623.60	1933600	1618.95	79400	44300
1981	190.02	166.15	5429.67	616.54	2022416	1493.29	91907	45789
1982	182.76	167.59	5799.31	625.00	2212512	1545.01	103619	52136
1983	195.66	173.38	6520.80	672.44	2393025	1565.36	105025	52995
1984	214.98	197.82	6992.55	704.63	2609017	1664.70	98992	47414
1985	258.12	232.45	8597.00	804.86	3890111	1825.91	121984	54183
1986	295.08	248.06	8874.54	861.60	4008111	2048.76	146097	67766
1987	346.23	281.09	9260.57	899.38	5179745	1903.31	170916	67210
1988	328.60	291.36	10995.00	973.14	5533367	1931.13	173602	69419
1989	362.88	320.04	13923.69	1132.58	6755656	1762.69	187617	77916
1990	417.03	368.25	12076.67	1264.97	7388007	1761.28	220499	73705

民族自治地方主要工业产品产量（二）

单位：万吨

年份	糖	卷烟（万箱）	水泥	化肥（折纯）	机制纸及纸板
1952		2.58			
1957		3.57			
1962			11.92	1.03	5.86
1965	22.20	7.70	91.01	36.43	7.86
1975	32.72	36.28	334.98	48.67	20.97
1978	43.57	51.43	554.00		39.09
1980	65.62	89.39	576.09	57.10	32.07
1981	78.99	107.05	587.12	61.95	31.65
1982	82.30	131.60	699.87	67.11	34.56
1983	101.16	150.99	843.38	74.55	54.30
1984	107.32	174.47	940.78	80.18	44.51
1985	126.91	209.89	1222.08	85.72	59.21
1986	174.52	257.20	1343.15	100.03	64.33
1987	187.81	323.60	1538.03	131.87	72.68
1988	180.75	371.08	1667.50	128.64	79.68
1989	198.65	413.84	1714.40	153.93	93.16
1990	222.62	443.10	1957.83	197.05	94.10

民族自治地方分地区主要工业产品产量（一）

（1990年）

单位：万吨

地区	钢	生铁	原煤	原油	发电量（万千瓦小时）	木材（万立方米）	纱（混合数）	布（混合数）（万米）
全国总计	6634.83	6238.32	107988.31	13830.62	62119700	5571.00	4625843	1887576
合计	368.26	417.03	12076.67	1264.97	7388007	1761.28	220499	73705.13
河北	0.45		21.65		6916	7.51		45.87
内蒙古	273.01	280.66	4761.61	92.50	1695400	525.96	23950	10785.00
辽宁	0.33	0.03	361.71		21031	51.01		2434.00
吉林	2.29	1.58	354.11	356.70	461831	301.09	6532	1964.00
黑龙江								
浙江					3910	6.77	201	72.25
湖北			184.30		69853	14.61	1517	174.69
湖南			48.01		85314	38.88	3209	1799.14
广东			4.78		64351	16.62		70.50
广西	52.41	58.98	979.45	12.00	1256200	234.63	64810	17711.00
海南	0.10	2.35			24593	7.87		1.00
四川		10.60	181.63		210524	251.42		71.43
贵州	0.05	0.96	365.06		92643	34.67	5246	2550.60
云南	0.54	15.76	888.34		615361	153.60	8356	4776.00
西藏			0.90		33000	20.82		
甘肃			67.66		792705	26.83		
青海			314.21	81.00	703100	7.07		
宁夏	2.59	5.54	1443.05	25.77	559600	27.65	4738	1232.64
新疆	36.49	40.57	2100.20	697.00	697900	34.27	101940	30017.00

民族自治地方分地区主要工业产品产量（二）

（1990 年）

单位：万吨

地区	水泥	焦炭	农用化肥（按有效成份100%计算）	机制纸及纸板	原盐	糖	卷烟（万箱）
全国总计	**20971.08**	**7328.32**	**1879.69**	**1371.84**	**2022.64**	**581.95**	**3297.53**
合计	**1957.83**	**1058.52**	**197.05**	**94.09**	**414.40**	**222.62**	**443.10**
河北	11.79		0.67	0.41		0.17	
内蒙古	227.97	257.64	13.48	13.59	93.28	16.37	29.02
辽宁	71.51		3.65	5.37		0.46	
吉林	43.34	263.50	1.08	10.98			33.10
黑龙江				0.28			
浙江				0.37			
湖北	40.70	2.51	4.68	0.53	2.30		52.54
湖南	28.06	4.24	19.75	3.01		0.01	44.55
广东	11.66			0.20			
广西	765.28	44.34	41.35	33.50	10.42	138.64	108.45
海南	18.00			0.08	11.03	6.41	
四川	78.35	2.14	2.72	1.70	1.35	3.84	33.65
贵州	57.88	60.84	11.20	2.69		0.91	37.13
云南	158.59	34.97	25.72	5.22	32.30	34.62	87.85
西藏	13.23				0.09		
甘肃	11.24		10.68	0.32			
青海	39.52	1.94	5.57	0.07	104.31		
宁夏	95.74	36.30	27.74	6.68	0.13	4.35	4.47
新疆	284.97	350.10	28.76	9.09	159.19	16.84	12.34

民族自治地方全民所有制独立核算工业企业主要财务指标

(1990 年)

单位：万元

地 区	企业单位数（个）	亏损企业	盈利企业的利润总额	亏损企业的亏损总额	利润总额（盈亏相抵后）	利润和税金
合 计	**11337**	**3104**	**552437**	**300292**	**252145**	**1176363**
河 北	116	25	2243	1474	769	2351
内蒙古	1939	460	129246	87645	41601	202176
辽 宁	273	126	4485	7897	−3412	35630
吉 林	420	132	17474	31452	−13978	32685
黑龙江	20	10	410	31	379	1114
浙 江	12	3	176	46	130	312
湖 北	250	224	6072	2656	3416	35603
湖 南	351	122	6804	7094	−290	28434
广 东	68	32	2334	568	1766	2895
广 西	2510	697	154977	49980	104991	374828
海 南	161	71	8107	2726	5381	3352
四 川	623	169	21526	10584	10942	51296
贵 州	967	269	13944	8269	5675	39721
云 南	1119	182	57687	11441	46246	145313
西 藏	135	32	3393	715	2678	3304
甘 肃	175	40	3617	1765	1852	3796
青 海	323	73	25680	12491	13189	31506
宁 夏	432	106	24176	16217	7959	44617
新 疆	1443	331	70086	47241	22845	137430

地 区	年末固定资产原值	年末固定资产净值	定额流动资金年平均余额	工业总产值	
				按1980年不变价格计算	按当年价格计算
合 计	**11067088**	**8115641**	**3311308**	**5141394**	**8706956**
河 北	27526	19746	14733	22486	33254
内蒙古	2728645	1981926	796206	1127149	1922486
辽 宁	106938	81877	68795	64750	99934
吉 林	974098	728401	344281	314497	607189
黑龙江	6843	5081	5952	5324	8717
浙 江	2700	2083	877	1144	2478
湖 北	110202	88241	40931	71850	113814
湖 南	117811	89855	68538	82216	138679
广 东	34715	26845	6250	5107	9368
广 西	1953004	1416184	752365	1476383	2395878
海 南	116832	84726	43054	38883	72560
四 川	282398	209852	77380	120100	231565
贵 州	232164	166311	99399	142072	218229
云 南	804612	584428	201087	355172	628949
西 藏	63600	45244	10661	11052	22825
甘 肃	81573	53247	26981	19619	48109
青 海	619857	524866	79712	137907	223184
宁 夏	651559	466345	180339	296998	475175
新 疆	2152011	1540383	493867	848685	1454563

民族自治地方全民所有制独立核算工业企业主要经济效益指标

(1990 年)

单位：元

地区	企业亏损面(%)	每百元固定资产原值实现的工业总产值 1980年价格	每百元固定资产原值实现的工业总产值 当年价格	每百元固定资产原值实现的利润和税金	每百元工业总产值实现的利税额 1980年价格	每百元工业总产值实现的利税额 当年价格	每百元工业总产值占用的流动资金 1980年价格	每百元工业总产值占用的流动资金 当年价格
合计	**27.4**	**46.5**	**78.7**	**10.6**	**22.9**	**13.5**	**64.4**	**38.0**
河北	21.6	81.7	120.8	8.5	10.5	7.1	65.5	44.3
内蒙古	23.7	41.3	70.5	7.4	17.9	10.5	70.6	41.4
辽宁	46.2	60.5	93.5	33.3	55.0	35.7	106.2	68.8
吉林	31.4	32.3	62.3	3.4	10.4	5.4	109.5	56.7
黑龙江	50.0	77.8	127.4	16.3	20.9	12.8	109.9	67.1
浙江	25.0	42.4	91.8	11.6	27.3	12.6	76.7	85.4
湖北	89.6	65.2	103.3	32.3	49.6	31.3	57.0	36.0
湖南	34.8	69.8	117.7	24.1	34.6	20.5	83.4	49.4
广东	47.1	14.7	27.0	8.3	56.7	30.9	122.4	66.7
广西	27.8	75.6	122.7	19.2	25.4	15.6	51.0	31.4
海南	44.1	33.3	62.1	2.9	8.6	4.6	110.7	59.3
四川	27.1	42.5	82.0	18.2	42.7	22.2	64.4	33.4
贵州	27.8	61.2	94.0	17.1	28.0	18.2	70.0	45.5
云南	16.3	44.1	78.2	18.1	40.9	23.1	56.6	32.0
西藏	23.7	17.4	35.9	5.2	29.9	14.5	96.5	46.7
甘肃	22.9	24.1	59.0	4.7	19.3	7.9	137.5	56.1
青海	22.6	22.2	36.0	5.1	22.8	14.1	57.8	35.7
宁夏	24.5	45.6	72.9	6.9	15.0	9.4	60.7	38.0
新疆	22.9	39.4	67.6	6.4	16.4	9.5	58.2	34.0

八省区全部独立核算工业企业主要财务指标

(1990 年)　　　　单位：亿元

项　　目	全国总计	合　计	内蒙古	广　西	西　藏
企业单位数合计（个）	417082	34794	7482	8981	211
#亏损企业	87886	7269	1126	1993	32
产品销售收入	16793.12	1205.77	221.24	282.90	2.42
盈亏相抵后的利润总额	559.81	46.57	5.58	11.24	0.34
利润和税金	1945.88	218.32	23.72	41.68	0.42
已交利税费	414.06	30.16	2.89	9.11	0.17
企业留利	311.03	26.65	4.18	4.58	0.19
固定资产原值年末数	14389.96	1392.06	294.94	228.49	6.65
固定资产净值年末数	10138.88	1009.00	214.68	166.76	4.77
本年提取的折旧基金	657.71	57.01	12.46	10.09	0.25
定额流动资金年平均余额	5814.49	463.50	95.71	92.30	1.17
全部资金	15953.37	1472.50	310.39	259.06	5.95
工业总产值：					
按 1980 年不变价格计算	13023.73	803.97	140.87	193.95	1.35
按当年价格计算	18689.22	1311.58	231.41	298.92	2.63
工业净产值（分配法）	5093.25	443.55	70.53	89.33	1.06
全部职工年平均人数（万人）	7481.41	587.25	141.69	123.04	1.87

项　　目	宁　夏	新　疆	贵　州	云　南	青　海
企业单位数合计（个）	1620	4192	5134	5977	1197
#亏损企业	302	763	1130	1634	289
产品销售收入	48.29	139.05	169.70	297.15	45.02
盈亏相抵后的利润总额	1.17	3.13	5.95	17.34	1.82
利润和税金	5.32	15.73	35.77	89.39	6.29
已交利税费	1.21	3.20	5.07	8.06	0.45
企业留利	1.19	3.60	4.66	7.35	0.90
固定资产原值年末数	72.53	233.86	198.89	263.31	93.39
固定资产净值年末数	52.55	168.91	138.45	188.72	74.16
本年提取的折旧基金	2.91	8.74	7.68	11.49	3.39
定额流动资金年平均余额	22.43	59.46	73.07	94.56	24.80
全部资金	74.98	228.37	211.52	283.28	98.95
工业总产值：					
按 1980 年不变价格计算	36.89	102.48	121.38	176.09	30.96
按当年价格计算	56.88	174.24	188.39	307.97	51.14
工业净产值（分配法）	17.07	54.68	67.70	127.37	15.81
全部职工年平均人数（万人）	28.59	72.03	91.31	105.17	23.55

注： 1.本表八省区各项指标为全省区数字，下同。
2. 合计数为八省区汇总数。

八省区全民所有制独立核算工业企业主要财务指标

（1990年）　　单位：亿元

项　　目	全国总计	合　　计	内蒙古	广　西	西　藏
企业单位数合计（个）	74775	10605	1939	2510	135
#亏损企业	20603	2757	460	697	32
产品销售收入	11718.74	1015.00	187.86	231.00	2.10
盈亏相抵后的利润总额	388.11	40.86	4.16	10.50	0.27
利润和税金	1503.14	195.77	20.22	37.48	0.33
已交利税费	345.72	27.25	2.50	8.34	0.15
企业留利	224.16	22.80	3.36	3.82	0.16
固定资产原值年末数	11610.27	1254.40	272.86	195.30	6.36
固定资产净值年末数	8088.31	903.98	198.19	141.62	4.53
本年提取的折旧基金	482.77	48.92	11.32	7.78	0.24
定额流动资金年平均余额	4000.33	390.03	79.62	75.24	1.07
全部资金	12088.64	1294.00	277.81	216.85	5.59
工业总产值：					
按1980年不变价格计算	8003.85	648.39	112.71	147.64	1.11
按当年价格计算	12570.45	1093.73	192.25	239.59	2.28
工业净产值（分配法）	3568.70	377.45	57.44	72.80	0.89
全部职工年平均人数（万人）	4294.24	426.77	98.83	86.34	1.50

项　　目	宁　夏	新　疆	贵　州	云　南	青　海
企业单位数合计（个）	432	1443	1579	2069	498
#亏损企业	106	331	519	485	127
产品销售收入	40.60	115.45	147.35	250.28	40.36
盈亏相抵后的利润总额	0.80	2.28	5.32	15.72	1.81
利润和税金	4.46	13.74	32.76	80.81	5.96
已交利税费	1.04	2.66	4.77	7.41	0.38
企业留利	0.98	3.06	4.18	6.41	0.83
固定资产原值年末数	65.15	215.20	183.27	226.91	89.35
固定资产净值年末数	46.63	154.04	126.42	161.19	71.36
本年提取的折旧基金	2.52	7.74	6.78	9.40	3.14
定额流动资金年平均余额	18.03	49.39	65.80	78.99	21.89
全部资金	64.67	203.43	192.21	240.18	93.26
工业总产值：					
按1980年不变价格计算	29.70	84.87	103.09	142.36	26.91
按当年价格计算	47.52	145.46	162.98	258.18	45.47
工业净产值（分配法）	13.94	47.01	60.24	111.02	14.11
全部职工年平均人数（万人）	21.36	55.11	70.03	75.25	18.35

八省区集体所有制独立核算工业企业主要财务指标

(1990年)　　单位：亿元

项　　目	全国总计	合　计	内蒙古	广　西	西　藏
企业单位数合计（个）	334904	23839	5525	6323	76
#亏损企业	64876	4392	658	1242	
产品销售收入	4303.43	175.88	32.34	47.57	0.33
盈亏相抵后的利润总额	137.18	5.19	1.35	0.84	0.07
利润和税金	376.61	22.07	3.39	4.17	0.09
已交利税费	58.49	2.44	0.39	0.72	0.02
企业留利	69.47	3.51	0.75	0.72	0.03
固定资产原值年末数	2320.47	125.28	21.57	28.77	0.29
固定资产净值年末数	1673.92	94.31	16.06	21.29	0.25
本年提取的折旧基金	147.48	7.44	1.10	2.03	0.01
定额流动资金年平均余额	1605.87	66.63	15.31	15.94	0.11
全部资金	3279.78	160.94	31.37	37.23	0.35
工业总产值：					
按1980年不变价格计算	4295.06	145.76	27.66	42.28	0.25
按当年价格计算	5246.50	201.74	37.42	54.14	0.35
工业净产值（分配法）	1323.38	61.78	12.70	15.34	0.16
全部职工年平均人数（万人）	3012.37	155.99	42.55	35.08	0.38

项　　目	宁　夏	新　疆	贵　州	云　南	青　海
企业单位数合计（个）	1180	2717	3469	3856	693
#亏损企业	191	425	587	1127	162
产品销售收入	7.49	19.85	18.48	45.17	4.65
盈亏相抵后的利润总额	0.38	0.53	0.57	1.50	0.01
利润和税金	0.86	1.49	2.50	8.33	0.33
已交利税费	0.17	0.30	0.23	0.58	0.06
企业留利	0.21	0.42	0.43	0.87	0.07
固定资产原值年末数	7.10	15.29	13.24	35.01	4.02
固定资产净值年末数	5.67	11.97	9.90	26.40	2.78
本年提取的折旧基金	0.38	0.88	0.78	2.02	0.24
定额流动资金年平均余额	4.32	7.57	6.00	14.50	2.89
全部资金	9.99	19.54	15.89	40.90	5.67
工业总产值：					
按1980年不变价格计算	6.96	16.22	16.00	32.35	4.03
按当年价格计算	9.09	25.56	21.48	48.06	5.65
工业净产值（分配法）	3.06	6.13	6.79	15.90	1.71
全部职工年平均人数（万人）	7.08	16.16	20.30	29.26	5.18

八省区其他经济类型独立核算工业企业主要财务指标

(1990 年)　　　　单位：亿元

项　目	全国总计	合　计	内蒙古	广　西
企业单位数合计（个）	7403	350	18	148
#亏损企业	2411	120	8	54
产品销售收入	770.96	14.89	1.04	4.32
盈亏相抵后的利润总额	34.52	0.46	0.07	-0.10
利润和税金	66.12	1.40	0.01	0.03
已交利税费	9.85	0.42		0.05
企业留利	17.40	0.33	0.07	0.03
固定资产原值年末数	459.22	12.38	0.51	4.42
固定资产净值年末数	376.65	10.71	0.43	3.84
本年提取的折旧基金	27.46	0.64	0.04	0.28
定额流动资金年平均余额	208.30	6.83	0.79	1.12
全部资金	584.95	17.54	1.21	4.97
工业总产值：				
按 1980 年不变价格计算	724.81	9.81	0.49	4.03
按当年价格计算	872.28	16.11	1.75	5.19
工业净产值（分配法）	201.16	4.32	0.38	1.20
全部职工年平均人数（万人）	174.80	4.50	0.30	1.62

项　目	宁　夏	新　疆	贵　州	云　南	青　海
企业单位数合计（个）	8	32	86	52	6
#亏损企业	5	7	24	22	
产品销售收入	0.21	3.74	3.86	1.70	0.02
盈亏相抵后的利润总额	-0.01	0.31	0.06	0.12	
利润和税金		0.50	0.51	0.25	
已交利税费	0.01	0.23	0.07	0.06	
企业留利		0.11	0.05	0.07	
固定资产原值年末数	0.27	3.37	2.39	1.40	0.02
固定资产净值年末数	0.24	2.91	2.14	1.13	0.02
本年提取的折旧基金	0.01	0.12	0.11	0.08	
定额流动资金年平均余额	0.07	2.50	1.27	1.07	0.01
全部资金	0.32	5.41	3.41	2.21	0.03
工业总产值：					
按 1980 年不变价格计算	0.22	1.39	2.28	1.38	0.02
按当年价格计算	0.27	3.22	3.93	1.73	0.02
工业净产值（分配法）	0.07	1.54	0.57	0.45	0.01
全部职工年平均人数（万人）	0.16	0.76	0.98	0.66	0.02

八省区全部独立核算工业企业主要经济效益指标（一）

（1990年）　　　　单位：元

项目		全国总计	合　计	内蒙古	广　西	西　藏
企业亏损面（%）		21.1	20.9	15.0	22.2	15.2
每百元固定资产原值实现的	工业总产值　按1980年不变价格计算	90.51	57.75	47.76	84.88	20.38
	工业总产值　按当年价格计算	129.88	94.22	78.46	130.82	39.60
	利　润	3.89	3.35	1.89	4.92	5.03
	利润和税金	13.52	15.68	8.04	18.24	6.33
利润率（%）	按工业总产值计算　1980年不变价格	4.30	5.79	3.96	5.79	24.67
	按工业总产值计算　当年价格	3.00	3.55	2.41	3.76	12.70
	按全部资金计算	3.51	3.16	1.80	4.34	5.62
	按销售收入计算	3.33	3.86	2.52	3.97	13.79
利税率（%）	按工业总产值计算　1980年不变价格	14.94	27.16	16.84	21.49	31.07
	按工业总产值计算　当年价格	10.41	16.65	10.25	13.94	15.99
	按全部资金计算	12.20	14.83	7.64	16.09	7.08
	按销售收入计算	11.59	18.11	10.72	14.73	17.36
每百元工业总产值占用的定额流动资金	按1980年不变价格计算	44.65	57.65	67.95	47.59	86.53
	按当年价格计算	31.11	35.34	41.36	30.88	44.53
固定资产折旧率（%）		4.57		4.23	4.41	3.79
平均每一名职工	实现利润税金	2601	3717.67	1673.78	3387.65	2249.45
	上交利税费（包括销售税金）	2406	3438.23	1483.48	3215.05	1359.32
	利润留成	416	453.81	294.91	371.97	1029.44
	占有固定资产原值	19234	23704.73	20816.56	18569.76	35525.78
	实现工业净产值	6808	7553.00	4977.57	7260.39	5646.77

八省区全部独立核算工业企业主要经济效益指标（二）

(1990年)　　　　单位：元

项目			宁夏	新疆	贵州	云南	青海
企业亏损面（%）			18.6	18.2	22.0	27.3	24.1
每百元固定资产原值实现的	工业总产值	按1980年不变价格计算	50.86	43.82	61.03	66.88	33.16
		按当年价格计算	78.42	74.50	94.72	116.96	54.77
	利润		1.61	1.34	2.99	6.59	1.95
	利润和税金		7.34	6.73	17.98	33.95	6.74
利润率（%）	按工业总产值计算	1980年不变价格	3.16	3.05	4.90	9.85	5.88
		当年价格	2.05	1.80	3.16	5.63	3.56
	按全部资金计算		1.56	1.37	2.81	6.12	1.84
	按销售收入计算		2.42	2.25	3.51	5.84	4.04
利税率（%）	按工业总产值计算	1980年不变价格	14.43	15.35	29.47	50.76	20.32
		当年价格	9.36	9.03	18.99	29.02	12.30
	按全部资金计算		7.10	6.89	16.91	31.55	6.36
	按销售收入计算		11.02	11.31	21.08	30.08	13.98
每百元工业总产值占用的定额流动资金	按1980年不变价格计算		60.80	58.02	60.20	53.70	80.09
	按当年价格计算		39.44	34.13	38.78	30.71	48.49
固定资产折旧率（%）			4.01	3.74	3.86	4.36	3.63
平均每一名职工	实现利润税金		1861.63	2184.06	3917.24	8499.55	2671.95
	上交利税费（包括销售税金）		1876.99	2193.51	2821.17	7616.61	2089.30
	利润留成		415.16	499.56	510.74	698.76	382.64
	占有固定资产原值		25366.80	32464.88	21782.78	25037.94	39652.03
	实现工业净产值		5970.63	7590.00	7414.48	12111.08	6715.94

八省区全民所有制独立核算工业企业主要效益指标（一）

（1990年） 单位：元

项目			全国总计	合计	内蒙古	广西	西藏
企业亏损面（%）			27.6	26.0	23.7	27.8	23.7
每百元固定资产原值实现的	工业总产值	按1980年不变价格计算	68.94	51.69	41.31	75.60	17.38
		按当年价格计算	108.27	87.19	70.46	122.68	35.89
	利润		3.34	3.26	1.52	5.38	4.21
	利润和税金		12.95	15.62	7.41	19.19	5.19
利润率（%）	按工业总产值计算	1980年不变价格	4.85	6.30	3.69	7.11	24.23
		当年价格	3.09	3.74	2.16	4.38	11.73
	按全部资金计算		3.21	3.16	1.50	4.84	4.79
	按销售收入计算		3.31	4.03	2.21	4.55	12.76
利税率（%）	按工业总产值计算	1980年不变价格	18.78	30.19	17.94	25.39	29.89
		当年价格	11.96	17.90	10.52	15.64	14.47
	按全部资金计算		12.43	15.13	7.28	17.28	5.91
	按销售收入计算		12.83	19.29	10.76	16.23	15.74
每百元工业总产值占用的定额流动资金	按1980年不变价格计算		49.98	60.15	70.64	50.96	96.46
	按当年价格计算		31.82	35.66	41.42	31.40	46.71
固定资产折旧率（%）			4.16		4.15	3.98	3.81
平均每一名职工	实现利润税金		3500	4587.25	2045.62	4341.11	2207.93
	上交利税费（包括销售税金）		3402	4268.34	1877.62	4090.93	1388.52
	利润留成		522	534.25	339.83	442.83	1079.80
	占有固定资产原值		27037	29392.88	27608.48	22618.96	42507.62
	实现工业净产值		8310	8844.34	5811.64	8431.77	5971.46

八省区全民所有制独立核算工业企业主要经济效益指标（二）

（1990 年）　　单位：元

项目			宁夏	新疆	贵州	云南	青海
企业亏损面（%）			24.5	22.9	32.9	23.4	25.5
每百元固定资产原值实现的	工业总产值	按 1980 年不变价格计算	45.58	39.44	56.25	62.74	30.12
		按当年价格计算	72.93	67.59	88.93	113.78	50.90
	利润		1.22	1.06	2.90	6.93	2.03
	利润和税金		6.85	6.39	17.87	35.61	6.67
利润率（%）	按工业总产值计算	1980 年不变价格	2.68	2.69	5.16	11.04	6.73
		当年价格	1.67	1.57	3.27	6.09	3.98
	按全部资金计算		1.23	1.12	2.77	6.54	1.94
	按销售收入计算		1.96	1.98	3.61	6.28	4.49
利税率（%）	按工业总产值计算	1980 年不变价格	15.02	16.19	31.78	56.76	22.15
		当年价格	9.39	9.45	20.10	31.30	13.11
	按全部资金计算		6.90	6.76	17.04	33.65	6.39
	按销售收入计算		10.99	11.90	22.23	32.29	14.77
每百元工业总产值占用的定额流动资金	按 1980 年不变价格计算		60.72	58.19	63.82	55.49	81.35
	按当年价格计算		37.95	33.95	40.37	30.60	48.15
固定资产折旧率（%）			3.87	3.59	3.70	4.14	3.52
平均每一名职工	实现利润税金		2089.21	2493.73	4677.92	10738.59	3249.05
	上交利税费（包括销售税金）		2201.21	2562.93	4599.65	9634.50	2472.01
	利润留成		456.03	555.95	596.82	851.73	454.02
	占有固定资产原值		30509.14	39049.17	26170.97	30153.35	48686.89
	实现工业净产值		6528.51	8529.12	8603.06	14752.74	7686.40

八省区集体所有制独立核算工业企业主要效益指标（一）

（1990年） 单位：元

项目			全国总计	合计	内蒙古	广西	西藏
企业亏损面（%）			19.4	18.4	11.4	19.6	
每百元固定资产原值实现的	工业总产值	按1980年不变价格计算	185.09	116.34	128.23	146.96	86.71
		按当年价格计算	226.10	161.03	173.48	188.19	121.57
	利润		5.91	4.14	6.28	2.91	23.07
	利润和税金		16.23	17.62	15.74	14.49	30.02
利润率（%）	按工业总产值计算	1980年不变价格	3.19	3.56	4.90	1.98	26.61
		当年价格	2.61	2.57	3.62	1.55	18.98
	按全部资金计算		4.18	3.22	4.32	2.25	18.72
	按销售收入计算		3.19	2.95	4.19	1.76	20.40
利税率（%）	按工业总产值计算	1980年不变价格	8.77	15.14	12.27	9.86	34.62
		当年价格	7.18	10.94	9.07	7.70	24.69
	按全部资金计算		11.48	13.71	10.82	11.19	24.35
	按销售收入计算		8.75	12.55	10.50	8.76	26.54
每百元工业总产值占用的定额流动资金	按1980年不变价格计算		37.39	45.71	55.34	37.70	42.59
	按当年价格计算		30.61	33.03	40.91	29.44	30.38
固定资产折旧率（%）			6.36		5.11	7.05	3.40
平均每一名职工	实现利润税金		1250.21	1414.83	797.68	1187.92	2304.19
	上交利税费（包括销售税金）		989.00	1175.72	570.47	1155.22	1131.96
	利润留成		230.62	225.01	177.15	206.00	828.58
	占有固定资产原值		7703.14	8031.28	5068.80	8200.49	7676.62
	实现工业净产值		4393.15	3960.51	2985.24	4371.20	4351.64

八省区集体所有制独立核算工业企业主要经济效益指标（二）

（1990 年）　　　　单位：元

项目	宁夏	新疆	贵州	云南	青海
企业亏损面（%）	16.2	15.6	16.9	29.2	23.4
每百元固定资产原值实现的 工业总产值 按1980年不变价格计算	98.10	106.06	120.88	92.41	100.43
每百元固定资产原值实现的 工业总产值 按当年价格计算	128.01	167.09	162.23	137.30	140.63
每百元固定资产原值实现的 利润	5.33	3.48	4.32	4.28	0.20
每百元固定资产原值实现的 利润和税金	12.09	9.69	18.90	23.80	8.16
利润率（%） 按工业总产值计算 1980年不变价格	5.43	3.28	3.58	4.64	0.20
利润率（%） 按工业总产值计算 当年价格	4.16	2.08	2.66	3.12	0.14
利润率（%） 按全部资金计算	3.79	2.72	3.60	3.67	0.14
利润率（%） 按销售收入计算	5.05	2.68	3.10	3.32	0.17
利税率（%） 按工业总产值计算 1980年不变价格	12.32	9.14	15.64	25.75	8.13
利税率（%） 按工业总产值计算 当年价格	9.44	5.80	11.65	17.33	5.80
利税率（%） 按全部资金计算	8.59	7.59	15.74	20.37	5.79
利税率（%） 按销售收入计算	11.46	7.47	13.54	18.44	7.05
每百元工业总产值占用的定额流动资金 按1980年不变价格计算	62.07	46.67	37.49	44.82	71.64
每百元工业总产值占用的定额流动资金 按当年价格计算	47.56	29.63	27.93	30.16	51.16
固定资产折旧率（%）	5.35	5.74	5.92	5.76	6.04
平均每一名职工 实现利润税金	1212.58	916.85	1232.58	2847.05	633.27
平均每一名职工 上交利税费（包括销售税金）	915.58	776.05	1065.40	2533.62	740.07
平均每一名职工 利润留成	296.48	260.98	213.32	297.02	131.27
平均每一名职工 占有固定资产原值	10029.60	9462.09	6520.89	11964.78	7758.16
平均每一名职工 实现工业净产值	4321.30	3791.86	3343.90	5434.26	3294.85

八省区其他经济类型独立核算工业企业主要经济效益指标（一）

(1990年) 单位：元

项目			全国总计	合计	内蒙古	广西
企业亏损面（%）			32.6	34.3	44.4	36.5
每百元固定资产原值实现的	工业总产值	按1980年不变价格计算	157.83	79.24	96.08	91.18
		按当年价格计算	189.95	130.13	343.14	117.42
	利润		7.52	3.72	13.91	−2.27
	利润和税金		14.40	11.31	21.76	0.67
利润率（%）	按工业总产值计算	1980年不变价格	4.76	4.69	14.48	−2.49
		当年价格	3.96	2.86	4.05	−1.93
	按全部资金计算		5.90	2.62	5.82	−2.02
	按销售收入计算		4.48	3.09	6.82	−2.32
利税率（%）	按工业总产值计算	1980年不变价格	9.12	14.27	22.64	0.74
		当年价格	7.58	8.69	6.34	0.57
	按全部资金计算		11.30	7.98	9.10	0.60
	按销售收入计算		8.58	9.40	10.67	0.69
每百元工业总产值占用的定额流动资金	按1980年不变价格计算		28.74	69.62	161.22	27.79
	按当年价格计算		23.88	42.40	45.14	21.58
固定资产折旧率（%）			5.98		7.84	6.33
平均每一名职工	实现利润税金		3782.61	3111.11	3698.67	183.58
	上交利税费（包括销售税金）		2372	3022.22	1339.67	1120.68
	利润留成		995.42	733.33	2333.33	185.19
	占有固定资产原值		26271.17	27511.11	17000.00	27283.95
	实现工业净产值		11508.01	9600.00	12666.67	7407.41

八省区其他经济类型独立核算工业企业主要经济效益指标（二）

（1990年）

单位：元

项　　目			宁夏	新疆	贵州	云南	青海
企业亏损面（%）			62.5	21.9	27.9	42.3	
每百元固定资产原值实现的	工业总产值	按1980年不变价格计算	81.48	41.25	95.40	98.57	100.00
		按当年价格计算	100.00	95.55	164.44	123.57	100.00
	利润		−0.86	9.20	2.54	8.81	8.45
	利润和税金		2.84	14.84	21.37	17.38	8.45
利润率（%）	按工业总产值计算	1980年不变价格	−1.06	22.31	2.66	8.94	8.45
		当年价格	−0.86	9.63	1.55	7.13	8.45
	按全部资金计算		−0.75	5.73	1.78	5.61	5.63
	按销售收入计算		−1.11	8.29	1.57	7.26	8.45
利税率（%）	按工业总产值计算	1980年不变价格	3.49	35.98	22.40	17.63	8.45
		当年价格	2.84	15.53	13.00	14.07	8.45
	按全部资金计算		2.47	9.24	14.98	11.06	5.63
	按销售收入计算		3.65	13.37	13.23	14.31	8.45
每百元工业总产值占用的定额流动资金	按1980年不变价格计算		31.82	179.86	55.70	77.54	50.00
	按当年价格计算		25.93	77.64	32.32	61.85	50.00
固定资产折旧率（%）			3.70	3.56	4.60	5.71	
平均每一名职工	实现利润税金		479.38	6580.66	5211.84	3686.97	845.00
	上交利税费（包括销售税金）		1130.62	5496.05	5296.84	2794.55	55.00
	利润留成			1447.37	510.20	1060.61	
	占有固定资产原值		16875.00	44342.11	24387.76	21212.12	10000.00
	实现工业净产值		4375.00	20263.16	6836.73	6818.18	5000.00

民族自治地方全民所有制和城镇集体所有制独立核算工业企业全员劳动生产率

单位：元

年　份	全员劳动生产率	全民所有制单位	集体所有制单位
1981	6976		
1982	7755		
1983	8343	8870	5851
1984	8088	8609	5658
1985	9192	10308	
1986	10315	11195	7465
1987	10371	11654	7009
1988	11484	12732	8296
1989	11853	13017	8808
1990	12627	13733	9663

注：　本表劳动生产率1981年是按1970年不变价格计算，1982年以后均按1980年不变价格计算。

民族自治地方分地区全民所有制和城镇集体所有制独立核算工业企业全员劳动生产率

(1990年)

地　区	全民所有制			集体所有制		
	职工年平均人数（人）	工业总产值（万元）	全员劳动生产率（元）	职工年平均人数（人）	工业总产值（万元）	全员劳动生产率（元）
全国总计	**42942401**	**8004034**	**18639**	**30123860**	**42950600**	**14258**
合　计	**3746732**	**5145561**	**13733**	**1398686**	**1351615**	**9663**
河　北	19781	22486	11367	11378	16697	14675
内蒙古	991430	1136091	11459	425502	276565	6500
辽　宁	63370	64750	10218	59294	102095	17218
吉　林	284043	314497	11072	129681	89750	6921
黑龙江	3942	5324	13506	2799	1883	6727
浙　江	1176	1144	9728	1014	1478	14197
湖　北	50867	71850	14125	11987	19914	16613
湖　南	55336	82216	14858	25695	31739	12352
广　东	6368	5107	8020	2490	1446	5807
广　西	863437	147383	17099	350841	422816	12051
海　南	29735	38883	13077	2111	2083	9867
四　川	128647	120100	9336	35689	27201	7622
贵　州	109209	142072	13009	31857	32818	10302
云　南	267109	355172	13297	74248	72035	9702
西　藏	14962	11052	7387	3751	2497	6657
甘　肃	19231	19619	10202	9036	7220	7990
青　海	72773	133133	18950	9366	11497	12275
宁　夏	214213	296998	13865	50309	69672	13849
新　疆	551103	848684	15400	161638	162209	10035

八省区全民所有制工业企业全员劳动生产率

(1990 年)　　　　单位：元

年　份	全　国	内蒙古	广　西	西　藏	宁　夏	新　疆	贵　州	云　南	青　海
1952	4167	3853	2782			2240	2078	3342	2745
1957	6336	4176	4921			6218	4768	5530	5453
1962	4797	2853	3347		2424	3902	3194	4651	3532
1965	8943	6023	7043		4368	6755	6995	5751	6926
1970	10125	7774	6336		5559	6477	5151	6752	6550
1975	9994	6155	7729	3788	8166	5543	4231	6332	8314
1978	11085	6723	7846	4816	8052	6466	6302	7279	7884
1979	11790	6078	8017	4932	8195	6804	6743	7755	7775
1980	12031	6042	8664	4522	7354	7260	6529	7752	7667
1981	11815	6209	8882	8126	6373	7486	6099	8296	6395
1982	12133	7329	9333	4825	7545	8502	7336	9728	7745
1983	13049	7980	9820	5485	8411	9530	8604	10657	7392
1984	14070	8361	10528	5906	9308	9970	9908	11849	8378
1985	15198	9107	12319	5759	10228	11534	10908	12789	9989
1986	15451	8919	13248	5503	10457	12045	10487	12927	9571
1987	16671	9941	14934	6184	11391	13165	12299	14883	11984
1988	18056	10741	15889	6815	12062	14879	13615	16822	14879
1989	18320	11436	16340	7190	13605	14270	14384	17708	13611
1990	18639	11405	17099	7387	13907	15400	14722	18918	14666

注：本表按 1980 年不变价格计算。

主要统计指标解释

工业　我国的工业包括以下四个方面的生产活动：(1) 对自然资源的开采，如采矿、晒盐、森林采伐等（但不包括禽兽捕猎和水产捕捞）；(2) 对农副产品的加工、再加工、如粮油加工、食品加工、轧花、缫丝、纺织、制革等；(3) 对采掘品的加工、再加工，如炼铁、炼钢、轧钢、化工生产、石油加工、机器制造、木材加工等，以及电力、自来水、煤气的生产和供应等；(4) 对工业品的修理、翻新，如机器设备的修理、交通运输工具（包括小卧车）的修理等。

1984年以前农村的村及村以下办工业归属农业，1984年及以后划归工业。

独立核算工业企业和非独立核算工业生产单位　从核算形式的角度，按其行政和财务核算是否独立，工业分为独立核算工业企业和非独立核算工业生产单位。

独立核算工业企业，应同时具有下列三个条件：(1) 行政上有独立的组织形式；(2) 经济上独立核算，自负盈亏，编制独立的资金平衡表（或资产负债表）；(3) 有权与其他单位签订合同，并在银行设有独立户头。独立核算工业企业不论是单一性或联合性生产的企业，均以整个企业作为一个基本填报单位。

非独立核算工业生产单位，是指不具备独立核算工业企业三个条件，附设于其他企业、事业、机关、团体、学校、科研机构、部队等单位的工业生产单位。但必须同时具备下列三个条件：(1) 有固定的生产场所和生产设备；(2) 有固定的生产工人和学徒在十人以上；(3) 一般单位常年生产，季节性生产的单位全年开工时间在三个月以上。

全民所有制工业（即国营工业）　指生产资料和产品或收入归全民所有的工业企业（单位）。包括中央和地方各级国家机关、部队、科研机构、学校、人民团体和国营企事业单位等举办的全民所有制工业。1957年以前的公私合营和私营工业，后均改造为国营工业，这部分工业的资料不单独分列时，均包括在全民所有制工业内。

集体所有制工业　指生产资料和产品或收入归劳动群众集体所有的工业企业（单位）。包括城市、县、镇（建制镇）以及城（镇）街道举办的集体所有制工业和农村乡镇办工业、村办工业等。

其他经济类型工业　指除全民所有制工业、集体所有制工业和个体工业以外的其他经济类型工业企业（单位）。包括全民与集体合营、全民与私人合营、集体与私人合营、中外合营、华侨或港澳工商业者经营、外资经营等工业。

轻工业　指主要提供生活消费品和制作手工工具的工业。按其所使用的原料不同，可分为两大类：(1) 以农产品为原料的轻工业，是指直接或间接以农产品为基本原料的轻工业。主要包括食品制造、饮料制造、烟草加工、纺织、缝纫、皮革和毛皮制作、造纸以及印刷等工业；(2) 以非农产品为原料的轻工业，是指以工业品为原料的轻工业。主要包括文教体育用品、化学药品制造、合成纤维制造、日用化学制品、日用玻璃制品、日用金属制品、手工工具制造、医疗器械制造、文化和办公用机械制造等工业。

重工业　是指为国民经济各部门提供物质技术基础的主要生产生产资料的工业。按其生产性质和产品用途，可以分为下列三类：(1) 采掘（伐）工业，是指对自然资源的开采，包括石油开采、煤炭开采、金属矿开采、非金属矿开采和木材采伐等工业；(2) 原材料工业，指向国民经济各部门提供基本材料、动力和燃料的工业。包括金属冶炼及加工、炼焦及焦炭化学、化工原料、水泥、人造板以及电力、石油和煤炭加工等工业；(3) 加工工业，是指对工业原材料进行再加工制造的工业。包括装备国民经济各部门的机械设备制造工业、金属结构、水泥制品等工业，以及为农业提供的生产资料如化肥、农药等工业。

根据上述划分原则，修理业中以重工业产品修理作业对象的划为重工业，否则划为轻工业。

工业总产值　是以货币表现的工业企业在一定时期内生产的工业产品总量，它反映工业生产的总规模和总水平。它包括：在本企业内不再进行加工，经检验、包装入库的成品价值，工业性作业价值，自制半成品、在制品期末期初差额价值（生产周期较长的企业计算）。工业总产值采用“工厂法”计算，即以工业企业作为一个整体，按企业工业生产活动的最终成果来计算，企业内部不允许重复计算，不能把企业内部各个车间（分厂）生产的成果相加。但在企业之间、行业之间、地区之间存在着重复计算。

轻重工业总产值的划分也是按“工厂法”计算的，即一个工业企业在正常情况下生产的主要产品的性质属于轻工业，则该企业的全部总产值作为轻工业总产值；一个工业企业生产的主要产品的性质属于重工业，则该企业的全部总产值作为重工业总产值。

工业净产值　是工业企业在一定时期内工业生产活动新创造的价值。各个工业企业净产值的总和就是工业行业所创造的国民收入。

工业净产值的统计范围是全部独立核算的工业企业，非独立核算的工业生产单位不计算工业净产值。

工业净产值的计算方法有两种：一种是生产法，是从工业总产值中扣除物质消耗价值计算求得的净产值。另一种是分配法，是根据工业生产新创造价值中属于国民收入初次分配的各项要素相加求得的净产值。初次分配项目包括：应得产品销售利润和应缴纳的产品销售税金、工资、提取的职工福利基金、利息支出和其他费用。

固定资产原值　是指工业企业购买和建筑各种固定资产时所实际支付的金额，以及以后改建或扩建所追加投资金额的合计。固定资产的来源包括解放后接收的原有固定资产，通过基本建设完成交付使用的固定资产，通过更新改造措施而增加的固定资产等等。

固定资产净值　　是指固定资产原值减去历年已提折旧额后的净额。

定额流动资金　　是指工业企业的储备资金、生产资金、成品资金以及超储积压物资和待处理流动资产损失五项之和。由于对这几项资金实行定额管理，所以称为定额流动资金。

利税总额　　指工业业企业的产品销售税金、教育费附加、资源税和利润总额四项之和。不包括企业计入生产成本的各项税金。

资金总额　　是固定资产净值加定额流动资金之和。

可比产品成本降低率　　可比产品指上年正式生产过、本年继续生产的产品。产品的可比性是按产品的牌号、规格和性能决定的。某些产品经过改革，虽然工艺操作、技术条件比过去有所改变，但其牌号、规格和性能相同，则仍算为可比产品。可比产品总成本就是企业为生产可比产品所支出的成本总额，它是企业产品总成本的一个组成部分。计算可比产品成本降低率，一般是将本年可比产品总成本和本年可比产品产量按上年实际单位成本计算的总成本相对比求得。即：

$$\text{可比产品成本降低率（\%）} = \left(1 - \frac{\text{本年可比产品总成本}}{\text{本年可比产品按上年实际平均单位成本计算的总成本}}\right) \times 100$$

如果所得结果为正数，表示可比产品成本降低，如结果为负数，则表示可比产品成本升高。

全员劳动生产率　　指根据产品的价值量指标计算的平均每一个职工在单位时间内的产品生产量。是考核企业经济活动的重要指标，是企业生产技术水平、经营管理水平，职工技术熟练程度和劳动积极性的综合表现。目前我国的全员劳动生产率是将工业企业的工业总产值除以同一时期全部职工的平均人数来计算的。计算公式：

$$\text{全员劳动生产率} = \frac{\text{工业总产值}}{\text{全部职工平均人数}}$$

为了使各年度的全员劳动生产率数字可以比较，1981 年以前各年的全员劳动生产率均按指数换算成 1980 年不变价格。

五、运输、邮电

民族自治地方运输、邮电情况

年　份	铁路营业里程（万公里）	公路通车里程（万公里）	全年铁路货运量（万吨）	全年公路货运量（万吨）	邮电局（所）（处）	邮路及农村投递线路（万公里）
1949	0.35	1.14				
1952	0.38	2.59		355.10	3499	13.13
1957	0.55	6.27		1425.23	4452	39.72
1962	0.72	12.75			5174	45.73
1965		12.55		4164.67	5272	36.37
1975		17.71		10694.75		
1978	0.90	20.80		13448.21	7222	94.75
1980	1.20	21.16		10266.06	7136	88.68
1981	1.22	21.21		12058.99	7121	84.61
1982	1.23	21.65	9998.54	14960.01	7226	86.19
1983	1.21	23.00	11014.11	11884.72	7482	88.11
1984	1.21	23.54	12065.78	12864.07	7578	87.04
1985	1.25	25.41	13100.56	22012.92	8075	90.40
1986	1.26	25.09	13212.37	31628.04	8089	88.37
1987	1.27	27.57	12283.00	38566.22	8219	87.27
1988	1.27	27.68	14044.97	53936.53	8276	86.61
1989	1.29	30.05	15599.00	61385.00	8443	95.10
1990	1.31	29.37	88077.87	58371.07	8436	88.02

民族自治地方分地区运输条件

（1990年）　　单位：公里

地　区	中央铁路营业里程	地方铁路延展里程	公路里程	内河航道里　程	民用汽车（辆）
全国总计	**53378**	**5458**	**1028348**	**109192**	**5513580**
合　计	**13064**	**3636**	**293738**	**8832**	**624410**
河　北	119		3134		2936
内蒙古	5082	11	43274	602	127260
辽　宁	217		8934	46	14386
吉　林	533	40	4242		22551
黑龙江	88		323		369
浙　江			370		330
湖　北			7878	205	8062
湖　南	308	3170	5626	199	9946
广　东			1176	28	1554
广　西	1666	415	36214	4521	124223
海　南	308		5027	40	8468
四　川	387		27130	719	24718
贵　州	613		18628	1460	16737
云　南	913		52906	617	52803
西　藏			21842		24821
甘　肃	52		8554		8596
青　海	990		14854		15571
宁　夏	446		8200	395	30982
新　疆	1342		25425		130097

民族自治地方分地区铁路、公路旅客、货物运输量

（1990 年）

地　区	客运量（万人）		货运量（万吨）	
	铁　路	公　路	铁　路	公　路
全国总计	**95712**	**648085**	**150681**	**724040**
合　计	**8337.97**	**68945.21**	**88077.87**	**58371.07**
河　北	28.88	291.72	64.32	207.05
内蒙古	2435.00	8012.00	6953.00	19767.00
辽　宁	953.70	2249.36	378.90	1575.51
吉　林	1126.00	2252.00	1391.00	1683.70
黑龙江	74.13	50.00	33.53	27.00
浙　江		100.00		29.00
湖　北		1229.70		634.90
湖　南	45.01	2778.13	51.70	1405.84
广　东		2847.40		176.00
广　西	2091.00	19489.00	2681.00	14162.00
海　南	50.40	4266.47	433.30	1478.32
四　川	154.19	2927.49	233.87	1168.52
贵　州	340.66	4269.41	1134.25	1651.62
云　南	529.00	5175.00	71700.00	4010.00
西　藏		82.00		689.00
甘　肃		579.04		128.30
青　海		429.49		23.31
宁　夏	180.00	2629.00	1465.00	2168.00
新　疆	330.00	9288.00	1558.00	7386.00

民族自治地方分地区铁路、公路旅客、货物周转量

（1990 年）

地区	旅客周转量（万人公里）		货物周转量（万吨公里）	
	铁路	公路	铁路	公路
全国总计(亿人、亿吨公里)	**2612.63**	**2620.32**	**10622.38**	**3358.10**
合计	**1752863**	**3134828**	**10575719**	**4003958**
河北		15804		18890
内蒙古	560000	376976	5178000	1026000
辽宁	267	86038	849	108484
吉林	69668	82909	178988	7262
黑龙江		2512	61	558
浙江		3759		2181
湖北		68371		93939
湖南		95792	10	71162
广东		10636		12979
广西	610000	963053	2421000	1007000
海南	4316	134927	22727	63493
四川		126742		92539
贵州	188300	116464	785800	137256
云南	312	269984	262279	227216
西藏		21072		82000
甘肃		20837		16205
青海		27014		7794
宁夏	50000	147363	639000	126000
新疆	270000	564575	1087000	903000

民族自治地方分地区邮电业情况

（1990年）

地区	邮电局、所数（个）	#设在农村	电话机（部）	邮电业务总量（万元、当年价格）	邮路及农村投递线路总长度（公里）
全国总计	**53629**	**44274**	**12735416**	**816461**	**4983061**
合计	**8436**	**6921**	**1018466**	**85729**	**902214**
河北	76	62	6893	787	5962
内蒙古	1638	1413	296601	20928	166139
辽宁	244	223	38206	2931	17828
吉林	183	152	10693	6591	27748
黑龙江	15	14	1515	126	1878
浙江	37	36	1875	160	365
湖北	210	186	17298	1725	32797
湖南	284	262	13617	1910	27319
广东	41	27	5611	253	2154
广西	1416	1200	203640	14235	165212
海南	157	114	13443	3237	6439
四川	591	528	29973	3770	36858
贵州	529	467	35370	4085	48268
云南	1006	878	73097	5426	126536
西藏	119	24	14722	1713	71403
甘肃	159	135	12170	877	16037
青海	168	119	12446	2354	13340
宁夏	246	170	53059	4358	16315
新疆	1317	911	178237	10263	119616

注：全国邮电业务总量为1980年不变价格计算。

主要统计指标解释

铁路营业里程 指办理客货运输业务的铁路正线总长度。凡是全线或部分建成双线及以上的线路，以第一线的实际长度计算；复线、站线、段管线、岔线和特别用途线以及不计算运费的联络线都不计算营业里程。铁路营业里程是反映铁路运输业基础设施发展水平的重要指标，也是计算客货周转量、运输密度和机车车辆运用效率等指标的基础资料。

铁路正线延展里程 是作为计算铁路线上钢轨、枕木及路基砂石需要量的主要依据。正线延展里程是正线第一线、第二线、第三线和其他正线建筑里程之和，不包括站线、段管线、岔线及特殊用途线的延展里程。

公路里程 也称"公路通车里程"是反映公路建设发展规模的重要指标，也是计算运输网密度等指标的基础资料；是指实际达到交通部制定的公路工程技术标准规定的等级的公路长度。它包括大中城市的郊区公路以及通过小城镇街道的公路里程，也包括桥梁、渡口的长度，但不包括城市的街道以及厂矿、林区和农业生产用道的里程。两条或多条公路共同经由同一路段，只计算一次，不得重复计算里程长度。

内河航道里程 也称"内河通航里程"，也是反映内河水运网规模、水平和发展情况的主要指标；是指在枯水季节水深在0.3米及以上，能通航运输船舶及排筏的天然河流、湖泊水库、运河及通航渠道的长度。包括全年季节性通航累计三个月以上的航道，但不包括仅供零散流放竹、木排的河道。

货（客）运量 指运输业实际运送的货物（旅客）数量。是反映运输业为国民经济和人民生活的数量指标，也是制定和检查运输生产计划，研究运输发展规模和速度的重要指标。货运按吨计算，客运按人计算。货物不论运输距离长短，货物类别，均按实际重量统计；旅客不论行程远近或票价多少，均按一人一次作为客运量统计。半价票、小孩票也按一人统计。

货物（旅客）周转量 指运输业运送的货物（旅客）数量与其相应运输距离的乘积之总和。是反映运输业生产总成果的重要指标，也是编制和检查运输生产计划、计算运输效率、劳动生产率以及核算运输单位成果的主要基础资料。通常以吨公里和人公里为计算单位。计算货物周转量通常按发出站与到达站之间的最短距离，也就是计费距离计算。

邮电业务总量 指以货币表现的邮电部门用于传递信息和提供其他邮电服务的总量。它综合反映了一定时期邮电工作的总成果，是研究邮电业务量构成和发展趋势的重要指标。它用各种邮电分类业务量，如函件件数、电报份数、长话张数、市内电话和农村电话的年均户数、订销报刊累计份数等，分别乘以相应的平均单价（不变价），加总后再加上出租电路和设备的收入、代用户维护电话交换机和线路等设备的收入、其他业务收入求得。

六、固定资产投资

民族自治地方全民所有制单位固定资产投资和新增固定资产

单位：万元

年份	固定资产投资	#基本建设投资	#更新改造投资	新增固定资产
1980		568100		400328
1981	616191	378850	237341	292454
1982	742016	486158	255858	455622
1983	932396	626472	305924	632058
1984	1150035	808689	238664	757188
1985	1619410	1146957	332535	1188813
1986	1718383	1116824	470687	1317236
1987	2001690	1153559	604804	2419201
1988	2468599	1380504	836398	1764041
1989	2309884	1335246	705143	1931483
1990	2594494	1642687	703129	2263406

注：固定资产投资额中还包括其他固定资产投资。

民族自治地方全民所有制单位基本建设投资

单位：万元

年份	基建投资	年份	基建投资
1950-1952	56000	1981-1985	3447126
1953-1957	407800	1986	1116824
1958-1962	1199300	1987	1153559
1963-1965	450600	1988	1380504
1966-1970	900500	1989	1335246
1971-1975	1521200	1990	1642687
1976-1980	2375800	1950-1990累计	16987146

民族自治地方分地区全社会固定资产投资

(1990 年)

单位：万元

地　区	合　计	全民所有制单位	集体所有制单位			城乡个人投资		
				城镇	农村		城镇	农村
全国总计(亿元)	**4449.29**	**2918.64**	**529.48**	**163.38**	**366.10**	**1001.17**	**124.70**	**876.47**
合　计	**3491119**	**2594494**	**259362**	**116306**	**143056**	**637263**	**99970**	**537293**
河　北	13824	8169	862	744	118	4793	759	4034
内蒙古	638124	498002	30633	13255	17378	109489	28159	81330
辽　宁	46920	24992	6414	1153	5261	15514	2431	13083
吉　林	192250	184252	2584	2331	253	5414	2968	2446
黑龙江	787	787						
浙　江	2575	2173	156	60	96	246		246
湖　北	42325	25221	6249	1586	4663	10855	1969	8886
湖　南	41973	27976	4161	2959	1202	9836	1584	8252
广　东	5853	3986	653	381	272	1214	94	1120
广　西	663744	389730	54714	28614	26100	219300	31100	188200
海　南	64636	51117	2746	1497	1249	10773	3446	7327
四　川	108593	87091	5833	867	4966	15669	2193	13476
贵　州	78098	52379	4378	2337	2041	21341	1734	19607
云　南	273529	149226	60274	26827	33447	64029	6880	57149
西　藏	96466	67666	15300		15300	13500	2400	11100
甘　肃	16586	9935	1461	628	833	5190	934	4256
青　海	132723	118259	3364	1591	1773	11100	1619	9481
宁　夏	202761	158047	12614	5088	7526	32100	1000	31100
新　疆	869352	735486	46966	26388	20578	86900	10700	76200

民族自治地方分地区全民所有制单位固定资产投资

（1990年） 单位：万元

地 区	全民所有制单位固定资产投资	基本建设投资	更新改造投资完成额	其他固定资产投资
全国总计(亿元)	**2918.64**	**1703.81**	**830.19**	**199.07**
合 计	**2594494**	**1642687**	**703129**	**248678**
河 北	8169	6267	1334	568
内蒙古	498002	339203	150422	8377
辽 宁	24992	19750	4175	1067
吉 林	184252	69181	41277	73794
黑龙江	787	490	297	
浙 江	2173	1565	384	224
湖 北	25221	18299	6348	574
湖 南	27976	13123	11197	3656
广 东	3986	2371	1314	301
广 西	389730	212880	169619	7231
海 南	51117	37872	12682	563
四 川	87091	63448	17966	5677
贵 州	52379	35518	15598	1263
云 南	149226	88612	52389	8225
西 藏	67666	65209	1821	636
甘 肃	9935	7723	1765	447
青 海	118259	76952	10334	30973
宁 夏	158047	104238	51495	2314
新 疆	735486	479986	152712	102788

注：全民所有制固定资产投资合计中未包括商品房建设投资额，全国总计中包括商品房建设投资。

民族自治地方全民所有制单位国民经济各行业基本建设投资

单位: 亿元

年　份	基建投资	农、林、牧、渔、水利业	工　业	卫生、体育和社会福利事业
1980	55.10	9.48	23.60	3.48
1981	37.89	3.90	17.56	3.86
1982	48.62	4.70	20.91	5.04
1983	62.65	6.14	35.39	6.05
1984	80.87	6.80	42.80	8.93
1985	114.70	7.41	53.65	2.99
1986	111.68	7.02	16.22	2.79
1987	115.36	10.22	60.86	2.63
1988	138.05	8.35	79.38	3.15
1989	133.52	9.30	78.96	2.39
1990	164.27	11.39	99.78	2.94

年　份	教育、文化艺术和广播电视事业	科学研究和综合技术服务事业	其　他
1980		1.05	5.19
1981		0.46	23.73
1982		0.40	4.57
1983		0.35	4.52
1984		0.79	5.25
1985	9.99	1.56	1.93
1986	10.34	1.33	8.58
1987	10.11	1.60	5.35
1988	9.60	1.01	9.94
1989	8.75	1.30	1.49
1990	10.23	1.99	0.69

注： 按国民经济行业分类的基建投资额分项数为部分项目。

民族自治地方分地区全民所有制单位基本建设投资(一)

(1990年，按国民经济行业分类)　　单位：万元

地区	基本建设投资合计	农林牧渔水利业	工业	地质普查和勘探业	建筑业	交通运输、邮电通讯业	商业、公共饮食、物资供销和仓储业
全国总计	**17038145**	**672196**	**9525996**	**47610**	**104141**	**2071631**	**427754**
合计	**1642687**	**113858**	**997843**	**3932**	**9558**	**142482**	**51162**
河北	6267	800	3748			219	129
内蒙古	339203	15562	249406	796	1115	21870	7311
辽宁	19750	1766	4287		2320	790	1572
吉林	69181	4766	48266	52	127	3901	1720
黑龙江	490	15	50				82
浙江	1565	10	963			127	
湖北	18299	1026	7558		345	3906	564
湖南	13123	1711	4328		27	772	1301
广东	2371	421	804			415	144
广西	212880	13677	98135	880	2453	19787	12729
海南	37872	2801	14641	13		6796	1538
四川	63448	1678	29084	8	51	3830	1698
贵州	35518	3499	20340	59	57	2016	1299
云南	88612	14172	33674	338	464	9703	2223
西藏	65209	3014	16462	252	33	20627	4135
甘肃	7723	1117	2907			772	120
青海	76952	5953	51804		40	6603	1138
宁夏	104238	9369	68898	437	297	10073	1802
新疆	479986	32501	342488	1097	2229	30275	11657

民族自治地方分地区全民所有制单位基本建设投资(二)

（1990年，按国民经济行业分类）　　单位：万元

地区	房地产管理、公用事业、居民服务、咨询	卫生体育和社会福利	教育、文化艺术、广播电视	科学研究及综合技术服务	金融、保险业	国家机关政党机关社会团体	其他
全国总计	**816858**	**352778**	**1025180**	**210333**	**150903**	**621014**	**1011751**
合计	**45933**	**29428**	**102339**	**19850**	**22241**	**97173**	**6888**
河北	126	317	303		184	218	223
内蒙古	4367	3494	15616	1820	4632	12649	565
辽宁	2946	354	1495		791	2360	1069
吉林	1957	380	4187	65	1007	2708	45
黑龙江	25		124			194	
浙江	30	75	224		110	26	
湖北	149	710	1713	88	695	1498	47
湖南	37	641	2149	16	394	1158	589
广东		205	155		7	203	17
广西	12459	6030	21605	1445	3392	18799	1489
海南	5327	1048	2223	10	1158	1259	1058
四川	1424	1088	5093	12106	884	6237	267
贵州	366	822	2334	98	894	3622	112
云南	1860	3163	10954	778	839	10044	400
西藏	3015	1147	4874	494	2250	8856	50
甘肃	202	464	998	26	284	663	170
青海	1323	590	2952	90	1277	5162	20
宁夏	2625	1508	4535	249	1062	2887	496
新疆	7695	7392	20805	2565	2381	18630	271

民族自治地方分地区全民所有制单位基本建设投资

（1990 年，按资金来源分类） 单位：万元

地　区	基建投资	国家预算内投资	国内贷款	利用外资	煤代油资金	自筹投资	其他投资
全国总计	17038145	3635936	3786237	2240533	442048	5299217	1634174
合　计	1642687	438440	456742	104868	12847	534875	94915
河　北	6267	1531	1851			2556	329
内蒙古	339203	110860	64839	40685	6323	108889	7606
辽　宁	19750	1079	3892		222	10441	4116
吉　林	69181	15462	9471	6300	5047	26829	6072
黑龙江	490	106				359	25
浙　江	1565	277		103		1170	15
湖　北	18299	1283	3415			10682	2919
湖　南	13123	1938	2110			8687	388
广　东	2371	326	779			937	329
广　西	212880	49477	47058	9816		88693	17836
海　南	37872	6851	7570	57		16046	7348
四　川	63448	19551	11850		1255	26147	4645
贵　州	35518	15750	5114	595		12001	2058
云　南	88612	14112	17742	1278		40501	14979
西　藏	65209	40387	559	12		21121	3130
甘　肃	7723	3033	288	280		2845	1277
青　海	76952	29036	23619	9034		14397	866
宁　夏	104238	30931	24688	2841		42967	2811
新　疆	479986	96450	231897	33866		99607	18166

民族自治地方分地区全民所有制单位新增固定资产

(1990年)　　　　单位: 万元

地　区	全民所有制单位新增固定资产	基本建设	更新改造	其　他
全国总计	**22431662**	**13626092**	**7229425**	**1576145**
合　计	**2263406**	**1392830**	**642046**	**228530**
河　北	8000	5999	1759	242
内蒙古	457800	311965	137713	8122
辽　宁	18449	15720	2687	42
吉　林	165896	55806	43432	66658
黑龙江	800	503	297	
浙　江	6364	4981	1159	224
湖　北	20801	11354	9090	357
湖　南	20876	6765	8020	6091
广　东	4518	2328	1848	342
广　西	356688	188464	161749	6475
海　南	33839	26590	6875	374
四　川	89281	65561	19399	4321
贵　州	28465	18599	9202	664
云　南	116221	71292	39913	5016
西　藏	53100	51000	1461	639
甘　肃	8363	6719	1099	545
青　海	117526	77119	13102	27305
宁　夏	142828	101373	39147	2308
新　疆	613591	370692	144094	98805

民族自治地方分地区全民所有制单位更新改造投资完成额

（1990年）

单位：万元

地区	按行业分			按资金来源分						
	合计	#农林牧渔水利业	#工业	合计	国家预算内投资	国内贷款	利用外资	煤代油资金	自筹投资	其他投资
全国总计	**8301924**	**100655**	**6474866**	**8301924**	**175631**	**2695463**	**338460**	**2204**	**4553666**	**536500**
合计	**703129**	**26070**	**547217**	**703129**	**15470**	**232796**	**24839**	**1171**	**390491**	**38362**
河北	1334	20	1314	1334		695			625	14
内蒙古	150422	422	119098	150422	1724	43100	1759		94958	8881
辽宁	4175	23	3835	4175	102	2226		79	1699	69
吉林	41277	248	39461	41277	1754	9658	177	106	25163	4419
黑龙江	297		100	297		100			197	
浙江	384		384	384		133			146	105
湖北	6348		5641	6348	118	2289			3538	403
湖南	11197	50	10325	11197	794	8167			1927	309
广东	1314		523	1314		415		156	743	
广西	169619	2283	138139	169619	5196	75344	16904		65880	6295
海南	12682	55	7943	12682	35	3088		781	8472	306
四川	17966	8	16260	17966	286	5811			9757	2112
贵州	15598	1307	13230	15598	234	7354	51		5888	2071
云南	52389	7553	39809	52389	1335	20340	10		27677	3027
西藏	1821		979	1821	154	236			1308	123
甘肃	1765	373	1105	1765	153	208			1238	166
青海	10334	368	8794	10334	421	4208		49	5485	171
宁夏	51495	833	41960	51495	317	11302	1743		36149	1984
新疆	152712	17327	98317	152712	2847	38122	4195		99641	7907

民族自治地方分地区住宅竣工建筑面积

（1990 年）　　单位：平方米

地　区	合　计	全民所有制单位	集体所有制单位	城乡个人
全国总计(万平方米)	**79161**	**10054**	**1926**	**74304**
合　计	**37077730**	**11285300**	**1061555**	**24730860**
河　北	659067	17403	7678	633986
内蒙古	3227900	1681710	73292	1472898
辽　宁	1023757	213074	17575	793108
吉　林	652799	502745	6893	143161
黑龙江	4060	4060		
浙　江	31209	3209		28000
湖　北	2395851	218331	102127	2075393
湖　南	1421212	180135	23469	1217608
广　东	171861	36797	2927	132137
广　西	2378300	2241900	136400	
海　南	856955	234228	14295	608432
四　川	3425707	752148	69251	2604308
贵　州	2927953	311760	95109	2521084
云　南	9612319	862205	403948	8346166
西　藏	670800	670800		
甘　肃	664879	72692	1402	590785
青　海	268378	264073	3310	995
宁　夏	3498013	676032	26679	2795302
新　疆	3186700	2342000	77200	767500

主 要 统 计 指 标 解 释

全社会固定资产投资 固定资产投资是社会固定资产再生产的主要手段。通过建造和购置固定资产的活动，国民经济不断采用先进技术装备，建立新兴部门，进一步调整经济结构和生产力的地区分布，增强经济实力，为改善人民物质文化生活创造物质条件，这对实现我国社会主义现代化建设具有重要意义。

固定资产投资额是以货币表现的建造和购置固定资产活动的工作量，它是反映固定资产投资规模、速度、比例关系和使用方向的综合性指标。全社会固定资产投资包括全民所有制单位投资、城乡集体所有制单位投资和城乡居民个人投资。按照我国计划管理体制，全民所有制单位固定资产投资总额分为基本建设、更新改造和其他固定资产投资三个部分；城乡集体所有制单位投资包括城镇集体所有制单位投资和农村集体所有制单位投资；城乡居民个人投资包括城市、县城、镇、工矿区所辖范围内的个人建房和农村个人建房及购买生产性固定资产（使用年限在二年以上，单位价值在50元以上的生产资料）的投资。

基本建设投资 基本建设是全民所有制企业、事业单位以扩大生产能力或工程效益为主要目的新建、扩建工程及有关工作。包括工厂、矿山、铁路、桥梁、港口、农田水利、商店、住宅、学校、医院等工程的建造和机器设备、车辆、船舶、飞机等的购置。

基本建设投资额是以货币表现的基本建设完成的工作量，是反映一定时期内基本建设规模和建设进度的综合性指标。它是根据工程的实际进度按预算价格（预算价格是编制施工图预算时所用的价格）计算的工作量。没有形成工程实体的建筑材料和没有开始安装的设备，都不计算投资完成额。

基本建设投资完成额与基本建设财务拨款贷款额和财务支出是含义完全不同的指标，"基本建设投资完成额"是按预算价格计算的工作量；财务拨款贷款额是银行根据国家计划拨给或贷给建设单位用于基本建设的资金；财务支出额是建设单位实际支出的金额。使用时应加以区别。

更新改造投资 更新改造是指全民所有制企业、事业单位对原有设施进行固定资产更新和技术改造，以及相应配套的工程和有关工作（不包括大修理和维护工程）。更新改造投资是以货币表现的更新改造完成的工作量。根据我国现行统计制度，基本建设和更新改造的划分是：(1) 列入基本建设计划的项目作为基本建设投资，列入更新改造计划的项目作为更新改造投资；(2) 更新改造计划与基本建设计划结合安排的项目和未列入计划的项目，根据工程性质分别作为基本建设投资或更新改造投资。属于对企业、事业单位原有设施进行技术改造或更新的项目和增建主要生产车间、分厂等，其新增生产能力或效益尚未达到大中型标准的项目，以及由于城市环境保护和安全生产的需要而进行的迁建工程，作为更新改造投资。

其他固定资产投资 是指按照国家规定不纳入基本建设和更新改造计划管理，其总投资在五万元以上的全民所有制单位的固定资产投资，具体包括：用油田维护费和石油开发基金进行的油田维护和开发工程；矿山、森工等采掘采伐工业用维简费进行的开拓延伸工程；交通部门用公路养路费对原有公路、桥梁进行改建的工程；商、贸、粮、供销部门用简易建筑费建造的仓库。

固定资产投资的资金来源　根据固定资产投资的资金来源不同，分为国家预算内投资、国内贷款、利用外资、自筹和其他投资四种；

(1) 国家预算内投资　指用国家财政预算拨款完成的投资。基本建设国家预算内投资包括国家中央财政中的基本建设基金和地方财政中的由国家统筹安排的基本建设拨款，以及中央财政中的其他专项建设拨款完成的投资。更新改造国家预算内投资包括中央财政和地方财政预算内更新改造拨款完成的投资。

(2) 国内贷款　指建设单位利用银行基本建设贷款和更新改造贷款以及其他国内贷款完成的投资。

(3) 利用外资　指利用国外资金（包括设备、材料、技术在内）在本国进行的固定资产投资。包括由国家财政统借统还的国外贷款完成的投资，利用中国银行、中国国际信托投资公司筹集的外国资金在国内完成的投资，中外合资项目中的外资，以及无偿捐赠等。但不包括用我国自有外汇购置的国外设备、材料、也不包括由东欧国家记帐进口的国外设备。

(4) 自筹和其他投资　指由国务院各部，各省、自治区、直辖市及地（市）、县和企（事）业及行政单位自已筹集的资金和上述各项以外的资金完成的投资。

固定资产投资按国民经济行业分　建设项目归哪个行业按它建成投产后的主要产品或主要用途及社会经济活动性质来确定。基本建设按建设项目划分国民经济行业，更新改造、全民所有制单位其他固定资产投资及城镇集体投资根据整个企业、事业单位所属的行业来划分。一般情况下，一个建设项目或一个企业、事业单位只能属于一种国民经济行业。为了更准确地反映国民经济各行业之间的比例关系，联合企业（总厂）所属分厂属于不同行业的，原则上按分厂划分行业。

固定资产投资按建设性质分　建设项目的性质一般分为新建、扩建、改建、迁建、恢复。基本建设按建设的项目划分建设性质，更新改造、全民所有制单位其他固定资产投资及城镇集体投资按整个企业、事业单位的建设情况确定建设性质。目前基本建设和更新改造是根据我国现行的计划管理体制区分的，所以基本建设和更新改造都可以分别按新建、扩建和改造等划分。

(1) 新建　一般是指从无到有，"平地起家"新开始建设的单位。有的单位原有的基础很小，经过建设后其新增加的固定资产价值超过原有固定资产价值（原值）三倍以上的也算新建。

(2) 扩建　一般是指为扩大原有产品的生产能力，在厂内或其他地点增建主要生产车间（或主要工程)、独立的生产线或总厂之下的分厂的企业；事业单位和行政单位在原单位增建业务用房（如学校增建教学用房、医院增建门诊部或病床用房，行政机关增建办公楼等）也作为扩建。

(3) 改建　一般是指现有企业、事业单位为了技术进步，提高产品质量，增加花色品种，促进产品升级换代、降低消耗和成本，加强资源综合利用和三废治理，以及劳保安全等，采用新技术、新工艺、新设备、新材料等对现有设施、工艺条件进行技术改造或更新（包括相应配套的辅助性生产、生活福利设施）。有的企业为充分发挥现有的生产能力，进行填平补齐而增建不增加本单位主要产品生产能力的车间等，也属于改建。

固定资产投资按用途分　固定资产投资按工程的经济用途分为生产性建设和非生产性建

设。是研究不同用途的固定资产投资之间比例关系的重要指标。基本建设投资、全民所有制单位其他固定资产投资及城镇集体投资的用途按单项工程确定，现有企业、事业单位更新改造投资的用途按更新改造项目确定。

(1) 生产性建设　指直接用于物质生产或直接为物质生产服务的建设。它反映了在一定时期内国民经济中物质生产部门的投资规模、水平和结构，对研究经济建设中生产发展和人民生活水平提高之间的比例关系有重要作用。生产性建设包括农、林、牧、渔、水利业建设，工业建设，地质普查和勘探业建设，建筑业建设，交通运输、邮电通讯业建设，商业、公共饮食业、物资供销和仓储业建设和综合技术服务事业建设等。企业、事业单位更新改造的生产性建设投资，根据更新改造项目的特点，还可细分为：增产；节约能源；其他节约；增加品种；提高产品质量；"三废"治理；其他生产性建设。

(2) 非生产性建设　指用于满足人民物质和文化生活需要的建设以及其他物质生产的建设。它反映了一定时期内直接用于改善人民生活状况和发展教育，科研事业的投资规模，对研究国民经济中"骨头"和"肉"的比例关系，研究人民生活水平的提高速度具有重要的意义，非生产性建设包括住宅建设，公用事业、居民服务和咨询服务业建设，卫生、体育和社会福利事业建设，教育、文化、艺术和广播电影电视事业建设。科学研究建设，金融、保险业建设，国家机关、政党机关和社会团体建设及其他建设。在非生产性建设中的住宅建设是指专供居住使用的房屋，包括职工家属宿舍、职工单身宿舍、学生宿舍等。

固定资产投资按构成分　固定资产投资活动按其工作内容和实现方式分为建筑工程，安装工程，设备、工具、器具的购置，其他费用四个部分。

(1) 建筑工程（建筑工作量）指各种房屋、建筑物的建造工程。包括各种房屋建造工程；各种用途设备基础和各种工业窑炉的砌筑工程；为施工而进行的各种准备工作和临时工程为及完工后的清理工作等；铁路、道路的铺设，矿井的开凿及石油管道的架设等；水利工程；防空地下建筑等特殊工程。

(2) 安装工程（安装工程量）　指各种设备、装置的安装工程。包括各种机械设备的安装工程；为测定安装工作质量，对设备进行试运行工作。

在安装工程中，不包括被安装设备本身的价值。

(3) 设备、工具、器具购置　指购置或自制达到固定资产标准的设备、工具、器具的价值。固定资产的标准按财务部门规定。新建单位、扩建单位的新建车间，按照设计和计划要求购置或自制的全部设备、工具、器具，不论是否达到固定资产标准均计入"设备、工具、器具购置"中。

(4) 其他费用　指除建筑安装工程和设备、工具、器具购置以外的投资完成额。它包括两种性质的费用，一种是属于增加固定资产的费用，主要有：建设单位管理费、土地、青苗等补偿费和安置补助费、勘察设计费、研究实验费、农林单位牲畜购置费、各种经济林木的营造费、办公和生活家具、器具购置费、引进技术和进口设备项目的其他费用、联合试运转费等；一种是属于不增加固定资产的费用，主要有：施工机构转移费、生产职工培训费、农业开荒费及报废工程损失费等。

施工和竣工房屋建筑面积　房屋建筑面积是从房屋外墙线算起的各层平面面积的总和，包括房屋结构（如柱、墙）占用的面积和地下室面积。多层建筑按各自然层面积总和计算，包括房屋内的楼隔层，突出墙面的眺望间、门斗、有柱雨罩的面积。不包括突出墙面结构的构件、艺术装饰等所占的面积，如台阶等。凹阳台、挑阳台按其水平投影面积一半计算建筑面积。

施工面积 指报告期内施工的全部房屋建筑面积。包括本期新开工的面积和上期开工跨入本期继续施工的房屋面积，以及上期已停建在本期继续施工的房屋建筑面积。

竣工面积 指在报告期内房屋建筑按照设计要求已全部完工，达到住人和使用条件，经验收鉴定合格，正式移交使用单位的建筑面积。

新增固定资产 指通过投资活动所形成的新的固定资产价值。包括已经建成投入生产或交付使用的工程价值和达到固定资产标准的设备、工具、器具的投资及有关应摊入的费用。它是以价值形式表示的固定资产投资成果的综合性指标，可以综合反映不同时期、不同部门、不同地区的固定资产投资成果。

七、商　　业

民族自治地方零售商业机构和人员

单位：个、人

项　　目	1985年	1986年	1987年	1988年	1989年	1990年
商业机构	1023496	1061275	1141812	1190178	1129778	1134806
全民所有制商业	64478	71056	75654	74642	79432	86078
集体所有制商业	151095	152069	155856	160751	157164	128011
供销社	90174	93497	98966	102158	101482	
其　他	60921	61326	56885	57987	55682	
#代购代销店	17381	14493	10701	9274	7554	
合营商业	223	388	122	189	81	45
个体有证商业	807700	837762	910180	954596	893101	920672
商业人员	2584435	2624405	2839721	2992769	2988114	2569710
全民所有制商业	797214	806443	855140	896506	977176	679070
集体所有制商业	740327	730164	777623	834311	816259	642092
供销社	373632	379049	399050	428659	435537	740
其　他	366695	346558	375789	405652	380722	
#代购代销店	18910	15525	13274	10873	8871	
合营商业	1727	1671	2617	4703	2055	
个体有证商业	1045167	1086127	1204341	1257249	1192624	1247808

民族自治地方分地区零售商业机构

(1990年)

单位：个

地区	年末社会商业机构	全民所有制	集体所有制	合营商业	个体有证商业
全国总计	**8709366**	**280329**	**1194563**	**2103**	**7232371**
合　计	**1134806**	**86078**	**128011**	**45**	**920672**
河　北	16542	572	1841	–	14129
内蒙古	132644	6695	23544	1	102404
辽　宁	41845	1854	6263		33728
吉　林	29682	1880	4547	1	23254
黑龙江	1633	69	470		1094
浙　江	1918	94	184		1640
湖　北	23318	2753	5901		14664
湖　南	32751	2239	5701		24811
广　东	3337	374	507		2456
广　西	370222	8249	30552	15	331406
海　南	21978	1525	1803	2	18648
四　川	54218	7092	8137		38989
贵　州	95038	25794	7209		62035
云　南	121383	12321	13212	7	95843
西　藏	20520	3322	358	1	16839
甘　肃	16699	1295	1811		13593
青　海	14678	1823	1216	8	11631
宁　夏	28102	1472	2857		23773
新　疆	108298	6655	11898	10	89735

民族自治地方分地区零售商业人员

(1990 年)

单位：人

地　区	年末社会商业人员	全民所有制	集体所有制	合营商业	个体有证商业
全国总计	21125341	3707454	6897394	34500	10485993
合　计	2569710	679070	642092	740	1247808
河　北	50454	7790	9401		33263
内蒙古	437698	117416	184561	10	135711
辽　宁	144325	50075	50831		43419
吉　林	122566	47067	45596	47	29856
黑龙江	6744	2216	2726		1802
浙　江	3491	850	655		1986
湖　北	57599	18076	17894		21629
湖　南	73084	21004	17234		34846
广　东	8809	3039	1909		3861
广　西	670769	90308	144478	363	435620
海　南	54938	19536	7699	32	27671
四　川	111899	42813	21967		47119
贵　州	169513	68345	16648		84520
云　南	256929	79415	40371	33	137110
西　藏	33300	14876	832	10	17582
甘　肃	35959	8796	5991		21172
青　海	34509	15258	4674	95	14482
宁　夏	64165	15346	17987		30832
新　疆	232959	56844	50638	150	125327

民族自治地方社会商品
零售总额、国内纯购进总额

单位：万元

年　份	社会商品零售总额	#农业生产资料	国内纯购进总额	#农副产品购进
1949	98000			
1952	179000	8021	48000	44555
1957	397000	23508	240000	143740
1962	513000			149665
1965	644000	56069	429000	245075
1975	1223000	196042	822000	367351
1978	1508000	257278	1033000	419725
1980	2034369	267692	1312315	580922
1981	2213028	245484	1458695	637266
1982	2453322	279043	1635685	750532
1983	2785739	311833	1855000	855536
1984	3271982	369149	1996858	871628
1985	4115650	411172	2377386	943146
1986	4618564	464099	2776517	1059218
1987	5331124	565122	3601207	1334979
1988	6822764	750064	4978322	1848569
1989	7529843	892608	5547402	1978194
1990	7805739	987318	6185838	

民族自治地方分地区社会商品零售总额

(1990年)

单位：万元

地区	社会商品零售总额	按用途对象分类		按经济类型分类					按城乡分类	
		消费品	农业生产资料	全民所有制	集体所有制	合营	个体	农民对非农业居民	城镇(市县)	乡村(县以下)
全国总计(亿元)	**8300.10**	**7250.30**	**1049.80**	**3285.90**	**2631.00**	**40.30**	**1569.60**	**773.30**	**3735.00**	**4565.10**
合计	**7805739**	**6818421**	**987318**	**3345126**	**2154107**	**9147**	**1591907**	**705452**	**4798897**	**3006842**
河北	81193	70051	11142	30491	27299	70	18226	5107	27720	53473
内蒙古	1462149	1305760	156389	710848	463579	252	194213	93257	1056856	405293
辽宁	270829	236229	34600	83685	91341		71479	24324	124369	146460
吉林	333455	297344	36111	126381	102706	489	76488	27391	231328	102127
黑龙江	13082	10935	2147	5574	4268		2565	675	9247	3835
浙江	5609	4447	1162	3594	175		1201	639	2564	3045
湖北	131511	108027	23484	44045	58293		20015	9158	32530	98981
湖南	166730	141447	25283	62105	50077		33070	21478	90993	75737
广东	22996	19329	3667	8777	4275		7651	2293	10105	12891
广西	2064542	1754369	310173	693140	584977	3882	573257	209286	1151569	912973
海南	108600	102050	6550	34278	11782	1706	39177	21657	65079	43521
四川	292170	257349	34821	123909	68843		66097	33321	160994	131176
贵州	295572	253308	42264	95361	75595	232	86810	37574	160744	134828
云南	733220	638108	95112	311435	222452	103	124587	74643	403908	329312
西藏	148000	128700	19300	117382	9293	605	17709	3011	100209	47791
甘肃	85886	76676	9210	39498	18564		22403	5421	51019	34867
青海	131008	118212	12796	83613	21322	410	18188	7475	68124	44884
宁夏	299762	253039	46723	143762	81356		43645	30999	219139	80623
新疆	1159425	1043041	116384	627248	257910	1398	175126	97743	814400	345025

民族自治地方分地区社会商业商品购、销、存总额

(1990 年)　　单位：万元

地　区	国内纯购进总额	国内纯销售总额	年末库存总额	社会农副产品收购总额	#外贸部门
全国总计(亿元)	**8221.15**	**8358.10**	**4087.63**	**3711.00**	**141.30**
合　计	**6185838**	**7541715**	**4447338**	**3766849**	**97753**
河　北	43353	74185	28952	36913	4556
内蒙古	1090753	1463200	929663	637030	20110
辽　宁	137194	288498	118028	101481	8566
吉　林	296177	297626	183664	158751	5294
黑龙江	5122	9015	6158	5970	
浙　江	2968	5406	2208	2964	572
湖　北	140393	141313	84472	60169	2513
湖　南	113562	157192	84658	75057	1565
广　东	9213	23000	7763	10801	
广　西	1705248	2032340	888956	910207	
海　南	74035	92541	35593	49710	426
四　川	188283	280049	140988	116377	3096
贵　州	150718	251065	123766	65055	5585
云　南	544328	690972	346166	396635	6612
西　藏	62106	172477	178956	28014	6916
甘　肃	37642	76657	37096	19029	6188
青　海	63585		80290	58313	6595
宁　夏	232173	266710	165393	126568	2384
新　疆	1288985	1219469	1004568	907805	16775

注：青海省国内纯购进总额、库存总额均由 1989 年数代替。

民族自治地方分地区社会农副产品收购量

(1990年)　　　　单位：吨

地　区	粮　食	食用植物油	活　猪 (头)	鲜　蛋
全国总计	**139952000**	**4703000**	**185045000**	**2824000**
合　计	**13603792**	**487394**	**11743435**	**102020**
河　北	149787	4552	62541	1018
内蒙古	3712226	120317	821000	14371
辽　宁	566767	18053	372650	2943
吉　林	1429619	17193	73973	5247
黑龙江	28706	100	15622	144
浙　江	4828	8	6300	49
湖　北	143875	17122	333900	2584
湖　南	180970	10346	504100	4238
广　东	30653	336	46524	144
广　西	1776900	29677	6126700	25900
海　南	73674	1976	228273	1303
四　川	260072	11504	656252	4231
贵　州	344273	27366	266209	1792
云　南	1073097	15864	1346397	7572
西　藏	71517	3627	12100	74
甘　肃	68531	5757	51254	509
青　海	180184	25332	55540	433
宁　夏	672028	13012	248600	8275
新　疆	2836085	165252	515500	21193

民族自治地方分地区社会消费品零售量

(1990年)

地区	粮食(吨)	食用植物油(吨)	活猪(头)	鲜蛋(吨)	水产品(吨)	各种布(万米)	自行车(辆)	电视机(台)
全国总计	**92891000**	**4416000**	**200785000**	**3049000**	**4014000**	**1203000**	**27603000**	**19230000**
合计	**11226350**	**323656**	**12442611**	**368510**	**137291**	**26435.88**	**2440049**	**937610**
河北	130212	2982	56707	1152	1036	370.83	26351	12271
内蒙古	2392815	66287	1404800	12914	27353	7955.60	410702	231340
辽宁	562779	12357	300699	2906	8204	1260.32	85634	32093
吉林	648711	14951	24109	5799	12317	831.80	94259	49959
黑龙江	20214	491	15618	126	2154	76.53	2608	1571
浙江	8711	176	6500	49	202	0.31	980	1530
湖北	201591	6920	293800	199	790	1012.56	33145	24400
湖南	197085	5586	191983	2179	2610	1294.71	48944	46827
广东	28658	537	50758	127	400	78.66	6188	1476
广西	2285084	47534	6803200	296956	29054	98.42	933327	95470
海南	156411	2714	353800	1675	16947	385.45	12299	2279
四川	377106	11718	65786	3845	1859	2075.47	43225	32192
贵州	456418	15486	279157	1470	1435	1725.69	42583	29595
云南	1014506	22648	1404678	9155	1128	5159.01	217685	120880
西藏	203221	7217	199800	2536	12	1229.46	8411	2078
甘肃	191371	3771	46100	466	33	573.09	10540	4341
青海	216534	8144	2316	379	493	467.83	14845	9686
宁夏	328121	11706	242100	8311	6896	1743.81	112981	48695
新疆	1806802	82431	700700	18266	24368	96.33	335342	190927

全国分地区零售物价总指数和职工生活费用价格总指数

(1990年)

地区	零售物价总指数				职工生活费用价格总指数			
	以1978年价格为100	以1980年价格为100	以1985年价格为100	以1989年价格为100	以1978年价格为100	以1980年价格为100	以1985年价格为100	以1989年价格为100
全国总计	**207.7**	**192.1**	**162.0**	**102.1**	**222.0**	**202.9**	**165.5**	**101.3**
北京	238.5	219.5	174.5	104.1	231.8	214.8	172.5	105.4
天津	202.1	189.5	159.5	102.7	196.8	185.4	157.6	103.0
河北	196.9	184.6	159.2	99.9	206.9	189.8	159.2	101.2
山西	203.2	195.4	166.6	102.1	214.8	201.5	167.5	102.2
内蒙古	200.6	186.6	157.4	102.9	202.5	186.5	155.8	101.8
辽宁	214.2	199.9	167.6	102.7	227.0	206.0	169.8	103.1
吉林	218.3	202.7	165.0	103.9	233.0	213.2	168.8	104.9
黑龙江	219.9	204.6	163.5	104.9	213.2	210.1	166.8	105.6
上海	224.4	208.8	172.2	104.8	217.9	203.9	170.0	106.3
江苏	212.7	199.1	171.0	102.3	222.1	202.1	173.0	103.4
浙江	230.6	208.7	169.7	101.6	246.1	220.5	173.4	102.1
安徽	199.3	189.1	167.7	101.9	206.1	193.5	167.6	102.6
福建	228.3	211.3	172.3	98.9	249.8	228.9	178.6	100.1
江西	210.7	200.3	165.5	101.3	220.9	204.7	168.3	101.5
山东	188.0	180.1	158.7	101.8	201.7	190.6	164.1	102.6
河南	190.3	181.9	160.9	99.7	200.5	188.4	161.5	100.5
湖北	196.2	184.9	161.3	102.9	212.8	194.2	163.3	103.1
湖南	234.9	207.7	171.3	99.4	252.6	215.4	173.9	100.6
广东	254.9	228.0	176.4	95.6	278.2	242.9	181.6	97.4
广西	232.7	208.4	166.7	100.1	259.8	224.2	169.8	98.3
海南				100.6				102.1
四川	213.4	187.2	163.4	103.1	232.9	201.6	169.5	101.5
贵州	206.8	187.6	161.6	101.4	229.1	204.8	169.0	101.1
云南	200.6	188.3	163.0	102.1	210.8	193.3	163.4	101.6
西藏								
陕西	204.2	191.8	164.0	101.6	213.0	199.6	168.7	102.6
甘肃	200.1	188.7	162.4	103.4	223.3	204.4	168.4	101.9
青海	209.3	197.1	165.5	104.5	213.6	198.0	167.0	104.7
宁夏	206.0	192.2	163.4	104.2	221.0	201.3	168.1	105.5
新疆	197.6	183.3	159.2	104.1	204.1	190.7	162.3	104.5

注：全国零售物价总指数和职工生活费用价格总指数是按照全国统一规定的商品目录，根据各调查市县上报的商品零售价格和服务项目价格直接汇总计算的，而不是各地区相应指数的简单平均数或加权平均数。

主要统计指标解释

社会商业机构　指专门从事工农业产品买卖的各种经济类型的商业企业管理机构、经营机构和仓储运输机构。不包括各级商业行政管理部门和商业部门所属的加工厂、学校等。

社会商品零售总额　指各种经济类型的商业、饮食业、工业和其他行业的零售额和农村对非农业居民的零售额的总和。这个指标可以反映通过各种商品流通渠道向居民和社会集团供应了多少生活消费品来满足他们生活需要以及向农民〔包括村（队）〕供应了多少农业生产资料来发展农业生产，是研究人民生活、社会商品购买力、货币流通等问题的重要指标。社会商品零售总额包括：(1) 各种经济类型的商业、饮食业、工业、农业、交通运输业、建筑业、服务业和物资供应部门直接售给城乡居民和社会集团的消费品；(2) 国营农场直接售给职工和职工食堂的产品；(3) 国家物资部门从国家统一分配物资中拨给国家机关、团体、部队、学校、企业、事业单位的非生产（经营）用的公用消费品。如小轿车、面包车、工具车、卡车等。(4) 报社、出版社直接售给居民和社会集团的报纸、图书、杂志、集邮公司（包括邮局集邮专柜）出售的新、旧（盖销的）纪念邮票、特种邮票、首日封、集邮册、集邮工具等；(5) 旧货寄售商店（信托商店）自购、自销的商品；(6) 煤气公司、液化石油气站售给居民和社会集团的煤气灶具和罐装液化石油气；(7) 城市建设、房产管理等部门售给居民的商品房；(8) 农民售给非农民居民和社会集团的商品；(9) 各种经济类型的商业、工业和物资分配部门直接售给农民〔包括村（队）〕的各种农业生产资料。不包括售给国民经济各部门企业、事业单位（包括全民所有制农场）生产经营用的各种原材料、燃料、设备、工具等和售给商业部门作为转卖用的商品、旧货寄售商店受托寄售卖出的商品、公用事业的营业收入、邮局出售邮票的收入、自来水、电力、煤气生产（供应）单位的产品供应收入，也不包括农民之间的商品销售。

社会消费品零售量　指某一种消费品由各种经济类型的商业、饮食业、工业和其他行业售给居民生活用和社会集团公共消费用以及农民售给非农业居民的数量总和。不包括该种消费品在农民之间以及农民自产自用的销售（消费）量、工业生产用量和服务行业用量。

计算全社会某种消费品零售量有两种不同口径：一是只计算某种消费品的直接零售量，如零售市场直接零售的粮食、猪肉和棉布等；二是除消费品的直接零售量外，还包括零售其加工品中所含的该消费品数量，如粮食零售量要包括零售的糕点、豆腐，饮食业零售的米饭、馒头所耗用的粮食；棉布零售量要包括零售的布制服装、鞋、帽中所含的棉布数量。用前一种口径计算零售量可以反映市场上某种消费品的直接零售情况，用后一种口径计算零售量，可以综合反映某种消费品的实际消费水平，便于研究产销平衡。本资料统计的各项消费品零售量均按后一种口径计算。

社会商业商品购、销、存 指以各种经济类型的商业（包括全民、集体、合营、个体商业）为总体的商品购、销、存。

社会商业国内纯购进 指全民、集体、合营、个体商业从商业部门以外的单位和个人以各种价格购进作为转卖或加工后转卖的商品。它反映商业部门从国内市场购进多少商品来满足国内市场和供应出口的需要。社会商业国内纯购进包括：(1)从工农业生产部门和个人购进的商品；(2)从工农业生产部门附属的供销机构和国家物资供销机构购进的商品；(3)从出版社、报社等出版部门购进的图书、杂志和报纸；(4)从其他非商业部门购进的商品。如从机关、团体、企业购进的剩余物资、清仓物资和废旧物资，从海关、市场管理部门购进的缉私和罚没的商品，从归国华侨购进的其从境外带入的商品，从居民购进的废旧物资等；(5)通过货币作价以一种商品与商业以外的单位和个人换购的另一种商品，如以化肥换购粮食等。不包括从各种经济类型的商业企业购进或调入的商品、用外汇直接进口的或从外贸部门购进的国外产品、为了本单位自用和未通过买卖行为而收入的商品以及销货退回、商品升溢等。

社会商业国内纯销售 指全民、集体、合营、个体商业以各种价格对商业部门以外的单位和个人出售的商品。它反映商业部门在国内市场供应多少商品来满足工农业生产和城乡居民生活的需要。社会商业国内纯销售包括：(1)售给居民和社会集团消费用的商品；(2)售给工农业、建筑业、交通运输业、商业、饮食业、服务业、公用事业作为生产和经营服务用的商品。不包括售给各种经济类型的商业企业作为转卖用的商品、供应出口和直接出口的商品、出售本单位自用的废旧包装用品（废旧物资）、未通过买卖行为付出的商品、购货退出的商品以及商品损耗和损失等。

社会商业期末库存 指期末各种经济类型的商业企业已取得所有权的商品。它反映各地区、各商业企业的商品库存情况，和对市场商品供应的保证程度。期末库存包括：(1)存放在商业经营单位（如门市部、批发站、采购站、经营处）的仓库、货场、货柜和货架中的商品；(2)挑选、整理、包装中的商品；(3)已记入购进而尚未运到本单位的商品即发货单或银行承兑凭证已到而货未到部分；(4)已发出但未办妥银行收款手续，或采取送货制，尚未取得运输凭证的商品；(5)寄放他处的商品，如因购货方拒绝承付而暂时存放在购货方的商品和已办完加工成品收回手续而未提回的商品；(6)委托其他单位代销（未作销售或调出）尚未售出的商品；(7)代其他单位购进尚未交付的商品；(8)外贸部门作出口和内销用的库存商品；(9)代国务院各商业部门储备的商品。不包括所有权不属于本单位的商品、拨付除商业部门以外的其他单位所属独立核算加工厂等加工生产尚未收回成品的商品、代国家物资储备部门保管的商品等。期末库存总额计算方法是：农副产品采购单位按购进价计算，批发单位按进货价计算，零售单位按什么价格核算就按什么价格计算。

社会农副产品收购　指国民经济各部门（包括商业、饮食业、工业和其他部门）以及非农业居民直接从农民、国营农场、劳改农场、机关和部门农场等农业生产者收购的农、林、牧、渔业产品，以及从农业生产者收购的这些产品的加工品，如土糖、土纸、草席等。不包括农业生产者之间相互购买的农副产品。它反映农业向工业提供了多少生产原料，向居民提供了多少生活消费品。

八、民族贸易、民族用品生产

全国民族贸易县(旗、市)分布(一)

地 区	民族贸易县(旗、市)数(个)	民族贸易县(旗、市)名称
合 计	421	
河 北	3	青龙满族自治县、丰宁满族自治县、围场满族蒙古族自治县
内蒙古	48	苏尼特左旗、阿巴嘎旗、锡林浩特市、西乌珠穆沁旗、镶黄旗、正镶白旗、正蓝旗、苏尼特右旗、达尔罕茂明安联合旗、四子王旗、乌拉特中旗、乌拉特后旗、鄂托克旗、杭锦旗、准格尔旗、乌审旗、伊金霍洛旗、东乌珠穆沁旗，林西县、巴林右旗、阿鲁科尔沁旗、克什克腾旗、翁牛特旗、巴林左旗、科尔沁右翼前旗、科尔沁左翼后旗、库伦旗、奈曼旗、扎鲁特旗、科尔沁右翼中旗、陈巴尔虎旗、新巴尔虎左旗、新巴尔虎右旗、额尔古纳左旗、鄂温克族自治旗、莫力达瓦达斡尔族自治旗、鄂伦春自治旗、阿拉善左旗、阿拉善右旗、宁城县、科尔沁左翼中旗、敖汉旗、喀喇沁旗、乌兰浩特市、二连浩特市、额尔古纳右旗、额济纳旗、鄂托克前旗
辽 宁	5	阜新蒙古族自治县、喀喇沁左翼蒙古族自治县、新宾满族自治县、岫岩满族自治县、凤城满族自治县
吉 林	6	安图县、珲春市、和龙县、长白朝鲜族自治县、龙井市、汪清县
黑龙江	1	杜尔伯特蒙古族自治县
浙 江	1	景宁畲族自治县
湖 北	10	来凤县、鹤峰县、咸丰县、利川市、巴东县、建始县、宣恩县、恩施市、五峰土家族自治县、长阳土家族自治县
湖 南	14	龙山县、桑植县、大庸市永定区、永顺县、保靖县、花垣县、古丈县、吉首市、泸溪县、凤凰县、新晃侗族自治县、通道侗族自治县、城步苗族自治县、江华瑶族自治县
广 东	3	连山壮族瑶族自治县、连南瑶族自治县、乳源瑶族自治县
广 西	36	防城各族自治县、那坡县、马山县、上林县、天等县、钦州县、上思县、百色市、凌云县、乐业县、西林县、隆林各族自治县、平果县、田林县、德保县、河池市、巴马瑶族自治县、环江毛南族自治县、罗城仫佬族自治县、东兰县、凤山县、都安瑶族自治县、天峨县、南丹县、金秀瑶族自治县、融水苗族自治县、三江侗族自治县、忻城县、资源县、龙胜各族自治县、大新县、靖西县、凭祥市、龙州县、宁明县、大化瑶族自治县
海 南	8	保亭黎族苗族自治县、三亚市、白沙黎族自治县、乐东黎族自治县、琼中黎族苗族自治县、东方黎族自治县、陵水黎族自治县、昌江黎族自治县

全国民族贸易县（旗、市）分布(二)

地　区	民族贸易县(旗、市)数(个)	民族贸易县(旗、市)名称
四　川	58	马尔康县、茂县、红原县、阿坝县、汶川县、若尔盖县、理县、黑水县、小金县、松潘县、金川县、南坪县、壤塘县、峨边彝族自治县、马边彝族自治县、冕宁县、宁南县、德昌县、会东县、会理县、米易县、盐边县、西昌市、金河口工农区、康定县、九龙县、炉霍县、甘孜县、雅江县、新龙县、道孚县、白玉县、理塘县、德格县、乡城县、石渠县、稻城县、色达县、巴塘县、泸定县、得荣县、丹巴县、昭觉县、金阳县、甘洛县、布拖县、普格县、喜德县、雷波县、越西县、美姑县、木里藏族自治县、盐源县、酉阳土家族苗族自治县、秀山土家族苗族自治县、黔江土家族苗族自治县、彭水苗族土家族自治县、石柱土家族自治县
贵　州	53	剑河县、台江县、黎平县、榕江县、从江县、雷山县、丹寨县、荔波县、罗甸县、惠水县、三都水族自治县、松桃苗族自治县、贞丰县、望谟县、册亨县、安龙县、水城县、威宁彝族回族苗族自治县、赫章县、纳雍县、镇宁布依族苗族自治县、紫云苗族布依族自治县、黄平县、锦屏县、天柱县、凯里市、麻江县、施秉县、镇远县、三穗县、岑巩县、平塘县、独山县、长顺县、贵定县、龙里县、福泉县、瓮安县、都匀市、晴隆县、兴仁县、兴义市、普安县、大方县、黔西县、织金县、毕节县、金沙县、盘县特区、六枝特区、关岭布依族苗族自治县、务川仡佬族苗族自治县、沿河土家族自治县
云　南	57	富宁县、麻栗坡县、马关县、屏边苗族自治县、武定县、禄劝彝族苗族自治县、巍山彝族回族自治县、南涧彝族自治县、景谷傣族彝族自治县、峨山彝族自治县、新平彝族傣族自治县、元江哈尼族彝族傣族自治县、云龙县、河口瑶族自治县、金平苗族瑶族傣族自治县、绿春县、元阳县、红河县、勐海县、勐腊县、景洪县、潞西县、陇川县、瑞丽县、盈江县、畹町市、梁河县、福贡县、泸水县、贡山独龙族怒族自治县、兰坪白族普米族自治县、中甸县、维西傈僳族自治县、德钦县、江城哈尼族彝族自治县、孟连傣族拉祜族佤族自治县、西盟佤族自治县、澜沧拉祜族自治县、宁蒗彝族自治县、耿马傣族佤族自治县、镇康县、沧源佤族自治县、双江拉祜族佤族布朗族傣族自治县、路南彝族自治县、寻甸回族彝族自治县、文山县、砚山县、丘北县、广南县、景东彝族自治县、墨江哈尼族自治县、漾濞彝族自治县、剑川县、鹤庆县、丽江纳西族自治县、龙陵县、镇沅彝族哈尼族拉祜族自治县

全国民族贸易县(旗、市)分布(三)

地　区	民族贸易县(旗、市)数(个)	民族贸易县(旗、市)名称
甘 肃	20	张家川回族自治县、临潭县、舟曲县、玛曲县、夏河县、卓尼县、迭部县、碌曲县、临夏市、永靖县、和政县、康乐县、广河县、东乡族自治县、天祝藏族自治县、肃南裕固族自治县、肃北蒙古族自治县、阿克塞哈萨克族自治县、积石山保安族东乡族撒拉族自治县、临夏县
青 海	34	循化撒拉族自治县、门源回族自治县、尖扎县、同仁县、贵德县、河南蒙古族自治县、祁连县、刚察县、泽库县、同德县、兴海县、贵南县、玛沁县、班玛县、甘德县、达日县、久治县、玛多县、玉树县、杂多县、称多县、治多县、囊谦县、曲麻莱县、乌兰县、都兰县、天峻县、格尔木市、海晏县、共和县、化隆回族自治县、互助土族自治县、民和回族土族自治县、大通回族土族自治县
宁 夏	10	同心县、盐池县、固原县、西吉县、泾源县、海原县、隆德县、吴忠市、灵武县、彭阳县
新 疆	54	且末县、洛浦县、民丰县、策勒县、墨玉县、于田县、柯坪县、伽师县、英吉沙县、岳普湖县、麦盖提县、莎车县、泽普县、尼勒克县、新源县、巩留县、伊吾县、巴里坤哈萨克自治县、和田县、皮山县、乌什县、温宿县、塔什库尔干塔吉克自治县、叶城县、阿图什市、阿克陶县、阿合奇县、乌恰县、奇台县、博乐市、木垒哈萨克自治县、温泉县、察布查尔锡伯自治县、霍城县、昭苏县、和布克赛尔蒙古自治县、裕民县、塔城市、额敏县、托里县、阿勒泰市、布尔津县、青河县、哈巴河县、富蕴县、福海县、吉木乃县、特克斯县、若羌县、和静县、喀什市、巴楚县、疏附县、疏勒县

国家专项安排用于少数

年　份	黄　金 (两)	白　银 (万两)	棉　纱 (件)	人造丝 (吨)	真　丝 (吨)
合　计	**101170**	**381.63**	**60177**	**5235**	**2765**
1973	100	20.00	4860	130	107
1974	240	20.00	4555	186	140
1975	140	20.00	5000	170	213
1976	130	31.76	5000	201	100
1977	120	19.04	5000	201	70
1978	135	19.59	5000	201	108
1979	130	18.50	5102	201	108
1980	130	18.50	5000	245	188
1981	130	18.74	4970	303	120
1982	143	19.52		245	111
1983	143	23.00	5230	245	
1984	143	27.23	5230	245	
1985	40143	23.23	5230	245	
1986	32143	23.23		2417	1500
1987	12800	26.43			
1988	7200	26.43			
1989	7200	26.43			
1990	7200	26.43			

注：1. 黄金、白银1988年起由国家民委会同轻工部、商业部、人民银行安排下达。

2. 棉纱、人造丝、真丝自1987年起不再作为计划商品。钢材、木材、平板玻璃、铜、锌、铅、锡由轻工部、物资部安排。

民族用品生产的主要原材料

钢材(吨)	铜(吨)	铅(吨)	锌(吨)	锡(吨)	平板玻璃(万标准箱)	木材(立方米)
49500	**3730**	**960**	**336**	**496**	**21**	**40000**
	220	60	21	31		
	220	60	21	31		
	220	60	21	31		
	220	60	21	31		
4500	220	60	21	31		
4500	220	60	21	31		
4500	220	60	21	31		
4500	220	60	21	31		
	220	60	21	31		
4500	250	60	21	31	3	20000
4500	250	60	21	31	3	10000
4500	250	60	21	31	3	5000
4500	250	60	21	31	3	5000
4500	250	60	21	31	3	5000
4500	250	60	21	31	3	
4500	250	60	21	31	3	
4500	250	60	21	31	3	

国家计划供应的少数民族用品

品种	单位	1974年	1975年	1976年	1977年	1978年	1979年	1980年
朝鲜族铁锅	万个	10	12	11	11	11	10	10
朝鲜族胶鞋	万双	72	44	35	31	25	11	8
朝鲜族铸锅	万个	23	25	29	29	29	13	13
花边	万米	665	784	1017	817	1026	706	735
绉帕	万匹	24	23	13	6	5	4	1
藏靴带	万副	14	15	25	22	22	21	6
金银线	万支	8	6	9	8	18	13	15
金宝地	米	410	460	500	500	700	650	650
扣门绳	万米	61	26	30	30	16	14	16
大红棉毯	万条	99	106	125	118	127	135	145
羊毛大方头巾	万条	5	5	8	14	19	21	6
绣花线	万支	2990	2133	2023	2718	2718	2191	2191
排须	万米	78	90	98	90	90	64	64
氆氇壁毯	万条	2	2	2	3	3	3	3
氆氇褥面	万条	3	3	3	4	4	5	5
铝茶壶	万个							
铝套锅	万个							
铝套盒	万个							
马靴	万双							
提花浴巾	万条							
民族镜子	万面							
民族家具	万件							
毛巾	万条							
民族铝水勺	万个							
朝鲜族用缸	万口							
朝鲜族铝耳锅	万口							
爱丽纱	万米							
棉绣花线	万支							

主要品种、数量(一)

1981 年	1982 年	1983 年	1984 年	1985 年	1986 年	1987 年	1988 年	1989 年	1990 年
10	8	8				10	20	10	10
12	7								
13	10	8					20	10	10
914	891	863	783	500	840	790	840	840	840
5									
0.1	6	9	9						
33	12	2	2	1	0.6	0.6	0.6	0.1	0.1
		1500	1830						
45	26	43	31	30	17	17	17	23	23
146	145	147	147	117	85	91	92	77	77
6									
2135	3182	3656	2988	3000	1375	1402	2000	2000	2000
35						71	81	61	61
4	3	3	2	0.8					
6	6	5	2	0.4					
		55	26	37	42	42	43	39	39
		23	25	37		2	9	6	6
		1	1	37	16		200	200	200
		2			0.5				
		36	30	25					
				343					
				63					
				253	180	103	63		
						0.5	2		
						20	20	23	23
						10	20	20	20
						98	420	181	181
						1402	2000	12000	12000

国家计划供应的少数民族用品

品　　种	单　位	1974年	1975年	1976年	1977年	1978年	1979年	1980年
各种丝绸	万米	1655	1931	2074	2024	2166	2002	1866
民族瓷器	万件	407	512	957	1140	1180	842	840
礼　帽	万顶	4	5	6	6	6	6	6
牧民雨衣	万件	4	2	3	4	4	4	3
藏　靴	万双	9	10	3	4	7	12	
藏　针	万支	1143	1145	560	541	155	203	50
酥油壶	万把	5	4	3	3	3	2	2
金毡帽	万顶	2	2	2	2	1	0.6	
四喜帽	万顶	0.1	0.1	0.2	0.2	0.2	0.1	
水银珠	公斤	925	1000	1301	1040	1200	985	1220
电光片	公斤	260	295	320	290	450	285	305
料　珠	万串	55	53	59	56	56	53	45
手摇缝纫机	万台	0.4	0.4	0.5	0.5	0.5	0.6	0.6
民族腰刀	万把	11	11	12	10	9	16	14
民族水勺	万个	22	9	10	13	10	11	18
铜　扣	万个	208	166	124	95	176	26	13
蒙古族蒸锅	万个	0.9	0.7	0.5	0.4	0.3	0.1	0.1
炒青稞锅	万个	10	11	11	9	5	2	0.5
晴纶线	万公斤							
弯直金条	万米							
高压锅	万个							

主要品种、数量(二)

1981 年	1982 年	1983 年	1984 年	1985 年	1986 年	1987 年	1988 年	1989 年	1990 年
1861	1832	1892	1436	1921	1880	2049	2044	2151	2151
786	573	677					500	540	540
8	10	11	11	12	12	50	10	4	4
3	4	4	2	6	1	8	2	2	2
	2	3		9		1			
20	10								
3	4	4	4	7	2	1	2	2	2
1760	5872	2295	1900	5630	920	1000	1320	1010	1010
600	175	120	130	467	160	260	167	226	226
94	155	74	54	17	12	10	5	5	5
0.8	0.8	0.8	0.8	2	0.8	0.7	0.7	0.7	0.7
6		25							
20	11	11	6	23	1.0			2	2
5		5							
0.1				2	3	1			
				12	4	1	1		
				11	4	4	1	2	2
							4	4	4

中央和地方安排的民族用品生产基本建设和技术改造投资

单位：万元

年份	基本建设和技术改造投资	中央	地方
合计	36464	12244	24220
1981	1000	700	300
1982	1480	700	780
1983	2415	1215	1200
1984	3320	1520	1800
1985	4020	1620	2400
1986	5000	1915	3085
1987	7839	2184	5655
1988	5890	1390	4500
1989	5500	1000	4500
1990	6000	1500	4500

注：1. 本表1981年、1982年中央基建投资不包括技改费。1983年-1989年中央投资中，基建投资为6455万元，技改费 4389 万元。

2. 从1986年起基建投资改为拨改贷，1986年度本息全部豁免，技改费实行全贴或半贴。

3. 1990年中央安排拨改贷为500万元，实行贴息，技改贷款1000万元为一般性贷款。

九、对外经济贸易和旅游业

五个自治区对外签订利用外资协议(合同)额

(1990 年)

项目单位：个
金额单位：万美元

		全国总计	小计	内蒙古	广西	西藏	宁夏	新疆
合计	项目	7371	138	14	114		4	6
	金额	1208569	21710	1946	13749		102	5913
对外借款	项目	98						
	金额	509937						
客商直接投资及其他	项目	7273	138	14	114		4	6
	金额	659611	20405	1946	12523		102	5834
外商其他投资	金额	39021	1305		1226			79

五个自治区实际利用外资额

(1990 年)

单位：万美元

	全国总计	小计	内蒙古	广西	西藏	宁夏	新疆
合计	1028939	9847	1064	6260		25	2498
对外借款	653452	4658		2697			1961
客商直接投资及其他	348711	4492	1064	2866		25	537
外商其他投资	26776	697		697			

民族自治地方重点城市接待旅游人数

(1990年)

单位：人

	合计	呼和浩特	南宁	桂林	北海	乌鲁木齐
合计	544649	9079	7937	484929	3203	39501
#外国人	189133	5755	2337	147748	667	32626

民族自治地方重点城市旅游外汇收入

(1990年)

单位：外汇人民币万元

合计	呼和浩特	南宁	桂林	北海	乌鲁木齐
41537.63	486.98	527.00	35551.00	42.62	4930.03

民族自治地方重点城市每一旅游者逗留天数和平均消费额

(1990年)

		呼和浩特	南宁	桂林	北海	乌鲁木齐
平均逗留天数(天)		2.9	2.6	2.1	2.6	2.5
平均消费额(外汇人民币元)	每人	536	664	733	133	1248
	每天	187	252	353	51	492

主要统计指标解释

利用外资 指我国各级政府、部门、企业和其他经济组织通过对外借款、吸收外商直接投资以及用其他方式筹措的境外现汇、设备、技术等.

对外借款 是我国利用外资的主要部分. 包括我国通过外国政府贷款，国际金融组织贷款，外国银行商业贷款，出口信贷以及对外发行债券，股票等方式，从境外筹措的资金.

外商直接投资 是指外国企业和经济组织或个人（包括华侨、港澳同胞以及我国在境外注册的企业）按我国有关政策、法规，用现汇、实物、技术等在我国境内开办外商独资企业、与我国境内的企业或经济组织共同举办中外合资经营企业、合作经营企业或合作开发资源的投资(包括外商投资收益的再投资）以及经政府有关部门批准的项目投资总额内，企业从境外借入的资金.

旅游人数 指来我国参观、访问、旅行、探亲、访友、休养、考察、参加会议和从事经济、科技、文化、教育、体育、宗教等活动的外国人、华侨、港澳和台湾同胞的人数. 不包括外国在我国的常驻机构，如使领馆、通讯社、企业办事处的工作人员;来我国常住的外国专家、留学生以及在岸逗留不过夜人员.

旅游外汇收入 指国内各部门为来我国旅游的外国人、华侨、港澳和台湾同胞提供商品和劳务而获得的外汇收入. 包括供应商品、饮食和提供住宿、交通、邮电、文化娱乐、导游等各项服务所得到的全部外汇收入.

十、财政、金融

民族自治地方财政收支情况

单位: 万元

年份	财政收入	财政支出	收支差额
1952	49631.1	43894.0	5737.1
1957	114845.6	124319.1	−9473.5
1962	132311.4	141542.2	−9230.8
1965	193867.0	233517.0	−39650.0
1975	242603.7	520870.4	−278266.7
1978	407900.0	833486.5	−425586.5
1979	340047.6	879666.7	−539619.1
1980	310733.2	811965.4	−501232.2
1981	296747.3	761391.7	−464644.4
1982	363048.2	868064.6	−505016.4
1983	414736.9	1006123.8	−591386.9
1984	455628.5	1315700.9	−860072.4
1985	634328.1	1569899.0	−935570.9
1986	806579.6	1986217.3	−1179637.7
1987	975233.0	2104275.7	−1129042.7
1988	1192234.0	2410969.1	−1218735.1
1989	1476479.6	2732699.9	−1256220.3
1990	1667311.4	3043830.5	−1376519.1

民族自治地方分地区地方财政收支情况

单位：万元

地区	1990年		1989年		1990年为1989年的%	
	财政收入	财政支出	财政收入	财政支出	财政收入	财政支出
合计	**1667311.4**	**3043830.5**	**1476679.6**	**2732699.9**	**112.9**	**111.4**
河北	10373.6	16814.8	10456.4	14638.4	99.2	114.9
内蒙古	329762.4	609019.0	286679.1	558124.3	115.0	109.1
辽宁	27632.5	64632.6	25112.5	56153.8	110.0	115.1
吉林	68608.0	77732.7	57812.9	74697.6	118.7	104.1
黑龙江	1397.4	3333.0	1257.6	2729.8	111.1	122.1
浙江	703.1	3147.4	803.7	2605.0	87.5	120.8
湖北	31858.8	49349.3	30283.3	46049.2	105.2	106.7
湖南	42732.4	66403.6	38476.7	49626.7	111.1	133.8
广东	2545.0	7117.1	2431.8	6453.6	104.7	110.3
广西	476051.2	657749.9	418854.8	582158.3	113.7	113.0
海南	12894.1	33680.9	11038.9	31441.8	116.8	107.1
四川	77699.7	150475.3	70022.4	121788.3	111.0	123.6
贵州	66402.7	116005.4	58134.8	106100.0	114.2	109.3
云南	195507.5	326535.9	171059.5	300365.1	114.3	108.7
西藏	1809.5	129242.1	1380.1	119231.1	131.1	108.4
甘肃	10282.4	40198.8	9560.1	36344.1	107.6	110.6
青海	26007.3	64613.8	25149.6	57422.8	103.4	112.5
宁夏	67259.6	149615.8	63322.3	146622.0	106.2	102.0
新疆	217784.2	478163.1	194643.1	420149.0	111.9	113.8

民族自治地方国家银行信贷及城乡居民储蓄存款

单位：万元

年份	国家银行信贷(年末余额)		城乡居民储蓄存款年末余额		
	各项存款	各项贷款		城镇储蓄	农户储蓄
1980			383325	241884	141441
1981			488666	316823	171843
1982			628837	405095	223542
1983			824629	603007	221622
1984			1057310	784016	273293
1985			1510399	1109248	401151
1986			2094782	1557426	537356
1987			2822182	2178099	644083
1988			3505988	2712953	793035
1989	8241929	10412814	4528025	3642891	855134
1990	10489990	14497060	6234247	5061099	1173148

民族自治地方分地区国家银行信贷及城乡居民储蓄存款

(1990年)

单位：万元

地区	国家银行信贷(年末余额)		居民储蓄存款年末余额		
	各项存款	各项贷款		城镇储蓄	农户储蓄
合计	**10517184**	**14520004**	**6234247**	**5061099**	**1173148**
河北	73056	105797	71711	37196	34515
内蒙古	1696585	2728756	1128251	945385	182866
辽宁	347577	448612	273403	174059	99344
吉林	318283	663496	294048	220613	73435
黑龙江	6954	18485	6137	4053	2084
浙江	7136	7097	3821	1865	1956
湖北	114409	220265	60567	43616	16951
湖南	170477	245228	94715	65243	29472
广东	31106	37692	18015	12787	5228
广西	2711747	3262927	1522932	1199245	323687
海南	155766	228043	117941	102786	15155
四川	330481	309270	170601	126672	43929
贵州	292495	437363	150374	132177	18197
云南	924107	2116118	488515	390845	97670
西藏	212611	172156	48460	39961	8499
甘肃	98062	96979	58011	44170	13841
青海	236888	309675	114572	104613	9959
宁夏	557769	766624	327998	274542	53456
新疆	2231678	2345424	1284175	1141271	142904

主要统计指标解释

信贷资金　国家银行用于发放贷款的资金叫信贷资金。中国人民银行信贷资金的来源有各项存款、对国际金融机构负债、流通中货币、银行自有资金及当年结余等。信贷资金的运用有各项贷款、黄金占款、外汇占款、财政借款及在国际金融机构中的资产等。

存款　企业、机关、团体或居民根据可以收回的原则，把货币资金存入银行或其他信用机构保管并取得一定利息的一种信用活动形式。根据存款对象的不同可划分为企业存款、财政存款、机关团体存款、基本建设存款、城镇居民储蓄存款、农村存款等科目。它是银行信贷资金的主要来源。

贷款　银行或其他信用机构根据必须归还的原则，按一定利率，为企业、个人等提供资金的一种信用活动形式。我国银行贷款，分流动资金贷款、固定资产贷款、城乡个体工商户贷款以及农户贷款等科目。

十一、人民生活

民族自治地方全民所有制和城镇集体所有制单位职工年平均工资

单位: 元

年 份	全民所有制和城镇集体所有制单位职工年平均工资	全民所有制单位	集体所有制单位	其他所有制单位
1981	816	848	650	
1982	845	872	686	
1983	884	917	711	
1984	1026	1077	810	
1985	1142	1202	899	
1986	1320	1392	1011	
1987	1465	1535	1156	
1988	1739	1815	1396	
1989	1850	1931	1420	
1990	2040	2150	1525	2033

民族自治地方分地区

(1990)

地　区	合计 年平均职工(人)	合计 工资总额(万元)	合计 平均每名职工工资(元)	全民所有制单位 年平均职工(人)	全民所有制单位 工资总额(万元)	全民所有制单位 平均每名职工工资(元)
全国总计	**137877400**	**29510814.90**	**2140.4**	**101777400**	**23241097.50**	**2283.5**
合　计	**15093369**	**3079406.26**	**2040.2**	**12408791**	**2668148.90**	**2150.2**
河　北	96106	16045.80	1669.6	74188	13111.90	1767.4
内蒙古	3586592	662155.70	1846.2	2741494	540255.40	1970.7
辽　宁	383074	64575.20	1685.7	261322	48010.90	1837.2
吉　林	788062	146761.00	1862.3	579270	122174.00	2109.1
黑龙江	28522	3868.00	1356.1	20667	3154.00	1526.1
浙　江	9092	1895.64	2085.0	6626	1435.16	2166.0
湖　北	218128	38971.30	1786.6	182497	33633.40	1843.0
湖　南	237789	46955.10	1974.7	191144	39265.10	2054.2
广　东	35165	6679.90	1899.6	30142	5781.90	1918.2
广　西	3045375	624048.30	2049.2	2520756	538257.30	2135.3
海　南	208254	47094.60	2261.4	188838	43785.80	2318.7
四　川	534750	111697.80	2088.8	470769	102420.80	2175.6
贵　州	537137	88613.43	1649.7	455181	78446.70	1723.4
云　南	1233676	244307.84	1980.3	1065200	216674.11	2034.1
西　藏	149281	47443.40	3178.1	141161	45490.70	3222.6
甘　肃	115892	25803.90	2226.5	101775	23665.00	2325.2
青　海	276127	78564.45	2845.2	255715	75125.33	2937.9
宁　夏	666043	149976.70	2251.8	557381	131684.80	2362.6
新　疆	2944304	673948.20	2289.0	2564665	605776.60	2362.0

职工年平均人数和工资

集体所有制单位			其他所有制单位		
年平均职工(人)	工资总额(万元)	平均每名职工工资(元)	年平均职工(人)	工资总额(万元)	平均每名职工工资(元)
34560286	5809801.60	1681.1	1539714	459915.80	2987.0
2647029	403622.05	1524.8	37549	7635.31	2033.4
21918	2933.90	1338.6			
841704	121269.60	1440.8	3394	630.70	1858.3
121570	16527.30	1359.5	182	37.00	2033.0
207193	24374.00	1176.4	1599	213.00	1332.1
7855	714.00	909.0			
2466	460.48	1867.3			
35631	5337.90	1498.1			
46645	7690.00	1648.6			
5023	898.00	1788.8			
504751	81949.30	1623.6	19868	3841.70	1933.6
17786	2830.90	1591.6	1630	477.90	2931.9
62546	9061.00	1448.7	1435	216.00	1505.2
81270	10045.98	1236.1	686	120.75	1760.2
167666	27471.88	1638.5	810	161.85	1998.1
7953	1895.60	2383.5	167	57.10	3419.2
14117	2138.90	1515.1			
20357	3430.41	1685.1	55	8.71	1583.6
107544	18083.50	1681.5	1118	208.40	1864.0
373034	66509.40	1782.9	6605	1662.20	2516.6

八省区全民所有制单位职工平均工资

单位：元

年份	全国	内蒙古	广西	西藏	宁夏	新疆	贵州	云南	青海
1952	446	444	323		492	735	294	363	604
1957	637	731	489		709	968	462	517	1308
1962	592	675	467	818	604	657	471	492	795
1965	652	751	514	893	686	657	583	544	947
1970	609	640	482	923	671	581	601	525	867
1975	613	668	539	806	723	697	626	575	889
1978	644	687	559	737	755	725	642	623	938
1979	705	750	620	929	814	784	692	679	991
1980	803	839	735	1056	892	904	798	782	1100
1981	812	851	748	1132	910	935	804	800	1091
1982	836	868	781	1319	932	968	815	825	1155
1983	865	902	810	1397	970	998	830	857	1302
1984	1034	1047	1039	1730	1111	1129	949	1049	1565
1985	1166	1169	1126	1994	1252	1310	1132	1167	1751
1986	1355	1325	1344	2419	1470	1535	1297	1294	1937
1987	1546	1410	1545	2658	1661	1717	1414	1483	2143
1988	1853	1641	1841	2859	1909	1946	1642	1769	2421
1989	2055	1779	1931	2989	2136	2118	1794	1936	2579
1990	2284	1971	2135	3223	2363	2362	2070	2200	2789

民族自治地方农村经济收益分配

单位：万元

年　份	总收入	总费用	纯收入	农村居民人均纯收入(元)	农村居民人均纯收入指数(以1980年为100)
1980	1150891	340849	810042	76	100
1981	1185423	306249	879174	85	111.8
1982	1469052	325352	1143700	121	159.2
1983	2365174	523817	1841357	196	257.9
1984	2934551	664198	2270353	213	280.3
1985	4374432	1197661	3176771	272	357.9
1986	4659810	1475707	3184103	282	371.1
1987	5612773	1843054	3769719	316	415.8
1988	7269734	2614861	4654873	357	469.7
1989	8384964	3310070	5074894	390	513.2
1990	9808134	3557847	6250287	402	528.9

注：本表人均收入系指生产经营性收入。

民族自治地方抽样调查农(牧)民人均纯收入

年　份	纯收入总额(万元)	调查户人口(人)	人均纯收入(元)	人均纯收入指数(以1984年为100)
1984	2695.38	85685	311	100
1985	3920.28	122620	320	102.9
1986	3628.82	107262	338	108.7
1987	5053.30	134375	376	120.9
1988	5213.82	124106	420	135.0
1989	5699.00	117981	483	155.3
1990	9392.02	171286	546	175.6

注：本表人均纯收入除生产经营性收入外，还包括非借贷性收入。

民族自治地方分地区农村经济收益分配

(1990 年)

地区	农村经济收益分配(万元)								抽样调查的农(牧)民人均纯收入		
	农村经济总收入	农村经济总费用	农村经济纯收入	国家税金	集体提留	农民所得	汇入本表的人口(万人)	农民人均纯收入(元)	纯收入总额(万元)	调查户人口(人)	人均纯收入(元)
全国总计(亿元)	14230.7	7760.4	6470.3	380.0	621.5	5468.8		581.1			629.8
合计	9808134	3557847	6250287	204792	190949	5854546	7438.92	402.0	10358.59	189575	546.4
河北	145978	75204	70774	3837	4467	62470	175.59	355.8	611.23	15754	388.0
内蒙古	1154896	388818	766078	23516	36318	706244	1394.54	506.4	541.70	8922	607.2
辽宁	438222	237814	200408	13798	16006	170604	352.65	483.8	910.51	14858	612.8
吉林	250225	107027	143198	6722	8198	128278	169.30	757.7	3102.00	43941	732.0
黑龙江	7901	2880	5021	241	336	4444	15.00	296.3	187.00	6185	302.0
浙江	7009	2250	4759	169	112	4478	16.07	278.7			
湖北	217505	96472	121033	5230	4267	111536	388.62	287.0	207.37	4553	455.5
湖南	241029	83897	157132	5217	4110	147805	394.62	374.6	196.91	4418	445.6
广东	29751	10090	19661	611	615	18435	35.16	524.3	50.54	869	582.0
广西	3528093	1140043	2388050	59084	20488	2308478			651.94	13045	499.8
海南	92557	27701	64856	1114	1195	62547	118.55	527.6	195.85	3468	564.7
四川	471914	194579	277335	10191	7443	259701	725.87	357.8	572.30	13632	419.8
贵州	672568	275678	396890	16585	9455	370850	1120.85	330.9	716.38	16259	440.6
云南	874488	295350	579138	22842	10879	545417	1692.61	322.2	966.57	18289	52850
西藏	105621	22523	83098	15	1432	81651	189.77	430.3	121.52	2787	436.0
甘肃	147081	66065	81016	3157	3531	74328	94.48	786.7	552.45	9620	574.3
青海	147547	40007	107540	3487	3212	100841	212.72	474.1			
宁夏	282568	127228	155340	7314	7233	140793	342.52	411.1	360.33	6324	569.8
新疆	993181	364221	628960	21662	51652	555646			413.99	6651	622.5

民族自治地方农民人均收入水平700元以上的县分布(一)

(1990年)

县　名	平均每人(元)	人　口(万人)	县　名	平均每人(元)	人　口(万人)
河北：1			东乌珠穆沁旗	1664	2.5
大厂回族自治县	733	9.3	额尔古纳右旗	2492	0.3
内蒙古：24			辽宁：1		
杭锦后旗	720	20.1	本溪满族自治县	714	20.3
赤峰市元宝山区	725	13.8	吉林：10		
额尔古纳左旗	768	0.4	和龙	704	10.6
呼和浩特市郊区	777	26.6	长白朝鲜族自治县	706	4.3
阿拉善右旗	784	1.0	安图县	722	0.4
满洲里市	808	0.2	图们市	737	2.7
通辽市	830	42.3	前郭尔罗斯蒙古族自治县	750	42.3
新巴尔虎右旗	831	1.1	延吉市	760	4.2
陈巴尔虎旗	846	0.8	伊通满族自治县	762	35.8
阿拉善左旗	851	4.5	珲春市	769	9.0
五原	879	20.5	龙井市	772	13.2
临河市	888	26.7	敦化市	815	22.0
牙克石市	906	4.9	广西：4		
阿左旗巴音浩特镇	983	0.2	柳州市效区	713	10.5
鄂温克族自治旗	990	1.5	梧州市郊区	773	7.1
苏尼特左旗	1030	1.6	兴安	779	32.5
西乌珠穆沁旗	1053	3.1	北海市郊区	934	9.6
赤峰市红山区	1105	5.7	四川：2		
额济纳旗	1245	0.2	阿坝	703	4.2
阿巴嘎旗	1258	1.9	红原	767	2.1
锡林浩特市	1274	0.8	云南：2		
海拉尔市	1318	1.8	畹町市	767	0.5

民族自治地方农民人均收入水平700元以上的县分布(二)

县　　名	平均每人(元)	人　　口(万人)	县　　名	平均每人(元)	人　　口(万人)
瑞丽	777	5.7	霍域	742	14.8
甘肃：4			阿瓦提	745	11.4
玛曲	761	2.5	和硕	745	1.4
肃南裕固族自治县	873	2.6	伊宁市	746	7.1
阿克塞哈萨克族自治县	1546	0.4	博乐市	748	6.6
肃北蒙古族自治县	1626	0.6	塔城市	790	5.5
青海：11			阿勒泰市	792	4.6
共和	702	6.0	克拉玛依市	818	0.2
贵南	709	4.0	托克逊	827	7.8
乌兰	845	1.0	精河	835	5.3
德令哈市	846	2.0	鄯善	855	12.8
格尔木市	915	1.0	昌吉市	971	9.0
都兰	921	3.0	库尔勒市	871	5.6
祁连	991	3.0	米泉	873	9.8
海晏	1161	2.0	乌鲁木齐市	875	12.9
玛多	1162	1.0	乌苏	876	8.4
天峻	1197	1.0	吐鲁番市	878	15.0
刚察	1310	2.0	呼图壁	903	6.7
宁夏：1			若羌	987	1.2
银川市郊区	758	11.0	巴楚	1068	14.8
新疆：27			麦盖提	1112	11.0
博湖	704	11.0	石河子市	1124	1.5
沙湾	719	13.0	玛纳斯市	1134	8.0
焉耆回族自治县	723	9.1			
阿克苏市	726	11.5			

民族自治地方农民人均收入水平200元以下的县分布

县　　名	平均每人(元)	人　　口(万人)
广西：1		
凌云	191	15.9
贵州：4		
普安	179	22.9
雷山	186	12.0
镇宁布依族苗族自治县	193	27.3
威宁彝族回族苗族自治县	199	83.3
云南：10		
西盟佤族自治县	152	6.9
绿春	168	17.0
屏边苗族自治县	177	12.6
红河	182	22.7
墨江哈尼族自治县	182	32.9
金平苗族瑶族傣族自治县	189	28.0
贡山独龙族怒族自治县	190	2.8
维西傈僳族自治县	191	12.7
西畴	192	21.9
元阳	195	32.1
宁夏：1		
西吉	180	36.0

主要统计指标解释

城镇居民家庭就业人口　指城镇居民从事社会劳动并取得劳动报酬或经营收入的人口。就业人口包括通过国家统筹规划和指导由劳动部门介绍就业，自愿组织起来就业和自谋职业等方式，在全民所有制、集体所有制、中外合资、中外合作、外资在华独资的企事业单位和私营企业单位工作或从事个体劳动的有固定性职业或临时性职业的人口。被聘用和留用的离退休人员也计入就业人口。本指标可以反映城镇居民的就业情况，是计算就业面、负担系数的重要资料。

城镇居民家庭全部收入　指被调查城镇居民家庭全部的实际现金收入，包括经常或固定得到的收入和一次性收入。不包括周转性收入，如提取银行存款、向亲友借入款、收回借出款以及其他各种暂收款。

城镇居民家庭生活费收入　指被调查的城镇居民家庭全部的实际收入中能用于安排家庭日常生活的实际收入。即城镇居民家庭的全部实际收入扣除"赡养支出"、"赠送支出"和缴纳的各种税款以及被调查户非本家庭人口的经常用饭人口所交的"搭伙费"。

城镇居民家庭生活费支出　指被调查的城镇居民家庭用于日常生活的全部支出，包括购买商品支出和文化生活、服务等非商品性支出。不包括罚款、丢失款和缴纳的各种税款（如个人所得税、牌照税、房产税等），也不包括个体劳动者生产经营过程中发生的各项费用。

城镇居民家庭购买商品支出　指被调查的城镇居民家庭购买商品的全部支出，包括从商店、工厂、饮食业、工作单位食堂、集市以及直接农民购买各种商品的开支。共分九类：食品、衣着品、日用品、文化娱乐用品、书报杂志、药及医疗用品、房屋及建筑材料、燃料、其他商品。不论自用的或赠送亲友的都包括在内。

农民家庭纯收入　指农村常住居民家庭总收入中，扣除从事生产和非生产经营费用支出、缴纳税款和上交承包集体任务金额以后剩余的，可直接用于进行生产性、非生产性建设投资、生活消费和积蓄的那一部分收入。它是反映农民家庭实际收入水平的综合性主要指标。农民家庭纯收入，既包括从事生产性和非生产性的经营收入，又包括取自在外人口寄回带回和国家财政救济、各种补贴等非经营性收入；既包括货币收入，又包括自产自用的实物收入。但不包括向银行、信用社和向亲友借款等属于借贷性的收入。

农民家庭整半劳动力　指农村常住居民家庭成员中的劳动能力并经常参加实际劳动的人

员。它是生产的基本要素指标之一，是发展生产增加农民家庭收入的重要源泉。按规定，农村男18周岁至50周岁、女18周岁至45周岁为整劳动力；男16周岁到17周岁、51周岁到60周岁，女16周岁到17周岁、46周岁到55周岁为半劳动力。农民家庭整半劳动力，既包括在上述规定劳动年龄内和在劳动年龄以外有劳动能力并经常参加实际劳动的男女整半劳动力；也包括农民家庭常住人员中属于职工的劳动力。但不包括在劳动年龄内已丧失劳动能力的人员。

农民家庭生活消费支出　指农村常住居民家庭用于日常生活的全部开支。它是用来反映和研究农民家庭实际生活消费水平高低的重要指标。农民家庭生活消费支出，包括用于吃、穿、住、烧、用等生活消费品开支和文化、生活服务费用开支两大部分。

农民家庭商品性生活消费支出　指农村常住居民家庭用其货币收入，在市场上购买食品、衣着、家庭用家具器皿、日用杂品、燃料、耐用消费品，以及文教卫生用品等生活消费总量。包括向国营商店、集体商店和集市贸易市场以及其他流通渠道购买的全部生活消费品。农民家庭商品性生活消费支出，是农民家庭生活消费支出的一个重要组成部分，是用来反映和分析农民家庭生活消费水平的商品化程度，及其由自给性经济向商品经济发展趋势的重要指标，也是研究和预测农民家庭对市场消费品需求，制定商品供应计划的重要依据。

工资总额　指各单位在一定时期内直接支付给本单位全部职工的劳动报酬总额。

工资总额的计算原则应以直接支付给职工的全部劳动报酬为根据。各单位支付给职工的劳动报酬以及其他根据有关规定支付的工资，不论是计入成本的还是不计入成本的，不论是按国家规定列入计征奖金税项目的还是未列入计征奖金税项目的，不论是以货币形式支付的还是以实物形式支付的，均包括在工资总额内。

具体包括范围是:

(1) 计时工资　指按照计时工资标准支付给职工的劳动报酬。除对已做工作按照计工资标准支付的计时工资外，还包括医病、工伤、产假、计划生育假、事假、探亲假、定期休假、停工、学习、执行国家或社会义务等原因按计时工资标准或计时工资标准的一定比例支付的工资以及支付给学徒的生活津贴。

(2) 基础工资　指按照1985年机关、事业单位工资改革的规定，以“大体维持工作人员本人的基本生活费”确定的工资。企业在工资改革试点中试行的结构工资制的“基础工资”也包括在内。

(3) 职务工资　指按照1985年机关、事业单位工资改革的规定，“按照工作人员的职务高低、责任大小、工作繁简和业务技术水平确定”的工资。包括实行结构工资制的工人的岗位(技术) 工资和企业在工资改革试点中试行的结构工资制的职务工资。

(4) 计件工资　指对已做工作按计件单价支付给职工的劳动报酬。

其中：计件超额工资　指计件工人超过定额所得的工资，即计件工人实得的全部计件工资减去应得的计件标准工资后的数额。某些企业的工人由于从事生产的工作物等级高于本人工资等级，因而其计件标准工资高于于本人标准工资，其超额工资也用全部工资减去应得计件标准工资求得。

(5) 各种奖金　对职工超额劳动的一种鼓励，是为了奖励先进，对在生产、工作中有优良成绩的职工，在标准工资以外支付给职工的劳动报酬。

(6) 各种津贴　指为了补偿职工额外或特殊的劳动消耗，以及为了保证职工的工资水平不受特殊条件影响，而以津贴形式支付给职工的劳动报酬。

(7)加班工资　指对在法定假日和公休假日工作的职工发给的劳动报酬。

(8) 其他工资　指其他根据国家规定支付的工资，如保留工资、附加工资、调整工资补发上年的工资等。

平均货币工资　指在一定时期内平均每一职工的劳动报酬水平。计算公式:

$$平均货币工资=\frac{工资总额}{平均人数}$$

平均实际工资　指平均货币工资扣除物价变动因素后的平均工资。计算公式:

$$平均实际工资=\frac{平均货币工资}{职工生活费用价格指数}$$

十二、教育、科技

民族自治地方各级学校数

单位：所

年　份	普通高等学校	中等学校	中等专业学校	普通中学	小　学
1952	11	531			59597
1957	14	1115			57480
1965	37	4777			140056
1975	35	8353			121110
1978	56	14277			142865
1979	63	12249	545	11704	139256
1980	63	11765	588	11177	131123
1981	67	11072	563	10509	117581
1982	68	11056	586	10470	114164
1983	76	11493	516	10977	119418
1984	74	11406	567	10839	117643
1985	86	11644	560	11084	121712
1986	93	11677	547	11130	121874
1987	100	11849	541	11308	119879
1988	101	12038	533	11455	119614
1989	106	14441	2815	11626	120118
1990	105	12273	648	11625	117717

民族自治地方各级学校专任教师数

单位：人

年　　份	普通高等学校	中等学校			小　学
			中等专业学校	普通中学	
1952	559	10220			
1957	2574	22246			
1965	6232	53045			
1975	7910	274670			
1978	14912	376996			
1979	16837	347774	16319	331455	612537
1980	15128	351040	19396	331644	730077
1981	15133	318682	19283	299399	722891
1982	16730	320467	20174	300293	742320
1983	18998	324084	20911	303173	771204
1984	20320	310812	21718	289094	758487
1985	21756	335320	23883	311437	600295
1986	23872	356639	25777	330862	805751
1987	25533	373918	27831	346087	807081
1988	26746	398605	31963	366642	832073
1989	34041	475747	103602	372145	840058
1990	27658	416453	33933	450386	847802

民族自治地方各级学校在校学生数

单位：人

年份	普通高等学校	中等学校	中等专业学校	普通中学	小学（万人）
1952	4475	209394			467.31
1957	12007	493892			599.45
1965	30511	954137			1124.44
1975	31077	3624594			1416.10
1978	56492	6820032			1705.24
1979	61955	6283893	74972	6101909	1685.50
1980	70796	6011353	185635	5825718	1701.73
1981	77914	5091473	153839	4937634	1629.57
1982	71803	4691540	137467	4554073	1645.07
1983	77579	4864083	145215	4718868	1711.15
1984	87283	5083804	176193	4907611	1752.13
1985	104423	5732874	206482	5166392	1836.90
1986	116122	5956024	218332	5737692	1875.90
1987	123833	6087191	228257	5858934	1840.70
1988	132284	6108576	256372	5852204	1833.20
1989	139849	7071708	1273298	5798410	1997.00
1990	135504	6096440	252454	5843986	1852.90

民族自治地方各级学校毕业生数

单位：人

年　份	普通高等学校	中等学校	中等专业学校	普通中学	小　学（万人）
1952	255	29279			22.56
1957	1378	74443			69.43
1965	8234	156960			60.82
1975	7591	1037071			158.30
1978	10576	1823140			254.10
1979	10519	2196843	34946	2161897	224.69
1980	7393	1835607	66560	1769047	222.16
1981	12058	1323550	81674	1241876	217.55
1982	25653	1423338	68958	1354380	203.81
1983	20434	1438935	53305	1295630	214.51
1984	17681	1278828	49663	1229165	215.58
1985	20407	1430034	54022	1376012	228.02
1986	23657	1521702	65605	1456097	243.31
1987	35367	1626350	72564	1553786	251.29
1988	36426	1759643	76524	1683119	244.39
1989	36272	1857544	413299	1444246	283.60
1990	40369	1827614	90618	1736996	218.97

民族自治地方分地区高等学校基本情况

(1990 年)　　单位：人

地　区	学校数(所)	专任教师数	招生数	在校学生数	毕业生数
合　计	105	27658	39818	135504	40369
河　北					
内蒙古	19	6755	9870	32428	10319
辽　宁	3	133	579	1720	613
吉　林	5	1346	1564	5621	1652
黑龙江					
浙　江					
湖　北	2	352	902	2392	733
湖　南	1	316	650	1891	657
广　东					
广　西	24	6834	20793	37762	10739
海　南	2	121	310	1069	316
四　川	5	608	1592	4307	1375
贵　州	5	572	1181	2799	1053
云　南	5	1172	1231	3865	1427
西　藏	4	706	645	2025	587
甘　肃	1	80	157	483	156
青　海	1	52	59	135	38
宁　夏	7	1609	2324	7992	2213
新　疆	21	7002	7961	31015	8491

民族自治地方分地区中等学校基本情况

(1990 年)

单位：人

地　区	学校数(所)	专任教师数	招生数	在校学生数	毕业生数
合　计	**12273**	**416453**	**1968924**	**6096440**	**1827614**
河　北	216	5232	22213	62637	14055
内蒙古	2159	86041	425627	1115967	372345
辽　宁	340	15435	70988	214915	60230
吉　林	331	13279	60022	171720	52500
黑龙江	26	849	3647	11344	3048
浙　江	7	337	2698	7444	1980
湖　北	179	9249	36239	104177	32893
湖　南	280	9757	63348	164306	39678
广　东	55	1088	6793	18235	8959
广　西	2872	88786	574514	1579000	413200
海　南	198	5657	31093	85616	23467
四　川	473	16292	85308	234326	62485
贵　州	822	21394	120524	358298	97984
云　南	1250	36306	229797	633286	177385
西　藏	78	2941	7687	20956	6773
甘　肃	128	4972	26295	35476	22472
青　海	312	9179	41279	116022	36443
宁　夏	477	17687	201878	288336	92727
新　疆	2070	71972	58974	874379	308990

注：本表为中等专业学校和普通中学的合计数。

民族自治地方分地区中等专业学校基本情况

(1990年)　　单位：人

地　区	学校数(所)	专任教师数	招生数	在校学生数	毕业生数
合　计	**642**	**32966**	**91483**	**281459**	**87416**
河　北	3	118	560	1110	478
内蒙古	101	7364	16573	49800	15630
辽　宁	50	211	800	2411	415
吉　林	22	744	2843	9379	2251
黑龙江					
浙　江	2	19	183	406	119
湖　北	15	737	2669	7114	2258
湖　南	12	911	4602	10969	3618
广　东	4	102	573	1435	830
广　西	121	7268	21754	71703	22482
海　南	15	565	1748	5822	1678
四　川	28	1436	4043	12418	3630
贵　州	36	2030	5333	17430	5358
云　南	54	2184	6931	22033	7002
西　藏	15	618	1171	4175	900
甘　肃	9	378	1050	3355	1004
青　海	17	618	1163	4280	1807
宁　夏	26	1505	3891	11634	3696
新　疆	112	6158	15586	45985	14260

民族自治地方分地区普通中学基本情况

(1990年)

单位：人

地区	学校数(所)	专任教师数	招生数	在校学生数	毕业生数
合计	**11625**	**382520**	**187744**	**5843986**	**1740198**
河北	213	5114	21653	61527	13577
内蒙古	2058	78677	409049	1066167	356715
辽宁	290	15224	70188	212504	59815
吉林	309	12535	57179	162341	50249
黑龙江	26	849	3647	11344	3049
浙江	5	318	2510	7038	1861
湖北	164	8512	33570	97063	30635
湖南	268	7963	58746	135618	36060
广东	51	986	6220	16800	8129
广西	2751	81518	552760	1507297	390718
海南	183	5092	29345	79794	21789
四川	445	14856	81265	221908	58855
贵州	786	19364	115191	340868	92626
云南	1196	34122	223406	611253	170383
西藏	63	2323	6516	19318	5873
甘肃	114	4510	25245	33934	21468
青海	295	8561	40116	111654	34636
宁夏	450	16182	197987	284440	89031
新疆	1958	65814	43388	863118	294730

民族自治地方分地区小学基本情况

单位：人

地　区	学校数（所）	专任教师数	招生数	在校学生数	毕业生数
合　计	**117717**	**847802**	**3374933**	**18528950**	**2189721**
河　北	1788	8316	33665	197014	25151
内蒙古	14634	253799	446068	2342865	384363
辽　宁	2773	29802	71060	512481	78375
吉　林	1726	20717	56543	372392	52729
黑龙江	161	1796	4640	26818	3898
浙　江	462	706	3018	18627	5155
湖　北	3790	22504	69278	474988	63147
湖　南	5189	26312	103771	616572	81622
广　东	403	2220	8783	58120	6604
广　西	15789	204686	979468	5605473	690347
海　南	1385	11298	50445	308775	32489
四　川	8368	37242	156506	266495	94229
贵　州	9589	73024	391598	1730041	177208
云　南	32470	94771	418948	2382105	312467
西　藏	2474	8506	38338	152554	9314
甘　肃	2591	12894	52112	132295	24459
青　海	2636	16984	55102	306730	35045
宁　夏	4242	27165	99938	667359	87189
新　疆	7247	95060	335552	1857246	25930

全国少数民族在校学生占全国在校学生总数的比重

单位：%

年　份	普通高等学校	中等技术学校	中等师范学校	普通中学	农业职业中学	小学
1951	1.4	0.4	2.1	2.6		2.2
1952	1.5	0.9	4.7	2.9		2.9
1957	3.7	3.7	6.7	4.4		5.0
1962	3.5	3.7	5.2	3.9	3.9	4.1
1965	3.2	2.8	5.2	4.0	2.3	4.5
1975	6.1	7.6		3.5		5.1
1978	4.2	5.4	8.4	3.8		5.3
1979	3.7	4.5	8.2	3.5		5.0
1980	3.8	5.2	9.3	3.6	3.2	5.1
1981	4.0	6.2	8.9	3.6	2.8	5.1
1982	4.7	6.5	8.4	3.9	2.5	5.9
1983	4.9	6.5	8.2	4.2	3.0	6.0
1984	5.0	6.5	8.2	4.4	3.5	6.7
1985	5.3	6.6	8.9	4.8	3.8	7.1
1986	5.3	6.6	9.2	5.2	4.0	7.8
1987	6.1	7.0	9.5	5.7	4.7	8.2
1988	6.1	6.5	9.0	5.9	9.4	7.8
1989	6.3	6.7	9.2	6.3	4.8	11.2
1990	6.6	7.3	10.0	6.4	5.1	8.7

注：1975 年中技、中师少数民族学生没有分开。

全国少数民族在校学生数

(1990 年)

单位：人

年 份	普通高等学校	中等技术学校	中等师范学校	普通中学	农业、职业中学	小学(万人)
1950	1285					
1951		660	4531	40316		94.3
1952	2948	2550	16245	73248		147.4
1957	16101	17715	19689	276926		319.4
1962	28729	13122	9449	294720		
1963					12135	299.2
1965	21870	10871	8073	371792	103466	521.9
1975	30607			1556934		770.8
1978	36030	28424	30255	2467476		768.6
1979	37378	32218	39702	2058721		737.8
1980	42944	39312	44669	1992954	14592	752.2
1981	51220	39061	39049	1770637	13569	735.6
1982	53739	41021	34644	1779646	17664	823.9
1983	59630	44754	37401	1829697	36153	821.9
1984	69333	52365	42112	2020746	61699	910.1
1985	94095	66491	49825	2244707	87445	954.8
1986	99468	75737	56157	2540634	103179	1033.7
1987	118735	84955	62159	2800651	125335	1051.3
1988	125422	88268	61780	2816409	263931	983.6
1989	131599	99463	62819	2835400	136508	1052.1
1990	137948	114117	67717	2946236	150629	1069.5

全国分地区少数民族教职工数(一)

(1990年)

单位：人

地区	普通高等学校	中等专业学校	中技	中师	普通中学
总计	**40562**	**28335**	**19475**	**8860**	**236357**
北京	3958	555	434	121	2643
天津	963	214	187	27	1180
河北	898	667	442	225	7665
山西	186	90	79	11	203
内蒙古	3710	3621	2566	1055	22671
辽宁	4548	1832	1220	612	25731
吉林	4029	1325	1050	275	12305
黑龙江	1849	735	475	260	9963
上海	578	88	81	7	536
江苏	623	172	150	22	701
浙江	134	85	49	36	519
安徽	342	120	89	31	886
福建	110	66	46	20	665
江西	110	56	46	10	282
山东	658	221	171	50	1273
河南	736	404	285	119	3104
湖北	1008	880	430	450	7037
湖南	815	730	488	242	11796
广东	362	124	111	13	516
广西	2988	3771	2756	1015	36862
海南	48	118	77	41	16
四川	996	961	504	457	7106
贵州	1201	1881	1099	782	17401
云南	1727	1968	1308	660	16507
西藏	703	733	471	262	1651
陕西	659	145	126	19	560
甘肃	695	398	321	77	2411
青海	446	653	231	422	2885
宁夏	435	349	274	75	3002
新疆	5047	5373	3909	1464	38280

全国分地区少数民族教职工数(二)

(1990年)

单位：人

地区	农业、职业中学	工读学校	特殊教育学校	#盲、聋、哑学校	小学	幼儿园
总计	**15464**	**105**	**609**	**510**	**531634**	**1052140**
北京	451	16	38	9	2755	49587
天津	66	2	14	9	1174	9117
河北	732		19	9	11547	50430
山西	15		2	2	157	38074
内蒙古	2319	2	43	42	37793	17997
辽宁	1681	36	119	99	45133	77645
吉林	1196	5	112	108	15490	31474
黑龙江	753	1	84	76	14110	40631
上海	38	6	4		444	44180
江苏	75		5	4	658	87071
浙江	34		1	1	1218	39859
安徽	126		5	5	708	20865
福建	65		5	5	1556	31629
江西	29		2	2	398	19798
山东	165		11	6	1822	105227
河南	201	3	17	15	3463	49637
湖北	937	1	5	5	17590	47838
湖南	798	2	2		27437	39068
广东	45		1		1152	65195
广西	1843	1	15	13	102304	27383
海南					57	4466
四川	494	15	5	3	22667	78409
贵州	1267	7	13	12	62399	11446
云南	895	1	38	36	59058	16191
西藏					8702	224
陕西	79		3	3	635	21895
甘肃	104		3	3	7162	9407
青海	83	4			8670	1820
宁夏	139	3	11	11	5980	2839
新疆	834		32	32	69395	12738

全国分地区少数民族专任教师数(一)

(1990 年)

单位：人

地区	普通高等学校	中等专业学校	中技	中师	普通中学
总计	**17787**	**14847**	**9714**	**5133**	**182991**
北京	1506	281	201	80	1667
天津	480	105	91	14	779
河北	331	367	217	150	6456
山西	76	48	44	4	231
内蒙古	1923	2011	1345	666	17248
辽宁	1851	1030	635	395	20258
吉林	1606	754	582	172	9312
黑龙江	842	422	256	166	7924
上海	289	46	42	4	341
江苏	254	78	64	14	483
浙江	56	39	27	12	427
安徽	164	72	52	20	603
福建	52	36	27	9	542
江西	45	28	24	4	223
山东	199	120	86	34	934
河南	314	203	131	72	2430
湖北	535	352	255	97	6874
湖南	400	339	208	131	9556
广东	152	80	72	80	366
广西	1144	1601	1043	558	27440
海南	27	54	39	15	1129
四川	395	527	262	265	5382
贵州	544	1082	556	526	13986
云南	877	1124	721	403	10869
西藏	254	296	186	110	1016
陕西	267	58	51	7	435
甘肃	284	225	187	38	1820
青海	190	385	139	246	2331
宁夏	190	181	145	36	2343
新疆	2540	2903	2026	877	29586

全国分地区少数民族专任教师数(二)

(1990年)

单位：人

地区	农业、职业中学	工读学校	特殊教育学校	#盲、聋、哑学校	小学	幼儿园
总计	**10925**	**61**	**438**	**360**	**458682**	**65283**
北京	295	7	29	5	2240	552
天津	47	2	11	6	915	118
河北	545		15	5	10648	1416
山西	22				210	37
内蒙古	1691	2	31	30	33008	2365
辽宁	1274	22	111	98	38397	4445
吉林	823	1	63	59	12437	3093
黑龙江	541	1	64	58	12455	948
上海	24	3	1		364	111
江苏	54		4	3	533	122
浙江	22				1037	70
安徽	104	2	4	4	641	144
福建	38		5	5	1356	105
江西	17		2	2	304	17
山东	75		10	5	1540	382
河南	143		10	8	3180	407
湖北	665	1	4	4	15652	474
湖南	566				25269	1520
广东	37				994	86
广西	1311	1	11	9	84962	4669
海南	59				4941	128
四川	304	11	4	2	20118	711
贵州	908	4	6	5	56932	1474
云南	523		21	20	44241	1757
西藏					7665	116
陕西	48		2	2	530	66
甘肃	77		1	1	6256	176
青海	62	3			7858	169
宁夏	114	1	7	7	5421	251
新疆	536		22	22	58578	39354

全国分地区少数民族在校学生数（一）

（1990 年）

单位：人

地　区	普通高等学校	中等专业学校			普通中学
			中技	中师	
总　计	**137948**	**181834**	**114117**	**67717**	**2946236**
北　京	8867	2355	1788	567	18883
天　津	1490	735	591	144	7901
河　北	3625	4388	2278	2110	89175
山　西	358	188	188		1961
内蒙古	8810	12976	8190	4786	210884
辽　宁	14522	15472	10881	4591	260379
吉　林	8444	6639	4338	2301	92168
黑龙江	4084	2693	1043	1650	73871
上　海	2220	324	311	13	2583
江　苏	1286	559	514	45	4402
浙　江	457	751	359	392	7146
安　徽	638	322	123	199	6534
福　建	378	467	100	367	10158
江　西	294	198	177	21	1918
山　东	568	575	384	191	17328
河　南	1037	1386	700	686	37248
湖　北	7301	6395	5302	1093	85393
湖　南	6080	8676	5599	3077	178015
广　东	1572	506	398	108	7657
广　西	12012	25448	16686	8762	545759
海　南	598	862	314	548	39
四　川	6941	9595	5058	4537	118352
贵　州	8841	20718	12282	8436	282542
云　南	8726	22502	13079	9423	333583
西　藏	1291	3248	1761	1487	15960
陕　西	2477	262	239	23	6341
甘　肃	3758	2979	1910	1069	38995
青　海	2304	4658	1917	2741	48204
宁　夏	1574	2060	1140	920	54876
新　疆	17395	23897	16467	7430	387981

全国分地区少数民族在校学生数（二）

（1990 年）

单位：人

地　　区	农业、职业中学	工读学校	特殊教育学校	#盲、聋、哑学校	小　学	幼儿园
总　　计	**250629**	**90**	**1380**	**1111**	**10695235**	**253256**
北　　京	2905	39	29	6	34534	
天　　津	587	2	6	3	16685	228
河　　北	6807		37	9	256061	37237
山　　西	54		1	1	2622	188
内 蒙 古	14881	7	75	67	469883	61567
辽　　宁	14166	13	265	215	629241	81214
吉　　林	7033	3	239	230	186197	49463
黑 龙 江	3633	3	83	78	132481	14357
上　　海	130				2783	
江　　苏	448		23	1	4751	185
浙　　江	199		3	3	23590	1401
安　　徽	653				615	1432
福　　建	456		1	1	25661	4875
江　　西	117		6	6	5143	269
山　　东	1559		18	9	33697	7405
河　　南	2013	3	72	29	89367	8980
湖　　北	7330		5	3	326177	13420
湖　　南	10577		27	12	568737	31543
广　　东	599				29298	2160
广　　西	22885		50	48	2373895	294107
海　　南	1				174	5
四　　川	3348	10	3	2	477937	17588
贵　　州	14791	5	66	50	1485728	35495
云　　南	18473	1	181	180	1533910	55576
西　　藏					149656	1579
陕　　西	347	4	1	1	10240	1622
甘　　肃	972		11	10	159806	5030
青　　海	1226		24		182254	7748
宁　　夏	862		39	32	216342	5844
新　　疆	13577		115	115	1267770	12738

全国民族学院教职工数

单位：人

年份	合计	中央民院	中南民院	湖北民院	广东民院	广西民院	西南民院
1978	4888	1173			145	759	630
1979	5616	1380			179	808	738
1980	6241	1674			240	845	803
1981	7652	1849	674		279	917	829
1982	7997	1911	718		338	918	950
1983	8255	1933	803		364	914	992
1984	8466	1945	877		394	925	1046
1985	9431	2125	1000		411	970	1127
1986	9902	2200	1085		436	1007	1168
1987	10403	2386	1145		429	1055	1204
1988	10377	2248	1218		423	1045	948
1989	10641	2034	1231	477	434	1045	1206
1990	10593	1938	1265	512	421	1049	1192

年份	贵州民院	云南民院	西藏民院	西北民院	青海民院	西北第二民院
1978	139	416	568	586	472	
1979	186	484	633	634	574	
1980	224	509	630	655	661	
1981	335	624	641	828	676	
1982	378	725	650	844	565	
1983	415	776	609	873	576	
1984	402	783	609	903	582	
1985	906	554	562	941	654	181
1986	654	915	559	1011	639	228
1987	722	953	597	1011	654	247
1988	780	948	873	971	655	268
1989	792	956	581	958	659	268
1990	798	960	561	970	646	281

全国民族学院专任教师数

单位：人

年份	合计	中央民院	中南民院	湖北民院	广东民院	广西民院	西南民院
1978	2121	563			68	307	318
1979	2430	673			84	315	324
1980	2881	818	185		96	327	347
1981	3253	732	306		113	410	356
1982	3334	775	302		129	381	426
1983	3479	781	344		153	400	461
1984	3516	809	363		160	410	432
1985	3874	804	419		167	435	488
1986	4092	834	439		181	449	464
1987	4208	855	432		182	445	468
1988	4557	821	525		182	446	495
1989	4484	800	462	197	189	447	490
1990	4393	763	472	228	180	441	444

年份	贵州民院	云南民院	西藏民院	西北民院	青海民院	西北第二民院
1978	34	163	193	246	229	
1979	56	182	223	272	301	
1980	68	209	203	314	314	
1981	119	272	226	389	330	
1982	156	321	209	376	259	
1983	157	340	185	400	258	
1984	163	336	185	401	257	
1985	388	219	235	424	211	84
1986	283	403	235	438	270	96
1987	302	436	224	474	287	103
1988	386	442	389	436	298	137
1989	359	445	244	431	292	128
1990	375	422	234	429	274	131

全国民族学院在校学生数

单位：人

年　份	合　计	中央民院	中南民院	湖北民院	广东民院	广西民院	西南民院
1978	6902	1337			402	1306	933
1979	7384	1474			532	1316	1198
1980	8477	1778			123	1586	1439
1981	10059	2126	161		547	1584	1436
1982	9556	1977	514		395	1366	1513
1983	11337	2135	1078		518	1493	1674
1984	14045	2487	1591		737	1933	1924
1985	18369	3255	2060		1041	2562	2315
1986	21497	3211	3826		1266	2479	2386
1987	20267	3171	2760		1144	2285	2471
1988	22144	3374	3004		1569	2302	2680
1989	22932	2983	3039	1639	1850	2204	2572
1990	22095	2723	3064	1792	1204	2188	2480

年　份	贵州民院	云南民院	西藏民院	西北民院	青海民院	西北第二民院
1978	178	793	496	514	943	
1979	176	854	201	790	843	
1980	260	895	314	734	1108	
1981	241	1167	438	1006	1353	
1982	391	858	418	1005	1119	
1983	638	1068	409	1118	1206	
1984	910	1432	409	1302	1320	
1985	1338	1979	559	1631	1363	266
1986	1603	2344	838	1909	1241	394
1987	1728	2366	837	1949	1185	371
1988	1764	2665	1098	2067	1218	403
1989	1728	2489	697	2046	1141	544
1990	1654	2526	663	2009	1149	643

全国民族学院教职工基本情况

(1990年)

单位：人

	合计	校本部教职工					科研机构人员	校办厂、农场职工	附设机构人员
		小计	专任教师	教辅人员	行政人员	工勤人员			
合计	**10593**	**9268**	**4393**	**972**	**2155**	**1748**	**402**	**141**	**782**
中央民院	1938	1641	763	157	261	460	127		170
中南民院	1265	1011	472	107	267	165	78	16	160
湖北民院	512	454	228	75	103	48	3	16	39
广东民院	421	393	180	42	105	66	10		18
广西民院	1049	902	441	96	219	146		18	129
西南民院	1192	1024	444	125	256	199	56	50	62
贵州民院	798	760	375	61	198	126	12		26
云南民院	960	853	422	97	207	127	53		54
西藏民院	561	530	234	50	135	111	5	26	
西北民院	970	884	429	62	227	166	30		56
青海民院	646	545	274	78	114	79	28	15	58
西北二民院	281	271	131	22	63	55			10

全国民族学院学生基本情况

(1990年)

单位：人

	在校研究生	本、专科学生			
		毕业生数	招生数	在校学生数	预计毕业生数
合计	**51**	**7429**	**6429**	**22095**	**7081**
中央民院		971	732	2723	963
中南民院	29	741	774	3064	977
湖北民院		534	700	1792	623
广东民院		1006	376	1204	540
广西民院		822	676	2188	765
西南民院		834	592	2480	677
贵州民院		550	494	1654	486
云南民院	16	762	810	2526	683
西藏民院		228	195	663	209
西北民院	6	601	578	2009	602
青海民院		259	280	1149	353
西北二民院		121	222	643	203

民族自治地方科技人员情况

(1990年)

单位：人

地区	合计	全民所有制单位自然科技人员	集体所有制单位自然科技人员
合计	**773507**	**752783**	**20724**
河北	16706	11615	5091
内蒙古	194785	194785	
辽宁	34457	30167	4290
吉林	72444	68397	4047
黑龙江			
浙江	912	712	200
湖北	26288	25686	602
湖南	25209	22659	2550
广东	1870	1632	238
广西	28794	28794	
海南	6320	6208	112
四川	29308	27236	2072
贵州	17010	17010	
云南			
西藏	14268	14268	
甘肃	1917	1917	
青海			
宁夏	61695	60173	1522
新疆	241524	241524	

全国少数民族自然科学技术人员

单位：万人

年份	合计	工程技术人员	农业技术人员	卫生技术人员	科学研究人员	教学人员
1980	20.1	4.7	2.3	7.2	0.9	5.0
1981	21.8	5.4	2.6	8.0	0.9	4.9
1982	24.3	6.3	2.8	8.7	0.9	5.6
1983	27.7	7.8	3.4	9.7	0.9	5.9
1984	30.9	9.1	3.7	10.8	0.9	6.4
1985	32.0	9.7	3.8	11.3	0.9	6.3
1986	34.7	10.6	4.1	12.1	1.0	6.9
1987	37.8	12.2	4.4	12.8	0.9	7.5
1988	44.5	14.5	4.7	14.1	0.9	10.3
1989	44.5	14.5	4.7	14.1	0.9	10.4

全国民族自治地方全民所有制单位从事科技工作的少数民族科技人员(一)

单位：人

科技人员分类	全国合计	#少数民族	少数民族科技人员占全国的%
总　计	4345066	140950	3.24
一、工程技术人员	1571189	34426	2.19
1、正、副总工程师	8038	136	1.69
2、工程师	84710	1443	1.70
3、技　师	15633	234	1.50
4、技术员	885336	18628	2.10
5、助理技术人员	240080	9462	3.94
6、船舶运输单位工程技术人员	25100	70	0.28
7、其　他	312292	4453	1.43
二、农(林)业技术人员	294248	18946	6.44
1、正、副总技师	32		
2、技　师	1629	59	3.62
3、技术员	126818	7141	5.63
4、助理技术员	99445	7577	7.62
5、其　他	66324	4169	6.29
三、卫生技术人员	1275549	53264	4.18
1、主任中西医师、药师、技师	4201	124	2.95
2、主治中西医师	27923	692	2.48
3、中西医师、药师、技师	309017	10973	3.55
4、中西医士、药剂士、护士、技士	826447	35297	4.27
5、其　他	107961	6178	5.72

注：本表为1978年科技人员普查数。

全国民族自治地方全民所有制单位从事科技工作的少数民族科技人员(二)

单位：人

科技人员分类	全国合计	#少数民族	少数民族科技人员占全国的%
四、科技研究人员	310320	7150	2.3
1、正、副研究员	1521	19	1.25
2、助理研究员	4999	84	1.68
3、研究实习员	29860	667	2.23
4、正、副总工程师	877	23	2.62
5、工 程 师	14561	256	1.76
6、技 师	1787	41	2.29
7、技 术 员	140880	2762	1.96
8、助理技术员	32309	714	2.20
9、正、副总农业技师	21	1	4.76
10、农业技师	517	10	1.93
11、农业技术员	14534	646	4.44
12、农业助理技术员	6623	415	6.27
13、主任中西医师、药师、技师	127	3	2.36
14、主治中西医师	644	17	2.64
15、中西医师、药师、技师	3785	124	3.28
16、中西医士、药剂士、护士、技士	4734	173	3.65
17、正、副教授	567	8	1.41
18、讲 师	1688	24	1.42
19、助 教	5577	61	1.09
20、其 他	44709	1099	2.46
五、教学人员	893760	27164	3.04
1、正、副教授	5041	81	1.60
2、讲 师	22597	419	1.85
3、助 教	62184	1309	2.11
4、高等学校教员	34365	1001	2.91
5、中等学校教员	700887	22083	3.15
6、其 他	68686	2265	3.30

主要统计指标解释

普通高等学校 指按照国家规定的审批程序批准举办，通过全国统一招生考试，招收高级中等学校毕业生和具有同等学历者，实施高等教育，培养高等专门人才的学校。包括大学、专门学院、专科学校和短期职业大学。

成人高等学校 指按照国家规定的审批程序批准举办，招收在职高中毕业或同等学历者，利用多种形式对成人实施高等教育，培养相当普通高等学校专科或本科毕业水平的专门人才学校。包括广播电视大学、职工高等学校、农民高等学校、干部管理学院、教育学院、独立函授学院以及普通高等学校举办的函授、夜大学等。

独立研究与开发机构 指有明确的任务和研究方向，有一定学术水平的业务骨干和一定数量的研究人员，具有研究、开发、开展学术工作的基本条件，主要进行科学研究与技术开发活动，并且在行政上有独立的组织形式，财务上独立核算盈亏，有权与其他单位签定合同，在银行有单独户头的单位。包括国务院各部门，中国科学院，中国社会科学院和各省、自治区、直辖市以及地（市）【含地（市）】各部门所属的全民所有制独立的科学研究与技术开发机构。

独立研究与开发机构职工 指在科学研究与技术开发机构工作，并由其支付工资的各种人员。包括固定职工、合同制职工、其他职工。不包括编制以外的离休、退休人员和停薪留职人员。但包括招聘人员。

科学家工程师 指大学毕业及以上文化程度和其他具有高、中级职称的从事科技活动人员。

其他科学人员 指中专、大学毕业和具有初级职称的从事科技活动人员。

自然科学技术人员 指已取得科学技术职称，或大学、中专的理、工、农、医科系毕业，以及国民经济各部门从工作实践中提拔，从事理、工、农、医等自然科学技术的研究、教学、生产的专业人员和在机关、企业、事业中从事科学技术业务管理工作的专业人员。

工程技术人员 指在国民经济各行业从事工程技术工作的自然科学技术专业人员，包括：高级工程师、工程师、助理工程师、技术员和未评定职称的技术人员。

农业技术人员 指在国民经济各行业从事农业技术工作的自然科学技术专业人员，包括：高级农艺师、农艺师、助理农艺师、技术员和未评定职称的技术人员。

卫生技术人员 指在国民经济各行业从事卫生医务工作的自然科学技术专业人员，包

民族自治地方艺术事业机构

单位：个

年 份	合 计	艺术表演团体	#少数民族歌舞团	剧 场影剧院	其 他
1979	645	589	24	56	
1980	672	603	37	69	
1981	682	603	34	79	
1982	690	600	43	90	
1983	703	608	39	95	
1984	709	614	43	95	
1985	726	630	46	96	
1986	887	616	56	180	91
1987	889	607	64	184	98
1988	923	592	67	182	149
1989	843	565	52	177	101
1990	846	557	54	184	105

民族自治地方艺术事业职工

单位：人

年 份	合 计	艺术表演团体	#少数民族歌舞团	剧 场影剧院	其 他
1979	28466	27883	2322	583	
1980	29516	28661	4144	855	
1981	30291	29319	3504	972	
1982	29665	28590	4528	1075	
1983	29013	27909	4053	1104	
1984	28967	27821	4411	1146	
1985	27961	26831	4168	1130	
1986	32299	28429	4855	2702	1168
1987	32370	28216	5214	2798	1356
1988	31047	26518	5098	2848	1681
1989	29237	24930	3770	2928	1379
1990	29419	25105	3790	2996	1308

民族自治地方文物事业机构

单位：个

年份	合计	文物保护管理单位	博物馆
1983	122	95	27
1984	156	115	41
1985	201	152	49
1986	263	204	59
1987	311	244	67
1988	333	256	77
1989	367	284	83
1990	418	327	91

民族自治地方文物事业职工

单位：人

年份	合计	文物保护管理单位	博物馆
1983	1379	665	714
1984	1504	701	803
1985	1919	1004	915
1986	2692	1605	1087
1987	3020	1886	1134
1988	3376	1966	1410
1989	3478	2060	1418
1990	3534	2032	1502

民族自治地方群众文化事业、图书馆事业机构

单位：个

年　份	合　计	群众艺术馆	文 化 馆	文 化 站	图 书 馆
1979	2568		544	2024	
1980	3158		568	2590	
1981	3436		582	2854	331
1982	3974		562	3412	332
1983	5008		566	4442	407
1984	7169		856	6313	409
1985	7699	·	579	7120	494
1986	8164	74	614	7476	533
1987	8030	77	620	7333	547
1988	7980	77	623	7280	549
1989	7866	80	670	7116	551
1990	7994	79	637	7278	556

民族自治地方群众文化事业、图书馆事业职工

单位：人

年　份	合　计	群众艺术馆	文 化 馆	文 化 站	图 书 馆
1979	7101		4896	2205	
1980	8436		5441	2995	
1981	9408		6147	3261	2853
1982	10655		6282	4373	3031
1983	11928		6527	5401	3722
1984	14682		7153	7529	4278
1985	15198		6657	8541	4698
1986	18717	1702	7495	9517	5411
1987	19162	1837	7392	9933	5775
1988	19058	1858	7451	9749	6124
1989	19180	1973	7814	9393	6241
1990	19934	1949	8221	9764	6507

民族自治地方广播、电视事业机构

单位：个

年份	广播电台	电视中心台	电视发射台和转播台	广播站	广播喇叭(万只)
1952	5			55	0.17
1957	6			316	5.03
1965	14			726	75.06
1975	42			2233	907.29
1978	50			2873	1102.91
1979	25			2591	1015.81
1980	25			1317	903.67
1981	34			3266	692.31
1982	34			3270	573.96
1983	33			3209	510.55
1984	42	16		2359	446.36
1985	54	44		4185	489.06
1986	64	69	187	4185	489.06
1987	75	69	410	6574	465.95
1988	133	88	3386	14755	495.50
1989	107	94	4626	935	424.40
1990	111	96	4021	948	506.28

民族自治地方电影事业机构

单位：个

年份	合计	电影院	影剧院	放映队
1952	151	71	19	61
1957	1138	138	93	907
1965	3334	452	139	2743
1975	6712		219	6493
1978	17915	611	438	16866
1979	16448	554	128	15766
1980	18556	514	170	17872
1981	19820	657	187	18976
1982	22011	802	208	21001
1983	25092	1141	236	23715
1984	26653	1440	246	24967
1985	26945	1492	307	25146
1986	26079	1492	319	24268
1987	26250	1674	384	24192
1988	22398	1631	370	20397
1989	24126	1685	418	22023
1990	25382	2234	476	22672

注：本表的电影事业机构数与职工人数均不包括对内、外开放的礼堂、俱乐部、发行放映管理机构等。

民族自治地方电影事业职工

单位：人

年份	合计	电影院	影剧院	放映队
1979	40616	6153	1777	32686
1980	43841	5466	2155	36220
1981	47598	6836	2478	38284
1982	53474	7888	2959	43900
1983	59638	9310	3459	46869
1984	59359	10210	3105	46044
1985	57246	10296	3200	43750
1986	55232	10126	3665	41441
1987	56297	11409	4059	40829
1988	51163	11276	3921	35966
1989	55869	14827	4248	36794
1990	54522	13859	5448	35215

民族自治地方分地区文化事业机构(一)

(1990年)　　　　单位：个、座

地区	艺术事业				文物事业		
	合计	艺术表演团体	剧场影剧院	其他	合计	文物保护单位	博物馆
合计	**846**	**557**	**184**	**105**	**418**	**327**	**91**
中央	2	1	1				
地方	844	556	183	105	418	327	91
河北	5	5					
内蒙古	186	124	34	28	75	65	10
辽宁	10	6	4		9	7	2
吉林	40	14	14	12	10	8	2
黑龙江	1	1					
浙江					23	23	
湖北	17	11	5	1	12	5	7
湖南	23	9	9	5	14	10	4
广东	3	3			3		3
广西	186	115	39	32	99	71	28
海南	9	9			5		5
四川	12	11	1		15	11	4
贵州	8	5	1	2	33	33	
云南	108	84	16	8	40	30	10
西藏	35	25	9	1			
甘肃	24	13	6	5	5	3	2
青海	7	6		1	15	12	3
宁夏	39	20	16	3	21	18	3
新疆	131	95	29	7	39	31	8

民族自治地方分地区文化事业机构(二)

(1990年)　　单位：个、座

地　区	图书馆事　业	群众文化事业			
		合　计	群众艺术馆	文化馆	文化站
合　计	556	7994	79	637	7278
中　央					
地　方	556	7994	79	637	7278
河　北	6	169		6	163
内蒙古	104	1622	13	103	1506
辽　宁	5	9		9	
吉　林	12	158	1	12	145
黑龙江		2		1	1
浙　江	1	43		1	42
湖　北	11	257	1	14	242
湖　南	18	349	1	17	331
广　东	3	43		3	40
广　西	90	1422	14	96	1312
海　南	9	9	1	8	
四　川	17	615	4	55	556
贵　州	44	642	1	46	595
云　南	86	980	9	78	893
西　藏					
甘　肃	15	194	2	20	172
青　海	35	216	6	34	176
宁　夏	20	318	4	19	295
新　疆	62	890	15	92	783

、民族自治地方分地区文化事业职工(一)

(1990 年)

单位：人

地　区	艺术事业				文物事业		
	合　计	艺术表演团体	剧场影剧院	其　他	合　计	文物保护单位	博物馆
合　计	29419	25105	2996	1318	3534	2032	1502
中　央	330	298	32	1318			
地　方	29089	24807	2964	1318	3534	2032	1502
河　北	172	172					
内蒙古	7358	6015	856	487	1067	749	318
辽　宁	283	214	69		63	33	30
吉　林	1537	1152	320	65	104	29	75
黑龙江	42	42					
浙　江					23	23	
湖　北	459	456	3		58	24	34
湖　南	418	316	73	29	74	43	31
广　东	61	61			4		4
广　西	5605	4610	555	440	775	303	472
海　南	288	288			62		62
四　川	480	462	18		145	62	83
贵　州	401	370	13	18	113	113	
云　南	2330	2183	109	38	209	120	89
西　藏	1338	1226	90	22			
甘　肃	643	524	48	71	41	10	31
青　海	432	419		13	42	33	9
宁　夏	1921	1499	397	25	248	143	105
新　疆	5321	4798	413	110	506	347	159

民族自治地方分地区文化事业职工(二)

(1990年)

单位：人

地　区	图书馆事业	群众文化事业			
		合　计	群众艺术馆	文化馆	文化站
合　计	6507	19934	1949	8221	9764
中　央					
地　方	6507	19934	1949	8221	9764
河　北	41	342		76	266
内蒙古	1956	4559	525	1852	2182
辽　宁	75	127		127	
吉　林	278	536	43	305	188
黑龙江		18		16	2
浙　江	8	57		15	42
湖　北	118	493	13	132	348
湖　南	156	631	19	257	355
广　东	21	66		26	40
广　西	1208	3630	330	1240	2060
海　南	100	127	19	108	
四　川	147	1185	76	500	609
贵　州	342	1203	8	481	714
云　南	534	1962	138	728	1096
西　藏	26	325	207	79	39
甘　肃	104	383	43	159	181
青　海	236	568	83	254	231
宁　夏	488	1149	152	560	437
新　疆	669	2573	293	1306	974

民族自治地方分地区广播、电视事业情况

(1990年)

地区	广播				电视		
	广播电台(座)	中短波发射台和转播台(座)	市、县广播站(个)	广播喇叭(万只)	电视中心台(座)	电视发射台和转播台(座)	节目套数(套)
合计	111	189	952	507.34	7	5394	245
河北	4	1	6	10.65		40	17
内蒙古	28	52	94	52.54	25	801	26
辽宁	5	3	73	24.09	4	151	22
吉林	10	12	110	124.43	7	60	12
黑龙江	1		1	1.20			
浙江			1	1.86		30	4
湖北	5	7	22	49.00	3	212	11
湖南	2	4	29	20.26	1	165	18
广东	4	2	40	0.37	1	33	19
广西	13	27	91	76.56	9	1029	9
海南	5	2	9	1.49	3	34	21
四川	2	2	80	38.68	1	742	11
贵州	2	2	80	1.84	4	397	7
云南	6		89	5.70	4	871	
西藏	2	22	74	0.50	2	164	3
甘肃	1	4	18	8.97	5	154	17
青海	2	5	32	7.52	2	153	2
宁夏	8	8	19	30.48	4	39	4
新疆	11	36	84	51.70	22	319	42

民族自治地方分地区电影事业情况

(1990年)

地 区	电影制片厂(个)	摄制故事片(部)	摄制纪录片(部)	民族语翻译片(部)	各类电影放映单位(个)	电影观众人次(万人次)
合 计	4	15	11	1119	24548	204626.38
河 北					500	8717.98
内蒙古	1	4		269	2378	15382.60
辽 宁					500	4916.13
吉 林					520	3176.00
黑龙江					23	70.00
浙 江					58	54.00
湖 北		1	2		732	2617.72
湖 南					1065	7756.76
广 东					58	771.84
广 西	1	7	1	1	5455	52799.60
海 南					401	5192.98
四 川				35	1600	7122.14
贵 州					1900	10419.16
云 南				62	4790	59502.00
西 藏				10	572	1509.80
甘 肃				10	268	1003.07
青 海				8	707	2367.70
宁 夏	1		8		699	9024.80
新 疆	1	3		724	2322	12222.10

民族自治地方分地区电影事业机构和职工

(1990年)

单位：个、人

地区	合计		电影院		影剧院		放映队	
	机构	职工人数	机构	职工人数	机构	职工人数	机构	职工人数
合计	**25323**	**54662**	**2229**	**13888**	**401**	**4995**	**22693**	**35779**
河北	521	1200	7	100	4	100	510	1000
内蒙古	2188	5502	161	1755	33	790	1994	2957
辽宁	918	1500	52	400	17	200	849	900
吉林	469	1030	13	250	13	210	443	570
黑龙江	23	131	1	18			22	113
浙江	47	67	1	10			46	57
湖北	703	1351	95	323	5	114	603	914
湖南	1153	2673	138	823	22	207	993	1643
广东	54	127	4	35	3	36	47	56
广西	5032	12648	478	3483	16	342	4538	8823
海南	566	1404	17	292	55	356	494	756
四川	1593	3000	98	600	8	100	1487	2300
贵州	1319	2400	157	700	5	100	1157	1600
云南	6703	12351	692	3421	54	560	5957	8370
西藏	521	1310	3	18	1	12	517	1280
甘肃	359	434	25	59	9	52	325	323
青海	672	1020	47	104	37	186	588	730
宁夏	589	1476	47	255	24	477	518	744
新疆	1893	4638	193	1242	95	1153	1605	2643

民族自治地方出版物统计

年份	图书		杂志		报纸	
	种数	千册	种数	千册	种数	千份
1978	1336	142794	78	13064	44	282713
1979	2018	133325	76	12268	62	477396
1980	2081	161625	114	22505	68	451099
1981	2343	239646	160	37707	67	526782
1982	3242	280896	163	83856	68	545945
1983	2613	174779	165	24807	79	498946
1984	2859	280652	231	86067	117	636274
1985	3365	359069	321	78188	175	768472
1986	3435	292878	332	71719	176	1502819
1987	4507	291674	358	72736	214	929644
1988	5107	307548	445	86204	236	932744
1989	5696	301270	447	65029	239	764040
1990	5784	301663	544	178664	227	791196

注:本表为全国民族自治地方内，包括汉文字和少数民族文字的出版物统计，下同.

民族自治地方分地区图书、杂志、报纸出版情况

(1990 年)

单位: 种数: 种
印数: 千册 (份)

地区	合计		图书		杂志		报纸	
	种数	印数	种数	印数	种数	印数	种数	印数
全国总计	87417	28551620	80224	5636260	5751	1790210	1442	21125150
合计	6555	1271523.2	5784	301663	544	178664.2	227	791196
河北								
内蒙古	1382	381280	1099	8101	236	138330	47	161940
辽宁	11	987	3	4	2	2	6	981
吉林	1054	48922	1031	15670	15	2030	8	31222
黑龙江								
浙江								
湖北	21	16284	15	19	4	23	2	16242
湖南	2	6654			1	1	1	6653
广东	9	7.2	4	4	2	0.2	3	3
广西	1844	501890	1672	13360	124	32260	48	336030
海南	5	4011	2	4	2	7	1	4000
四川	112	17464	61	71	40	77	11	17316
贵州	10	2924			2	12	7	2921
云南	42	13044	19	88	8	86	15	12870
西藏	173	19258	146	435	16	205	11	14700
甘肃	7	278			3	21	4	257
青海								
宁夏	169	6522	145	1890	15	710	9	45610
新疆	1714	193300	1587	4794	74	4900	53	140460

全国少数民族文字出版物统计

年份	图书		杂志		报纸	
	种数	万册	种数	万册	种数	万份
1952	621	661	15	169	20	2933
1957	1763	1462	35	243	32	2434
1962	942	910	27	170	32	2252
1965	1694	2480	36	268	36	3955
1970	312	1331	5	93		3262
1975	1226	3365	18	237	10	6461
1978	1386	3179	35	313	11	7072
1980	1921	3427	42	575	18	7384
1981	1904	2652	63	590	18	6631
1982	2270	3330	75	631	18	7063
1983	2327	3358	74	616	19	7927
1984	2524	3514	76	748	42	15175
1985	2759	3629	109	1035	57	11402
1986	2972	3635	126	1085	56	12561
1987	3157	4184	128	1148	70	13306
1988	3294	3816	154	1350	76	13411
1989	3260	3853	153	1280	75	9031
1990	3251	3867	131	1027	77	14835

全国少数民族文字出版的图书(一)

单位：种数：种
印数：万册（张）
印张：万印张

年份	图书				书籍			
	种数		印数	印张	种数		印数	印张
	合计	新出			合计	新出		
1952	621	534	661	1714	391	341	281	739
1957	1763	1504	1462	6320	1204	1120	685	3122
1962	942	627	910	4111	361	341	202	1230
1965	1694	1290	2480	9276	644	560	1002	4650
1970	312	247	1331	4874	159	134	797	3556
1975	1226	1072	3365	12428	762	720	1868	8514
1978	1386	1120	3179	12346	750	689	874	4914
1979	1544	1290	2707	14166	803	791	716	5571
1980	1921	1456	3427	16854	1047	976	905	6449
1981	1904	1471	2652	16249	1038	973	776	6991
1982	2270	1713	3330	18882	1232	1132	1033	7919
1983	2327	1683	3358	19783	1267	1182	1113	8974
1984	2524	1931	3514	21120	1483	1379	1142	9854
1985	2759	2075	3629	20254	1602	1478	1111	8168
1986	2972	2108	3635	21023	1679	1567	1021	8158
1987	3157	2022	4184	22853	1752	1532	1215	9134
1988	3294	1975	3816	21647	1842	1580	1046	7958
1989	3260	1783	3853	22059	1709	1385	1124	8088
1990	3251	1869	3867	21673	1734	1422	1049	7853

注：1.本表1990年图书印张数中，含活页文选122千印张。
2.图书的合计数中含书籍、课本、图片三部分，下同。

全国少数民族文字出版的图书（二）

单位：种数：种
印数：万册（张）
印张：万印张

年份	课本				图片			
	种数		印数	印张	种数		印数	印张
	合计	新出			合计	新出		
1952	230	193	380	975	41	41	29	18
1957	509	341	759	3180	50	43	18	18
1962	550	256	640	2820	31	30	68	61
1965	787	561	1150	4404	263	169	328	222
1970	75	35	316	1144	78	78	218	174
1975	358	246	939	3481	106	106	558	433
1978	537	340	1629	6829	99	91	676	603
1979	654	413	1547	8286	87	85	444	309
1980	808	414	1958	9713	66	66	564	692
1981	803	436	1692	8998	63	62	184	260
1982	974	517	2170	10820	64	64	127	143
1983	975	420	2020	10499	85	81	225	310
1984	946	464	2198	11145	95	88	174	121
1985	1084	525	2326	11885	73	72	192	201
1986	1263	515	2561	12686	30	26	53	179
1987	1330	416	2847	13566	75	74	123	154
1988	1400	345	2669	13197	52	50	101	299
1989	1509	356	2624	13644	42	42	105	154
1990	1482	413	2754	13582	35	34	64	226

全国少数民族文字出版的杂志、报纸

单位：种数：种
印数：万册（份）
印张：万印张

年份	杂志			报纸		
	种数	印数	印张	种数	印数	印张
1950				14	259	205
1952	15	169	311	20	2933	2043
1957	35	244	757	32	2434	2432
1962	27	170	617	32	2252	2002
1965	36	268	846	36	3955	4159
1970	5	93	659	5	3262	3880
1975	18	237	1346	10	6461	6211
1978	35	313	2022	11	7072	7416
1979	41	392	2084	12	6078	6291
1980	42	575	2441	18	7384	6231
1981	63	590	2462	18	6631	5541
1982	75	631	2432	18	7063	6598
1983	74	616	2495	19	7927	8377
1984	76	748	3123	42	15175	13657
1985	109	1035	4745	57	11402	9331
1986	126	1085	4991	56	12561	11070
1987	128	1148	4742	70	13306	11571
1988	154	1350	5823	76	13411	11829
1989	153	1280	5188	75	9031	7999
1990	131	1027	4221	77	14835	13956

全国分地区少数民族文字出版的图书(一)

(1990 年)

单位：种数：种；印数：万册（份）；印张：千印张

地区	图书总计 种数 合计	图书总计 种数 新出	图书总计 印数	图书总计 印张数	书籍合计 种数 合计	书籍合计 种数 新出	书籍合计 印数	书籍合计 印张数
全国总计	3251	1869	3867	216734	1734	1422	1049	78525
中央	237	214	78	9705	224	208	56	9472
地方	3014	1655	3789	207029	1510	1214	993	69053
内蒙古	625	369	795	40489	360	306	287	14897
辽宁	5	5		38	5	5		38
吉林	628	272	815	37246	386	223	435	18524
黑龙江	22	22	4	315	22	22	4	315
广西								
四川	90	35	24	1641	22	20	11	1154
贵州	10	10	14	659				
云南	28	28	12	672	24	24	7	387
西藏	132	47	210	11519	36	29	33	3677
甘肃	22	6	6	564	22	6	6	564
青海	104	25	129	6891	27	20	11	1489
新疆	1348	836	1780	106995	606	559	199	28008

注:1.1990 年出版的少数民族文字图书的文种有:蒙古文、朝鲜文、维吾尔文、藏文、彝文、德宏傣文、西双版纳傣文、景颇文、傈僳文、佤文、拉祜文、哈尼文、哈萨克文、柯尔克孜文、锡伯文、侗文、布依文、苗文等十八种。

2.全国少数民族文字出版的图书占全国图书的比重:种数为 4.05%，印数为 0.66%，印张为 0.93%。

3.本表图书总计包括书籍、课本和图片。

全国分地区少数民族文字出版的图书(二)

(1990年)

单位: 种数: 种　印数: 万册(张)　印张: 千印张

地区	课本合计				图片合计				附: 活页文选用纸
	种数 合计	种数 新出	印数	印张数	种数 合计	种数 新出	印数	印张数	
全国总计	1482	413	2754	135824	35	34	64	2263	122
中央	10	3	15	204	3	3	7	29	
地方	1472	410	2739	135620	32	31	57	2234	122
内蒙古	265	63	508	25592					
辽宁									
吉林	242	49	380	18722					
黑龙江									
广西									
四川	68	15	13	462					25
贵州	10	10	14	659					
云南	4	4	5	188					97
西藏	96	18	177	7842					
甘肃									
青海	77	5	118	5402					
新疆	710	246	1524	76753	32	31	57	2234	

全国分地区少数民族文字出版的杂志(一)

(1990 年)

种数：种
单位：印数：万册（份）
印张：千印张

地区	合计				综合			
	种数	平均期印数	总印数	总印张	种数	平均期印数	总印数	总印张
全国总计	131	101.8	1027.2	42213	13	18.7	214.1	8447
中央	16	4.9	46.7	1729	4	1.8	12.3	492
地方	115	96.9	980.5	40484	9	16.9	201.8	7955
内蒙古	40	32.2	353.6	13345	2	1.8	28.8	786
吉林	12	18.3	198.5	8882	3	8.4	100.2	4168
黑龙江	2	1.4	12.4	397				
广西	1	0.3	1.5	30				
四川	3	1.1	4.4	136				
云南	2	0.7	1.3	57				
西藏	8	3.9	10.6	698	1	0.3	0.6	24
甘肃	2	0.2	0.3	18				
青海	4	1.3	6.7	290				
新疆	41	37.5	391.2	16631	3	6.4	72.2	2977

注:1.本表合计数中包括综合类，哲学、社会科学类，自然科学、技术类，文化、教育类，文学、艺术类，少儿读物类，画刊类。
2.全国少数民族文字出版的杂志占全国的比重:种数占 2.28%、印数占 0.57%、印张占 0.88%。

全国分地区少数民族文字出版的杂志（二）

(1990年)

单位：种数：种
印数：万册（份）
印张：千印张

地区	哲学、社会科学				自然科学、技术			
	种数	平均期印数	总印数	总印张	种数	平均期印数	总印数	总印张
全国总计	29	14.8	170.0	5778	13	12.0	119.0	3220
中央	6	2.4	26.7	799				
地方	23	12.4	143.3	4979	13	12.0	119.0	3220
内蒙古	9	4.1	43.2	1580	6	1.5	9.6	298
吉林					1	1.3	15.0	602
黑龙江								
广西								
四川	2	1.0	4.0	120				
云南								
西藏	2	2.0	4.0	368				
甘肃	2	0.2	0.3	18				
青海	1	0.2	1.4	34				
新疆	7	4.9	90.4	2859	6	9.2	94.4	2320

全国分地区少数民族文字出版的杂志(三)

(1990年)

单位：种数：种
印数：万册（份）
印张：千印张

地区	文化、教育				文学、艺术			
	种数	平均期印数	总印数	总印张	种数	平均期印数	总印数	总印张
全国总计	**15**	**5.1**	**38.8**	**1723**	**47**	**39.1**	**338.1**	**18390**
中央								
地方	15	5.1	38.8	1723	47	39.1	338.1	18390
内蒙古	4	1.4	15.0	688	16	20.2	209.8	8993
吉林	3	1.2	11.4	513	4	4.2	33.9	2072
黑龙江					2	1.4	12.4	397
广西					1	0.3	1.5	30
四川					1	0.1	0.4	16
云南					2	0.7	1.3	57
西藏	1	0.3	1.2	45	4	1.3	4.8	261
甘肃								
青海	1	0.4	2.4	120	2	0.7	2.9	136
新疆	6	1.8	8.8	357	15	10.2	71.1	6428

全国分地区少数民族文字出版的杂志(四)

(1990 年)

单位：种数：种
印数：万册（份）
印张：千印张

地区	少儿读物				画刊			
	种数	平均期印数	总印数	总印张	种数	平均期印数	总印数	总印张
全国总计	5	10.4	133.4	3959	9	1.7	13.8	697
中央					6	0.7	7.7	438
地方	5	10.4	133.4	3959	3	1.0	6.1	259
内蒙古	2	2.7	44.3	886	1	0.5	2.9	116
吉林	1	3.2	38.0	1527				
黑龙江								
广西								
四川								
云南								
西藏								
甘肃								
青海								
新疆	2	4.5	51.1	1546	2	0.5	3.2	143

全国分地区少数民族文字出版的报纸

(1990 年)

单位：种数：种 印数：万册（份） 印张：千印张

地区	合计				#省、自治区、直辖市级			
	种数	平均期印数	总印数	总印张	种数	平均期印数	总印数	总印张
全国总计	**79**	**79.04**	**14837**	**139566**	**26**	**48.97**	**10237**	**102648**
内蒙古	14	3.38	926	6304	3	1.31	426	3810
辽宁	3	1.50	182	906	1	0.60	94	468
吉林	6	21.63	2778	24774	2	8.12	603	4280
黑龙江	1	16.20	4972	49720	1	16.20	4972	49720
广西	1	0.42	44	218	1	0.42	44	218
四川	3	0.96	217	1088				
云南	8	0.85	49	244				
西藏	6	4.66	639	5948	4	4.01	615	5828
甘肃	1	0.50	78	390				
青海	4	1.12	69	563	3	0.99	62	529
新疆	32	27.82	4883	49411	11	17.32	3421	37795

注:全国少数民族文字出版的报纸占全国报纸的比重:种数为 5.3%，印数为 0.70%，印张数为 0.76%。

十四、卫生、体育

民族自治地方卫生机构、床位、人员

年份	机构(个)	#医院	床位(张)	#医院	卫生技术人员(人)	#医生
1949	361	230	3310		3531	
1952	1176	378	5711		17877	
1957	13819	603	26470	20773	65649	26825
1962	19763	3203	94769	71356	129818	59086
1965	25306	6275	120781	89497	156889	72832
1975	21575	9749	219055	190980	232218	97957
1978	23934	10191	253520	220927	279387	120711
1980	26073	10433	271463	241679	324300	140752
1981	27604	10735	276119	246922	353395	154439
1982	28237	10803	281555	251805	368850	159927
1983	28800	11349	290067	267382	387690	169141
1984	29794	11659	302321	279259	406880	176305
1985	30432	10061	312137	288732	423733	182503
1986	31168	10012	318144	294676	435882	186717
1987	31838	10129	332116	307350	451429	192597
1988	31931	10520	338892	313677	463900	215187
1989	31081	10342	347555	321659	478304	224851
1990	31973	10574	359382	331955	488661	230088

注：1. 1990年全国民族自治地方卫生机构、床位、人员占全国的比重：卫生机构占15.3%（其中：医院占16.9%）；床位占12.3%（其中：医院床位占12.6%）；卫生技术人员占12.5%（其中：医生占13.1%）。

2. 1990年全国每千人口有：医院床位2.32张，卫生技术人员3.45人，医生1.56人；全国民族自治地方每千人口有：医院床位2.37张，卫生技术人员3.22人，医生1.56人。

3. 1990年全国民族自治地方少数民族医务人员所占比重：专业卫生人员占28.2%，卫生技术人员占28.9%，医生占31.5%。

民族自治地方卫生机构

单位：个

年份	合计	医院	疗养院、所	门诊部、所	专科防治所、站	卫生防疫站	妇幼保健所、站	其他
1957	13819	603	17	5541		146	641	6871
1962	19763	3203	69	15279		387	363	462
1965	25306	6275	43	17626		485	427	450
1975	21575	9749	25	10292		633	412	464
1978	23934	10191	30	11866		649	478	720
1979	25027	10254	30	12676	124	635	478	830
1980	26073	10433	34	13457	140	672	497	840
1981	27604	10735	36	14661	146	694	505	827
1982	28237	10803	41	15175	164	720	511	823
1983	28800	11349	44	15130	173	727	522	855
1984	29794	11659	43	15713	187	763	545	884
1985	30432	10061	47	17761	221	817	559	966
1986	31168	10012	47	18342	249	847	591	1080
1987	31838	10129	49	18817	277	873	600	1093
1988	31931	10520	48	18488	283	862	603	1127
1989	31081	10342	46	17744	291	892	606	1160
1990	31973	10574	48	18312	300	910	625	1204

民族自治地方卫生机构床位

单位:张

年份	合计	医院	疗养院、所	门诊部、所	专科防治所、站	卫生防疫站	妇幼保健所、站	其他
1957	26470	20773	1277					4420
1962	94769	71356	4954					18459
1965	120781	89497	3732					27552
1975	219055	190980	3178					24897
1978	253520	220927	3482					29111
1979	263202	230877	3736	25127	1035	60	426	1941
1980	271463	241679	4318	21471	1248	60	661	2026
1981	276119	246922	4844	19735	1299	60	882	2377
1982	281555	251805	5436	19811	1174	60	1063	2206
1983	290067	267382	5651	12034	1243	60	1376	2321
1984	302321	279259	5851	12120	1113	60	1530	2388
1985	312137	288732	6213	11972	770	75	1536	2839
1986	318144	294676	6367	11191	944	75	1824	3067
1987	332116	307350	6681	11589	1090	84	1994	3328
1988	338892	313677	6294	11756	967	118	2130	3950
1989	347555	321659	5981	11757	1384	116	2261	4391
1990	359382	331955	6262	12051	1717	117	2509	4771

民族自治地方专业卫生人员

单位：人

年份	专业卫生人员	#卫生技术人员	#中医	#西医师	#西医士	#中、西医结合高级医师
1957	77221	65649	15014	2997	8814	
1962	152872	129818	25980	10360	22746	
1965	184446	156889	26448	17860	28524	
1975	288559	232218	16126	35498	46333	
1978	349249	279387	20575	42574	57562	
1979	379396	302034	22663	45174	61018	
1980	407629	324300	24770	52258	63724	
1981	443076	353395	28562	58808	66940	129
1982	461245	368850	30106	60692	68954	175
1983	482042	387690	32706	65544	70723	168
1984	505994	406880	37010	65707	73377	211
1985	526965	423733	39634	64999	77710	160
1986	544777	435882	39909	66237	80391	180
1987	562349	451429	41722	69372	81304	199
1988	573682	463900	43647	114098	57023	419
1989	592461	478304	44250	123978	56180	443
1990	606085	488661	44266	127894	57470	458

民族自治地方少数民族专业卫生人员

单位：人

年份	专业卫生人员	#卫生技术人员	#中医	#西医师	#西医士	#中、西医结合高级医师
1980	71694	56823	5815	8656	13782	
1981	96115	74843	7318	11197	18556	9
1982	100672	80574	8083	12038	18943	19
1983	108287	87216	8803	13509	20104	30
1984	117473	95310	10928	13818	22252	36
1985	135745	105656	11884	14926	22792	23
1986	139196	112058	12051	15516	25284	35
1987	147783	118748	12464	15360	24550	32
1988	154894	123586	13736	31191	18347	115
1989	163731	189603	14758	34717	18569	114
1990	170738	141448	14957	36825	20570	129

民族自治地方农村村级卫生组织

单位：个

年份	村总数	有卫生机构的村数	占村总数的%	无医疗点的村数	占村总数的%
1978	67937	56655	83.4	11282	16.6
1979	68783	44324	64.4	24459	35.6
1980	68916	38325	55.6	30591	44.4
1981	75257	53434	71.0	21823	29.0
1982	75523	54240	71.8	21283	28.2
1983	79105	64006	80.9	15099	19.1
1984	80406	60633	75.4	19773	24.6
1985	86764	65426	75.4	21338	24.6
1986	92575	67353	72.8	25222	27.2
1987	92822	69005	74.3	23817	25.7
1988	96096	65248	67.9	30848	32.1
1989	97459	65665	67.4	31794	32.6
1990	91092	68843	75.6	22249	24.4

民族自治地方乡村医生、卫生员、农村接生员

单位：人

年份	乡村医生和卫生员	#少数民族乡村医生和卫生员	乡村医生	卫生员	接生员
1982	116965	49743	47933	69032	86158
1983	116754	49228	55580	61174	88703
1984	118730	52630	58109	60621	96148
1985	131381	55914	62255	69129	101291
1986	135634	57423	67480	68154	106411
1987	139901	56634	72374	67527	107692
1988	135751	55188	73106	62645	106464
1989	136780	56304	75228	61552	141857
1990	135424	54594	75935	59489	107261

民族自治地方分地区卫生机构、床位数

(1990)

单位: 个, 张

地区	合计		医院					
					市		县	
	机构	床位	机构	床位	机构	床位	机构	床位
合计	**31973**	**359382**	**10574**	**331955**	**1417**	**117348**	**9157**	**214607**
河北	237	3133	131	3039			131	3039
内蒙古	5160	60727	1856	57558	414	30107	1442	27451
辽宁	442	7887	166	7573	10	663	156	6910
吉林	945	12585	227	11481	88	5822	139	5659
黑龙江	1	55	1	55			1	55
浙江	49	265	26	260			26	260
湖北	1264	8917	213	7210	58	3059	155	4151
湖南	840	9291	428	9238	20	939	408	8299
广东	88	816	36	792			36	792
广西	5791	74843	1496	69005	273	30098	1223	38907
海南	734	7620	173	7551	32	2090	141	5461
四川	2840	19067	1065	17153	24	1803	1041	15350
贵州	2880	19428	1536	18086	158	4337	1378	13749
云南	3380	39453	1076	35497	87	6178	989	29319
西藏	1006	5140	345	4774	12	1741	333	3033
甘肃	473	3814	254	3756	12	644	242	3112
青海	733	8371	319	8175	11	783	308	7392
宁夏	1165	10556	177	10045	74	5597	103	4448
新疆	3945	67414	1049	60707	144	23487	905	37220

民族自治地方分地区疗养院(所)、门诊部(所)、专科防治所(站)机构、床位数

(1990 年)　　　　单位：个，张

地　区	疗养院、所		门诊部、所		专科防治所、站	
	机　构	床　位	机　构	床　位	机、构	床　位
合　计	**48**	**6262**	**18312**	**12051**	**300**	**1717**
河　北	1	70	73		2	
内蒙古	12	1871	2787	385	64	87
辽　宁	1	120	239	52	11	52
吉　林	5	416	621	36	11	20
黑龙江						
浙　江			20	5		
湖　北			996	1635	2	
湖　南			314		3	22
广　东	1		38	24	2	
广　西	16	2178	3779	1808	57	308
海　南			503	42	12	
四　川			1506	823	22	142
贵　州			1072	607	27	
云　南	2	317	1916	2208	56	586
西　藏	1	150	548	207	2	
甘　肃			163	28	5	2
青　海			307	149	3	
宁　夏	3	130	894	226	8	80
新　疆	6	1010	2536	3816	13	418

民族自治地方分地区卫生防疫站、妇幼保健所(站)、其他机构、床位数

单位：个，张

地区	卫生防疫站		妇幼保健所、站		其他	
	机构	床位	机构	床位	机构	床位
合计	**910**	**117**	**625**	**2509**	**1204**	**4771**
河北	6		6	24	18	
内蒙古	153		122	404	166	422
辽宁	6	60	6	30	13	
吉林	21		17	52	43	580
黑龙江						
浙江	1		1		1	
湖北	11	5	10	49	32	18
湖南	16		16	31	63	
广东	3		3		5	
广西	115		87	563	241	981
海南	13		10	12	23	15
四川	60	10	59	376	128	563
贵州	49		46	316	150	419
云南	91	42	85	483	154	320
西藏	80		13	9	17	
甘肃	19		19	7	13	21
青海	46		39	47	19	
宁夏	29		27	75	27	
新疆	191		59	31	91	1432

. 民族自治地方分地区卫生部门卫生机构、床位数

单位：个、张

地区	合计		医院					
					市		县	
	机构	床位	机构	床位	机构	床位	机构	床位
合计	**10263**	**226064**	**6127**	**219367**	**7009**	**75133**	**5498**	**144234**
河北	146	2695	90	2671			90	2671
内蒙古	1331	34768	801	33473	142	16271	659	17202
辽宁	125	5794	90	5652			90	5652
吉林	221	7489	146	7367	59	4085	87	3282
黑龙江	1	55	1	55			1	55
浙江	8	205	5	205			5	205
湖北	256	6930	201	6858	5	2785	146	4073
湖南	275	7118	178	7065	17		161	6216
广东	55	742	33	742			33	742
广西	1953	60720	1323	58955	190	24547	1133	34408
海南	184	3205	114	3193	25	1049	89	2144
四川	1270	12456	717	11886	10	1187	707	10699
贵州	616	12945	941	12624	33	2535	352	10089
云南	1386	28452	385	27267	58	3905	883	23362
西藏	745	4283	340	4274	8	1241	332	3033
甘肃	347	3251	229	3224	10	534	219	2690
青海	507	5410	261	5333	5	385	256	4948
宁夏	406	7664	134	7509	47	3756	87	3753
新疆	431	21882	138	21014	50	12004	88	9010

民族自治地方分地区卫生部门疗养院(所)、门诊部(所)、专科防治所(站)机构、床位数

单位：个，张

地　区	疗养院、所		门诊部、所		专科防治所、站	
	机　构	床　位	机　构	床　位	机　构	床　位
合　计	**4**	**444**	**1485**	**290**	**287**	**1717**
河　北			34		2	
内蒙古	4	444	85	3	55	87
辽　宁					11	52
吉　林			2		11	20
黑龙江						
浙　江						
湖　北			1		2	
广　东			9		2	
广　西			149	63	54	308
海　南			20		12	
四　川			370		22	142
贵　州			16		26	
云　南			74	6	56	586
西　藏			293		2	
甘　肃			63	1	5	2
青　海			140	30	3	
宁　夏			185		8	80
新　疆			38	187	13	418

民族自治地方分地区卫生部门妇幼保健所(站)、其他机构、床位数

(1990 年)

单位：个，张

地 区	卫生防疫站		妇幼保健所、站		其 他	
	机 构	床 位	机 构	床 位	机 构	床 位
全国总计	**763**	**117**	**604**	**2503**	**993**	**1626**
河 北	6		6	24	8	
内蒙古	116		112	398	158	363
辽 宁	6	60	6	30	12	
吉 林	12		9	52	41	50
黑龙江						
浙 江	1		1		1	
湖 北	11	5	10	49	31	18
湖 南	16		16	31	56	
广 东	3		3		5	
广 西	105		87	563	235	831
海 南	9		9	12	20	
四 川	59	10	59	376	43	42
贵 州	49		46	316	94	5
云 南	89	42	85	483	141	68
西 藏	80		13	9	17	
甘 肃	19		19	7	12	17
青 海	45		39	47	19	
宁 夏	26		26	75	27	
新 疆	111		58	31	73	232

民族自治地方分地区

地区	专业卫生人员	#卫生技术人员	#医生	#中医
合计	**606085**	**488661**	**230088**	**44266**
河北	3952	3455	1814	713
内蒙古	121443	96734	45548	10732
辽宁	10947	8425	3476	867
吉林	22575	17641	7324	1019
黑龙江	60	49	33	8
浙江	599	527	184	69
湖北	14278	12076	5550	2726
湖南	11357	9479	4843	849
广东	1424	1170	576	103
广西	133883	107815	51163	10920
海南	12752	10176	4108	447
四川	27851	23145	12647	2734
贵州	33781	29061	12700	1461
云南	56753	46607	24539	4129
西藏	9353	7333	4354	885
甘肃	6646	5806	3344	1094
青海	12463	10134	5017	1018
宁夏	23915	19175	5185	1397
新疆	102053	79853	33683	3095

专业卫生人员

单位：人

市属专业卫生人员	#卫生技术人员	#医　生	#中　医	县属专业卫生人员	#卫生技术人员	#医　生	#中　医
248803	**190251**	**86747**	**13648**	**357282**	**298410**	**143341**	**30618**
6	5	4	1	3946	3450	1810	712
69444	53430	24087	4327	51999	43304	21461	6405
873	688	269	22	10074	7734	3207	845
12394	9538	4010	422	10181	8103	3314	594
				60	49	33	8
				599	527	184	69
5436	4512	2304	1134	8842	7564	3246	1592
1917	1487	711	85	9440	7992	4132	764
				1424	1170	576	103
59760	45567	21924	3427	74123	62248	29239	7493
3567	2688	1129	109	9185	7488	2979	338
3934	2982	1530	329	23917	20163	11117	2405
8488	6542	3022	394	25293	22519	9678	1067
11957	9507	4481	706	44796	37100	20058	3423
3945	2791	1373	235	5408	4542	2981	650
1217	1006	461	102	5429	4800	2883	992
1469	1174	516	62	10994	8960	4501	956
13755	10651	4774	659	10160	8524	4411	738
50641	37683	16154	1634	51412	42170	17531	1461

民族自治地方分地区乡村医生、卫生员和农村接生员

单位：人

地　区	乡村医生、卫生员	乡村医生	卫生员	#少数民族乡村医生、卫生员	农村接生员人数
合　计	135424	75935	59489	54594	107261
河　北	2972	2673	299	807	1409
内蒙古	20639	12016	8623	4010	10447
辽　宁	3108	2637	471	1261	1417
吉　林	3097	1736	1361	1316	1419
黑龙江	376	245	131	25	82
浙　江	285	159	126	7	278
湖　北	4942	2752	2190	2843	3637
湖　南	5347	3216	2131	3596	5563
广　东	281	123	158	113	727
广　西	39941	24524	15417	11788	32740
海　南	1618	666	952	933	2791
四　川	8159	2454	5705	4655	5478
贵　州	7579	2939	4640	4223	10373
云　南	16130	8651	7479	7679	26054
西　藏					
甘　肃	2507	1333	1174	656	2644
青　海	4353	3507	846	1737	3020
宁　夏	4217	2099	2118	1279	6424
新　疆	9873	4205	5668	7666	3258

全国少数民族运动员、裁判员、教练员

单位：人

年份	等级运动员	等级裁判员	等级教练员
1980	683	819	157
1981	1149	1175	60
1982	1569	918	160
1983	1153	919	19
1984	1270	847	
1985	1158	1394	19
1986	1446	1566	234
1987	2242	1650	14
1988			
1989	3277	1097	521

全国传统项目布局学校少数民族运动员情况

单位：人

项目	总计	#少数民族	少数民族运动员占总数的%
传统项目布局人数	26383	165	0.63
参加传统项目活动学生数	4360874	109212	2.50
输送到优秀运动队人数	1792	19	1.06
输送到各类业余体校学生人数	4767	1175	24.65
业余教练员人数	39945	1044	2.61
# 聘请校外教练员	2047	46	2.25

历届全国少数民族传统体育运动会情况

项目	第一届	第二届	第三届
时间	1953年11月8日—12日	1982年9月2日—8日	1986年8月10日—17日
地点	天津市	呼和浩特市	乌鲁木齐市
参加单位	华北、东北、西北、中南、西南、东南等6大行政区和内蒙古、解放军、铁路系统共9个单位	29个省、自治区、直辖市代表团	29个省、自治区、直辖市代表团
民族及人数	汉、满、蒙古、回、藏、苗、维吾尔、哈萨克、塔塔尔、傣、朝鲜、纳西等13个民族，395名运动员	55个少数民族，863名运动员、教练员，其中少数民族运动员593人；2个参观团，400多人；300多名中外记者	55个少数民族，1097名运动员、教练员，其中少数民族运动员777人；29个参观团，872人；中外记者580人；港澳同胞及外国朋友45人
比赛项目	举重、拳击、石锁、摔跤、击剑和步射(弓箭射准)	射箭邀请赛、中国式摔跤比赛	摔跤、射箭、赛马、叼羊、射弩、抢花炮、秋千
表演项目	武术(分棒术和器械，共383项)、 民间体育(分石担、爬杆等22项)、 骑术(各种马上技巧表演9项)	傣族的孔雀拳、蒙古族的赛骆驼、赛马等68项。	共115项。

主要统计指标解释

等级运动员人数　指经考核正式批准授予等级运动员称号的人数。运动员等级分为国际级运动健将、运动健将、一级运动员、二级运动员、三级运动员、少年级运动员。

等级裁判员人数　指经考核正式授予等级裁判员称号的人数。裁判员等级分为国际裁判、国家级裁判、一级裁判、二级裁判、三级裁判。

医院　指名称为医院，设有固定床位能收容病人并能为病人提供医疗、护理服务的医疗机构。包括县及县以上医院、农村乡卫生院、其他医院三部分。按所属性质分为卫生部门、工业及其他部门、集体所有制三类。其中县及县以上医院按业务性质分为综合医院和专科医院。

卫生技术人员　指卫生事业机构支付工资的全部固定职工和合同制职工中现任职务为卫生技术工作专业人员。包括中医师、西医师、中西医结合高级医师、护师、中药师、西药师、检验师、其他技师、中医士、西医士、护士、助产士、中药剂士、西药剂士、检验士、其他技士、其他中医、护理员、中药剂员、西药剂员、检验员、其他初级卫生技术人员。

医生　指经卫生部门审查合格，从事医疗工作的专业人员。分为中医医生和西医医生。包括卫生技术人员中的中医师、西药师、中西结合高级医师、中医士、西医士和其他中医。

地 区 篇

全国国民生产总值

单位：亿元

年份	国民生产总值	第一产业	第二产业	第三产业	国民生产总值指数(以1978年为100)
1978	3588.1	1018.4	1745.2	824.5	100
1979	3988.1	1258.9	1913.5	825.7	107.6
1980	4470.0	1359.4	2192.0	918.6	116.0
1981	4773.0	1545.6	2255.5	974.0	121.2
1982	5193.0	1761.6	2383.0	1037.7	131.8
1983	5809.0	1960.8	2646.2	1180.0	145.4
1984	6962.0	2295.5	3105.7	1527.0	166.6
1985	8557.6	2541.6	3866.6	2119.2	187.8
1986	9696.3	2763.9	4492.7	2431.0	203.4
1987	11301.0	3204.3	5251.6	2851.2	225.8
1988	14018.2	3831.0	6587.2	3606.0	250.6
1989	15916.3	4228.0	7278.0	4414.6	260.5
1990	17686.1	5024.0	7829.0	4818.1	274.1

注:本表绝对数按当年价格计算，指数按可比价格计算.

全国国民收入

单位：亿元

年份	国民收入	农业	工业	建筑业	运输业	商业
1952	589	340	115	21	25	88
1957	908	425	257	45	39	142
1962	924	444	303	32	38	107
1965	1387	641	505	53	58	130
1970	1926	778	789	80	74	205
1975	2503	946	1152	113	96	196
1978	3010	986	1487	125	118	294
1979	3350	1226	1628	130	121	245
1980	3688	1326	1804	185	126	247
1981	3941	1509	1840	193	131	268
1982	4258	1723	1948	209	147	231
1983	4736	1921	2136	259	166	254
1984	5652	2251	2516	303	205	377
1985	7020	2492	3163	409	259	697
1986	7859	2720	3573	514	320	732
1987	9313	3154	4262	637	384	876
1988	11738	3818	5416	783	460	1261
1989	13176	4209	6241	774	547	1405
1990	14429	5000	6610	822	705	1292

注:本表按当年价格计算.

全国社会总产值

单位：亿元

年份	社会总产值	工农业总产值	农业	工业	建筑业	运输业	商业
1952	1015	810	461	349	57	35	113
1957	1606	1241	537	704	118	60	187
1962	1800	1504	584	920	74	62	160
1965	2695	2235	833	1402	177	91	192
1970	3800	3138	1021	2117	271	117	274
1975	5379	4467	1260	3207	437	160	315
1978	6846	5634	1397	4237	569	205	438
1979	7642	6379	1698	4681	645	209	409
1980	8534	7077	1923	5154	767	250	440
1981	9075	7581	2181	5400	747	257	490
1982	9966	8294	2483	5811	912	286	474
1983	11131	9211	2750	6461	1053	318	549
1984	13171	10831	3214	7617	1263	388	689
1985	16582	13335	3619	9716	1656	488	1103
1986	19045	15207	4013	11194	2038	598	1202
1987	23034	18489	4676	13813	2431	702	1412
1988	29807	24089	5865	18224	2967	837	1914
1989	34519	28552	6535	22017	2834	990	2143
1990	37996	31586	7662	23924	3009	1275	2126

注:本表按当年价格计算。

全国社会总产值、国民收入生产、消费、积累平衡统计

单位：亿元

年份	社会总产值	物质消耗	国民收入生产额	国民收入使用额	消费额	积累额	积累率(%)
1978	6846	3836	3010	2975	1888	1087	36.5
1979	7642	4292	3350	3356	2195	1161	34.6
1980	8534	4846	3688	3696	2531	1165	31.5
1981	9075	5134	3941	3905	2799	1106	28.3
1982	9966	5708	4258	4290	3054	1236	28.8
1983	11131	6395	4736	4779	3358	1421	29.7
1984	13171	7519	5652	5701	3905	1796	31.5
1985	16582	9562	7020	7507	4879	2628	35.0
1986	19045	11186	7859	8496	5552	2944	34.7
1987	23034	13721	9313	9684	6386	3298	34.1
1988	29807	18069	11738	12269	8038	4231	34.5
1989	34519	21343	13176	13623	8957	4666	34.3
1990	37996	23567	14429	14339	9444	4895	34.1

注:本表按当年价格计算。

全国主要经济指标指数

(以1952年为100)

年　份	社会总产值	工农业总产值	农　业	工　业	国民收入
1952	100	100	100	100	100
1957	170.9	167.8	124.8	228.6	153.0
1962	167.5	173.1	99.9	276.0	130.9
1965	258.2	268.3	137.1	452.6	197.4
1970	403.2	424.3	157.8	798.1	294.6
1975	574.4	616.3	186.3	1244.7	384.7
1978	726.3	778.6	199.8	1659.0	453.4
1979	788.2	845.0	214.8	1805.3	485.1
1980	854.2	908.3	217.9	1972.3	516.3
1981	891.7	950.2	230.5	2057.1	541.5
1982	976.4	1033.5	256.5	2217.7	585.8
1983	1076.2	1139.2	276.5	2465.8	644.2
1984	1234.6	1312.0	310.4	2867.3	731.9
1985	1446.3	1529.0	321.0	3480.7	830.6
1986	1593.1	1676.9	331.8	3886.8	894.5
1987	1818.2	1928.5	351.1	4574.5	985.7
1988	2106.0	2261.8	364.9	5525.4	1097.2
1989	2219.9	2432.3	376.2	5997.1	1137.2
1990	2364.2	2620.5	404.8	6462.7	1191.6

注:本表按可比价格计算。

全国年末总人口及构成

单位：万人

年　份	年末总人口	按农业非农业分		按城乡分	
		农业人口	非农业人口	市镇人口	乡村人口
1949	54167	9441	44726	5765	48402
1952	57482	8291	49191	7163	50319
1957	64653	10618	54035	9949	54704
1962	67295	11271	56024	11659	55636
1965	72538	12122	60416	13045	59493
1970	82992	12660	70332	14424	68568
1975	92420	14278	78142	16030	76390
1978	96259	15230	81029	17245	79014
1979	97542	16186	81356	18495	79047
1980	98705	16801	81904	19140	79565
1981	100072	17837	82235	20171	79901
1982	101654	18334	83320	21480	80174
1983	103008	18802	84206	22274	80734
1984	104357	20110	84247	24017	80340
1985	105851	21478	84373	25094	80757
1986	107507	21222	86285	26366	81141
1987	109300	21588	87712	27674	81626
1988	111026	22587	88439	28661	82365
1989	112704	23371	89333	29540	83164
1990	114333	23887	90446	30191	84142

全国年末社会劳动者

单位：万人

年份	合计	职工	全民所有制单位	城镇集体所有制单位	其他所有制单位	城镇个体劳动者	乡村劳动者
1952	20729	1603	1580	23		883	18243
1957	23771	3101	2451	650		104	20566
1962	25910	4321	3309	1012		216	21373
1965	28670	4965	3738	1227		171	23534
1970	34432	6216	4792	1424		96	28120
1975	38168	8198	6426	1772		24	29946
1978	40152	9499	7451	2048		15	30638
1979	41024	9967	7693	2274		32	31025
1980	42361	10444	8019	2425		81	31836
1981	43725	10940	8372	2568		113	32672
1982	45295	11281	8630	2651		147	33867
1983	46436	11515	8771	2744		231	34690
1984	48197	11890	8637	3216	37	339	35968
1985	49873	12358	8990	3324	44	450	37065
1986	51282	12809	9333	3421	55	483	37990
1987	52783	12214	9654	3488	72	569	39000
1988	54334	13608	9984	3527	97	659	40067
1989	55329	13743	10108	3502	132	648	40939
1990	56740	14059	10346	3549	164	671	42010

全国农村社会总产值

单位：亿元

年份	农村社会总产值	农业	工业	建筑业	运输业	商业
1980	2792.12	1922.60	543.96	179.97	47.14	98.45
1981						
1982						
1983	4123.78	2750.00	826.49	320.88	82.63	143.78
1984	5067.55	3214.13	1161.31	370.58	132.55	188.98
1985	6340.04	3619.49	1750.08	510.49	190.42	269.56
1986	7554.23	4013.01	2380.79	591.93	245.40	323.10
1987	9431.61	4675.70	3284.86	723.31	334.47	413.27
1988	12534.69	5865.27	4781.16	895.33	434.44	558.49
1989	14480.17	6534.73	5886.02	919.17	515.50	624.75
1990	16619.21	7662.09	6719.73	978.47	579.62	679.30

注:本表按当年价格计算。

全国农业总产值

单位：亿元

年　份	农业总产值	种植业	林　业	牧　业	副　业	渔　业
1952	461.00	339.02	7.28	51.72	59.93	6.05
1957	537.00	383.53	17.51	65.41	60.40	10.15
1962	584.00	448.22	13.02	63.77	46.43	12.56
1965	833.00	630.16	22.32	111.54	54.15	14.83
1970	1021.00	783.41	28.59	136.61	55.03	17.36
1975	1260.00	970.20	39.18	178.44	50.26	21.92
1978	1397.00	1071.64	48.06	209.27	45.96	22.07
1979	1697.60	1267.30	60.70	285.60	58.00	26.00
1980	1922.60	1378.15	81.38	354.23	75.99	32.85
1981	2180.62	1537.35	98.89	402.17	98.52	43.69
1982	2483.26	1750.27	110.04	455.80	115.93	51.22
1983	2750.00	1941.40	127.20	484.16	134.02	63.22
1984	3214.13	2195.12	161.61	586.17	186.18	85.05
1985	2619.49	2279.80	188.68	796.94	227.96	126.11
1986	4013.01	2498.30	201.19	873.54	275.62	164.36
1987	4675.70	2837.93	221.98	1065.78	325.15	224.86
1988	5865.27	3276.88	275.30	1597.57	393.05	322.47
1989	6534.73	3674.46	284.92	1797.41	429.09	348.85
1990	7662.09	4481.74	330.27	1964.07	475.45	410.56

注:本表按当年价格计算。

全国农业总产值指数

(以上年为100)

年　份	农业总产值	种植业	林　业	牧　业	副　业	渔　业
1952	115.2	115.7	138.1	121.6	122.8	130.0
1957	103.6	102.9	105.7	125.7	101.3	170.6
1962	106.2	103.3	104.3	139.5	105.8	98.7
1965	108.3	107.8	115.4	109.0	107.0	109.8
1970	105.8	110.5	114.3	105.0	137.8	101.9
1975	103.1	103.0	102.2	103.5	106.2	103.2
1978	108.1	109.4	105.5	104.9	102.2	100.0
1979	107.5	107.2	101.4	114.6	96.5	96.6
1980	101.4	99.5	112.2	107.0	106.1	107.7
1981	105.8	105.9	104.1	105.9	124.0	104.4
1982	111.3	110.3	108.5	113.2	121.9	112.3
1983	107.8	108.3	110.2	103.9	111.6	108.6
1984	112.3	109.9	119.0	113.4	133.0	117.6
1985	103.4	98.0	104.5	117.2	120.6	118.9
1986	103.4	100.9	96.4	105.5	120.0	120.5
1987	105.8	105.3	99.7	103.2	115.4	118.1
1988	103.9	99.8	102.3	112.7	112.6	111.6
1989	103.1	101.8	100.4	105.6	106.0	107.2
1990	107.6	108.6	103.1	107.0	103.8	110.0

注:本表按可比价格计算。

全国主要农产品产量

单位：万吨

年份	粮食总产量	棉花	油料总产量	烤烟	甜菜	甘蔗
1949	11318	44.4	256.4	4.3	19.1	264.2
1952	16392	130.4	419.3	22.2	47.9	711.6
1957	19505	164.0	419.6	25.6	150.1	1039.2
1962	16000	75.0	200.3	12.9	33.9	344.3
1965	19453	209.8	362.5	37.2	198.4	1339.1
1970	23996	227.7	377.2	39.9	210.3	1345.7
1975	28452	238.1	452.1	70.1	247.6	1666.7
1978	30477	216.7	521.8	105.2	270.2	2111.6
1979	33212	220.7	643.5	80.6	310.6	2150.8
1980	32056	270.7	769.1	71.7	630.5	2280.7
1981	32502	296.8	1020.5	127.9	636.0	2966.8
1982	35450	359.8	1181.7	184.8	671.2	3688.2
1983	38728	463.7	1055.0	115.1	918.2	3114.1
1984	40731	625.8	1191.0	154.3	828.4	3951.9
1985	37911	414.7	1578.4	207.5	891.9	5154.9
1986	39151	354.0	1473.8	137.4	830.6	5021.9
1987	40298	424.5	1527.8	163.6	814.0	4736.3
1988	39408	414.9	1320.3	233.7	1281.0	4906.4
1989	40755	378.8	1295.2	240.5	924.3	4879.5
1990	44624	450.8	1613.2	225.9	1452.5	5762.0

全国年末牲畜存栏数和主要畜产品产量

单位：万头(只)、万吨

年份	牲畜年末存栏数				猪牛羊肉
		大牲畜	生猪	羊	
1949	16012	6002	5775	4235	220.0
1952	22801	7646	8977	6178	338.5
1957	32830	8382	14590	9858	398.5
1962	30482	7020	9997	13465	194.0
1965	39017	8421	16693	13903	551.0
1970	44750	9436	20610	14704	596.5
1975	54140	9686	28117	16337	797.0
1978	56512	9389	30129	16994	856.3
1979	59744	9459	31971	18314	1062.4
1980	58799	9525	30543	18731	1205.4
1981	57907	9764	29370	18773	1260.9
1982	58370	10113	30078	18179	1350.8
1983	56899	10350	29854	16695	1402.1
1984	57358	10839	30679	15840	1540.6
1985	60110	11382	33140	15588	1760.7
1986	62238	11896	33719	16623	1917.1
1987	62998	12191	32773	18034	1986.0
1988	66913	12538	34222	20153	2193.6
1989	69250	12805	35281	21164	2326.2
1990	70264	13021	36241	21002	2513.5

全国乡村劳动力、耕地面积和播种面积

年　份	乡村户数（万户）	乡村劳动力（万人）	耕地面积（万亩）	播种面积（万亩）	#粮食播种面积
1949			146822		
1952				211884	185968
1957	50319		167745	235866	200450
1962	13410			210343	182431
1965	13527	23534	155391	214936	179441
1970	15178		151702	215231	178901
1975	16448		149562	224318	181593
1978	17347	30638	149084	225156	180881
1979	17491	31025	149247	222715	178894
1980	17673	31836	148958	219569	175851
1981	18016	32672	148556	217736	172437
1982	18279	33867	147909	217132	170194
1983	18523	34690	147539	215990	171071
1984	18793	35968	146781	216332	169326
1985	19077	37065	145269	215439	163268
1986	19575	37990	144345	216306	166399
1987	20168	39000	143833	217435	166902
1988	20859	40067	143583	217303	165184
1989	21504	40939	143484	219831	168307
1990	22237	42010	143509	222543	170199

全国农业机械化情况

年　份	农业机械总动力（亿瓦特）	大中型拖拉机（台）	小型拖拉机（台）	机耕地面积（万亩）	有效灌溉面积（万亩）	化肥施用量（万吨）	农村用电量（亿千瓦小时）
1952	1.8	1307		204	29939	7.8	0.5
1957	12.1	14674		3954	41009	37.3	1.4
1962	75.7	54938	919	12426	45818	63.0	16.1
1965	109.9	72599	3956	23369	49583	194.2	37.1
1970	198.7	125498	78309	27306	54006	351.2	95.7
1975	148.4	344518	598533	49804	64910	536.9	183.1
1978	1175.0	557358	1373000	61005	67448	884.0	253.1
1979	1337.9	666823	1671000	63329	67505	1086.3	282.7
1980	1474.6	744865	1874000	61485	67332	1269.4	320.8
1981	1568.0	792032	2037000	54716	66861	1334.9	369.9
1982	1661.4	812447	2287000	57673	66266	1513.4	396.9
1983	1802.2	840776	2750000	50358	66966	1659.8	428.1
1984	1949.7	853914	3298000	52383	66680	1739.8	464.0
1985	2091.3	852357	3824000	51663	66054	1775.8	508.9
1986	2295.0	866463	4526000	54642	66339	1930.6	586.7
1987	2483.6	880952	5300000	57590	66605	1999.7	658.8
1988	2657.5	870187	5958000	61371	66564	2141.5	712.0
1989	2806.7	848220	6543000	63890	67376	2357.1	790.5
1990	2870.8	813512	6981000	72383	71105	2590.3	844.5

全国工业总产值

(按经济类型分类)

单位：亿元

年份	工业总产值	全民所有制	集体所有制	#乡办	#村办	城乡个体工业	其他经济类型工业
1952	349.0	145.0	11.4			71.8	120.9
1957	704.0	378.5	134.0			5.8	185.7
1962	920.0	807.8	112.2				
1965	1402.0	1262.8	139.2				
1970	2117.0	1854.7	262.3				
1975	3207.0	2600.6	606.4				
1978	4237.0	3289.2	947.8				
1979	4681.3	3673.6	1007.7				
1980	5154.3	3915.6	1213.4			0.8	24.5
1981	5399.8	4037.1	1329.4			1.9	31.4
1982	5811.2	4326.0	1442.4			3.4	39.4
1983	6460.4	4739.4	1663.1			7.5	50.4
1984	7617.3	5262.7	2263.1			14.8	76.7
1985	9716.5	6302.1	3117.2			179.8	117.4
1986	11194.3	6971.1	3751.5			308.5	163.1
1987	13813.0	8250.1	4781.7			502.4	278.8
1988	18224.6	10351.3	6587.5			790.5	495.3
1989	22017.1	12342.9	7858.1			1057.7	758.4
1990	23924.4	13063.8	8522.7			1290.3	1047.6

注:本表按当年价格计算。

全国工业总产值

(按轻重工业分类)

单位：亿元

年份	工业总产值	轻工业	重工业
1952	349	225	124
1957	704	387	317
1962	920	434	486
1965	1402	723	679
1970	2117	976	1141
1975	3207	1413	1794
1978	4237	1826	2411
1979	4681	2045	2636
1980	5154	2430	2724
1981	5400	2781	2619
1982	5811	2919	2892
1983	6460	3135	3326
1984	7617	3608	4009
1985	9716	4575	5141
1986	11194	5330	5864
1987	13813	6656	7157
1988	18225	8979	9245
1989	22017	10761	11256
1990	23924	11813	12111

注:本表按当年价格计算。

全国工业总产值指数

(以 1952 年为 100)

年份	工业总产值	轻工业	重工业
1952	100	100	100
1957	228.6	183.3	310.7
1962	276.0	193.5	428.3
1965	452.6	344.5	650.5
1970	798.1	522.8	1309.5
1975	1244.7	764.4	2137.7
1978	1659.0	1005.2	2879.5
1979	1805.3	1105.3	3108.9
1980	1972.3	1314.6	3168.3
1981	2057.1	1502.5	3024.5
1982	2217.7	1589.8	3324.6
1983	2465.8	1738.1	3759.5
1984	2867.3	2018.1	4378.1
1985	3480.7	2475.1	5260.3
1986	3886.8	2799.9	5799.1
1987	4574.5	3321.8	6769.6
1988	5525.4	4055.7	8085.5
1989	5997.1	4388.2	8805.7
1990	6462.7	4793.1	9353.7

注:本表按可比价格计算。

全国主要工业产品产量

单位：万吨

年份	原煤(亿吨)	发电量(亿千瓦小时)	原油	生铁	钢	水泥	农用化肥	纱(混合数)	布(混合数)(亿米)	机制纸及纸板	木材(万立方米)	卷烟(万箱)
1949	0.32	43	12	25	16	66	0.6	32.7	18.9	11	567	160
1952	0.66	73	44	193	135	286	3.9	65.6	38.3	37	1233	265
1957	1.31	193	146	594	535	686	15.1	84.4	50.5	91	2787	446
1962	2.20	458	575	805	667	600	46.4	54.8	25.3	112	2375	244
1965	2.32	676	1131	1077	1223	1634	172.6	130.0	62.8	173	3978	478
1970	3.54	1159	3065	1706	1779	2575	243.5	205.2	91.5	241	3782	783
1975	4.82	1958	7706	2449	2390	4626	524.7	210.8	94.0	341	4703	992
1978	6.18	2566	10405	3479	3178	6524	869.3	238.2	110.3	439	5162	1182
1979	6.35	2820	10615	3673	3448	7390	1065.4	263.5	121.5	493	5439	1303
1980	6.20	3006	10595	3802	3712	7986	1232.1	292.6	134.7	535	5359	1520
1981	6.22	3093	10122	3417	3560	8290	1239.0	317.0	142.7	540	4942	1704
1982	6.66	3277	10212	3551	3716	9520	1278.1	335.4	153.5	589	5041	1885
1983	7.15	3514	10607	3738	4002	10825	1378.9	327.0	148.8	661	5232	1938
1984	7.89	3770	11461	4001	4347	12302	1460.2	321.9	137.0	756	6385	2132
1985	8.72	4107	12490	4384	4679	14595	1322.2	353.5	146.7	911	6323	2370
1986	8.94	4495	13069	5064	5220	16606	1395.7	397.8	164.7	999	6502	2596
1987	9.28	4973	13414	5503	5628	18625	1672.2	436.8	173.0	1141	6408	2881
1988	9.80	5452	13705	5704	5943	21014	1740.2	465.7	187.9	1270	6218	3096
1989	10.54	5848	13764	5820	6159	21029	1802.5	476.7	189.2	1333	5802	3195
1990	10.80	6212	13831	6238	6635	20971	1879.7	462.6	188.8	1372	5571	3298

全国运输、邮电情况

年份	铁路营业里程(万公里)	公路线路里程(万公里)	货物周转量(亿吨公里)		旅客周转量(亿人公里)		邮电局(所)数(万处)	邮路总长度(万公里)
			铁路	公路	铁路	公路		
1949	2.18	8.07	184.00	8.14	130.01	7.96	2.63	70.60
1952	2.29	12.67	601.60	14.49	200.64	22.64	4.59	128.97
1957	2.67	25.46	1345.90	47.98	361.30	88.07	4.54	222.26
1962	3.46	46.35	1721.08	62.13	859.01	141.46	4.45	266.54
1965	3.64	51.45	2698.69	95.06	478.99	168.20	4.38	349.28
1970	4.10	63.67	3495.97	138.05	718.19	240.06	4.50	397.71
1975	4.60	78.36	4255.65	202.65	954.09	374.48	4.87	479.63
1978	4.86	89.02	5345.19	274.14	1093.22	521.30	4.96	486.33
1979	4.98	87.58	5598.71	745.00	1216.17	603.29	4.96	481.23
1980	4.99	88.33	5716.87	764.00	1382.98	729.50	4.95	473.71
1981	5.02	89.75	5712.01	780.00	1472.63	839.00	4.96	466.02
1982	5.05	90.70	6119.86	949.00	1574.84	963.86	4.97	467.63
1983	5.16	91.51	6646.53	1084.00	1776.51	1105.61	5.02	472.09
1984	5.17	92.67	7247.64	1536.00	2046.38	1336.94	5.15	483.06
1985	5.21	94.24	8125.66	1693.00	2416.14	1724.88	5.31	498.21
1986	5.25	96.28	8764.78	2117.99	2586.71	1981.74	5.28	504.20
1987	5.26	98.22	9471.49	2660.39	2843.06	2190.43	5.29	503.30
1988	5.28	99.96	9877.59	3220.39	3260.31	2528.24	5.29	500.08
1989	5.32	101.43	10394.18	3374.80	3037.41	2662.11	5.31	491.54
1990	5.34	102.83	10622.38	3358.10	2612.63	2620.32	5.36	498.31

全国全民所有制单位固定资产投资

单位：亿元

年份	固定资产投资	基建投资	更新改造	其他投资	基本建设新增固定资产
1980	745.90	558.89	187.01		442.06
1981	667.51	442.91	195.30	29.30	383.40
1982	845.31	555.53	250.37	39.41	413.10
1983	951.96	594.13	291.13	66.70	453.10
1984	1185.18	743.15	309.28	132.75	533.28
1985	1680.51	1074.37	449.14	157.00	733.16
1986	1978.50	1176.11	619.21	183.18	929.88
1987	2297.99	1343.10	758.59	196.30	959.09
1988	2762.76	1574.31	980.55	207.90	1112.13
1989	2535.48	1551.74	788.78	194.97	1179.03
1990	2918.64	1703.81	830.19	199.07	1362.61

注:1990 年全国全民所有制固定资产投资中含商品房建设投资 200.06 亿元,未单独列出。

全国社会商业情况

单位：亿元

年份	社会零售商业机构（万个）	社会零售商业人员（万人）	社会商品零售总额	社会商品零售总额按用途对象分	
				消费品	农业生产资料
1952	420.0	709.5	276.8	262.7	14.1
1957	195.3	568.9	474.2	441.6	32.6
1962			604.0	543.7	60.3
1965	88.1	335.9	670.3	590.1	80.2
1970			858.0	728.8	129.2
1975			1271.1	1046.4	224.7
1978	104.8	447.4	1558.6	1264.9	293.7
1979	113.9	562.7	1800.0	1476.0	324.0
1980	146.3	637.7	2140.0	1794.0	346.0
1981	202.3	762.8	2350.0	2002.5	347.5
1982	260.7	870.9	2570.0	2181.5	388.5
1983	478.7	1168.9	2849.4	2426.1	423.3
1984	671.5	1533.0	3376.4	2899.2	477.2
1985	778.3	1796.0	4305.0	3801.4	503.6
1986	796.7	1843.0	4950.0	4374.0	576.0
1987	881.4	2012.5	5820.0	5115.0	705.0
1988	928.1	2164.6	7440.0	6534.6	905.4
1989	841.3	2033.0	8101.4	7074.2	1027.2
1990	871.0	2091.5	8300.1	7250.3	1049.8

年份	社会商品零售总额按经济类型分					国内纯购进总额	
	全民所有制	集体所有制	合营	个体	农民对非农业居民		#农副产品
1952	45.0	50.3	1.1	168.6	11.8	175.0	90.1
1957	176.3	195.8	76.0	12.9	13.2	428.1	176.5
1962	306.7	256.0		14.3	27.0	497.2	161.7
1965	355.5	289.3		12.5	13.0	710.5	274.2
1970						933.0	314.0
1975	708.3	536.0		1.8	25.0	1397.4	414.6
1978	851.0	674.4		2.1	31.1	1739.7	459.9
1979	971.8	776.4		4.3	47.5	1992.4	586.8
1980	1100.7	954.9	0.4	15.0	69.0	2263.0	677.0
1981	1171.5	1050.6	1.1	37.4	89.4	2469.0	764.7
1982	1251.6	1131.4	1.6	74.6	110.8	2622.5	855.6
1983	1338.8	1189.5	3.6	184.5	133.0	2875.7	980.6
1984	1537.9	1337.2	7.6	323.7	170.0	3103.3	1055.9
1985	1740.0	1600.3	12.7	661.0	291.0	3532.5	1033.2
1986	1951.0	1804.0	15.2	804.8	375.0	4033.4	1169.9
1987	2249.0	2079.6	18.8	1011.6	461.0	5305.2	1444.1
1988	2935.9	2557.9	27.2	1324.0	595.0	6861.3	1794.2
1989	3167.8	2689.7	36.3	1509.6	698.0	7606.0	2053.7
1990	3285.9	2631.0	40.3	1569.6	773.3	8221.2	2258.6

全国财政收支情况

单位：亿元

年　份	财 政 收 入	财 政 支 出	收 支 差 额
1950	65.2	68.1	−2.9
1951	133.1	122.5	10.6
1952	183.7	176.0	7.7
1953	222.9	220.1	2.8
1954	262.4	246.3	16.1
1955	272.0	269.3	2.7
1956	287.4	305.7	−18.3
1957	310.2	304.2	6.0
1958	387.6	409.4	−21.8
1959	487.1	552.9	−65.8
1960	572.3	654.1	−81.8
1961	356.1	367.0	−10.9
1962	313.6	305.3	8.3
1963	342.3	339.6	2.7
1964	399.5	399.0	0.5
1965	473.3	466.3	7.0
1966	558.7	541.6	17.1
1967	419.4	441.9	−22.5
1968	361.3	359.8	1.5
1969	526.8	525.9	0.9
1970	662.9	649.4	13.5
1971	744.7	732.2	12.5
1972	766.6	766.4	0.2
1973	809.7	809.3	0.4
1974	783.1	790.8	−7.7
1975	815.6	820.9	−5.3
1976	776.6	806.2	−29.6
1977	874.5	843.5	31.0
1978	1121.1	1111.0	10.1
1979	1103.3	1273.9	−170.6
1980	1085.2	1212.7	−127.5
1981	1089.5	1115.0	−25.5
1982	1124.0	1153.3	−29.3
1983	1249.0	1292.5	−43.5
1984	1501.9	1546.4	−44.5
1985	1866.4	1844.8	21.6
1986	2260.3	2330.8	−70.5
1987	2368.9	2448.5	−79.6
1988	2628.0	2706.6	−78.6
1989	2947.9	3040.2	−92.3
1990	3312.6	3452.2	−139.6

全国职工工资情况

年份	工资总额(亿元)			平均工资(元)		
	全部工资	全民所有制	集体所有制	全部职工平均工资	全民所有制	集体所有制
1952	68.3	67.5	0.8	445	446	348
1957	190.8	156.4	34.4	624	637	571
1962	254.3	213.6	40.7	551	592	405
1965	282.3	235.3	47.0	590	652	398
1970	334.3	277.5	56.8	561	609	405
1975	463.5	386.1	77.4	580	613	453
1978	568.9	468.7	100.2	615	644	506
1979	646.7	529.5	117.2	668	705	542
1980	772.4	627.9	144.5	762	803	623
1981	820.0	660.4	159.6	772	812	642
1982	882.0	708.9	173.1	798	836	671
1983	934.6	748.1	186.5	826	865	698
1984	1133.4	875.8	254.0	974	1034	811
1985	1383.0	1064.8	312.3	1148	1213	967
1986	1659.7	1288.5	362.8	1329	1414	1092
1987	1881.1	1459.3	409.1	1459	1546	1207
1988	2316.2	1807.1	487.6	1747	1853	1426
1989	2618.5	2050.2	534.4	1935	2055	1557
1990	2951.1	2324.1	581.0	2140	2284	1681

全国城乡居民年平均消费水平

年份	绝对数(元)			指数(以 1978 年为 100)		
	全国居民	农民	非农业居民	全国居民	农民	非农业居民
1978	175	132	383	100	100	100
1979	197	152	406	106.7	106.9	104.2
1980	227	173	468	116.8	117.3	111.6
1981	249	192	520	124.9	126.5	121.2
1982	266	210	526	131.2	136.1	120.0
1983	289	232	547	140.2	148.5	122.3
1984	327	265	598	155.6	166.9	130.1
1985	403	324	727	176.1	190.0	141.4
1986	447	351	833	183.6	194.6	151.5
1987	508	389	991	194.1	202.8	165.6
1988	635	473	1281	207.4	215.2	177.4
1989	691	511	1387	204.6	212.3	172.7
1990	713	522	1442	208.4	212.7	179.3

注:1、本表绝对数按当年价格计算，指数按可比价格计算。

2、绝对数按国民收入使用额中用于居民个人的消费额和年平均人口数计算。

全国各级学校数

单位：所

年份	普通高等学校	中等学校	中等专业学校	普通中学	小学
1952	201	6059	1710	4298	526964
1957	229	12474	1320	11096	547306
1962	610	24756	1514	19521	668318
1965	434	80993	1265	18102	1681939
1970	434	106041	1087	104954	961131
1975	387	125718	2213	123505	1093317
1978	598	165105	2760	162345	949323
1979	633	147266	3033	144233	923532
1980	675	124760	3069	118377	917316
1981	704	112505	3132	106718	894074
1982	715	107829	3076	101649	880516
1983	805	105045	3090	96474	862165
1984	902	104017	3301	93714	853740
1985	1016	104848	3557	93221	832309
1986	1054	104936	3782	92967	820846
1987	1063	105151	3913	92857	807406
1988	1075	104468	4022	91492	793261
1989	1075	102732	3984	89575	777244
1990	1075	100777	3982	87631	766072

全国各级学校专任教师数

单位：万人

年份	普通高等学校	中等学校	中等专业学校	普通中学	小学
1952	2.7	13.0	3.5	9.4	143.5
1957	7.0	29.4	5.8	23.4	188.4
1962	14.4	47.3	6.1	39.9	251.1
1965	13.8	70.9	5.5	45.7	385.7
1970	12.9	121.3	3.9	117.4	361.2
1975	15.6	216.5	7.3	209.2	520.4
1978	20.6	328.1	9.9	318.2	522.6
1979	23.7	319.1	11.3	307.8	538.2
1980	24.7	317.1	12.8	302.0	549.9
1981	25.0	300.9	13.6	284.4	558.0
1982	28.7	287.1	15.0	268.1	550.5
1983	30.3	282.6	15.6	259.7	542.5
1984	31.5	282.2	16.1	255.7	537.0
1985	34.4	296.7	17.4	265.2	537.7
1986	37.2	311.5	19.3	275.8	541.4
1987	38.5	326.6	21.0	287.0	543.4
1988	39.3	338.9	22.5	296.0	550.1
1989	39.7	342.3	22.9	298.0	554.4
1990	39.5	349.2	23.4	303.3	558.2

全国各级学校在校学生数

单位：万人

年份	普通高等学校	中等学校	中等专业学校	普通中学	小学
1952	19.1	314.5	63.6	249.0	5110.0
1957	44.1	708.1	77.8	628.1	6428.3
1962	83.0	833.5	53.5	752.8	6923.9
1965	67.4	1431.8	54.7	933.8	11620.9
1970	4.8	2648.3	6.4	2641.9	10528.0
1975	50.1	4536.8	70.7	4466.1	15094.1
1978	85.6	6637.2	88.9	6548.3	14624.0
1979	102.0	6024.9	119.9	5905.0	14662.9
1980	114.4	5677.8	124.3	5508.1	14627.0
1981	127.9	5014.6	106.9	4859.6	14332.8
1982	115.4	4702.8	103.9	4528.5	13972.0
1983	120.7	4634.7	114.3	4397.8	13578.0
1984	139.6	4860.9	132.2	4554.2	13557.1
1985	170.3	5092.6	157.1	4706.0	13370.2
1986	188.0	5321.6	175.7	4889.9	13182.5
1987	195.9	5403.1	187.4	4948.1	12835.9
1988	206.6	5246.1	205.2	4761.5	12535.8
1989	208.2	5054.0	217.7	4554.0	12373.1
1990	206.3	5105.4	224.4	4586.0	12241.4

全国卫生机构、床位、人员

年份	机构（个）	#医院	床位（万张）	#医院	卫生技术人员(万人)	#医生
1949	3670	2600	8.5	8.0	50.5	36.3
1952	38987	3540	23.1	16.0	69.0	42.5
1957	122954	4179	46.2	29.5	103.9	54.7
1962	217985	34379	93.3	69.0	141.4	68.8
1965	224266	42711	103.3	76.6	153.2	76.3
1970	149823	64822	126.2	110.5	145.3	70.2
1975	151733	62425	176.4	159.8	205.7	87.8
1978	169732	64421	204.2	185.6	246.4	103.3
1979	176793	65009	212.8	193.2	264.2	108.8
1980	180553	65450	218.2	198.2	279.8	115.3
1981	190126	65911	223.4	201.7	301.1	124.4
1982	193438	66149	228.0	205.4	314.3	130.7
1983	196017	66662	234.2	211.0	325.3	135.3
1984	198256	67169	241.2	216.6	334.4	138.1
1985	200866	59614	248.7	222.9	341.1	141.3
1986	203139	59693	256.3	229.7	350.7	144.4
1987	204960	60429	268.5	240.5	360.9	148.2
1988	205988	61383	279.5	250.3	372.4	161.7
1989	206724	61929	286.7	256.8	380.9	171.8
1990	208734	62454	292.5	262.4	389.8	176.3

全国民族自治地方年末总人口及工农业总产值

年　份	年末总人口（万人）	#少数民族人口	工农业总产值（万元）	农业总产值（万元）	工业总产值（万元）
1952	6434.74	1270.23	1197514	1024756	172758
1957	7382.15	1389.73	1683837	1361931	321906
1962	8047.45	1434.88	1719954	1262272	457682
1965	8830.02	1518.35	2364050	1691404	672646
1970	10310.33	2822.55	2986597	1881217	1105380
1975	11829.65	3219.05	4123392	2285036	1838356
1978	12507.63	3628.22	4951687	2434072	2517615
1979	12706.12	3706.71	4941462	2516933	2424529
1980	12910.82	4610.67	5297128	2515349	2781779
1981	13125.47	4756.28	5520375	2674987	2845388
1982	13347.61	5053.98	6166598	2995077	3171521
1983	13519.21	5203.84	6658437	3171248	3487189
1984	13719.98	5496.68	7293888	3437053	3856835
1985	14018.42	5753.98	8266112	3673982	4592132
1986	14233.10	5971.77	8892473	3742058	5150415
1987	14538.77	6254.67	9864100	3934062	5930038
1988	14831.56	6443.44	11103913	4146465	6957448
1989	15081.87	6689.11	12027940	4295617	7732323
1990	15375.29	6937.25	12949977	4773694	8176283

注:工农业总产值、农业总产值、工业总产值均按 1980 年不变价格计算,并用新口径统计。

全国民族自治地方耕地面积、有效灌溉面积及农牧业主要产品产量（一）

年 份	耕地面积（万亩）	有效灌溉面积（万亩）	粮食总产量（万吨）	棉 花（万吨）	油 料（万吨）	甘 蔗（万吨）
1952	23376.57	2239.90	1892.12	1.98	43.87	110.22
1957	26203.51	3123.80	2162.75	4.03	50.80	142.17
1962	27661.13	3507.92	2025.76	2.68	23.17	86.08
1965	27633.15	4431.25	2582.42	8.48	45.78	246.50
1970	27069.06	5147.65	3018.84	7.46	48.69	310.34
1975	26987.20	10442.46	3701.49	5.34	57.38	380.98
1978	27082.97	10648.62	3785.72	6.03	64.37	534.34
1979	27155.61	10608.59	3860.65	5.69	74.17	546.64
1980	27032.82	10611.07	3773.03	8.40	86.46	564.58
1981	26878.93	10499.64	3793.97	11.80	116.39	730.70
1982	26729.67	10409.31	4188.10	15.28	140.44	985.25
1983	26545.01	10530.09	4405.92	16.82	145.01	1013.02
1984	26292.26	10331.79	4386.22	20.87	159.30	1137.84
1985	26248.15	10436.87	4207.60	19.42	202.62	1478.16
1986	26167.58	10651.61	4175.37	22.40	206.61	1676.37
1987	25891.87	10820.33	4467.20	28.60	184.59	1698.93
1988	26158.94	10897.08	4423.89	28.28	188.05	1935.91
1989	26275.36	11051.40	4664.35	29.75	176.42	1950.74
1990	26522.33	11503.97	5405.57	47.37	219.33	2141.84

全国民族自治地方农牧业主要产品产量（二）

年　　份	甜　菜（万吨）	烟　叶（万吨）	#烤　烟	大牲畜年末头数（万头）	羊年末只数（万只）	生猪年末头数（万头）
1952	0.16	5.38	1.72	2604.00	3954.63	1310.14
1957	24.49	7.15	3.67	3044.21	5391.28	1905.96
1962	12.20	5.61	2.86	2759.00	6679.71	1610.46
1965	39.42	9.10	4.44	3536.40	8740.24	2489.26
1970	57.94	11.92	4.13	3701.00	8661.94	3176.01
1975	58.52	15.91	6.42	4051.73	9411.35	3585.53
1978	65.84	19.03	9.23	4017.19	9737.55	4090.52
1979	87.69	15.94	8.71	4080.07	10101.41	4085.02
1980	135.26	14.08	7.21	4112.65	10182.21	3872.74
1981	128.17	19.69	11.05	4254.45	10539.06	3886.59
1982	195.75	27.49	17.15	4445.23	10354.53	4161.58
1983	206.72	22.24	16.14	4502.93	9841.54	4295.43
1984	236.19	29.20	22.85	4631.96	9822.94	4367.13
1985	344.33	41.27	33.43	4846.93	9871.46	4722.29
1986	270.84	30.12	22.89	5018.72	10066.33	5000.56
1987	306.10	33.93	25.31	5080.45	10274.25	5053.27
1988	397.05	50.36	39.16	5159.89	10770.14	5168.59
1989	333.50	50.73	38.57	5228.62	11283.43	5429.96
1990	531.84	47.43	36.08	5293.72	11361.49	5695.71

全国民族自治地方工业主要产品产量

年份	原油（万吨）	钢（万吨）	生铁（万吨）	原煤（万吨）	发电量（万千瓦小时）	木材（万立方米）	布（万米）	卷烟（万箱）
1952	5.21	0.07	2.14	182	7998	244.11	3992	2.56
1957	9.54	1.46	4.12	570	39158	651.10	8882	3.57
1962	87.77	9.87	39.19	1668	191091	646.10	8311	2.22
1965	97.31	38.89	56.65	1871	289049	1071.75	18408	8.38
1970	153.60	91.74	83.20	2996	621334	972.38	28179	22.25
1975	440.86	66.35	90.00	4520	1168850	1266.03	25942	34.85
1978	577.66	128.54	166.97	6077	1662153	1459.83	37327	52.26
1979	624.11	154.46	179.83	5929	1848730	1585.99	39804	64.47
1980	621.54	166.57	177.44	5672	1960294	1586.63	45544	92.38
1981	616.54	166.49	188.82	5698	2101100	1503.13	47132	110.06
1982	625.00	168.02	182.75	6127	2295756	1582.67	53892	129.23
1983	672.44	173.54	194.90	6889	2511153	1659.72	54957	149.17
1984	707.79	197.70	213.51	7521	2800678	1737.58	50037	172.25
1985	775.39	231.98	257.74	8690	3911888	1831.65	54896	210.19
1986	861.60	248.07	296.01	8984	4638413	1915.35	63834	257.99
1987	899.38	282.76	346.19	9409	5186191	1928.72	67917	323.64
1988	971.18	291.60	328.45	11156	5535068	1925.77	71910	371.04
1989	1132.58	319.73	362.86	11515	6757664	1763.11	77803	413.86
1990	1265.42	367.80	416.99	12101	7397998	1764.66	73986	447.05

全国民族自治地方交通、邮电情况

年 份	铁路通车里程（公里）	公路通车里程（公里）	邮电局（所）数（个）	邮路总长度（公里）
1952	3950	28880	3894	157478
1957	5321	67980	5040	439257
1962	7006	126775	5900	472588
1965	7847	138005	5840	519505
1970	7936	166557	6628	675686
1975	9115	193911	7496	949172
1978	9982	224387	7705	983363
1979	10433	215876	7588	948916
1980	11460	232318	7541	934590
1981	11495	235793	7536	891811
1982	11589	242277	7642	891955
1983	11908	251931	7673	894728
1984	12279	251182	7782	882767
1985	12555	261565	8104	899322
1986	12338	254878	8089	889297
1987	13046	278255	8219	911460
1988	12999	290435	8276	898282
1989	13450	293587	8443	950137
1990	13559	295407	8494	905021

全国民族自治地方全民所有制单位固定资产投资

单位：万元

年　份	全民固定资产投资	基建投资	更新改造	其他投资
1952				
1957				
1962				
1965				
1970				
1975				
1978				
1979	548724	545832	2892	
1980	657327	578852	68751	9724
1981	537694	390765	134626	12303
1982	822264	554978	236513	30773
1983	946027	637062	246179	62786
1984	1158786	819970	240187	98629
1985	1646042	1176344	338552	131146
1986	1770366	1142323	479647	148396
1987	2048739	1188970	618785	240984
1988	2557512	1432542	845342	279628
1989	2432965	1437093	705368	290504
1990	2598124	1645640	703782	248702

注:1979 年以前因各省、自治区民族自治地方上报数不全，故不作全国汇总统计。

全国民族自治地方社会商业及财政收支情况

单位：万元

年　份	社会商品零售总额	国内纯购进总额	财政收入	财政支出
1952	196601	68060	60286	46972
1957	439882	234012	123345	131957
1962	621729	320095	145119	159667
1965	736282	445923	213260	246925
1970	948712	551428	238108	362876
1975	1371076	885160	270630	574693
1978	1730351	1116910	443807	914215
1979	1921782	1230113	355927	923884
1980	2212478	1404649	324578	855016
1981	2433333	1571828	318558	810544
1982	2681978	1761434	387016	919369
1983	2994003	1959362	445382	1057560
1984	3492835	2123198	477020	1343177
1985	4237308	2434468	671863	1605462
1986	4735124	2834284	822346	2001497
1987	5449553	3592010	988464	2107729
1988	6949160	4784920	1207833	2432882
1989	7527235	5328518	1471702	2734817
1990	7833611	6202258	1667180	3039440

全国民族自治地方各级学校数

单位：所

年 份	普通高等学校	中等学校	中等专业学校	普通中学	小 学
1952	10	553	73	477	64035
1957	13	1141	97	1042	62790
1965	38	6873	286	4420	163379
1975	34	9182	318	8848	150684
1978	64	15846	358	15429	153142
1979	63	13986	559	13307	149179
1980	65	13609	615	12595	139540
1981	71	12449	577	11518	126679
1982	71	12393	604	11419	123306
1983	75	12415	528	11459	124709
1984	75	12358	579	11325	122409
1985	86	12310	561	11312	123595
1986	93	12374	550	11357	122562
1987	101	12574	548	11555	121145
1988	101	12732	586	11633	120713
1989	104	12817	619	11663	120229
1990	105	12609	641	11968	117609

全国民族自治地方卫生事业情况

年份	卫生事业机构数（个）	#医院个数	床位数（张）	#医院病床数	专业卫生技术人员（人）
1952	3156	774	14692	11473	27501
1957	15275	1347	40342	33778	102820
1962	19679	3150	97969	74480	139805
1965	22366	3841	122900	88963	171865
1970	19415	7458	164682	129782	191895
1975	22960	9955	229573	197171	244598
1978	26453	11026	269358	230825	301155
1979	27590	11221	343097	243851	327087
1980	28689	11295	291591	254336	350242
1981	30460	11622	295724	259061	377894
1982	30182	11692	301118	264257	393909
1983	30366	11770	306874	278168	408850
1984	30888	11982	314586	285398	420805
1985	31264	10429	321193	292230	436624
1986	31632	10244	327440	298234	446561
1987	32191	10262	338327	309510	459578
1988	32606	10984	346494	318025	474848
1989	31263	10418	350440	314445	481771
1990	32008	10579	359612	332185	489220

内蒙古自治区国民生产总值

单位：亿元

年份	国民生产总值	第一产业	第二产业	第三产业	国民生产总值指数(以1978年为100)
1978	56.05	18.96	24.92	12.17	100
1979	61.58	21.03	27.11	13.44	107.4
1980	65.16	18.03	30.93	16.20	108.1
1981	73.46	27.14	30.40	15.92	116.6
1982	87.50	33.32	35.48	18.70	137.2
1983	98.09	35.90	39.88	22.31	149.2
1984	116.66	42.98	45.19	28.49	171.8
1985	144.30	53.54	54.18	36.58	196.1
1986	156.03	54.64	58.31	43.08	200.9
1987	177.43	62.21	66.58	48.64	213.6
1988	235.30	90.20	85.72	59.38	237.7
1989	257.16	89.08	98.96	69.12	252.4
1990	286.74	112.57	102.43	71.74	263.8

注:本表绝对数按当年价格计算，指数按可比价格计算。

内蒙古自治区国民收入

单位：亿元

年份	国民收入	农业	工业	建筑业	运输业	商业
1952	10.71	8.55	0.89	0.25	0.31	0.71
1957	15.02	8.32	3.18	0.88	0.50	2.14
1962	20.73	12.14	5.10	0.57	0.99	1.93
1965	29.68	14.48	8.59	1.79	1.73	3.09
1970	34.24	18.28	8.65	2.53	1.55	3.23
1975	39.93	17.13	13.72	3.98	1.90	3.20
1978	46.51	18.34	17.67	4.94	2.11	3.45
1979	50.23	19.92	19.30	5.28	2.18	3.55
1980	52.75	18.25	21.49	5.18	3.82	4.01
1981	60.42	27.34	22.50	4.30	2.83	3.45
1982	73.13	33.68	26.78	5.08	3.30	4.29
1983	80.62	35.92	29.18	6.36	4.19	4.97
1984	96.18	42.93	32.78	8.26	5.45	6.76
1985	118.35	51.98	39.27	10.50	7.01	9.59
1986	127.21	52.99	43.51	11.01	8.42	11.28
1987	143.99	59.81	50.49	11.21	8.51	13.97
1988	191.57	87.62	62.89	14.18	9.20	17.28
1989	210.52	87.25	77.44	14.52	11.66	19.65
1990	233.38	108.83	80.35	15.05	14.80	14.35

注:本表按当年价格计算。

内蒙古自治区社会总产值

单位：亿元

年份	社会总产值	工农业总产值	农业	工业	建筑业	运输业	商业
1952	15.61	13.69	12.06	1.63	0.55	0.48	0.89
1957	24.39	17.51	11.18	6.33	3.04	1.17	2.67
1962	38.09	31.31	17.05	14.26	1.67	2.30	2.81
1965	59.60	46.18	19.39	26.79	6.23	3.17	4.02
1970	69.07	51.84	24.04	27.80	8.24	3.62	5.37
1975	91.56	67.72	30.83	36.89	11.78	4.47	7.59
1978	109.76	81.31	28.35	52.96	14.39	4.98	9.08
1979	119.06	88.98	31.58	57.40	15.40	5.21	9.47
1980	120.97	90.07	30.68	59.39	15.25	6.74	8.91
1981	129.83	101.18	39.42	61.76	13.23	6.32	9.10
1982	154.97	120.89	47.16	73.73	17.76	7.44	8.88
1983	175.32	133.96	52.43	81.53	21.14	10.19	10.03
1984	201.10	151.30	61.28	90.02	25.92	10.96	12.92
1985	248.78	182.39	73.20	109.19	35.36	13.89	17.14
1986	276.26	203.71	77.25	126.46	36.06	16.45	20.04
1987	316.84	238.58	87.77	150.84	37.26	17.50	23.49
1988	413.04	316.24	122.38	193.86	45.90	21.00	29.90
1989	479.08	371.45	128.32	243.13	47.84	27.81	31.98
1990	535.19	420.25	156.92	263.33	49.07	35.55	30.32

注:本表按当年价格计算。

内蒙古自治区社会总产值、国民收入生产、消费、积累平衡统计

单位：亿元

年份	社会总产值	物质消耗	国民收入生产额	国民收入使用额	消费额	积累额	积累率(%)
1978	109.76	63.25	46.51	60.79	40.63	20.16	33.2
1979	119.06	68.83	50.23	66.06	43.93	22.13	33.5
1980	120.97	68.22	52.75	70.71	52.42	18.29	25.9
1981	129.83	69.41	60.42	78.01	59.74	18.27	23.4
1982	154.97	81.84	73.13	94.83	68.03	26.80	28.3
1983	175.32	94.70	80.62	104.29	72.54	31.75	30.4
1984	201.10	104.92	96.18	121.13	87.89	33.24	27.4
1985	248.78	130.43	118.35	147.68	101.36	46.32	31.4
1986	276.26	149.05	127.21	153.90	110.47	43.43	28.2
1987	316.84	172.85	143.99	173.02	122.83	50.19	29.0
1988	413.04	221.87	191.17	230.20	151.07	79.13	34.4
1989	479.08	268.56	210.52	263.30	170.43	92.87	35.3
1990	535.19	301.81	233.38	278.56	183.53	95.03	34.1

注:本表按当年价格计算。

内蒙古自治区主要经济指标指数

(以1952年为100)

年份	社会总产值	工农业总产值	农业	工业	国民收入
1952	100	100	100	100	100
1957	153.6	157.1	114.1	393.2	155.2
1962	180.8	211.9	120.8	732.3	165.3
1965	283.0	300.9	148.4	1477.6	250.0
1970	351.4	422.9	169.8	1983.2	296.8
1975	449.1	556.8	199.4	2730.7	367.7
1978	525.2	660.3	183.9	3716.7	421.9
1979	555.0	699.9	194.3	4024.0	441.2
1980	542.2	681.0	168.5	4110.0	444.5
1981	561.4	723.9	201.8	4120.7	483.0
1982	652.0	834.9	233.6	4741.3	577.5
1983	714.4	907.2	250.5	5196.7	617.6
1984	799.2	994.7	291.4	5439.1	713.3
1985	932.2	1135.2	325.6	6298.0	813.7
1986	967.0	1179.3	315.2	6891.3	825.9
1987	1039.2	1291.9	305.3	8072.7	877.6
1988	1170.8	1472.8	348.6	9197.3	982.3
1989	1245.4	1586.2	342.7	10328.6	1005.9
1990	1326.7	1729.0	411.9	10752.1	1073.3

注:本表按可比价格计算。

内蒙古自治区年末总人口及构成

单位：万人

年份	年末总人口	#少数民族人口	按农业非农业分		按城乡分	
			农业人口	非农业人口	市镇人口	乡村人口
1949	608.1	92.7			75	533
1952	715.9	101.5			92	624
1957	936.0	124.8			175	761
1962	1171.8	148.3			277	895
1965	1296.4	167.0			268	1028
1970	1491.0				321	1170
1975	1737.9	216.2	432	1306	379	1359
1978	1823.4	230.5	462	1361	397	1426
1979	1851.8	234.8	480	1372	409	1443
1980	1876.5	243.8	496	1381	433	1443
1981	1902.9	251.4	512	1391	445	1458
1982	1941.6	303.7	527	1414	565	1377
1983	1969.8	312.3	538	1432	574	1396
1984	1993.1	322.1	548	1445	847	1146
1985	2015.9	329.7	575	1441	874	1142
1986	2040.7	343.9	589	1452	932	1109
1987	2066.4	359.5	610	1457	1004	1062
1988	2093.9	372.1	632	1462	1034	1060
1989	2112.5	382.6	651	1471	1056	1066
1990	2149.4	400.3	662	1488	1090	1059

内蒙古自治区年末社会劳动者

单位：万人

年份	合计	职工	全民所有制单位	城镇集体所有制单位	其他所有制单位	城镇个体劳动者	乡村劳动者
1952	345.3	16.9	16.9			33.0	295.4
1957	400.6	55.5	46.1	9.4		0.8	344.3
1962	440.4	91.7	80.8	10.9		1.3	347.1
1965	476.8	99.9	86.5	13.4		1.3	375.5
1970	524.4	124.8	110.9	13.9			399.6
1975	607.5	176.7	143.8	32.9		0.2	430.6
1978	652.8	227.6	183.2	44.4		0.2	425.0
1979	674.0	242.8	193.0	49.8		0.2	431.0
1980	698.4	254.3	200.6	53.7		1.1	443.0
1981	731.2	270.9	214.4	56.5		2.3	458.0
1982	762.4	281.2	220.1	61.3		3.3	477.7
1983	791.6	294.1	229.3	64.8		6.7	490.8
1984	817.2	304.6	229.6	75.0		10.0	502.6
1985	841.3	320.4	241.4	79.0		15.2	505.7
1986	860.3	334.9	251.5	83.3	0.1	15.8	509.6
1987	875.5	342.8	260.2	82.5	0.1	16.9	515.8
1988	893.1	353.2	268.3	84.7	0.2	20.1	519.8
1989	910.3	357.2	271.0	86.0	0.3	18.1	523.1
1990	924.6	369.7	282.3	87.0	0.4	16.9	538.0

内蒙古自治区农村社会总产值

单位：万元

年份	农村社会总产值	农业	工业	建筑业	运输业	商业
1980						
1981						
1982						
1983						
1984						
1985	916200	732000	54600	67400	22300	39900
1986	954200	772500	72700	46200	31300	31500
1987	1112400	877400	92800	60500	39900	41800
1988	1556000	1223800	135100	85600	57500	54000
1989	1671000	1267200	182100	91700	72200	57800
1990	2037100	1569200	212600	103600	91100	60600

注:本表按当年价格计算。

内蒙古自治区农业总产值

单位：亿元

年份	农业总产值	种植业	林业	牧业	副业	渔业	农业总产值（按1980年不变价格计算）
		按1957年不变价格价格计算					
1952	9.80	7.66	0.07	1.88	0.18	0.01	24.04
1957	11.18	7.57	0.17	2.70	0.72	0.02	27.42
1962	11.84	6.96	0.17	3.51	1.12	0.08	29.04
1965	14.54	8.24	0.35	4.37	1.50	0.08	35.66
1970	16.64	9.71	0.64	4.99	1.25	0.04	40.81
		按1970年不变价格价格计算					
1975	28.23	15.49	0.72	9.25	2.70	0.07	47.91
1978	25.89	15.86	0.95	7.70	1.29	0.09	43.94
1979	27.12	16.30	0.97	5.35	1.44	0.06	46.03
1980	23.62	13.28	0.85	8.09	1.34	0.06	40.09
		按1980年不变价格价格计算					
1981	39.68	22.94	2.96	11.38	2.23	0.16	39.68
1982	45.93	26.44	3.37	12.74	3.22	0.17	45.93
1983	49.24	28.24	4.06	12.69	4.07	0.18	49.24
1984	55.19	31.10	4.60	13.33	5.96	0.20	55.19
1985	60.86	35.14	4.79	15.15	5.52	0.25	60.86
1986	57.66	31.23	3.96	15.78	6.37	0.31	57.66
1987	60.03	32.28	3.30	16.51	7.62	0.32	60.03
1988	68.53	38.80	3.15	17.99	8.23	0.35	68.53
1989	67.37	35.66	3.20	19.52	8.56	0.43	67.37
1990	80.99	47.68	3.65	19.98	9.25	0.43	80.99

注:本表按不变价格计算。

内蒙古自治区农业总产值指数

（以1952年为100）

年份	农业总产值	种植业	林业	牧业	副业	渔业
1952	100	100	100	100	100	100
1957	114.1	98.7	267.1	143.8	401.0	170.5
1962	120.8	90.7	262.8	187.3	622.4	731.4
1965	148.4	107.5	538.5	232.8	830.1	766.7
1970	169.8	126.7	984.8	266.3	693.2	348.6
1975	199.4	139.8	778.0	341.3	1029.9	463.8
1978	183.9	134.2	1020.8	284.2	493.3	505.7
1979	194.3	147.2	1043.8	308.0	549.1	541.9
1980	168.5	119.9	913.7	298.5	512.2	381.9
1981	201.8	147.7	1389.1	334.8	599.6	367.6
1982	233.6	170.2	1579.4	374.9	864.8	481.9
1983	250.5	181.8	1900.9	373.5	1094.7	490.5
1984	291.4	200.3	2153.2	392.4	1601.3	538.1
1985	325.6	226.3	2242.9	446.0	1482.8	579.4
1986	315.2	201.1	1856.8	464.4	1712.4	910.3
1987	305.3	207.8	1545.1	485.8	2047.1	951.4
1988	348.6	249.8	1477.5	529.5	2211.7	1042.9
1989	340.4	229.6	1499.1	574.5	2303.4	1273.0
1990	409.2	306.9	1710.5	587.7	2487.7	1284.5

注:本表按可比价格计算。

内蒙古自治区主要农产品产量

单位：万吨

年　份	粮食总产量	棉　花	油料总产量	烟　叶	甜　菜
1949	212.5		9.0		0.003
1952	348.5		17.5		0.15
1957	302.5		13.0		22.08
1962	325.5		6.0		2.60
1965	382.0		9.0		20.87
1970	469.5		10.5		33.95
1975	519.5		10.5		37.13
1978	499.0		12.5		43.10
1979	510.0		18.7		48.97
1980	396.4		25.2		81.16
1981	510.0		36.3		82.32
1982	511.6		49.0		115.18
1983	560.2		53.8		135.07
1984	594.4		59.8		140.99
1985	604.1		79.5		254.17
1986	528.5		66.1		159.03
1987	607.0		54.0		167.83
1988	738.3		56.7		218.50
1989	691.8		53.1		172.24
1990	973.0		69.3		236.44

内蒙古自治区年末牲畜存栏数和主要畜产品产量

单位：万头(只)、万吨

年　份	牲畜年末存栏数	大牲畜	生　猪	羊	猪牛羊肉	羊　毛
1949	968.6	304.3	88.7	575.6		
1952	1467.6	430.3	135.3	902.0		
1957	1809.9	450.5	149.4	1210.0		
1962	2801.4	568.1	202.0	2031.3		
1965	3606.1	716.2	270.7	2619.2		
1970	3319.6	689.1	274.1	2356.4		
1975	3757.6	766.8	352.7	2638.1		
1978	3586.5	659.3	549.1	2378.1		
1979	3873.1	685.3	554.6	2633.2	20.85	2.92
1980	3753.3	681.3	518.6	2553.4	23.80	4.06
1981	3817.2	678.9	468.3	2670.0	23.86	5.03
1982	3903.9	708.0	460.9	2735.0	27.39	5.41
1983	3539.8	694.7	427.1	2418.0	30.42	5.34
1984	3488.3	698.2	412.8	2377.3	32.24	5.04
1985	3667.4	736.6	462.4	2468.4	34.93	5.08
1986	3734.6	751.3	481.1	2502.2	37.45	4.99
1987	3731.0	730.8	455.5	2544.7	40.72	5.44
1988	4093.8	734.6	466.4	2892.8	40.96	5.78
1989	4215.4	718.6	487.3	3009.5	48.92	6.23
1990	4254.4	707.5	523.0	3023.9	50.10	6.15

内蒙古自治区乡村劳动力、耕地面积和播种面积

年份	乡村户数（万户）	乡村劳动力（万人）	耕地面积（万亩）	播种面积（万亩）	#粮食播种面积
1949		268.5	6496.5	5844.0	5292.0
1952		295.4	7761.0	7423.5	6540.0
1957		344.3	8572.5	7918.5	6948.0
1962	199.6	347.1	8800.5	8169.0	7270.5
1965	205.4	375.5	8422.5	7921.5	7063.5
1970	232.6	399.6	8175.0	7626.0	6802.5
1975	262.7	430.6	8011.5	7363.5	6435.0
1978	277.5	425.0	7989.0	7236.0	6141.0
1979	278.1	431.0	8020.5	7321.5	6063.0
1980	282.4	443.0	7878.0	7195.5	5823.0
1981	288.1	458.0	7779.0	6993.0	5781.0
1982	290.5	477.7	7663.5	6961.5	5764.5
1983	295.4	490.8	7597.5	6946.5	5755.5
1984	299.6	502.6	7509.0	6946.5	5643.0
1985	301.2	505.7	7395.0	6823.5	5133.0
1986	306.1	509.6	7342.5	6834.0	5371.5
1987	312.2	515.8	7276.5	6711.0	5334.0
1988	316.5	519.8	7306.5	6838.5	5454.0
1989	323.6	523.1	7367.3	6863.7	5581.6
1990	330.2	538.0	7448.7	7083.6	5811.7

内蒙古自治区农业机械化情况

年份	农业机械总动力（亿瓦特）	大中型拖拉机（台）	小型拖拉机（台）	机耕地面积（万亩）	有效灌溉面积（万亩）	化肥施用量＜折纯＞（万吨）	农村用电量（万千瓦小时）
1952				2.7	794		
1957				59.5	968		
1962				440.9	831		
1965				908.8	1304		
1970				1299.4	1404		
1975				2686.7	1870		
1978				2972.0	1814		
1979		30644	15648	2694.8	1728		43000
1980		33202	15035	2446.00	1656		45900
1981		33212	15109	1620.70	1557	8.30	54898
1982		32673	23563	1343.70	1540	10.10	57317
1983	42.75	33318	40500	1273.70	1530	14.40	63220
1984	43.60	32883	58000	1650.50	1471	16.30	66594
1985	47.16	37942	80000	1212.00	1447	19.90	64000
1986	53.68	40900	112100	1487.40	1507	21.74	72445
1987	61.40	42860	149000	1772.60	1557	23.88	82000
1988	68.20	43815	188000	2133.07	1619	26.04	91740
1989	72.80	43838	219000	2380.44	1730	29.17	98842
1990	76.05	42873	238000	3873.10	1877	34.51	113532

内蒙古自治区工业总产值

(按经济类型分类)

单位：亿元

年份	工业总产值	全民所有制	集体所有制	#乡办	#村办	城乡个体工业	其他经济类型工业
1952							
1957							
1962							
1965							
1970							
1975							
1978							
1979							
1980							
1981							
1982	73.73	59.72	11.22	1.71			0.02
1983	81.53	67.07	12.17	1.74			0.03
1984	90.02	73.49	13.97	1.83			0.03
1985	112.94	90.87	18.28	2.39	1.69	1.60	0.04
1986	126.46	100.60	20.78	3.03	1.94	2.42	0.06
1987	150.84	119.43	24.58	3.58	2.53	3.38	0.11
1988	193.86	150.80	32.47	4.94	3.30	5.62	0.19
1989	241.72	186.81	46.72	6.63	4.77	7.07	1.13
1990	259.48	200.57	47.84	7.41	7.18	9.24	1.83

注:本表按当年价格计算。

内蒙古自治区工业总产值

(按轻重工业分类)

单位：亿元

年份	工业总产值	轻工业	重工业	工业总产值(按1980年不变价格计算)
	按1957年不变价格计算			
1952	1.61	1.04	0.57	2.26
1957	6.33	3.48	2.85	5.85
1962	11.79	5.02	6.77	10.90
1965	19.02	6.82	12.20	17.58
1970	30.55	9.72	20.82	28.24
	按1970年不变价格计算			
1975	36.54	15.13	21.41	39.43
1978	50.96	21.22	29.74	54.98
1979	54.35	21.54	32.81	37.06
1980	56.97	24.19	32.78	61.46
	按1980年不变价格计算			
1981	61.81	28.23	33.58	61.81
1982	71.12	30.45	40.66	71.12
1983	77.95	33.01	44.95	77.95
1984	84.26	35.43	48.82	84.26
1985	98.29	41.38	56.91	98.29
1986	107.68	46.67	61.01	107.68
1987	121.09	53.96	67.13	121.09
1988	137.96	62.65	75.31	137.96
1989	155.02	67.89	87.13	155.02
1990	160.77	69.40	91.37	160.77

注：1.本表按不变价格计算。

2.本表工业总产值包括全部工业总产值。

内蒙古自治区工业总产值指数

(以1952年为100)

年份	工业总产值	轻工业	重工业
1952	100	100	100
1957	393.2	334.6	500.0
1962	732.3	482.7	1187.7
1965	1477.6	655.8	2140.4
1970	1983.2	935.6	3652.6
1975	2730.7	1498.0	4654.3
1978	3716.7	2101.0	6465.2
1979	4024.0	2132.7	7132.6
1980	4110.0	2395.0	7126.1
1981	4120.7	2656.4	6621.7
1982	4741.3	2873.6	7972.5
1983	5196.7	3114.2	8811.8
1984	5439.1	3343.4	9572.5
1985	6298.0	3903.8	11158.8
1986	6891.3	4402.8	11962.7
1987	8072.7	5090.6	13162.7
1988	9197.3	5910.4	14766.7
1989	10356.0	5869.8	16051.0
1990	10745.7	6007.4	16832.1

注:本表按可比价格计算。

内蒙古自治区主要工业产品产量

单位：万吨

年份	原煤	发电量(亿千瓦小时)	原油	生铁	钢	水泥	农用化肥	纱(混合数)(吨)	布(混合数)(万米)	机制纸及纸板(吨)	木材(万立方米)	卷烟(万箱)
1949	46	0.12									17.47	
1952	75	0.15									42.71	0.71
1957	217	0.92		0.02						3728	186.67	
1962	694	8.79		32	8	1.04	0.49	104	37	6896	251.13	0.40
1965	806	12.55		51	34	3.06	0.88	706	238	18270	391.36	0.57
1970	1215	22.01		66	81	11.14	2.91	10267	5562	18808	244.43	9.00
1975	1699	28.26		50	49	57.64	8.19	8559	4741	30767	378.65	8.51
1978	2194	37.78		107	99	91.91	16.65	14278	7604	42459	378.17	7.00
1979	2275	44.08		121	121	103.56	11.79	13251	7367	45676	403.95	8.84
1980	2211	49.05		138	133	109.85	23.59	14814	7950	42428	414.55	11.08
1981	2180	54.50		137	132	104.40	31.17	15328	8270	40196	427.15	11.12
1982	2382	58.40		137	129	124.43	44.19	14884	8448	46673	448.71	13.06
1983	2487	60.82		151	134	145.88	48.31	13475	8202	25013	480.48	14.64
1984	2740	69.55		160	149	151.40	52.20	12851	7168	71596	478.47	15.79
1985	3204	80.46		182	170	185.11	9.81	14951	7104	95329	502.07	17.23
1986	3292	111.24		214	186	207.97	10.16	16860	8109	106961	626.99	20.84
1987	3410	126.54		257	216	218.84	12.13	19334	8814	109168	596.00	22.99
1988	3734	138.47		227	221	239.62	12.84	21612	10313	117332	594.74	27.73
1989	4382	153.72	35.02	225	242	250.55	12.18	22581	10548	130200	527.89	29.18
1990	4762	169.54	92.50	281	273	227.97	13.48	23950	10785	135947	525.96	29.02

注:化肥1985年以前按实物量计算，1985年及以后为折纯量。

内蒙古自治区运输、邮电情况

年　份	铁路通车里程(公里)	公路线路里程(公里)	货物周转量(亿吨公里)		旅客周转量(亿人公里)		邮电局(所)数(个)	邮路总长度(公里)
			铁　路	公　路	铁　路	公　路		
1949	1557	2394						
1952	1574	4821		0.24		0.19	360	32621
1957	2404	13020		2.06		1.52	563	76626
1962	3222	22804		2.50	0.16	2.11	909	101279
1965	3541	25688		2.87	0.09	2.97	951	89934
1970	3593	27605	118.68	4.05	13.17	3.74	1230	122783
1975	3747	31362	158.61	6.75	17.08	7.22	1529	167629
1978	3803	37535	214.96	9.59	22.38	9.42	1529	167629
1979	3760	23769	226.86	8.59	21.83	10.00	1513	172623
1980	4361	35016	164.78	10.14	31.84	11.35	1515	170944
1981	4379	35856	246.55	8.38	34.33	11.22	1519	167577
1982	4360	36828	291.07	10.73	37.50	14.40	1520	169287
1983	4360	37939	335.57	13.37	43.92	17.36	1517	170557
1984	4355	37456	376.45	15.49	50.29	20.34	1545	170557
1985	4364	38198	424.30	18.20	58.34	23.86	1603	177092
1986	4405	40380	449.30	21.26	62.57	28.03	1634	171194
1987	4821	41984	469.12	23.51	65.55	33.78	1615	172377
1988	4825	42800	466.07	78.80	74.48	30.01	1632	169296
1989	4998	43080	511.80	72.40	68.00	39.54	1636	179703
1990	5082	43274	517.80	102.60	56.00	37.70	1638	166139

内蒙古自治区全民所有制单位固定资产投资

单位：亿元

年　份	固定资产投资				新增固定资产
		基建投资	更新改造	其他投资	
1980	14.97	13.12	1.85		10.67
1981	12.18	8.65	3.53		9.72
1982	17.43	12.56	4.87		11.55
1983	24.16	17.30	6.25	0.61	14.71
1984	29.28	22.06	5.27	1.95	20.62
1985	37.62	27.40	7.43	2.79	33.81
1986	37.00	23.17	11.35	2.48	32.44
1987	39.05	24.49	12.30	2.26	33.33
1988	49.23	29.01	14.59	5.64	36.58
1989	52.92	37.96	14.13	0.83	48.57
1990	49.80	33.92	15.04	0.84	45.78

内蒙古自治区社会商业情况

单位：亿元

年份	社会零售商业机构(个)	社会零售商业人员(人)	社会商品零售总额	社会商品零售总额按用途对象分	
				消费品	农业生产资料
1952	32035	78355	3.53	3.25	0.09
1957	19927	94106	8.63	8.00	0.46
1962			12.97	11.62	0.94
1965	11613	88818	14.25	12.89	1.11
1970			18.89	16.30	2.24
1975			29.70	24.72	4.55
1978			36.83	30.56	5.82
1979	24440	232619	39.63	33.70	5.45
1980	30245	256197	44.31	38.31	4.83
1981			47.36	42.11	3.98
1982			52.12	45.80	4.72
1983			57.65	50.31	5.50
1984			68.29	58.98	6.49
1985	137086	526366	82.70	71.28	7.06
1986	135022	532658	92.65	79.75	7.77
1987	143261	574057	105.40	96.30	9.10
1988	155122	608466	130.50	118.90	11.60
1989	138561	594270	138.59	125.69	12.90
1990	132644	437698	146.21	130.58	15.63

年份	社会商品零售总额按经济类型分					国内纯购进总额	#农副产品
	全民所有制	集体所有制	合营	个体	农民对非农业居民		
1952	0.81	0.95		1.57	0.19	2.5	1.4
1957	3.73	3.67	0.93	0.13	0.17	5.1	3.3
1962	6.26	6.18		0.13	0.41	7.2	3.7
1965	8.39	5.47		0.14	0.25	9.6	4.8
1970	11.32	7.17		0.05	0.36	12.5	5.2
1975	18.77	10.48		0.02	0.43	18.5	7.9
1978	23.64	12.74		0.01	0.45	22.2	7.9
1979	25.43	13.71		0.01	0.48	23.6	8.9
1980	26.77	16.25		0.11	1.17	25.6	10.3
1981	28.72	17.11		0.26	1.26	29.4	12.5
1982	29.71	20.04		0.77	1.60	33.1	14.0
1983	32.35	21.31		2.13	1.84	37.2	16.1
1984	36.67	23.64	0.01	5.15	2.82	40.2	15.7
1985	41.76	29.46		7.13	4.36	47.0	19.0
1986	46.27	32.47		8.78	5.13	54.6	22.3
1987	51.39	36.42		11.57	6.02	67.8	24.9
1988	63.29	44.96		14.96	7.27	90.7	36.8
1989	67.17	45.40	0.27	17.56	8.19	99.4	38.3
1990	71.08	46.36	0.03	19.42	9.32	109.1	43.5

内蒙古自治区地方财政收支情况

单位：亿元

年　份	财 政 收 入	财 政 支 出	收 支 差 额
1950	0.53	0.46	0.07
1951	0.54	0.60	−0.06
1952	1.33	1.03	0.30
1953	0.87	1.40	−0.53
1954	1.85	1.80	0.05
1955	2.11	1.75	0.36
1956	2.76	2.90	−0.14
1957	3.14	2.68	0.46
1958	4.28	6.44	−2.16
1959	7.03	9.94	−2.91
1960	8.99	12.22	−3.23
1961	4.95	5.65	−0.70
1962	3.36	3.76	−0.40
1963	3.83	4.00	−0.17
1964	4.32	4.97	−0.65
1965	4.60	5.18	−0.58
1966	4.85	5.92	−1.07
1967	4.02	4.79	−0.77
1968	3.89	4.15	−0.26
1969	2.77	6.17	−3.40
1970	4.41	7.86	−3.45
1971	3.65	9.09	−5.44
1972	3.13	9.80	−6.67
1973	3.41	11.50	−8.09
1974	2.69	12.48	−9.79
1975	2.74	12.92	−10.18
1976	2.66	13.83	−11.17
1977	2.93	14.05	−11.12
1978	6.90	18.69	−11.79
1979	4.56	21.04	−16.48
1980	4.13	18.37	−14.24
1981	4.16	16.35	−12.19
1982	5.18	20.31	−15.13
1983	6.99	22.83	−15.84
1984	8.46	30.86	−22.40
1985	13.39	36.22	−22.83
1986	16.02	43.90	−27.88
1987	19.43	45.56	26.13
1988	24.13	51.01	−26.88
1989	28.67	55.81	−27.14
1990	32.98	60.90	−27.92

内蒙古自治区职工工资情况

年份	职工工资总额(万元)	#全民所有制	#集体所有制	平均工资(元)	#全民所有制	#集体所有制
1952		7099		454	454	
1957		34054		691	729	
1962		59044		652	675	
1965		63788		728	751	
1970		71047		648	671	
1975		99489		667	707	
1978		128019		712	749	563
1979	169906	142570	27336	716	750	579
1980	199329	165971	33358	796	839	635
1981	210486	175079	35407	807	851	642
1982	230005	189964	40041	826	869	669
1983	247989	203182	44807	862	903	714
1984	292786	234454	58332	986	1047	801
1985	339494	271875	67619	1095	1169	872
1986	405310	324839	80423	1239	1325	982
1987	446335	358225	88033	1331	1410	1083
1988	531584	429383	102028	1548	1641	1251
1989	589385	475264	113791	1685	1779	1381
1990	662156	540255	121270	1846	1971	1441

内蒙古自治区城乡居民家庭生活情况

单位：元

年份	农业居民		非农业居民
	人均纯收入	人均消费水平	人均消费水平
1980	181	180	409
1981	228	201	443
1982	273	246	478
1983	294	257	492
1984	336	288	553
1985	360	325	634
1986	340	320	728
1987	389	349	796
1988	500	449	935
1989	478	518	1019
1990	607		

内蒙古自治区各级学校数

单位：所

年份	普通高等学校	中等学校	中等专业学校	普通中学	小学校
1952	3	46	20	24	9615
1957	4	130	24	105	10064
1965	10	1480	128	1352	18406
1975	7	854	33	821	16208
1978	15	5194		5194	26980
1979	15	3573	84	3489	27796
1980	14	2943	73	2870	22724
1981	14	2587	78	2509	18924
1982	14	2424	81	2343	19027
1983	14	2300	82	2218	17289
1984	15	2189	86	2103	15866
1985	18	2136	93	2043	15600
1986	19	2147	95	2052	15601
1987	19	2159	99	2060	15074
1988	19	2163	101	2062	15010
1989	19	2155	101	2054	15044
1990	19	2159	101	2058	14634

内蒙古自治区各级学校专任教师数

单位：人

年份	普通高等学校	中等学校	中等专业学校	普通中学	小学校
1952	70	1072	457	615	19534
1957	702	3924	1058	2866	24448
1965	1814	13987	2460	11257	77136
1975	1984	27613	1378	26235	60500
1978	2949	95633	3658	91975	135791
1979	3594	93318	3668	89950	139545
1980	3919	88977	4062	84915	143865
1981	3991	80438	4505	75933	143272
1982	4716	76705	4991	71714	145004
1983	5188	66631	5031	61600	130422
1984	5324	63830	5142	58688	129980
1985	5783	68588	5703	62885	133489
1986	6097	77536	6231	71305	146427
1987	6275	80776	6949	73827	147193
1988	6437	83800	7221	76579	149385
1989	6658	85041	7303	77738	151268
1990	6755	86041	7364	78677	153799

内蒙古自治区各级学校在校学生数

单位：人

年份	普通高等学校	中等学校	中等专业学校	普通中学	小学校（万人）
1952	616	21666	8667	12999	68.45
1957	2516	93369	12440	70929	87.34
1965	8950	258732	28517	230215	209.77
1975	5436	548350	10150	538200	139.60
1978	12126	1625639	24927	1600712	291.78
1979	15674	1560524	32272	1528252	293.43
1980	17405	1391203	35775	1355428	289.86
1981	20576	1214185	31945	1182240	284.02
1982	19518	1088844	30220	1058624	270.85
1983	21472	1064636	31376	1033260	260.69
1984	24477	1112321	35232	1077089	261.93
1985	31242	1156830	40184	1116646	254.90
1986	31203	1203020	43017	1160003	250.14
1987	31156	1209879	44449	1165430	243.16
1988	33034	1173847	46893	1126954	237.45
1989	33112	1126920	49087	1077833	235.23
1990	32428	1115967	49800	1066167	234.29

内蒙古自治区卫生机构、床位、人员

年份	机构（个）	#医院	床位（张）	#医院	卫生技术人员(人)	#医生
1952	538	103	2890	1274	10727	6097
1957	2152	136	7733	5700	18290	10556
1962	3163	301	19178	13466	30613	14945
1965	3820	485	23241	15820	33215	18027
1970	3715	884	30588	24510	39847	19954
1975	3613	1613	40257	37972	47803	22086
1978	4000	1723	46202	44174	59277	26724
1979	4146	1743	48769	46495	65615	28417
1980	4350	1760	49630	47271	70022	31068
1981	4630	1794	51319	47942	77647	32184
1982	4660	1796	51002	47339	80450	32932
1983	4632	1819	52436	48739	82873	33436
1984	4711	1841	52911	49307	85185	34879
1985	4749	1763	53572	50567	87130	36452
1986	4905	1770	54726	51566	89257	37088
1987	4991	1780	57651	54354	91437	37770
1988	5120	1787	59414	55867	94095	42743
1989	5152	1810	60090	56776	94969	42254
1990	5161	1856	60727	57558	96734	44153

广西壮族自治区国民生产总值

单位：亿元

年　　份	国民生产总值	第一产业	第二产业	第三产业	国民生产总值指数（以1978年为100）
1978	75.95	30.88	24.84	20.23	100
1979					
1980	98.56	43.90	29.63	25.03	114.8
1981					
1982					
1983					
1984					
1985					
1986	205.95	85.26	66.93	53.76	181.9
1987	243.89	99.53	79.35	65.01	200.2
1988	300.33	117.72	100.69	81.92	208.9
1989	349.44	148.99	109.97	90.48	214.9
1990	392.83	175.61	118.45	98.77	229.9

注:本表绝对数按当年价格计算，指数按可比价格计算。

广西壮族自治区国民收入

单位：亿元

年　　份	国民收入	农　业	工　业	建筑业	运输业	商　业
1952	11.92	8.11	2.37	0.44	0.10	0.89
1957	18.62	11.14	4.59	0.66	0.32	1.91
1962	20.55	12.11	4.99	0.78	0.42	2.25
1965	28.29	16.66	6.79	1.26	0.81	2.75
1970	34.58	18.75	9.22	1.70	1.31	3.58
1975	58.50	29.54	18.96	2.60	1.93	5.48
1978	63.79	30.04	21.80	2.65	2.57	6.71
1979	72.06	36.56	22.77	3.02	2.55	7.16
1980	81.13	40.51	25.75	3.17	2.64	9.05
1981	92.60	51.34	27.48	3.40	2.81	10.26
1982	111.51	61.79	28.63	3.95	2.88	14.27
1983	115.23	62.10	30.20	4.90	3.20	14.83
1984	125.41	64.63	33.80	6.62	4.26	16.09
1985	151.29	75.67	43.28	8.98	4.54	18.82
1986	176.04	83.61	55.29	11.36	5.43	20.35
1987	207.54	97.63	68.07	11.45	6.85	23.55
1988	251.83	115.61	85.08	15.05	7.42	28.67
1989	300.23	145.97	99.35	13.71	8.47	32.78
1990	335.98	175.03	107.91	13.83	9.43	29.78

注:本表按当年价格计算。

广西壮族自治区社会总产值

单位：亿元

年　份	社会总产值	工农业总产值	农业	工业	建筑业	运输业	商业
1952	17.85	15.54	11.49	4.05	0.66	0.27	1.38
1957	30.98	25.94	16.75	9.19	1.70	0.90	2.44
1962	32.34	26.61	17.08	9.53	1.69	1.90	2.95
1965	48.86	39.25	23.66	15.59	3.13	2.23	4.25
1970	68.02	54.26	26.85	27.41	5.30	2.73	5.72
1975	118.98	96.59	44.28	52.30	9.10	4.05	9.15
1978	145.94	116.14	46.17	69.97	13.27	4.99	11.53
1979	160.84	130.04	55.56	74.47	14.38	4.78	11.64
1980	174.62	140.94	62.30	78.63	15.40	4.95	13.33
1981	194.50	159.48	74.41	85.06	13.72	5.18	16.11
1982	224.24	180.96	88.23	92.73	17.11	6.54	19.63
1983	236.66	188.01	89.50	98.51	20.13	7.08	21.44
1984	258.59	204.50	95.02	109.49	21.74	8.75	23.59
1985	315.69	247.41	108.02	139.39	30.27	10.14	27.86
1986	362.60	283.48	118.69	164.79	36.52	12.06	30.54
1987	436.82	345.37	137.92	207.46	40.29	15.01	36.15
1988	556.04	440.94	168.94	272.00	53.24	16.95	44.91
1989	655.55	539.16	212.17	326.99	45.42	19.83	51.14
1990	722.56	605.66	252.23	353.43	45.13	21.94	49.83

注:本表按当年价格计算。

广西壮族自治区社会总产值
国民收入生产、消费、积累平衡统计

单位：亿元

年　份	社会总产值	物质消耗	国民收入生产额	国民收入使用额	消费额	积累额	积累率(%)
1978	145.94	82.15	63.79	72.63	51.72	20.91	28.8
1979	160.84	88.78	72.06	78.17	57.13	21.04	26.9
1980	174.62	93.49	81.13	90.22	67.94	22.28	24.7
1981	194.50	101.90	92.60	101.28	76.23	25.05	24.7
1982	224.24	112.73	111.51	117.47	92.10	25.37	21.6
1983	236.66	121.43	115.23	123.23	97.29	25.94	21.0
1984	258.59	133.18	125.41	136.69	110.34	26.35	19.3
1985	315.69	164.40	151.29	179.74	133.39	46.35	25.8
1986	362.60	186.56	176.04	198.08	147.72	50.36	25.4
1987	436.82	229.28	207.54	217.38	165.64	51.74	23.8
1988	556.04	304.21	251.83	274.90	208.29	66.60	24.2
1989	655.55	355.32	300.23	319.48	238.78	80.70	25.3
1990	722.56	386.58	335.98	342.15	267.10	75.05	21.9

注:本表按当年价格计算。

广西壮族自治区主要经济指标指数

(以1952年为100)

年　份	社会总产值	工农业总产值			国民收入
			农　业	工　业	
1952	100	100	100	100	100
1957	161.6	164.9	145.8	234.2	144.1
1962	135.3	141.1	107.9	261.8	131.0
1965	207.7	215.0	148.8	455.2	179.0
1970	283.0	320.3	170.5	864.8	215.5
1975	444.3	537.7	237.5	1686.9	326.4
1978	537.3	656.1	244.5	2307.0	354.4
1979	559.3	683.4	256.1	2395.1	371.7
1980	584.2	724.6	266.8	2565.7	403.0
1981	610.3	761.9	282.8	2685.2	432.6
1982	693.8	854.6	328.6	2923.5	500.7
1983	728.2	887.5	330.8	3117.5	513.9
1984	769.4	933.0	329.9	3416.7	537.2
1985	870.4	1052.0	336.8	4125.6	596.1
1986	942.7	1142.3	348.4	4615.3	656.0
1987	1058.4	1294.9	365.5	5460.5	712.5
1988	1166.5	1421.2	358.4	6324.0	749.9
1989	1216.7	1527.8	395.3	6716.1	779.1
1990	1297.0	1643.9	426.9	7266.8	835.2

注:本表按可比价格计算。

广西壮族自治区年末总人口及构成

单位：万人

年　份	年末总人口	#少数民族人口	按农业非农业分		按城乡分	
			农业人口	非农业人口	市镇人口	乡村人口
1949						
1952	1943		1712	231		
1957	2147		1918	229	175	1755
1962	2218		1980	238	218	1772
1965	2445		2183	262	241	2204
1970	2818	1059	2547	271		
1975	3201	1179	2878	323	315	2886
1978	3402	1272	3042	360	361	3041
1979	3470	1310	3184	386	373	3097
1980	3538	1335	3140	398	388	3150
1981	3613	1380	3202	411	404	3209
1982	3684	1405	3263	421	451	3233
1983	3733	1429	3302	431	455	3278
1984	3806	1470	3361	445	1434	2372
1985	3873	1510	3402	471	1483	2390
1986	3946	1543	3457	489	1506	2440
1987	4016	1572	3505	511	1529	2487
1988	4088	1597	3556	532	1710	2378
1989	4150	1618	3600	550	1877	2273
1990	4242	1650	3677	565	1960	2282

广西壮族自治区年末社会劳动者

单位：万人

年　份	合计	职工	全民所有制单位	城镇集体所有制单位	其他所有制单位	城镇个体劳动者	乡村劳动者
1952	917	73	26	47			844
1957	1003	76	59	17			927
1962	1018	96	78	18		3.06	919
1965	1090	111	86	25		2.10	977
1970	1226	137	107	30			1089
1975	1370	185	149	36		0.48	1184
1978	1456	237	199	38			1219
1979	1493	240	201	39		0.67	1252
1980	1551	248	208	40		2.17	1300
1981	1610	260	216	44		5.41	1340
1982	1673	267	223	44		7.76	1393
1983	1718	267	224	43		10.75	1435
1984	1781	270	214	56		15.50	1490
1985	1831	276	222	54	0.04	21.00	1534
1986	1896	284	229	55	0.11	25.95	1586
1987	1961	296	239	56	0.87	27.80	1637
1988	2012	303	246	55	1.39	31.34	1678
1989	2046	307	251	54	1.72	27.81	1712
1990	2109	312	259	51	2.07	28.93	1768

广西壮族自治区农村社会总产值

单位：万元

年　份	农村社会总产值	农　业	工　业	建筑业	运输业	商　业
1980	788800	633100	74900	34300	12600	33900
1981						
1982						
1983						
1984						
1985	1400700	1080200	123600	103100	28000	65800
1986	1585900	1186900	167800	119700	33900	77600
1987	1834200	1379200	232000	97800	39300	85900
1988	2294900	1689400	322100	121900	51800	109700
1989	2841300	2121700	380900	162900	47100	128700
1990	3297300	2522200	431900	155700	52700	134800

注:本表按当年价格计算。

广西壮族自治区农业总产值

单位：亿元

年份	农业总产值	种植业	林业	牧业	副业	渔业	农业总产值（按1980年不变价计算）
			按1952年不变价格计算				
1952	13.01	8.99	0.21	3.01	0.55	0.24	24.68
			按1957年不变价格计算				
1957	16.38	10.70	0.58	3.09	1.79	0.22	35.99
1962	12.12	9.40	0.53	1.61	0.42	0.17	26.63
1965	16.72	12.50	0.89	2.84	0.24	0.24	36.73
1970	19.16	14.63	1.01	2.98	0.26	0.28	42.09
			按1970年不变价格计算				
1975	41.30	32.14	2.21	5.66	0.63	0.66	58.62
1978	42.52	32.55	2.10	5.81	1.57	0.49	60.35
1979	44.54	34.40	2.31	5.58	1.84	042	63.22
1980	46.40	35.48	2.28	5.53	2.64	0.47	65.86
			按1980年不变价格计算				
1981	69.80	45.44	4.95	12.21	6.21	0.99	69.80
1982	81.11	53.32	5.18	15.13	7.24	1.25	84.11
1983	81.65	52.03	4.79	15.50	7.94	1.40	81.65
1984	81.42	48.78	5.44	16.37	9.36	1.46	81.42
1985	83.14	48.76	6.02	17.55	9.16	1.65	83.14
1986	85.99	49.89	6.27	18.13	9.83	1.88	85.99
1987	90.21	53.75	5.84	18.61	9.89	2.12	90.21
1988	88.46	50.16	5.99	18.66	11.38	2.27	88.46
1989	97.55	56.72	5.66	20.92	11.77	2.48	97.55
1990	105.36	61.47	7.08	23.26	10.72	2.83	105.36

注:本表按不变价格计算。

广西壮族自治区农业总产值指数

（以1952年为100）

年份	农业总产值	种植业	林业	牧业	副业	渔业
1952	100	100	100	100	100	100
1957	145.8	122.7	282.4	170.1	339.7	139.7
1962	107.9	107.8	254.8	88.3	79.3	109.8
1965	148.8	143.4	431.4	156.2	45.7	155.9
1970	170.5	167.9	490.5	163.7	49.7	176.0
1975	237.5	231.7	784.7	208.5	120.0	320.4
1978	244.5	234.6	746.3	214.3	298.1	238.1
1979	256.1	247.9	818.6	205.5	349.7	202.8
1980	266.8	255.7	809.8	203.7	502.4	228.8
1981	282.8	253.1	993.7	227.7	871.1	243.3
1982	328.6	291.5	1039.3	282.0	1014.9	307.4
1983	330.8	289.8	961.5	289.0	1112.9	344.2
1984	329.9	271.8	1093.0	305.3	1312.3	358.6
1985	336.8	271.6	1207.9	327.2	1285.1	403.5
1986	348.4	277.9	1258.0	338.0	1378.3	461.9
1987	365.5	299.5	1171.4	347.0	1387.1	519.8
1988	358.4	279.4	1202.5	347.9	1596.5	555.9
1989	395.2	316.0	1136.1	390.1	1650.6	608.2
1990	426.8	383.0	1082.7	398.7	1558.2	671.5

注:本表按可比价格计算。

广西壮族自治区主要农产品产量

单位：万吨

年份	粮食总产量	棉花	油料总产量	烟叶	甘蔗
1949	404.5				
1952	529.3	0.06	11.16	0.06	87.53
1957	584.9	0.05	13.00	0.12	87.38
1962	522.7	0.05	7.51	0.11	23.08
1965	666.7	0.33	11.36	0.84	154.17
1970	819.7	0.24	16.23	3.20	206.57
1975	1126.9	0.10	16.58	3.94	244.22
1978	1082.3	0.08	17.74	4.29	376.72
1979	1173.0	0.06	15.26	3.34	381.00
1980	1190.5	0.07	13.73	2.08	401.93
1981	1149.5	0.06	14.24	3.47	527.49
1982	1374.0	0.07	17.43	4.63	722.85
1983	1368.8		18.57	2.21	680.65
1984	1208.5		21.93	1.04	721.97
1985	1117.1		22.82	1.25	928.88
1986	1118.1		23.74	0.90	1121.40
1987	1210.2		18.57	1.26	1167.42
1988	1055.7		17.25	2.01	1353.38
1989	1270.8		23.01	3.33	1410.70
1990	1361.1		25.19	4.08	1501.84

广西壮族自治区年末牲畜存栏数和主要畜产品产量

单位：万头(只)、万吨

年份	牲畜年末存栏数				猪牛羊肉	羊毛
		大牲畜	生猪	羊		
1949						
1952	849.35	407.03	419.96	22.36		
1957	1112.05	474.78	607.82	29.45		
1962	792.61	364.14	401.75	26.72		
1965	1221.53	436.67	734.71	50.15		
1970	1364.95	429.40	872.32	63.23		
1975	1765.50	453.00	1209.71	102.79		
1978	1772.35	431.25	1246.31	94.79		
1979	1623.73	433.24	1102.99	87.50	37.40	
1980	1543.83	429.42	1034.09	80.32	40.23	
1981	1650.28	446.95	1125.29	78.04	43.26	
1982	1844.03	480.04	1284.15	79.84	51.12	
1983	1935.76	503.95	1355.26	76.55	57.16	
1984	1964.95	543.25	1349.95	71.75	62.73	
1985	2085.03	582.71	1435.73	66.59	62.06	
1986	2245.51	618.10	1563.79	63.62	63.57	
1987	2282.33	651.02	1564.64	66.67	71.05	
1988	2268.95	672.94	1527.24	68.77	73.89	
1989	2407.09	698.50	1634.04	74.55	79.50	
1990	2553.90	730.85	1742.49	80.56	90.52	

广西壮族自治区乡村劳动力、耕地面积和播种面积

年　份	乡村户数（万户）	乡村劳动力（万人）	耕地面积（万亩）	播种面积（万亩）	#粮食播种面积
1949					
1952	437	844	3859.03	5479.05	5136.09
1957	484	927	4154.84	6929.41	6316.13
1962	511	919	3720.43	5983.56	5418.02
1965	538	977	3727.23	6175.53	5482.83
1970	577	1089	3721.67	7090.95	5762.89
1975	618	1184	3892.10	7930.30	6466.54
1978	661	1219	3937.15	8036.23	6427.00
1979	666	1252	3941.31	7653.59	6141.64
1980	676	1300	3955.35	7316.32	5935.73
1981	694	1340	3951.75	7243.82	5899.61
1982	706	1393	3946.35	7215.50	5909.68
1983	718	1435	3930.08	6938.15	5751.45
1984	734	1490	3860.54	6766.78	5535.75
1985	757	1534	3858.31	6665.14	5170.89
1986	783	1586	3845.73	6821.68	5295.89
1987	808	1637	3847.43	6917.28	5309.19
1988	831	1678	3854.07	7103.22	5266.11
1989	867	1712	3867.72	7424.61	5395.35
1990	757	1768	3893.90	7711.91	5459.90

广西壮族自治区农业机械化情况

年　份	农业机械总动力（亿瓦特）	大中型拖拉机（台）	小　型拖拉机（台）	机耕地面　积（万亩）	有效灌溉面积（万亩）	化肥施用量折　纯（万吨）	农村用电量（万千瓦小时）
1952					801.63		
1957					1309.06		
1962		900		91.77	1413.53		
1965	0.26	1200	100	109.53	1464.82		
1970	4.45	2300	2600	188.00	1870.93		
1975	18.21	11900	22600	719.32	2193.45		
1978	31.30	20600	67300	1375.72	2206.20		
1979	35.09	21500	88600	1310.98	2192.49		
1980	39.05	22300	104300	1173.88	2149.07	39.72	47600
1981	41.13	22100	107600	964.74	2120.37	44.60	47900
1982	41.39	21400	107400	893.04	2108.98	53.03	51700
1983	42.60	20400	113700	927.00	2105.35	51.97	58600
1984	44.75	19800	122900	823.94	2075.10	49.51	76700
1985	47.30	19200	132800	699.90	2022.23	52.07	75800
1986	55.73	20300	159600	858.51	2025.04	56.99	86400
1987	62.54	19900	181500	921.69	2061.06	63.55	95400
1988	68.55	19100	199200	987.03	2006.47	67.85	97000
1989	74.18	17700	214400	995.08	1995.29	73.46	109400
1990	78.42	16433	230005	1018.99	2235.65	86.24	126000

广西壮族自治区工业总产值

（按经济类型分类）

单位：亿元

年　　份	工　业 总产值	全　民 所有制	集　体 所有制	#乡　　办	#村　　办	城乡个 体工业	其他经济 类型工业
1952	4.05	1.21	2.84				
1957	9.20	5.89	3.31				
1962	9.53	7.13	2.13		0.19		0.27
1965	15.59	11.58	2.95		0.69		1.06
1970	27.41	21.93	4.33		0.84		1.15
1975	52.31	40.73	8.45		3.13		3.13
1978	69.97	55.17	11.61	2.92	3.19		3.19
1979	74.47	58.95	11.84	2.98	3.68		3.68
1980	78.63	61.27	13.61	3.20	3.76		3.75
1981	85.07	67.50	13.96	3.25	3.51	0.10	3.51
1982	92.73	74.01	14.59	3.55	3.96	0.17	3.96
1983	98.51	78.93	15.19	4.08	3.93	0.46	3.93
1984	109.49	84.89	19.10	3.51	4.11	1.38	4.12
1985	139.39	108.42	22.81	4.26	2.73	3.13	5.03
1986	164.79	124.74	27.16	6.17	3.00	2.11	10.78
1987	207.46	154.59	34.43	7.93	3.64	9.36	9.08
1988	272.00	197.27	48.66	11.48	4.96	12.81	13.26
1989	326.99	239.15	55.27	13.31	5.35	15.74	16.83
1990	353.43	255.09	72.38	15.21	6.05	20.23	5.73

注:本表按当年价格计算。

广西壮族自治区工业总产值

（按轻重工业分类）

单位：亿元

年　　份	工　业 总产值 (一)	轻　工　业	重　工　业	工业总产值 (按1980年不 变价格计算) (二)
		按1952年不变价格计算		
1952	3.60	2.88	0.72	6.87
		按1957年不变价格计算		
1957	7.23	5.01	2.22	7.43
1962	7.81	5.49	2.32	8.30
1965	12.99	8.44	4.55	14.44
1970	25.53	13.63	11.90	27.41
		按1970年不变价格计算		
1975	50.32	27.20	23.12	53.47
1978	69.91	37.47	32.44	73.12
1979	72.20	39.50	32.70	75.92
1980	77.54	45.51	32.03	81.32
		按1980年不变价格计算		
1981	81.51	52.11	29.40	85.11
1982	88.54	56.48	32.06	92.67
1983	94.43	58.97	35.46	98.82
1984	102.81	61.53	41.28	108.30
1985	122.77	70.60	52.17	130.77
1986	135.48	78.43	57.05	146.29
1987	158.00	91.72	66.68	173.08
1988	181.71	107.12	74.59	200.46
1989	192.81	113.24	79.57	212.82
1990	207.17	122.15	85.02	230.34

注:1.本表按不变价格计算。

2.工业总产值(一)是各年度乡及乡以上工业总产值，工业总产值(二)包括村及村以下工业总产值

广西壮族自治区工业总产值指数

(以1952年为100)

年份	工业总产值	轻工业	重工业
1952	100	100	100
1957	234.2	202.4	361.3
1962	261.8	229.2	391.6
1965	455.2	368.6	802.5
1970	864.8	584.4	1992.7
1975	1686.9	1094.8	4079.5
1978	2307.0	1474.1	5687.1
1979	2395.1	1562.2	5756.5
1980	2565.7	1788.0	5635.5
1981	2685.2	2051.3	5062.7
1982	2923.5	2229.8	5527.6
1983	3117.5	2332.1	6100.1
1984	3416.7	2465.7	7090.7
1985	4125.6	2862.2	9078.4
1986	4615.3	3222.7	10062.7
1987	5460.8	3807.3	11930.6
1988	6323.3	4444.7	13659.2
1989	6714.0	4637.6	14867.7
1990	7264.5	5592.6	17522.8

注:本表按可比价格计算。

广西壮族自治区主要工业产品产量

单位：万吨

年份	原煤	发电量(亿千瓦小时)	原油	生铁	钢	水泥	农用化肥	纱(混合数)	布(混合数)(亿米)	机制纸及纸板	木材(万立方米)	卷烟(万箱)
1949												
1952	9.74	0.35		0.24					0.29	0.02	50.08	1.59
1957	52.15	1.26		0.77					0.37	0.15	125.95	3.32
1962	166.14	3.80		0.76	0.01	1.89	0.19	0.02	0.08	0.75	49.27	1.25
1965	143.02	6.37			0.02	43.40	4.20	0.44	0.30	1.19	92.46	4.65
1970	302.83	15.50		10.42	5.44	92.07	7.59	0.69	0.60	3.24	119.24	8.15
1975	605.47	35.19		23.21	12.89	165.23	20.17	1.07	0.79	7.73	142.98	20.68
1978	828.54	49.47		32.09	19.02	224.38	23.75	1.41	0.92	11.91	186.87	29.77
1979	722.38	52.30		34.35	21.16	229.82	25.05	1.90	1.05	11.80	194.64	37.08
1980	589.66	53.64	0.10	18.04	20.82	225.00	29.01	2.50	1.36	11.55	178.52	50.62
1981	560.87	58.82	0.60	26.75	22.76	245.91	30.51	3.44	1.47	12.79	159.70	58.39
1982	643.34	60.23	1.44	22.23	24.50	274.49	28.91	3.92	1.76	13.53	179.85	58.75
1983	756.58	65.62	2.05	20.94	22.44	307.91	29.56	3.66	1.60	13.78	178.40	50.76
1984	729.24	70.60	3.16	25.99	29.20	337.88	29.65	3.63	1.33	15.06	204.00	58.00
1985	598.90	81.82	3.59	41.93	39.05	416.34	29.74	4.56	1.52	19.01	182.10	65.57
1986	639.18	90.97	4.26	39.39	38.60	457.67	33.17	5.23	1.79	21.24	192.23	74.67
1987	797.97	102.62	7.42	41.88	41.73	555.20	37.51	5.90	1.87	25.46	217.10	93.71
1988	1035.37	102.43	9.00	40.96	38.29	572.76	35.65	5.95	1.93	26.27	234.10	98.09
1989	1140.45	109.29	10.54	44.40	41.67	639.07	36.03	6.12	1.89	31.02	192.11	105.74
1990	979.45	125.62	12.00	58.98	52.41	765.28	41.35	6.48	1.77	33.50	234.63	108.45

广西壮族自治区运输、邮电情况

年份	铁路通车里程(公里)	公路线路里程(公里)	货物周转量(亿吨公里)		旅客周转量(亿人公里)		邮电局(所)数(个)	邮路总长度(公里)
			铁路	公路	铁路	公路		
1949								
1952	978	5608	3.31	0.16		0.45	1360	39147
1957	1358	9636	19.74	1.02	6.91	2.22	1285	93997
1962	1401	17589	26.00	1.36	19.45	4.51	1234	98601
1965	1405	18181	66.27	2.46	13.88	4.69	1186	126190
1970	1405	20596	95.11	4.09	22.67	6.79	1290	142355
1975	1659	27512	120.41	6.34	19.81	12.65	1428	175951
1978	1715	29773	153.93	7.54	21.64	16.89	1430	181579
1979	1710	30692	142.42	6.57	29.02	19.91	1428	179295
1980	1710	31624	132.52	5.77	31.11	25.05	1374	179693
1981	1711	31823	136.60	5.95	32.93	29.77	1373	176975
1982	1711	32156	144.38	7.29	34.83	34.89	1386	174272
1983	1747	32529	153.10	7.80	39.16	42.44	1416	178804
1984	1873	32757	168.03	6.72	44.86	54.05	1374	180927
1985	2114	32972	200.52	6.21	55.72	66.50	1387	182622
1986	2116	33222	214.09	5.44	57.60	66.36	1387	176508
1987	2292	33927	221.97	5.62	66.94	73.19	1401	171565
1988	2292	35400	262.73	5.69	87.11	68.84	1405	170626
1989	2291	35945	266.59	4.81	82.15	67.03	1403	163459
1990	2081	36214	242.10	3.70	61.00	93.31	1416	165212

注:旅客货物周转量为交通部门数。

广西壮族自治区全民所有制单位固定资产投资

单位：亿元

年份	固定资产投资				新增固定资产
		基建投资	更新改造	其他投资	
1980	12.18	10.31	1.87		8.90
1981	10.19	6.83	3.36		7.91
1982	13.54	8.60	4.94		9.39
1983	14.38	8.86	4.78	0.74	10.23
1984	16.43	10.80	4.57	1.06	13.64
1985	24.74	16.74	7.12	0.88	16.32
1986	30.37	19.09	10.84	0.45	22.07
1987	40.83	17.67	20.40	2.76	26.28
1988	52.94	22.35	27.39	3.20	33.60
1989	43.16	20.77	19.53	2.84	38.10
1990	38.97	21.29	16.96	0.72	35.67

广西壮族自治区社会商业情况

单位：亿元

年份	社会零售商业机构(个)	社会零售商业人员(人)	社会商品零售总额	社会商品零售总额按用途对象分	
				消费品	农业生产资料
1952			5.46	5.01	0.45
1957	20998	73614	9.99	9.30	0.69
1962	18524		13.50	12.51	0.99
1965			17.16	15.36	1.80
1970			21.09	17.68	3.42
1975			32.59	26.10	6.49
1978	8887	94400	41.57	33.59	7.98
1979	40245	266400	47.08	38.79	8.29
1980	57397	303376	54.83	45.72	9.11
1981	76433	335475	59.09	49.92	9.18
1982	82032	223374	65.21	54.58	10.64
1983	198067	516511	71.06	59.78	11.27
1984	278474	628535	80.02	68.64	11.37
1985	327006	737637	101.12	88.60	12.52
1986	327111	739058	115.18	100.24	14.95
1987	380680	843987	136.58	117.85	18.73
1988	390749	869793	181.72	156.98	24.74
1989	372723	825571	197.92	169.94	27.98
1990	370222	670769	206.45	175.44	31.01

年份	社会商品零售总额按经济类型分					国内纯购进总额	
	全民所有制	集体所有制	合营	个体	农民对非农业居民		#农副产品
1952						1.16	1.00
1957						6.30	4.63
1962						8.71	3.56
1965						12.05	7.09
1970						16.28	8.41
1975						29.74	11.70
1978						36.98	13.03
1979						39.88	14.89
1980						45.31	17.48
1981	25.21	27.83		0.93	5.12	47.86	17.52
1982	27.54	29.79		2.03	5.85	50.80	20.26
1983	30.27	28.92		5.86	6.01	53.87	23.20
1984	32.15	29.24	0.02	11.72	6.89	52.60	20.43
1985	36.20	34.48		21.18	9.26	60.46	18.53
1986	41.75	35.50	0.04	26.46	11.44	76.30	23.47
1987	49.38	39.86	0.17	32.62	14.56	103.20	30.72
1988	67.16	51.91	0.25	44.54	17.86	137.31	35.99
1989	69.24	57.17	0.26	51.32	19.93	149.25	40.92
1990	69.31	58.50	0.39	57.32	20.93	170.52	48.30

广西壮族自治区地方财政收支情况

单位：亿元

年份	财政收入	财政支出	收支差额
1950	0.66	0.45	0.21
1951	1.74	0.93	0.81
1952	2.19	1.69	0.50
1953	2.62	1.79	0.83
1954	3.26	1.95	1.31
1955	3.27	2.34	0.93
1956	3.21	3.20	0.01
1957	2.98	3.34	−0.36
1958	4.66	6.13	−1.47
1959	6.29	8.53	−2.24
1960	6.02	10.99	−4.97
1961	3.30	5.36	−2.06
1962	3.40	3.68	−0.28
1963	3.61	4.27	−0.66
1964	4.14	5.49	−1.35
1965	4.89	6.15	−1.26
1966	5.60	7.12	−1.52
1967	4.48	6.16	−1.68
1968	2.57	4.57	−2.00
1969	5.25	7.24	−1.99
1970	7.34	9.16	−1.82
1971	7.97	10.44	−2.47
1972	8.90	12.32	−3.42
1973	9.56	12.46	−2.90
1974	10.79	13.19	−2.40
1975	11.10	13.16	−2.06
1976	10.97	14.20	−3.23
1977	12.08	14.51	−2.43
1978	14.32	20.78	−6.46
1979	12.05	20.60	−8.55
1980	12.29	17.44	−5.15
1981	12.72	16.04	−3.32
1982	13.03	17.44	−4.41
1983	13.58	18.84	−5.26
1984	13.47	23.06	−9.59
1985	20.18	29.75	−9.57
1986	25.23	42.22	−16.99
1987	30.54	44.70	−17.16
1988	33.89	53.27	−19.38
1989	41.41	58.22	−16.81
1990	47.61	65.77	−18.16

广西壮族自治区职工工资情况

年份	职工工资总额(万元)	#全民所有制	#集体所有制	平均工资(元)	#全民所有制	#集体所有制
1952		7109			315	
1957		27788			487	
1962		38458			464	
1965		42802			514	
1970		48917			493	
1975		77116			539	
1978	125012	107460	17552	543	559	462
1979	140888	121233	19655	601	620	513
1980	173582	149574	24009	714	735	609
1981	182777	157342	25435	721	748	591
1982	197542	169708	27833	760	782	647
1983	207332	178875	28457	787	810	670
1984	262309	219622	42687	983	1039	770
1985	289888	243143	46711	1077	1126	880
1986	355073	299732	55209	1282	1344	1025
1987	412020	347475	63492	1438	1502	1166
1988	504672	428302	74271	1720	1798	1376
1989	544094	464594	79500	1819	1887	1502
1990	624048	538257	81949	2049	2135	1624

广西壮族自治区城乡居民家庭生活情况

单位：元

年份	农业居民		非农业居民
	人均纯收入	人均消费水平	人均消费水平
1980	173	151	
1981	204	171	423
1982	235	210	399
1983	262	224	427
1984	267	238	492
1985	302	268	664
1986	316	284	740
1987	354	309	860
1988	424	362	1198
1989	483	419	1296
1990	500	409	1338

广西壮族自治区各级学校数

单位：所

年份	普通高等学校	中等学校	中等专业学校	普通中学	小学
1952	3	209	27	182	29128
1957	3	451	33	418	23208
1965	11	2212	78	475	40433
1975	10	2221	149	2069	13393
1978	16	2433	172	2212	13448
1979	17	2621	156	2395	13295
1980	18	2597	171	2096	14065
1981	18	2918	180	2450	14364
1982	16	2881	185	2398	14470
1983	17	2974	118	2530	14597
1984	19	3067	111	2658	14636
1985	23	2963	115	2556	14875
1986	23	3025	123	2596	15199
1987	23	3046	121	2619	15384
1988	24	3096	123	2666	15547
1989	24	3136	120	2692	15728
1990	24	2872	121	2751	15789

广西壮族自治区各级学校专任教师数

单位：人

年份	普通高等学校	中等学校	中等专业学校	普通中学	小学
1952	147	4644	558	4086	63339
1957	628	8820	1101	7719	69742
1965	1886	17960	1697	11746	146884
1975	2448	81965	2809	79025	191026
1978	3396	112574	4294	108280	191295
1979	4220	106103	4128	101243	200827
1980	4985	99357	4214	92799	201979
1981	4174	89010	4497	82230	206647
1982	4670	80949	5259	72981	207829
1983	5079	77397	4986	69173	209468
1984	5486	78414	5342	69483	211585
1985	5954	80281	5604	70780	211113
1986	6406	75252	5970	73770	209931
1987	6403	88167	6588	76191	207891
1988	6687	92590	6976	79646	209307
1989	6812	93186	7157	79991	206159
1990	6834	88786	7268	81518	204686

广西壮族自治区各级学校在校学生数

单位：人

年份	普通高等学校	中等学校	中等专业学校	普通中学	小学（万人）
1952	1100	17900	9600	8300	200.17
1957	3900	197500	16400	181100	249.84
1965	7900	356500	21700	212900	400.79
1975	13000	1662600	22700	1638800	540.80
1978	20900	2257400	40700	2211200	511.69
1979	21000	1860900	49300	1801500	503.02
1980	25500	1633100	39600	1558800	502.48
1981	24300	1309300	34500	1246100	504.06
1982	21100	1152700	31900	1092900	513.83
1983	21800	1138600	34900	1063700	516.42
1984	24400	1205900	42200	1114800	523.63
1985	30500	1272500	51000	1163200	531.45
1986	33800	1363100	55000	1246500	544.30
1987	34500	1437000	56600	1306300	546.57
1988	37500	1454400	66700	1314300	537.55
1989	37800	1473900	72300	1319100	547.58
1990	37762	1579000	71730	1507270	560.55

广西壮族自治区卫生机构、床位、人员

年份	机构（个）	#医院	床位（张）	#医院	卫生技术人员(人)	#医生
1952	603	101	5628	4974	4855	1248
1957	6129	114	9667	8402	39325	15636
1962	5635	182	19649	16622	31651	16377
1965	7115	223	25101	18837	41703	21574
1970	2236	1154	32498	27052	36160	17937
1975	4100	1182	42489	38299	47314	20534
1978	4865	1205	48793	43500	55778	25988
1979	5201	1217	50925	45358	62738	29108
1980	5359	1231	53080	47608	66667	30023
1981	5625	1251	54431	49140	73731	35257
1982	5822	1275	56365	51182	78757	37671
1983	5874	1283	57770	52274	84778	40365
1984	5890	1327	59113	54389	88084	41504
1985	5861	1346	62422	57300	94359	43796
1986	5853	1397	64865	59516	96377	44399
1987	5959	1401	66823	61626	100513	54776
1988	5929	1438	69801	64600	104363	49207
1989	5725	1475	71630	66505	106567	50979
1990	5791	1496	74843	69005	107815	51163

西藏自治区国民生产总值

单位：亿元

年份	国民生产总值				国民生产总值指数（以1985年为100）
		第一产业	第二产业	第三产业	
1978					
1979					
1980					
1981					
1982					
1983					
1984					
1985	17.72	8.87	3.09	5.76	100
1986	16.93	7.95	2.18	6.80	95.5
1987	17.71	8.07	2.13	7.51	99.9
1988	20.25	9.65	2.41	8.19	114.2
1989	21.86	10.04	2.84	8.98	123.3
1990	24.45	10.85	3.57	10.03	130.6

注:本表绝对数按当年价格计算，指数按可比价格计算。

西藏自治区国民收入

单位：亿元

年份	国民收入					
		农业	工业	建筑业	运输业	商业
1952						
1957						
1962						
1965						
1970						
1975						
1978						
1979	3.94	2.30	0.47	0.91	−0.03	0.29
1980	4.80	3.28	0.50	0.89	−0.17	0.30
1981	5.91	4.57	0.44	0.63		0.27
1982	5.80	4.22	0.50	0.86	0.02	0.20
1983	5.55	3.90	0.60	0.82	−0.05	0.28
1984	9.10	5.76	0.91	1.61	−0.02	0.84
1985	12.58	8.79	1.04	1.84	−0.03	0.94
1986	11.07	7.68	0.85	1.13	0.20	1.21
1987	12.29	8.19	0.91	1.40	0.25	1.54
1988	15.67	10.34	1.15	1.65	0.53	2.00
1989	16.80	10.72	1.49	1.90	0.62	2.07
1990	18.76	11.93	1.64	2.43	1.01	1.75

注:本表按当年价格计算。

西藏自治区社会总产值

单位：亿元

年份	社会总产值	工农业总产值			建筑业	运输业	商业
			农业	工业			
1952							
1957							
1962		2.21	1.99	0.22			
1965		2.88	2.64	0.24			
1970		3.18	2.80	0.38			
1975		4.53	3.40	1.13			
1978		5.42	3.92	1.50			
1979	10.28	5.75	4.08	1.67	2.69	0.85	0.99
1980	9.71	6.81	5.32	1.53	1.75	0.60	0.51
1981	10.70	7.78	6.57	1.21	1.80	0.61	0.51
1982	10.98	7.73	6.34	1.38	2.19	0.60	0.47
1983	11.17	7.41	5.95	1.47	2.09	0.96	0.70
1984	17.51	9.85	7.92	1.93	4.79	1.05	1.82
1985	22.24	13.01	10.89	2.12	5.83	1.22	2.18
1986	20.31	11.94	9.92	2.02	3.60	1.36	3.41
1987	22.09	12.54	10.38	2.16	4.01	1.64	3.90
1988	27.53	15.60	12.95	2.65	5.15	1.72	5.06
1989	29.60	16.44	13.58	2.86	6.10	1.80	5.26
1990	34.43	18.71	14.99	3.72	7.04	2.24	6.44

注:本表按当年价格计算。

西藏自治区社会总产值 国民收入生产、消费、积累平衡统计

单位：亿元

年份	社会总产值	物质消耗	国民收入生产额	国民收入使用额	消费额	积累额	积累率(%)
1978							
1979	10.28	6.34	3.94	7.55	5.33	2.22	29.5
1980	9.71	4.91	4.80	8.17	6.20	1.97	24.2
1981	10.70	4.79	5.91	9.25	7.45	1.80	19.5
1982	10.98	5.18	5.80	10.49	8.00	2.49	23.7
1983	11.17	5.62	5.55	9.93	7.51	2.42	24.3
1984	17.51	8.41	9.10	12.74	9.63	3.11	24.4
1985	22.24	9.66	12.58	20.12	11.29	8.83	43.9
1986	20.31	9.24	11.07	15.38	11.56	3.82	24.8
1987	22.09	9.80	12.29	18.25	12.87	5.38	29.5
1988	27.53	11.86	15.67	19.24	14.26	4.98	25.9
1989	29.60	12.80	16.80	26.42	17.47	8.95	33.9
1990	34.43	15.67	18.76	27.57	20.05	7.52	27.3

注:本表按当年价格计算。

西藏自治区主要经济指标指数

(以 1959 年为 100)

年份	社会总产值	工农业总产值	农业	工业	国民收入
1952					
1959		100	100	100	
1962		118.6	138.0	51.6	
1965		154.3	183.3	54.1	
1970		170.1	194.4	85.9	
1975		234.9	236.0	230.7	
1978		279.5	272.1	305.1	
1979	100	295.9	282.1	340.8	100
1980	94.5	313.8	314.0	313.1	122.1
1981	104.1	311.7	338.3	279.6	150.2
1982	106.8	312.0	335.8	229.6	147.5
1983	108.7	295.6	310.4	244.5	141.1
1984	170.4	339.5	345.8	317.5	231.2
1985	216.4	374.2	388.3	325.7	319.6
1986	197.7	345.5	369.7	302.0	281.4
1987	215.0	376.4	386.0	343.2	312.2
1988	267.9	392.2	396.2	378.5	398.1
1989	281.8	413.8	409.8	414.1	408.8
1990	308.0	433.7	427.8	440.3	427.2

注：1.本表按可比价格计算；

2.社会总产值、国民收入以 1979 年为 100。

西藏自治区年末总人口及构成

单位：万人

年份	年末总人口	#少数民族人口	按农业非农业分：农业人口	按农业非农业分：非农业人口	按城乡分：市镇人口	按城乡分：乡村人口
1949						
1952						
1957						
1962	130.00		118	12		
1965	137.00		124	13		
1970	151.00		134	17		
1975	169.00		145	24		
1978	174.24	162.98	152	27		
1979	183.00	167.93	155	28		
1980	185.28	173.04	156	29		
1981	185.95	175.97	160	26	18	168
1982	189.24	180.07	164	25	24	165
1983	193.14	185.18	168	25	19	174
1984	196.68	189.05	172	25	20	177
1985	199.48	192.39	173	26	20	179
1986	202.49	195.26	176	26	20	182
1987	207.95	200.07	179	29	26	182
1988	212.31	204.32	182	30	28	184
1989	215.91	208.41	186	30	36	180
1990	218.05	211.31	188	30	36	182

西藏自治区年末社会劳动者

单位：万人

年份	合计	职工	全民所有制单位	城镇集体所有制单位	其他所有制单位	城镇个体劳动者	乡村劳动者
1952							
1957							
1962							
1965							
1970							
1975							
1978	94	13	12	1			81
1979	98	18	17	1			80
1980	101	19	18	1			82
1981	100	17	16	1			83
1982	102	18	17	1			84
1983	102	18	16	1			84
1984	105	18	16	2			87
1985	106	17	15	2		1	88
1986	107	16	15	1		2	89
1987	108	16	15	1		2	90
1988	107	16	15	1		2	89
1989	108	16	15	1		1	90
1990	109	16	15	1		2	91

西藏自治区农村社会总产值

单位：万元

年份	农村社会总产值	农业	工业	建筑业	运输业	商业
1980						
1981						
1982						
1983						
1984						
1985	117142	106316	1233	3410	3106	3077
1986	106147	97385	1199	2315	2303	2345
1987	113062	102986	3204	1997	1993	2882
1988	139970	128528	3053	2365	2541	3483
1989	146382	135808	2064	2436	3014	3060
1990	184261	172324	2055	2713	3433	3736

注:本表按当年价格计算。

西藏自治区农业总产值

单位：亿元

年　份	农业总产值	种植业	林　业	牧　业	副　业	渔　业	农业总产值(按1980年不变价格计算)
1952							1.83
1957							2.00
1962							2.55
1965							3.38
1970							3.59
按1970年不变价格计算							
1975	3.40	1.30	0.01	2.00	0.09		4.36
1978	3.93	1.41	0.02	2.35	0.15		5.02
1979	4.08	1.22	0.04	2.47	0.35		5.22
1980	5.32	2.12	0.05	2.68	0.47		5.80
按1980年不变价格计算							
1981	6.24	2.09	0.05	3.62	0.48		6.24
1982	6.20	2.05	0.10	3.39	0.66		6.20
1983	5.73	1.61	0.12	3.14	0.85		5.73
1984	6.38	2.14	0.12	3.42	0.69		6.38
1985	7.17	2.28	0.14	3.81	0.93		7.17
1986	6.82	1.95	0.11	4.09	0.66		6.82
1987	7.12	2.04	0.11	4.32	0.64		7.12
1988	7.31	2.20	0.13	4.18	0.80		7.31
1989	7.37	2.36	0.11	4.12	0.78		7.37
1990	7.89	2.77	0.14	4.09	0.89		7.89

注:本表按不变价格计算。

西藏自治区农业总产值指数

(以1959年为100)

年　份	农业总产值	种植业	林　业	牧　业	副　业	渔　业
1952						
1959	100	100	100	100	100	
1962	138.0	147.8	116.3	132.9	133.5	
1965	183.3	181.0	145.3	184.5	174.6	
1970	194.4	185.1	85.5	199.2	189.7	
1975	236.0	279.7	795.3	210.8	270.3	
1978	272.1	304.5	1254.7	247.3	421.3	
1979	282.9	265.2	3004.1	260.6	999.8	
1980	314.0	344.8	2686.6	265.7	1066.8	
1981	338.3	339.5	3076.7	305.3	1076.6	
1982	335.8	332.5	5804.7	286.2	1473.4	
1983	310.4	261.4	7121.5	265.3	1909.9	
1984	345.8	347.6	6886.0	288.9	1561.6	
1985	388.3	370.5	8224.4	321.7	2081.9	
1986	369.7	317.3	6339.5	345.6	1487.0	
1987	386.0	331.2	6581.4	364.8	1449.2	
1988	396.2	357.2	7403.5	364.1	1795.7	
1989	399.4	382.9	6264.5	347.6	1756.4	
1990	427.3	448.8	7973.0	344.8	1998.8	

注:本表按可比价格计算。

西藏自治区主要农产品产量

单位：万吨

年　份	粮食总产量	棉　花	油料总产量	烟　叶	甜　菜
1952	15.53				
1957	16.79				
1962	23.96		0.40		
1965	29.07		0.53		
1970	29.49		0.60		
1975	44.58		0.88		
1978	51.34		0.79		
1979	42.32		0.79		
1980	50.50		1.08		
1981	48.37		1.19		
1982	44.78		1.10		
1983	36.88		0.99		
1984	49.45		1.30		
1985	53.07		1.45		
1986	45.44		1.16		
1987	46.70		1.18		
1988	50.87		1.42		
1989	55.00		1.70		
1990	55.50		1.71		

西藏自治区年末牲畜存栏数和主要畜产品产量

单位：万头(只)、万吨

年　份	牲畜年末存栏数				猪牛羊肉	羊　毛
		大牲畜	生　猪	羊		
1949						
1952	974.63	246	3.63	725		
1957	1052.92	266	3.92	783		
1962	1271.48	324	7.48	940		
1965	1700.58	459	12.58	1229		
1970	1918.89	484	11.89	1423		
1975	2117.04	488	18.04	1611		
1978	2347.83	509	24.83	1814	4.71	
1979	2349.70	508	24.70	1817	5.12	0.95
1980	2351.00	502	24.00	1825	4.75	1.06
1981	2502.80	542	15.80	1945	5.70	0.94
1982	2307.35	548	15.35	1744	6.05	0.89
1983	2138.44	532	13.44	1593	6.51	0.92
1984	2168.51	531	12.51	1625	6.21	0.87
1985	2179.23	539	13.23	1627	7.07	0.90
1986	2257.43	556	14.43	1687	7.48	0.93
1987	2325.63	563	15.63	1747	8.80	0.99
1988	2319.35	568	15.35	1736	8.64	0.94
1989	2299.40	578	15.40	1706	9.00	0.93
1990	2247.07	554	16.35	1677	8.78	0.92

西藏自治区乡村劳动力、耕地面积和播种面积

年份	乡村户数（万户）	乡村劳动力（万人）	耕地面积（万亩）	播种面积（万亩）	
					#粮食播种面积
1949					
1952	21.00		245.00	202.29	193.40
1957			250.50	210.33	201.00
1962	26.08		291.14	255.04	241.60
1965	27.60	68.00	304.15	277.02	265.30
1970	29.11		327.46	300.34	283.10
1975	32.20		338.60	315.06	294.50
1978	34.89	82.00	341.40	329.75	307.50
1979	34.39	80.38	344.85	330.00	310.39
1980	34.42	81.82	343.00	331.00	298.00
1981	35.79	83.05	337.71	321.22	289.96
1982	34.25	84.16	341.04	327.71	295.26
1983	36.01	84.39	343.69	319.13	288.12
1984	35.34	86.64	338.15	319.82	287.63
1985	35.49	87.83	335.33	314.96	291.05
1986	36.38	89.64	333.49	316.26	285.34
1987	36.28	90.15	332.10	314.28	285.10
1988	36.53	89.15	332.25	312.68	281.79
1989	37.63	90.33	333.53	317.63	284.36
1990	33.49	90.85	333.73	320.57	281.60

西藏自治区农业机械化情况

年份	农业机械总动力（亿瓦特）	大中型拖拉机（台）	小型拖拉机（台）	机耕地面积（万亩）	有效灌溉面积（万亩）	化肥施用量（折纯）（万吨）	农村用电量（万千瓦小时）
1952							
1957							
1962							
1965					97.89		
1970							
1975		465	830	42.45	165.85	0.44	
1978		1269	3549	79.56	226.70	2.00	
1979		1586	4383	93.74	229.22	1.69	1971
1980		1983	5412	91.58	222.71	1.60	1537
1981	2.76	2071	5714	81.64	218.71	0.12	1199
1982	2.84	2191	5842	76.45	206.10	0.53	878
1983	2.47	2500	4362	67.11	181.46	0.84	951
1984	2.87	2727	4784	45.67	167.72	1.13	843
1985	3.34	2667	5618	32.51	199.96	0.77	976
1986	3.53	2620	5882	27.21	185.20	0.52	1035
1987	3.61	2386	6054	23.99	194.10	0.53	1180
1988	4.50	2351	6829	26.63	180.70	1.21	1224
1989	4.60	2300	8100	27.14	181.20	3.90	1320
1990	4.54	2314	8414	25.61	189.60	1.55	1428

西藏自治区工业总产值

(按经济类型分类)

单位：亿元

年份	工业总产值	全民所有制	集体所有制	#乡办	#村办	城乡个体工业	其他经济类型工业
1952							
1957							
1962							
按 1957 年不变价格计算							
1965	0.23	0.18	0.05				
1970	0.37	0.29	0.08				
按 1970 年不变价格计算							
1975	1.13	0.86	0.27				
1978	1.49	1.14	0.35				
1979	1.67	1.28	0.39				
1980	1.54						
按 1980 年不变价格计算							
1981	1.17	1.05	0.12				
1982	1.22	1.12	0.10				
1983	1.30	1.17	0.12				
1984	1.69	1.15	0.17				
1985	1.73	1.14	0.16				
1986	1.61	1.02	0.19				
1987	1.83	1.22	0.21				
1988	2.02	1.21	0.25				
1989	2.21	1.31	0.27				
1990	1.64	1.21	0.35	0.02	0.01	0.08	

注:本表按不变价格计算.

西藏自治区工业总产值

(按轻重工业分类)

单位：亿元

年份	工业总产值	轻工业	重工业	工业总产值(按 1980 年不变价格计算)
1952				
1957				0.04
1962				0.27
按 1957 年不变价格计算				
1965	0.23	0.08	0.15	0.29
1970	0.37	0.13	0.24	0.46
按 1970 年不变价格计算				
1975	1.13	0.43	0.70	1.23
1978	1.49	0.57	0.92	1.63
1979	1.67	0.52	1.15	1.82
1980	1.54	0.50	1.04	1.67
按 1980 年不变价格计算				
1981	1.17	0.51	0.66	1.17
1982	1.22	0.52	0.70	1.22
1983	1.30	0.54	0.76	1.30
1984	1.69	0.92	0.77	1.69
1985	1.73	0.92	0.81	1.73
1986	1.61	0.63	0.98	1.61
1987	1.83	0.81	1.02	1.83
1988	2.02	0.97	1.05	2.02
1989	2.21	1.07	1.14	2.21
1990	1.64	0.67	0.97	1.64

注:1.本表按不变价格计算.

2.本表工业总产值包括全部工业的产值.

西藏自治区工业总产值指数

(以1959年为100)

年　份	工　业 总产值	轻　工　业	重　工　业
1959	100	100	100
1962	51.55	293.1	42.1
1965	54.07	544.4	34.8
1970	85.94	865.7	55.4
1975	230.72	2323.8	148.7
1978	305.10	3078.3	196.4
1979	340.75	2823.6	243.4
1980	313.09	2685.5	220.1
1981	219.60	2525.7	129.2
1982	229.61	2569.4	137.9
1983	244.46	2679.6	149.0
1984	317.50	4587.9	150.1
1985	325.65	4577.9	158.9
1986	301.97	3124.5	191.3
1987	343.17	4044.7	198.5
1988	378.53	4828.3	204.1
1989	414.48	2950.0	366.7
1990	392.51	2944.1	338.1

注:本表按可比价格计算。

西藏自治区主要工业产品产量

单位：万吨

年　份	原煤	发电量 (亿千瓦 小时)	原油	生铁	钢	水泥	农用 化肥	纱 (混合数)	布 (混合数) (亿米)	机制纸 及纸板	木材 (万立 方米)	卷烟 (万箱)
1949												
1952												
1957	2.53										0.83	
1962	2.84	0.17				0.12					5.93	
1965	1.97	0.28				1.06					7.45	
1970	0.94	0.53				0.36					7.07	
1975	6.19	1.05				3.40				0.05	17.06	
1978	8.21	1.34				6.20				0.08	22.55	
1979	6.05	1.53				6.78				0.09	24.94	
1980	2.98	1.75				5.22				0.08	21.40	
1981	2.25	1.72				5.35				0.05	18.48	
1982	2.08	1.94				5.75					16.06	
1983	2.52	2.11				5.74					18.89	
1984	2.48	2.71				5.32					20.69	
1985	2.98	2.47				4.67					20.93	
1986	1.86	2.63				2.98					25.22	
1987	0.75	2.57				4.45					19.68	
1988	0.60	2.69				9.49					25.05	
1989	0.65	2.75				11.98					20.99	
1990	0.90	3.30				13.23					20.82	

西藏自治区运输、邮电情况

年份	铁路通车里程(公里)	公路线路里程(公里)	货物周转量(亿吨公里)		旅客周转量(亿人公里)		邮电局(所)数(个)	邮路总长度(公里)
			铁路	公路	铁路	公路		
1949								
1952								
1957		4702						
1962		13589					94	16368
1965		14721		1.79		0.57	90	22876
1970		15098					156	36362
1975		15852					102	96913
1978		15852					112	95338
1979		15852					112	82518
1980		21551		5.25		0.46	117	73400
1981		21551		2.55		0.18	123	57497
1982		21551		4.40		0.43	135	63183
1983		21551		4.73		0.73	118	68546
1984		21611					120	72557
1985		21660		5.22		0.69	124	73833
1986		21662		4.78		1.45	124	77252
1987		21695		6.37		1.75	118	74774
1988		21695		6.77		2.34	117	75878
1989		21834		7.53		1.93	117	71401
1990		21842		8.20		2.11	119	71403

西藏自治区全民所有制单位固定资产投资

单位：亿元

年份	固定资产投资	基建投资	更新改造	其他投资	新增固定资产
1980	1.81	1.71	0.05	0.05	1.41
1981	1.22	1.04	0.14	0.04	0.78
1982	1.56	1.42	0.08	0.06	0.93
1983	1.99	1.61	0.31	0.07	1.41
1984	4.72	4.33	0.27	0.12	2.11
1985	6.37	5.84	0.47	0.06	7.27
1986	4.44	4.10	0.28	0.06	4.24
1987	3.96	3.74	0.16	0.06	3.11
1988	4.71	4.45	0.20	0.06	3.79
1989	4.41	4.26	0.15	0.06	3.37
1990	6.77	6.52	0.18	0.06	5.31

西藏自治区社会商业情况

单位：亿元

年　份	社会零售商业机构（个）	社会零售商业人员（人）	社会商品零售总额	社会商品零售总额按用途对象分	
				消费品	农业生产资料
1952	1	63			
1957	28	869	0.29		
1962			0.67		
1965	876	4895	1.10		
1970			1.62		
1975	1203	9666	2.39		
1978	1783	11639	3.08	2.45	0.63
1979	298	8800	3.41	2.71	0.70
1980	2172	12429	3.61	2.87	0.74
1981	3200	14066	3.75	3.32	0.43
1982	4717	15918	4.14	3.71	0.44
1983	6951	18014	4.42	3.94	0.48
1984	14977	28401	10.58	9.24	1.33
1985	22827	36406	11.00	9.50	1.50
1986	42632	56892	10.01	9.10	0.91
1987	16466	35903	10.65	9.86	0.79
1988	21350	39518	11.43	10.62	0.81
1989	18772	41951	14.61	12.88	1.73
1990	20520	33300	14.80	12.87	1.93

年　份	社会商品零售总额按经济类型分					国内纯购进总额（万元）	
	全　民所有制	集　体所有制	合　营	个　体	农民对非农业居民		#农副产品
1952							
1957						47	47
1962						380	
1965						1336	
1970						2204	
1975						3637	1553
1978						4944	1942
1979						9385	6431
1980						9385	6431
1981						9429	5099
1982						9243	7161
1983	4.22	0.05			0.07	7193	5947
1984	3.80	5.12	0.03	1.15	0.48	7065	1629
1985	4.04	2.39	0.07	1.15	0.61	11712	6026
1986	4.22	2.62	0.19	2.08	0.91	9084	6590
1987	5.13	2.61	0.12	1.93	0.87	24584	9298
1988	5.29	3.23	0.12	2.35	0.88	35599	10574
1989	11.97	1.15	0.06	1.15	0.28	61266	29656
1990	11.74	0.93	0.06	1.77	0.30	62106	22000

西藏自治区地方财政收支情况

单位：亿元

年份	财政收入	财政支出	收支差额
1950			
1951			
1952	0.03	0.10	−0.07
1953	0.03	0.21	−0.18
1954	0.03	0.20	−0.17
1955	0.03	0.30	−0.27
1956	0.06	1.43	−1.37
1957	0.14	0.94	−0.80
1958	0.03	0.27	−0.24
1959	0.22	0.70	−0.48
1960	1.02	1.54	−0.52
1961	0.51	1.02	−0.51
1962	0.30	1.03	−0.73
1963	0.20	0.90	−0.70
1964	0.23	1.36	−1.13
1965	0.22	1.13	−0.91
1966	0.11	1.55	−1.44
1967	0.01	1.27	−1.26
1968	−0.25	0.67	−0.92
1969	−0.34	0.90	−1.24
1970	−0.21	1.06	−1.27
1971	−0.13	1.73	−1.86
1972	−0.15	1.89	−2.04
1973	−0.26	2.08	−2.34
1974	−0.21	2.17	−2.38
1975	−0.30	2.40	−2.70
1976	−0.21	3.10	−3.31
1977	−0.11	3.27	−3.38
1978	−0.16	4.57	−4.73
1979	−0.22	5.00	−5.22
1980	−0.60	4.66	−5.26
1981	−0.57	4.35	−4.92
1982	−0.56	5.01	−5.57
1983	−0.48	5.88	−6.36
1984	−1.10	10.24	−11.34
1985	−0.60	10.29	−10.89
1986	−0.07	8.97	−9.04
1987	−0.04	9.13	−9.17
1988	0.02	10.48	−10.46
1989	0.14	11.92	−11.78
1990	0.18	12.92	−12.74

西藏自治区职工工资情况

年　份	职工工资总额(万元)	#全民所有制	#集体所有制	平均工资(元)	#全民所有制	#集体所有制
1952						
1957						
1962		4373.0				
1965		5861.0				
1970		6615.0				
1975		8891.4				
1978	11124.7	10657.7	467.0		852	
1979	15609.3	14953.3	656.0		928	
1980	19547.9	18573.7	974.2	1025	1055	665
1981	19393.2	18434.6	958.6		1132	
1982	23446.2	21856.6	1589.6		1329	
1983	24369.1	22382.4	1986.7		1397	
1984	29482.5	27397.4	2085.1		1730	
1985	32855.4	30636.3	2180.5	1963	1995	1609
1986	37561.5	35299.7	2110.6	2375	2419	1819
1987	38637.6	36538.6	1997.2	2499	2536	1982
1988	42662.0	40070.5	2458.2	2710	2739	2331
1989	47330.2	45113.3	2040.0	2927	2989	2013
1990	47443.4	45490.7	1895.6	3178	3223	2384

西藏自治区城乡居民家庭生活情况

单位：元

年　份	农业居民		非农业居民
	人均纯收入	人均消费水平	人均消费水平
1980		210.3	635.1
1981		198.2	878.2
1982		208.6	967.5
1983		214.7	814.0
1984		268.5	971.2
1985	353	309.2	1181.7
1986	344	295.6	1387.1
1987	348	347.0	1477.6
1988	374	382.4	1518.7
1989	397	421.4	1560.9
1990	430	464.4	1605.7

西藏自治区各级学校数

单位：所

年份	普通高等学校	中等学校		小学
		中等专业学校	普通中学	
1952					
1957					
1965	1	5	1	4	1822
1975	2	60	23	37	4994
1978	4	88	28	60	6819
1979	4	83	28	55	6266
1980	4	98	24	74	6266
1981	4	103	24	79	4055
1982	4	90	24	66	2907
1983	3	68	13	55	2542
1984	3	69	13	56	2475
1985	3	70	14	56	2315
1986	3	78	14	64	2388
1987	3	81	14	67	2437
1988	3	82	15	67	2453
1989	4	83	15	68	2398
1990	4	78	15	63	2474

西藏自治区各级学校专任教师数

单位：人

年份	普通高等学校	中等学校			小学
			中等专业学校	普通中学	
1952					
1957					
1965					
1975	255	731	196	535	
1978	438	1452	391	1061	
1979	554	1641	451	1190	9722
1980	625	1618	418	1200	12301
1981	571	1619	456	1163	10164
1982	534	1634	440	1194	8322
1983	518	1464	280	1184	8381
1984	567	1760	354	1406	8118
1985	571	1875	382	1493	7931
1986	659	2182	458	1724	7742
1987	1071	2570	574	1996	7368
1988	723	2894	626	2268	8045
1989	756	2936	619	2317	8272
1990	706	2941	618	2323	8506

西藏自治区各级学校在校学生数

单位：人

年份	普通高等学校	中等学校	中等专业学校	普通中学	小学（万人）
1952					
1957					
1965	2251	1514	455	1059	6.68
1975	1964	12028	2508	9520	21.04
1978	2081	22319	4640	17679	26.26
1979	1476	24849	5061	19788	24.80
1980	1494	22286	3489	18797	24.08
1981	1522	19244	2327	16917	18.69
1982	1214	18340	1573	16767	14.16
1983	1326	19561	1403	18158	12.46
1984	1370	20713	1826	18887	12.55
1985	1577	22671	2249	20422	11.99
1986	1850	25011	3062	21949	12.12
1987	1801	27112	3231	23881	13.81
1988	1736	26904	3465	23439	14.48
1989	1973	27194	3968	23226	13.90
1990	2025	20956	4175	16781	15.26

西藏自治区卫生机构、床位、人员

年份	机构（个）	#医院	床位（张）	#医院	卫生技术人员（人）	#医生
1949						
1952						
1957	43	8	174	174	502	247
1962	167	50	1226	1226	1948	898
1965	193	86	1631	1570	2422	987
1970	371	205	2498	2373	2362	1022
1975	713	488	3827	3586	4320	1559
1978	855	519	4421	4198	5780	2738
1979	817	528	4295	4125	6606	3392
1980	832	528	4328	4261	6663	3564
1981	924	530	4622	4507	7268	3915
1982	958	529	4396	4353	7189	3851
1983	940	519	4455	4307	6899	3661
1984	927	520	4738	4594	6725	3564
1985	958	481	4580	4412	6837	3628
1986	770	391	4983	4720	7001	3690
1987	868	419	5222	4986	7003	3861
1988	883	444	5197	4876	7097	4088
1989	1008	480	5355	4999	8064	4676
1990	1006	345	5140	4774	7333	4354

宁夏回族自治区国民生产总值

单位：亿元

年份	国民生产总值	第一产业	第二产业	第三产业	国民生产总值指数(以 1978 年为 100)
1978	12.42	2.19	6.78	2.75	100
1979	13.75	3.20	7.56	2.99	107.4
1980	15.09	4.09	7.44	3.56	115.5
1981	16.24	5.47	6.97	3.80	117.8
1982	17.53	5.66	7.62	4.23	124.8
1983	19.99	6.62	8.65	4.72	141.3
1984	23.50	7.82	10.28	5.40	162.4
1985	28.86	8.90	13.32	6.64	190.7
1986	33.60	10.36	14.41	8.83	215.0
1987	37.99	10.44	17.40	10.15	230.2
1988	48.09	13.54	21.08	13.47	257.3
1989	55.76	15.01	26.52	14.23	281.6
1990	61.05	16.85	25.34	18.86	293.7

注:本表绝对数按当年价格计算，指数按可比价格计算。

宁夏回族自治区国民收入

单位：亿元

年份	国民收入	农业	工业	建筑业	运输业	商业
1952	1.48	1.30	0.06	0.01	0.04	0.07
1957	2.10	1.64	0.18	0.02	0.08	0.18
1962	3.15	2.08	0.56	0.08	0.07	0.36
1965	3.62	2.00	0.84	0.23	0.10	0.45
1970	5.10	1.84	1.88	0.45	0.25	0.68
1975	9.41	2.97	4.29	0.76	0.41	0.98
1978	9.91	2.72	4.93	0.88	0.45	0.93
1979	10.87	3.03	5.61	0.86	0.43	0.94
1980	11.79	3.91	5.29	0.95	0.55	1.09
1981	12.57	5.25	4.50	1.15	0.57	1.10
1982	13.40	5.39	4.83	1.30	0.71	1.17
1983	15.35	6.28	5.45	1.51	0.81	1.30
1984	18.27	7.40	6.40	1.97	0.93	1.57
1985	22.31	8.50	8.05	2.75	1.18	1.83
1986	25.84	9.92	9.30	3.13	1.33	2.16
1987	28.56	9.98	10.67	3.48	1.66	2.77
1988	37.20	13.20	14.19	3.72	1.79	4.31
1989	44.19	14.65	19.20	3.42	2.48	4.44
1990	47.34	16.39	19.79	3.89	2.62	4.65

注:本表按当年价格计算。

宁夏回族自治区社会总产值

单位：亿元

年份	社会总产值	工农业总产值	农业	工业	建筑业	运输业	商业
1952	2.00	1.81	1.61	0.20	0.04	0.06	0.09
1957	2.99	2.55	2.09	0.47	0.06	0.14	0.23
1962	5.22	4.13	2.60	1.53	0.44	0.15	0.50
1965	6.56	5.08	3.05	2.03	0.64	0.22	0.62
1970	10.60	7.80	2.80	5.00	1.48	0.47	0.85
1975	21.15	15.77	4.60	11.17	3.20	0.97	1.21
1978	24.98	18.66	4.81	13.85	3.91	1.19	1.21
1979	26.64	20.16	5.61	14.55	4.04	1.11	1.33
1980	26.99	20.33	6.41	13.93	3.80	1.30	1.55
1981	27.04	20.34	7.54	12.79	3.74	1.35	1.62
1982	30.60	22.52	7.78	14.75	4.61	1.70	1.76
1983	34.94	25.68	9.14	16.54	5.35	1.93	1.98
1984	41.35	30.10	10.99	19.11	6.61	2.19	2.45
1985	51.45	36.32	12.02	24.30	9.45	2.73	2.96
1986	60.42	42.40	14.16	28.24	11.50	3.09	3.43
1987	68.68	48.14	14.76	33.38	12.70	3.66	4.18
1988	87.14	63.67	19.66	44.00	12.51	4.64	6.33
1989	104.77	79.96	21.43	58.53	12.03	6.01	6.77
1990	116.53	89.44	24.69	64.75	13.50	6.50	7.10

注:本表按当年价格计算。

宁夏回族自治区社会总产值
国民收入生产、消费、积累平衡统计

单位：亿元

年份	社会总产值	物质消耗	国民收入生产额	国民收入使用额	消费额	积累额	积累率(%)
1978	24.98	15.07	9.91	13.52	7.79	5.73	42.4
1979	26.64	15.77	10.87	13.64	8.50	5.14	37.7
1980	26.99	15.20	11.79	14.54	10.08	4.46	30.7
1981	27.04	14.47	12.57	15.39	11.23	4.16	27.0
1982	30.60	17.20	13.40	17.44	12.91	4.53	26.0
1983	34.94	19.59	15.35	19.82	14.41	5.41	27.3
1984	41.35	23.08	18.27	24.49	16.79	7.70	31.5
1985	51.45	29.14	22.31	30.48	19.58	10.90	35.8
1986	60.42	34.58	25.84	36.74	22.69	14.05	38.2
1987	68.68	40.12	28.56	41.36	25.65	15.71	38.0
1988	87.14	49.94	37.20	51.12	31.13	19.99	39.1
1989	104.77	60.58	44.19	56.73	34.21	22.52	39.7
1990	116.53	69.19	47.34	61.69	36.75	24.94	40.4

注:本表按当年价格计算。

宁夏回族自治区主要经济指标指数

(以 1952 年为 100)

年份	社会总产值	工农业总产值	农业	工业	国民收入
1952	100	100	100	100	100
1957	148.3	142.7	137.4	213.7	142.9
1962	179.9	155.2	115.1	688.7	147.7
1965	271.1	235.4	179.4	979.9	205.3
1970	421.7	350.2	166.3	2792.7	277.5
1975	752.0	612.0	220.6	5812.0	452.0
1978	898.8	740.4	233.0	7482.9	477.5
1979	922.7	760.7	222.1	7917.6	494.3
1980	932.6	768.0	253.5	7604.9	533.6
1981	877.5	708.2	270.8	6520.1	530.0
1982	975.9	776.4	272.3	7474.1	556.3
1983	1108.3	885.5	319.6	8404.0	634.3
1984	1279.7	1018.5	375.3	9564.6	734.8
1985	1518.0	1169.5	384.5	11600.1	845.1
1986	1698.1	1296.7	414.3	13021.1	936.3
1987	1838.9	1389.3	381.0	14788.2	993.9
1988	2055.9	1615.4	435.3	17296.7	1115.2
1989	2235.8	1841.6	461.4	20185.2	1205.3
1990	2366.5	1946.6	481.2	21416.5	1231.8

注:本表按可比价格计算。

宁夏回族自治区年末总人口及构成

单位：万人

年份	年末总人口	#少数民族人口	按农业非农业分		按城乡分	
			农业人口	非农业人口	市镇人口	乡村人口
1949	119.75	37.37	112	8	15	105
1952	142.42	45.80	131	11	17	125
1957	179.38	59.52	161	18	24	155
1962	198.81	60.97	170	29	37	162
1965	226.79	69.82	192	35	43	184
1970	277.35	84.23	232	45	54	223
1975	327.92	99.88	273	55	66	262
1978	355.58	109.82	295	61	73	283
1979	364.14	112.97	300	64	77	287
1980	373.72	117.16	306	68	79	295
1981	383.38	121.13	312	71	84	299
1982	393.04	125.48	320	73	89	304
1983	399.05	128.43	323	76	110	289
1984	406.87	131.93	329	78	131	276
1985	414.62	134.88	332	83	147	268
1986	424.33	138.72	333	91	170	254
1987	435.16	143.31	338	97	170	265
1988	444.53	147.18	343	102	177	268
1989	454.81	151.55	347	108	178	277
1990	465.68	155.88	354	111	189	276

宁夏回族自治区年末社会劳动者

单位：万人

年　份	合计	职工				城镇个体劳动者	乡村劳动者
			全民所有制单位	城镇集体所有制单位	其他所有制单位		
1952	57	2	2			4	51
1957	77	12	5	7			65
1962	86	16	14	2			70
1965	99	19	17	2			80
1970	113	27	25	2			86
1975	126	34	31	3			92
1978	136	43	38	5			93
1979	140	46	40	6			94
1980	147	48	42	6			99
1981	150	49	43	6			101
1982	156	51	43	7			105
1983	163	52	45	7		1	110
1984	170	53	45	8		1	106
1985	177	56	47	9		1	120
1986	183	58	49	9		1	124
1987	191	60	51	9		2	129
1988	197	63	53	10		2	133
1989	204	66	55	11		2	136
1990	211	67	56	11	0.16	3	141

宁夏回族自治区农村社会总产值

单位：万元

年　份	农村社会总产值	农　业	工　业	建筑业	运输业	商　业
1980	83832	64139	8331	4269	4663	2430
1981						
1982						
1983	113931	91442	7817	5964	5416	3292
1984	138888	109862	9340	6474	8806	4406
1985	160041	120163	16257	7168	11743	4710
1986	191935	141648	22443	7900	15343	4601
1987	212406	147593	30887	9240	18749	5937
1988	281070	196617	45085	10689	21438	7241
1989	316019	214342	57533	11068	23802	9274
1990	358092	246887	63738	11827	26279	9361

注:本表按当年价格计算。

宁夏回族自治区农业总产值

单位：亿元

年份	农业总产值	种植业	林业	牧业	副业	渔业	农业总产值(按1980年不变价格计算)
		按1952年不变价格计算					
1952	1.36	1.06	0.01	0.28	0.01		2.72
		按1957年不变价格计算					
1957	1.79	1.42	0.04	0.31	0.01		3.58
1962	1.49	1.22	0.02	0.22	0.04		3.07
1965	2.32	1.85	0.03	0.38	0.05		4.76
1970	2.13	1.66	0.04	0.36	0.06	0.01	4.37
		按1970年不变价格计算					
1975	4.35	3.42	0.10	0.77	0.05		5.83
1978	4.57	3.52	0.14	0.83	0.08		6.12
1979	4.33	3.27	0.16	0.79	0.11		5.81
1980	4.96	3.3	0.15	0.73	0.14		6.64
		按1981年不变价格计算					
1981	7.10	5.64	0.38	0.92	0.15	0.01	7.10
1982	7.14	5.54	0.39	0.96	0.24	0.01	7.14
1983	8.38	6.48	0.55	0.99	0.35	0.01	8.38
1984	9.84	7.31	0.90	1.29	0.31	0.02	9.84
1985	10.08	7.36	0.71	1.60	0.39	0.03	10.08
1986	10.86	7.98	0.57	1.81	0.46	0.04	10.86
1987	9.99	7.30	0.34	1.86	0.43	0.06	9.99
1988	11.41	8.59	0.37	1.96	0.41	0.09	11.41
1989	12.09	9.22	0.33	2.02	0.40	0.11	12.09
1990	12.61	9.45	0.43	2.23	0.38	0.12	12.61

注:本表按不变价格计算。

宁夏回族自治区农业总产值指数

(以1952年为100)

年份	农业总产值	种植业	林业	牧业	副业	渔业
1952	100	100	100	100	100	
1957	137.4	133.7	743.5	113.4	125.0	
1962	115.1	110.2	333.5	116.2	279.0	
1965	179.4	167.8	582.7	199.5	389.9	
1970	166.3	151.1	701.0	189.8	525.0	
1975	220.6	210.3	839.4	221.1	395.9	
1978	233.0	216.5	1143.8	236.4	596.3	
1979	222.1	201.3	1268.3	227.1	839.7	
1980	253.5	242.2	1239.3	209.6	1008.2	
1981	270.8	262.3	1274.7	216.5	900.8	
1982	272.3	257.9	1309.2	225.5	1390.1	
1983	319.6	301.3	1827.9	233.3	2048.7	
1984	375.3	340.3	3017.1	303.4	1818.3	
1985	384.5	342.3	2365.8	376.4	2264.3	
1986	414.3	371.4	1904.8	425.7	2678.0	
1987	381.0	339.6	1140.2	436.9	2505.3	
1988	435.2	399.4	1234.0	460.2	2366.4	
1989	461.1	429.1	1107.8	474.6	2344.7	
1990	480.9	439.8	1426.8	448.0	2438.5	

注:本表按可比价格计算。

宁夏回族自治区主要农产品产量

单位：万吨

年　份	粮食总产量	棉　花	油料总产量	烟　叶	甜　菜
1949					
1952	47.44		2.61		
1957	56.04		3.48		0.03
1962	48.39		0.65		0.20
1965	83.33		3.09		0.03
1970	72.04		2.85		0.34
1975	109.47		3.45		2.77
1978	116.98		2.57		2.36
1979	106.15		2.18		2.28
1980	120.36		3.60		6.70
1981	126.26		3.77		6.28
1982	119.39		2.77		20.78
1983	144.83		4.12		14.80
1984	154.22		4.45		26.57
1985	139.53		5.34		38.52
1986	153.96		6.22		32.63
1987	138.98		4.45		31.66
1988	164.34		5.40		46.63
1989	177.20		6.17		45.95
1990	190.10		6.26		47.79

宁夏回族自治区年末牲畜存栏数和主要畜产品产量

单位：万头(只)、万吨

年　份	牲畜年末存栏数				猪牛羊肉	羊　毛
		大牲畜	生　猪	羊		
1949	131.32	33.42	8.98	88.92		
1952	232.19	50.13	12.42	169.64		
1957	259.90	56.58	21.58	181.74		
1962	320.92	43.34	23.21	254.37		
1965	436.10	57.89	43.86	334.35		
1970	374.29	58.13	35.80	280.36		
1975	397.07	53.08	58.57	285.42		0.19
1978	421.57	53.64	71.98	295.95	1.23	0.21
1979	440.02	55.51	64.90	319.61	1.55	0.23
1980	435.77	57.48	55.92	322.37	1.90	0.30
1981	413.42	60.49	51.80	301.13	2.02	0.29
1982	384.13	63.81	48.10	272.22	2.32	0.27
1983	358.89	63.49	47.88	247.52	2.29	0.27
1984	386.76	67.60	49.59	269.57	2.68	
1985	443.50	73.37	60.43	309.70	3.36	0.34
1986	488.75	78.74	65.79	344.22	3.99	0.40
1987	486.68	77.76	59.89	349.03	4.67	0.42
1988	515.74	76.58	57.81	381.35	4.94	0.45
1989	489.59	73.52	65.38	350.69	5.76	0.40
1990	457.94	74.33	66.00	317.61	6.27	0.41

宁夏回族自治区乡村劳动力、耕地面积和播种面积

年份	乡村户数（万户）	乡村劳动力（万人）	耕地面积（万亩）	播种面积（万亩）	#粮食播种面积
1949			971.3		
1952			1145.3	886.15	768.58
1957	32.10	67.12	1344.3	1231.15	1012.08
1962			1323.7	1251.57	1072.44
1965			1384.0	1364.21	1157.94
1970			1358.6	1324.07	1154.67
1975			1371.7	1319.68	1137.47
1978	52.23	92.40	1336.7	1352.37	1146.74
1979	52.55	93.75	1346.7	1361.74	1149.52
1980	52.91	98.80	1343.6	1344.72	1113.50
1981	53.39	100.79	1320.4	1285.56	1071.02
1982	54.40	105.17	1295.1	1209.94	1001.80
1983	55.16	110.24	1260.6	1268.99	1042.30
1984	56.03	115.60	1214.8	1256.19	1021.21
1985	57.14	120.48	1192.7	1241.88	975.66
1986	58.88	123.80	1186.7	1235.18	989.60
1987	60.96	128.82	1186.3	1251.12	1023.75
1988	63.09	132.63	1193.6	1309.74	1055.21
1989	65.21	135.81	1192.5	1314.79	1058.60
1990	69.49	140.93	1193.8	1333.43	1085.30

宁夏回族自治区农业机械化情况

年份	农业机械总动力（亿瓦特）	大中型拖拉机（台）	小型拖拉机（台）	机耕地面积（万亩）	有效灌溉面积（万亩）	化肥施用量（万吨）	农村用电量（万千瓦小时）
1952							
1957							
1962		534	21		302.3	0.7	
1965		692	15	272.2	313.1	2.3	670.5
1970		1451	500	252.2	285.6	4.0	3498.0
1975							
1978	6.63	4655	12088	468.7	340.2	22.8	10540.6
1979	7.73	5478	15114	547.5	351.0	20.1	12255.0
1980	8.41	5811	16442	473.4	348.7	17.7	15134.1
1981	9.16	5782	17774	244.3	342.2	16.7	14328.7
1982	9.21	5751	20896	209.6	348.4	18.1	15296.1
1983	10.67	5888	27682	230.3	350.2	20.6	15796.4
1984	11.53	5735	35966	251.9	353.5	23.4	17577.5
1985	12.39	5848	42384	264.2	362.9	23.2	19477.7
1986	13.75	6011	50583	279.2	369.0	26.9	21554.1
1987	15.04	5831	58303	348.6	379.5	28.3	26232.6
1988	16.10	5783	65369	386.4	383.3	35.2	28077.8
1989	17.62	5795	75500	420.9	386.4	40.7	32369.0
1990	19.11	5966	83934	507.6	390.4	46.1	38570.0

注：化肥施用量按实物量计算。

宁夏回族自治区工业总产值

(按经济类型分)

单位：亿元

年　份	工　业 总产值	全　民 所有制	集　体 所有制	#乡　办	#村　办	城乡个 体工业	其他经济 类工业
1952	0.20	0.07	0.13				
1957	0.46	0.30	0.16				
1962	1.53	1.24	0.29	0.08	0.09		
1965	2.03	1.63	0.40	0.10	0.15		
1970	5.01	4.49	0.52	0.03	0.18		
1975	11.17	9.70	1.47	0.11	0.40		
1978	13.85	11.47	2.38	0.27	0.37		
1979	14.55	12.57	1.98	0.28	0.36		
1980	13.92	12.15	1.74	0.29	0.24	0.01	0.02
1981	12.79	10.65	2.08	0.22	0.50		0.06
1982	14.75	12.50	2.21	0.25	0.52	0.01	0.03
1983	16.54	14.07	2.40	0.27	0.46	0.04	0.03
1984	19.11	16.07	2.87	0.35	0.48	0.13	0.04
1985	24.30	19.66	3.91	0.69	0.36	0.62	0.11
1986	28.24	22.17	5.06	0.98	0.38	0.92	0.09
1987	33.38	25.97	6.12	1.43	0.44	1.18	0.11
1988	44.00	33.98	8.31	2.33	0.56	1.54	0.17
1989	58.53	45.82	10.46	3.04	0.76	2.04	0.21
1990	64.75	50.90	10.99	3.33	0.77	2.46	0.40

注:本表按当年价格计算。

宁夏回族自治区工业总产值

(按轻重工业分)

单位：亿元

年　份	工　业 总产值	轻　工　业	重　工　业	工业总产值 (按1980年 不变价格)
	按1952年不变价格计算			
1952	0.20	0.18	0.02	0.20
	按1957年不变价格计算			
1957	0.43	0.35	0.08	0.42
1962	1.30	0.55	0.75	1.36
1965	1.84	0.95	0.89	1.93
1970	5.48	1.81	3.67	5.51
	按1975年不变价格计算			
1975	10.45	2.61	7.84	11.47
1978	13.58	3.39	10.19	14.75
1979	14.39	3.41	10.98	15.61
1980	13.68	3.67	10.01	14.90
	按1980年不变价格计算			
1981	12.37	3.80	8.75	12.86
1982	14.23	4.21	10.02	14.75
1983	16.12	4.66	11.46	16.58
1984	18.36	5.38	12.98	18.87
1985	21.79	6.40	15.39	22.89
1986	24.26	7.64	16.62	25.69
1987	27.42	8.66	18.76	29.18
1988	32.08	10.02	22.06	34.13
1989	37.33	11.32	26.01	39.82
1990	42.45	12.94	29.51	42.45

注：1.本表按不变价格计算。
　　2.本表工业总产值包括全部工业产值。

宁夏回族自治区工业总产值指数

(以 1952 年为 100)

年份	工业总产值	轻工业	重工业
1952	100	100	100
1957	213.7	191.6	438.4
1962	688.7	456.1	3049.2
1965	979.9	574.3	5095.5
1970	2792.7	1035.4	20623.7
1975	5812.0	1909.8	45407.3
1978	7482.9	2105.4	62047.5
1979	7917.6	2114.8	66798.3
1980	7604.9	2331.1	61118.1
1981	6520.1	2336.7	48967.8
1982	7474.1	2578.5	57149.7
1983	8404.0	2800.9	65257.6
1984	9564.6	3220.4	73938.4
1985	11600.1	3885.3	89880.8
1986	13021.1	4755.5	96891.5
1987	14788.2	5432.0	109724.3
1988	17302.2	6222.8	129662.1
1989	20183.8	7127.8	134950.0
1990	21415.0	7042.3	136570.4

注:本表按可比价格计算。

宁夏回族自治区主要工业产品产量

单位：万吨

年份	原煤	发电量(亿千瓦小时)	原油	生铁	钢	水泥	农用化肥	纱(混合数)	布(混合数)(亿米)	机制纸及纸板	木材(万立方米)	卷烟(万箱)
1949	1.75											
1952	7.18	0.01										
1957	34.00	0.05										
1962	266.00	0.94		1.05	0.06	0.32		0.01		0.07		
1965	308.00	1.29				4.06		0.01	0.01	0.03		
1970	473.00	4.51		1.80	0.11	7.17	0.42	0.28	0.07	0.28		
1975	749.00	13.14	5.16	3.88	0.70	23.27	3.28	0.41	0.13	0.77		
1978	999.00	16.51	39.54	3.38	0.95	27.66	5.30	0.35	0.13	0.97	0.55	1.80
1979	1041.00	17.81	57.16	1.42	0.94	30.83	5.19	0.32	0.12	1.06	1.40	2.00
1980	971.00	19.43	54.46	0.61	0.72	29.27	5.57	0.41	0.15	0.99	0.66	1.75
1981	952.00	18.27	52.03	0.68	0.41	23.19	4.25	0.31	0.12	0.72	0.75	2.20
1982	928.00	21.00	50.29	0.34	0.50	30.47	5.42	0.36	0.13	1.02	0.93	2.31
1983	978.00	22.06	47.23	0.60	0.60	41.26	5.84	0.36	0.15	1.40	0.85	1.65
1984	1070.00	23.25	44.56	1.32	0.69	48.88	7.66	0.30	0.13	1.88	4.26	1.01
1985	1213.69	24.14	39.80	1.31	0.88	61.62	6.71	0.28	0.11	2.47	1.31	1.21
1986	1237.27	31.40	34.80	4.61	1.17	67.09	7.59	0.38	0.13	2.93	4.16	2.01
1987	1296.67	42.64	30.84	4.37	2.12	72.80	8.58	0.52	0.16	4.04	3.33	2.52
1988	1327.68	50.11	32.14	4.23	2.05	87.30	10.01	0.49	0.14	4.98	7.54	2.51
1989	1338.61	54.19	28.71	3.12	2.41	93.82	21.33	0.52	0.16	6.73	8.16	3.54
1990	1443.10	55.96	25.77	5.54	2.59	95.74	27.74	0.47	0.12	6.68	27.65	4.47

宁夏回族自治区运输、邮电情况

年份	铁路通车里程(公里)	公路线路里程(万公里)	货物周转量(亿吨公里)		旅客周转量(亿人公里)		邮电局(所)数(个)	邮路总长度(公里)
			铁路	公路	铁路	公路		
1949		1167					74	2000
1952		1202		0.09		0.14	187	3800
1957		2241		0.37		0.68	170	13100
1962	398	2942	18.72	0.41	2.49	0.52	160	5100
1965	409	3201	31.86	0.79	1.31	0.47	145	6800
1970	409	3591	40.27	1.05	1.78	0.73	162	14200
1975	421	3916	40.91	1.78	2.01	1.55	176	18300
1978	421	5227	53.49	2.73	2.32	2.10	173	18300
1979	421	6848	50.24	2.54	2.44	2.71	175	18400
1980	421	6848	43.03	2.07	2.77	3.35	175	18300
1981	421	6847	38.77	1.90	3.04	3.63	175	18300
1982	421	6869	41.44	2.46	2.97	4.50	178	16500
1983	421	6867	67.90	2.75	3.39	5.12	186	16600
1984	421	6983	50.86	6.54	4.04	6.19	191	16300
1985	421	7016	51.92	7.96	4.54	8.45	225	16100
1986	421	7181	50.60	9.02	5.07	10.00	236	16100
1987	421	7704	51.71	9.99	5.51	12.33	240	15600
1988	421	8106	52.91	10.10	6.23	16.11	245	15900
1989	421	8106	59.83	11.54	5.71	16.68	248	16004
1990	446	8200	63.90	12.60	5.00	14.74	296	16315

宁夏回族自治区全民所有制单位固定资产投资

单位：亿元

年份	固定资产投资				新增固定资产
		基建投资	更新改造	其他投资	
1980	3.93	3.04	0.89		3.30
1981	3.45	2.01	1.44		2.97
1982	4.28	2.73	1.55		3.13
1983	5.09	3.30	1.64	0.15	3.63
1984	6.80	4.55	1.76	0.49	4.59
1985	11.29	7.94	2.65	0.70	7.55
1986	14.30	9.32	4.00	0.98	9.66
1987	15.55	10.86	3.94	0.75	12.11
1988	13.95	8.78	4.45	0.72	12.46
1989	13.37	8.07	4.69	0.61	9.27
1990	15.80	10.42	5.15	0.23	14.28

宁夏回族自治区社会商业情况

单位：亿元

年份	社会零售商业机构(个)	社会零售商业人员(人)	社会商品零售总额	社会商品零售总额按用途对象分	
				消费品	农业生产资料
1952	8472	12482	0.55	0.53	0.02
1957	4860	10341	1.18	1.10	0.08
1962			1.96	1.80	0.16
1965	1378	6881	2.12	1.90	0.22
1970			3.23	2.82	0.41
1975			5.00	3.94	1.06
1978	3177	16617	6.43	5.04	1.39
1979			7.26	5.74	1.52
1980	3906	18751	8.02	6.74	1.28
1981			8.58	7.40	1.18
1982			9.73	8.41	1.32
1983			11.10	9.34	1.76
1984			12.85	10.86	1.99
1985	20862	48414	15.31	13.15	2.16
1986			17.57	15.12	2.45
1987	23502	54015	20.01	17.18	2.83
1988	27924	64746	25.63	22.10	3.53
1989	25734	63246	28.14	23.79	4.35
1990	28102	64165	29.98	25.30	4.68

年份	社会商品零售总额按经济类型分					国内纯购进总额	#农副产品
	全民所有制	集体所有制	合营	个体	农民对非农业居民		
1952						0.27	0.25
1957						0.71	0.56
1962						0.98	0.40
1965						1.19	0.76
1970						2.00	0.89
1975	3.35	1.54	0.08		0.05	3.34	1.05
1978	4.27	2.10			0.06	4.24	1.04
1979	4.76	2.40			0.10	4.46	1.09
1980	5.09	2.74		0.02	0.17	4.79	1.57
1981	5.36	2.92		0.07	0.23	4.88	1.95
1982	5.87	3.37	0.01	0.15	0.33	5.84	2.30
1983	6.46	3.63	0.01	0.49	0.51	6.76	2.74
1984	7.08	4.05	0.02	0.97	0.73	7.69	3.23
1985	7.78	5.04	0.01	1.48	1.00	8.53	2.95
1986	8.99	5.48	0.01	1.75	1.34	12.39	4.07
1987	9.74	6.11	0.01	2.45	1.70	12.80	3.93
1988	12.74	7.70	0.01	3.17	2.01	19.77	6.61
1989	13.46	8.46	0.01	3.71	2.50	20.86	7.07
1990	14.38	8.14		4.36	3.10	23.22	7.60

宁夏回族自治区地方财政收支情况

单位：亿元

年份	财政收入	财政支出	收支差额
1950	0.11	0.05	0.06
1951	0.19	0.09	0.10
1952	0.28	0.19	0.09
1953	0.22	0.38	-0.16
1954	0.26	0.28	-0.02
1955	0.29	0.38	-0.09
1956	0.30	0.35	-0.05
1957	0.37	0.37	
1958	0.58	1.24	-0.66
1959	0.92	2.15	-1.23
1960	1.05	3.03	-1.98
1961	0.78	1.63	-0.85
1962	0.39	0.69	-0.30
1963	0.43	0.86	-0.43
1964	0.57	1.07	-0.50
1965	0.64	1.12	-0.48
1966	0.69	1.36	-0.67
1967	0.39	1.17	-0.78
1968	0.33	1.06	-0.73
1969	0.48	1.47	-0.99
1970	0.99	1.69	-0.70
1971	1.24	2.01	-0.77
1972	1.28	2.94	-1.66
1973	1.65	3.26	-1.61
1974	1.72	3.63	-1.91
1975	2.23	3.71	-1.48
1976	1.99	3.78	-1.79
1977	1.76	4.03	-2.27
1978	3.16	5.78	-2.62
1979	3.05	6.30	-3.25
1980	2.04	5.75	-3.71
1981	1.44	4.61	-3.17
1982	1.52	5.71	-4.19
1983	1.78	6.95	-5.17
1984	2.31	8.79	-6.48
1985	3.14	9.85	-6.71
1986	3.66	12.02	-8.36
1987	4.11	11.04	-6.93
1988	5.07	13.82	-8.75
1989	6.33	14.88	-8.55
1990	6.73	14.96	-8.23

宁夏回族自治区职工工资情况

年份	职工工资总额(万元)	#全民所有制	#集体所有制	平均工资(元)	#全民所有制	#集体所有制
1952	2293	895	1398	403	491	361
1957	7214	3769	3445	606	709	523
1962	10573	9911	662	431	589	434
1965	11702	10832	870	669	696	512
1970	17310	16284	1026	670	684	503
1975	23117	21651	1407	708	725	532
1978	30826	27980	2846	726	753	536
1979	34501	31578	2924	777	815	517
1980	40350	36258	4092	863	892	666
1981	41793	37815	3979	874	910	633
1982	44142	39861	4281	895	934	646
1983	47677	42721	4956	934	970	706
1984	55916	49031	6885	1072	1111	855
1985	65560	57210	8290	1206	1252	963
1986	80254	70609	9588	1420	1470	1135
1987	88942	78323	10550	1500	1569	1130
1988	106479	93846	12558	1728	1808	1297
1989	125571	110095	15383	1943	2037	1457
1990	149977	131685	18084	2252	2363	1682

宁夏回族自治区城乡居民家庭生活情况

单位：元

年份	农业居民		非农业居民
	人均纯收入	人均消费水平	人均消费水平
1980	175.1	162.8	450.4
1981	200.3	180.2	465.5
1982	228.6	202.0	489.0
1983	273.8	226.3	503.9
1984	298.7	254.8	557.8
1985	325.9	285.8	669.6
1986	378.8	321.3	791.4
1987	387.0	349.9	923.1
1988	480.2	410.9	1111.0
1989	538.3	438.7	1155.6
1990	569.8	465.0	1211.8

宁夏回族自治区各级学校数

单位：所

年　份	普通高等学校	中等学校	中等专业学校	普通中学	小　学
1952		15	7	8	787
1957		33	6	27	1617
1965	1	166	4	56	7501
1975	3	414	8	406	6394
1978	5	681	14	667	5318
1979	4	581	20	561	5219
1980	4	528	20	508	5107
1981	7	493	22	470	4632
1982	7	468	22	444	4519
1983	7	461	18	437	4436
1984	8	468	18	425	4280
1985	7	487	22	436	4359
1986	7	489	23	437	4307
1987	7	494	26	435	4320
1988	7	498	27	440	4226
1989	7	501	26	445	4215
1990	7	477	26	451	4242

宁夏回族自治区各级学校专任教师数

单位：人

年　份	普通高等学校	中等学校	中等专业学校	普通中学	小　学
1952		223	139	84	1397
1957		559	168	391	3131
1965	597	1197	109	1088	11715
1975	1266	5136	303	4833	20649
1978	1523	9205	446	8759	21559
1979	1771	9904	601	9303	21539
1980	1896	11238	801	10437	22657
1981	1956	11582	826	10756	22317
1982	2200	12118	865	11253	22865
1983	2472	12345	759	11586	23398
1984	2837	12307	800	11507	22428
1985	3068	13216	946	12270	22593
1986	3267	14250	1120	13130	23845
1987	3407	15283	1246	14037	24463
1988	3439	16494	1437	15057	25184
1989	3498	17321	1443	15878	26467
1990	3609	17687	1505	16182	27165

宁夏回族自治区各级学校在校学生数

单位：人

年份	普通高等学校	中等学校	中等专业学校	普通中学	小学（万人）
1952		3689	2287	1402	6.95
1957		13024	2707	10317	14.06
1965	982	26680	1107	20047	34.72
1975	1759	126495	4212	122283	59.62
1978	2890	238127	5198	232929	61.30
1979	3230	233898	6295	227603	59.32
1980	4156	232120	8174	223700	58.37
1981	5161	215071	7755	206700	55.53
1982	4528	208594	7002	200800	55.39
1983	5083	215254	6391	206300	57.52
1984	5607	234392	7960	219966	61.98
1985	6425	257762	8947	237917	65.42
1986	7186	280787	10242	258600	68.17
1987	7317	296351	11119	273152	69.36
1988	7673	301163	11628	276727	69.89
1989	7878	300303	11525	276784	68.48
1990	7992	288336	11634	276702	66.74

宁夏回族自治区卫生机构、床位、人员

年份	机构（个）	#医院	床位（张）	#医院	卫生技术人员(人)	#医生
1949	106	3	40	40	344	199
1952	153	13	310	260	664	332
1957	327	23	652	602	2332	1025
1962	392	41	2546	2160	3831	1868
1965	608	124	4155	2823	4971	2460
1970	520	334	3729	3703	7267	3978
1975	737	282	6549	5921	9181	4304
1978	828	306	7517	6962	10913	5131
1979	862	302	7553	7110	11379	5173
1980	919	305	7866	7184	12709	5664
1981	988	306	8196	7427	13490	6414
1982	1073	305	8498	7678	14060	5878
1983	1064	309	8675	7878	14679	6192
1984	1043	314	9198	8306	15307	6464
1985	1059	303	9567	8640	15528	6852
1986	1112	279	9693	9166	16319	7411
1987	1100	205	9689	9314	17081	7784
1988	1099	184	10135	9755	17641	8212
1989	1099	184	10271	9828	18489	8824
1990	1165	177	10556	10045	19175	5185

新疆维吾尔自治区国民生产总值

单位：亿元

年份	国民生产总值	第一产业	第二产业	第三产业	国民生产总值指数(以1978年为100)
1978	38.53	13.97	17.89	6.67	100
1979	45.18	16.78	20.07	8.33	112.6
1980	52.61	21.53	20.95	10.13	120.7
1981	58.71	25.18	21.86	11.67	130.1
1982	64.56	28.10	22.77	13.69	142.5
1983	77.72	32.84	28.39	16.49	161.8
1984	86.91	36.66	30.86	19.39	184.5
1985	110.66	42.86	39.48	28.32	220.8
1986	124.24	45.96	44.54	33.74	241.8
1987	146.76	56.16	49.15	41.45	264.9
1988	188.87	71.96	63.29	53.62	292.0
1989	217.42	78.01	73.83	65.58	310.0
1990	251.88	94.61	83.50	73.77	336.4

注:本表绝对数按当年价格计算，指数按可比价格计算．

新疆维吾尔自治区国民收入

单位：亿元

年份	国民收入	农业	工业	建筑业	运输业	商业
1952	7.31	4.99	0.83	0.67	0.14	0.68
1957	13.53	7.68	1.70	1.63	0.65	1.87
1962	15.82	8.04	4.53	0.99	0.62	1.64
1965	21.75	12.25	4.54	2.06	0.83	2.07
1970	20.64	10.10	5.33	2.14	0.74	2.33
1975	24.99	10.93	7.67	3.10	0.82	2.47
1978	34.08	13.29	13.14	3.51	1.35	2.79
1979	39.75	16.00	14.96	3.72	1.65	3.42
1980	46.04	19.99	16.13	3.65	2.18	4.09
1981	51.44	23.70	16.17	4.02	2.05	5.50
1982	56.06	26.22	17.14	4.30	2.42	5.98
1983	63.87	30.04	19.66	4.86	2.75	6.56
1984	74.26	35.18	23.04	5.94	2.84	7.26
1985	89.79	40.18	28.76	7.95	2.84	10.06
1986	101.52	45.60	32.26	8.71	3.27	11.68
1987	120.24	56.16	36.62	8.99	4.58	13.89
1988	154.37	72.35	46.34	12.13	5.44	18.11
1989	179.15	72.29	57.17	13.29	6.58	22.82
1990	204.95	94.22	65.49	15.31	6.92	23.01

注:本表按当年价格计算．

新疆维吾尔自治区社会总产值

单位：亿元

年份	社会总产值	工农业总产值	农业	工业	建筑业	运输业	商业
1952	13.40	9.36	7.16	2.20	2.40	0.50	1.14
1957	24.57	16.26	11.51	4.75	5.01	0.99	2.31
1962	29.46	23.79	11.60	12.19	2.05	1.27	2.35
1965	40.99	32.38	18.61	13.77	4.39	1.72	2.50
1970	45.22	36.51	18.41	18.10	3.80	1.98	2.93
1975	52.99	39.77	18.36	21.41	7.61	2.70	2.91
1978	72.53	54.88	20.97	33.90	9.24	5.14	3.28
1979	80.60	61.28	24.58	36.71	10.05	5.08	4.18
1980	93.64	71.60	30.89	40.71	10.56	5.43	6.05
1981	102.66	78.67	35.08	43.59	10.88	5.86	7.25
1982	114.52	88.39	38.76	49.63	11.32	6.32	8.49
1983	131.41	102.06	43.39	58.67	12.98	6.92	9.45
1984	151.09	117.11	49.89	67.22	15.16	7.93	10.89
1985	185.83	143.35	56.57	86.78	20.79	7.99	13.70
1986	211.30	163.23	65.52	97.71	23.18	8.69	16.20
1987	253.03	197.28	81.63	115.64	24.23	11.80	19.73
1988	329.83	257.55	108.46	149.09	33.13	13.72	25.43
1989	394.55	308.90	121.50	187.40	36.42	16.83	32.40
1990	458.65	364.57	144.65	219.92	43.02	17.76	33.30

注:本表按当年价格计算。

新疆维吾尔自治区社会总产值、国民收入生产、消费、积累平衡统计

单位：亿元

年份	社会总产值	物质消耗	国民收入生产额	国民收入使用额	消费额	积累额	积累率(%)
1978	72.53	38.45	34.08	42.27	29.93	17.34	35.7
1979	80.60	40.85	39.75	53.27	34.55	18.72	35.1
1980	93.64	47.60	46.04	61.90	40.61	21.29	34.4
1981	102.66	51.22	51.44	69.81	46.22	23.59	33.8
1982	114.52	58.46	56.06	75.30	49.27	26.03	34.6
1983	131.41	67.54	63.87	82.80	53.90	28.89	34.9
1984	151.09	76.83	74.26	198.98	61.75	37.23	37.6
1985	185.83	96.04	89.79	124.51	72.74	51.77	41.6
1986	211.30	109.78	101.52	134.86	82.58	52.28	38.8
1987	253.03	132.79	120.24	152.70	95.21	57.48	37.7
1988	329.83	175.46	154.37	197.05	118.19	78.85	40.0
1989	394.55	215.40	179.15	228.88	138.26	90.62	39.6
1990	458.65	253.70	204.95	270.44	154.25	116.19	43.0

注:本表按当年价格计算。

新疆维吾尔自治区主要经济指标指数

(以 1952 年为 100)

年份	社会总产值	工农业总产值	农业	工业	国民收入
1952	100	100	100	100	100
1957	176.5	151.4	128.2	254.1	154.0
1962	209.6	219.6	156.2	500.9	193.9
1965	323.1	339.0	255.2	710.9	288.0
1970	368.1	392.6	260.7	977.7	276.5
1975	424.6	430.9	264.5	1169.1	321.3
1978	557.4	558.3	293.1	1734.8	430.5
1979	598.1	592.2	312.1	1834.9	480.5
1980	611.7	652.6	339.7	2040.4	517.6
1981	702.1	700.6	373.2	2152.4	564.2
1982	777.3	778.4	408.3	2420.0	613.3
1983	872.2	878.1	448.0	2785.9	685.0
1984	977.1	984.5	498.0	3142.5	773.0
1985	1142.6	1154.5	552.2	3826.0	890.9
1986	1254.6	1279.0	620.5	4199.6	971.7
1987	1391.1	1429.8	692.8	4698.6	1060.6
1988	1579.4	1609.6	738.2	5474.8	1163.8
1989	1708.9	1741.6	772.9	6044.2	1229.0
1990	1871.2	1945.4	784.6	6594.2	1332.2

注:本表按可比价格计算。

新疆维吾尔自治区年末总人口及构成

单位：万人

年份	年末总人口	#少数民族人口	按农业非农业分		按城乡分	
			农业人口	非农业人口	市镇人口	乡村人口
1949	433.34	404.24	368	65	53	380
1952	465.17	432.57	390	75	62	403
1957	558.01	475.86	447	111	94	464
1962	698.97	491.25	533	166	145	554
1965	789.10	513.26	603	186	147	642
1970	976.58	590.46	759	218	173	804
1975	1154.53	676.52	852	303	260	895
1978	1233.01	720.11	900	333	321	912
1979	1255.97	734.21	907	349	361	895
1980	1283.24	752.21	910	373	373	910
1981	1303.05	768.06	919	384	380	923
1982	1315.90	783.57	922	394	375	941
1983	1333.30	796.16	927	406	444	889
1984	1344.08	809.45	920	424	544	800
1985	1361.14	826.22	922	439	582	779
1986	1383.64	845.01	934	450	614	770
1987	1406.33	863.35	944	462	630	776
1988	1426.42	879.41	950	476	643	783
1989	1454.16	901.00	963	491	657	797
1990	1498.72	934.10	1001	498	673	826

新疆维吾尔自治区年末社会劳动者

单位：万人

年份	合计	职工	全民所有制单位	城镇集体所有制单位	其他所有制单位	城镇个体劳动者	乡村劳动者
1952	229	15	15			14	200
1957	272	49	43	6		2	221
1962	314	106	100	6		1	207
1965	350	138	131	7		1	211
1970	410	167	157	10		1	242
1975	466	201	186	15		9	256
1978	491	227	208	19		7	257
1979	497	234	212	22		7	256
1980	506	244	220	24		5	257
1981	524	253	226	27		8	263
1982	535	260	231	29		9	266
1983	546	263	233	30		12	271
1984	559	265	232	33		19	275
1985	566	268	234	34		25	273
1986	575	274	239	35		27	274
1987	585	279	244	35		26	280
1988	594	285	249	36		27	282
1989	599	289	252	36	1	27	283
1990	606	300	262	38	1	14	291

新疆维吾尔自治区农村社会总产值

单位：亿元

年份	农村社会总产值	农业	工业	建筑业	运输业	商业
1980						
1981						
1982						
1983	496112	433934	25498	21637	6267	8776
1984	582595	498889	34438	26871	11343	11054
1985	675960	565699	39324	37942	14647	18348
1986	790946	655231	46624	44135	17915	27041
1987	972673	816349	54794	45613	21044	34873
1988	1262856	1084589	64027	50182	22701	41357
1989	1424314	1214984	85549	54686	30670	38425
1990	1667981	1446535	89408	60463	34417	37158

注:本表按当年价格计算。

新疆维吾尔自治区农业总产值

单位：万元

年　份	农业总产值	种植业	林　业	牧　业	副　业	渔　业	农业总产值（按1980年不变价格计算）
			按1952不变价格计算				
1952	4.63	2.99	0.01	0.97	0.66		8.08
			按1957不变价格计算				
1957	6.06	3.72	0.02	1.92	0.40		11.56
1962	7.45	4.37	0.04	2.34	0.68	0.02	14.21
1965	12.01	7.96	0.07	3.10	0.86	0.02	22.90
1970	12.27	8.20	0.11	2.94	0.99	0.03	23.40
			按1970不变价格计算				
1975	17.54	11.71	0.23	4.43	1.11	0.03	23.64
1978	19.12	13.79	0.34	4.49	0.46	0.04	25.77
1979	20.34	14.72	0.36	4.78	0.45	0.03	27.42
1980	22.01	15.89	0.54	4.99	0.55	0.04	29.67
			按1980不变价格计算				
1981	32.60	23.44	1.13	6.71	1.25	0.07	32.60
1982	35.66	26.04	1.21	6.99	1.34	0.08	35.66
1983	39.13	28.55	1.41	7.54	1.54	0.09	39.13
1984	43.50	32.01	1.45	8.29	1.68	0.07	43.50
1985	48.23	35.09	1.90	8.67	2.48	0.09	48.23
1986	54.20	39.38	1.92	9.83	2.93	0.14	54.20
1987	60.52	44.32	1.94	11.10	2.99	0.17	60.52
1988	64.48	46.74	1.92	11.99	3.58	0.25	64.48
1989	67.53	48.29	1.99	12.92	4.05	0.28	67.53
1990	77.75	58.52	1.90	13.20	3.82	0.31	77.75

注:本表按不变价格计算。

新疆维吾尔自治区农业总产值指数

（以1952年为100）

年　份	农业总产值	种植业	林　业	牧　业	副　业	渔　业
1952	100	100	100	100	100	100
1957	128.2	122.0	178.5	142.2	130.7	203.8
1962	156.2	143.5	335.3	173.8	219.4	1211.5
1965	255.2	260.9	710.8	230.1	278.5	1100.0
1970	260.7	268.8	1116.7	218.4	320.3	1440.4
1975	264.5	267.9	1724.5	222.5	351.8	1173.1
1978	293.1	314.8	2536.0	225.5	180.1	1344.2
1979	312.1	336.0	2663.4	239.9	182.8	1436.5
1980	339.7	362.8	4026.8	250.5	223.2	1619.2
1981	373.2	395.1	3686.3	278.4	349.7	1459.6
1982	408.3	438.9	3951.3	290.0	375.7	1619.2
1983	448.0	481.2	4590.5	313.0	433.1	1655.8
1984	498.0	539.5	4738.2	343.9	471.9	1401.9
1985	552.2	591.4	6223.2	359.7	694.1	1894.2
1986	620.5	663.8	6270.9	408.0	820.2	2686.5
1987	692.8	747.0	6353.9	460.8	836.8	3167.3
1988	738.2	787.7	6273.2	498.0	1003.4	4819.2
1989	773.1	813.9	6510.8	536.3	1134.3	5340.4
1990	889.8	986.4	6204.8	548.1	1070.8	5895.8

注:本表按可比价格计算。

新疆维吾尔自治区主要农产品产量

单位：万吨

年份	粮食总产量	棉花	油料总产量	烟叶	甜菜
1949	84.77	0.51	2.87		
1952	133.09	1.31	4.97		
1957	145.57	3.57	5.05		0.38
1962	165.35	2.51	3.52		8.89
1965	261.74	7.59	6.97		15.97
1970	303.21	6.46	6.84		21.06
1975	310.96	4.67	9.04		15.12
1978	370.01	5.50	10.33		16.37
1979	389.38	5.30	14.17		29.66
1980	386.13	7.92	17.59		38.52
1981	387.65	11.36	21.07		34.16
1982	405.45	14.61	20.45		54.83
1983	451.28	15.70	20.01		50.18
1984	495.07	19.23	21.64		61.55
1985	496.65	18.78	34.25		40.69
1986	544.71	21.61	42.64		66.36
1987	584.30	27.97	42.30		96.50
1988	606.19	27.81	38.59		110.13
1989	620.10	29.47	32.30		98.94
1990	666.20	46.89	38.96		224.37

新疆维吾尔自治区年末牲畜存栏数和主要畜产品产量

单位：万头(只)、万吨

年份	牲畜年末存栏数				猪牛羊肉	羊毛
		大牲畜	生猪	羊		
1949	1038.22	269.36	3.75	765.11	5.06	
1952	1275.21	330.40	6.85	937.96	6.38	
1957	1709.00	396.96	13.63	1298.41	9.47	
1962	2129.02	371.77	31.15	1726.10	7.00	
1965	2697.53	463.36	41.86	2192.31	9.17	
1970	2431.32	427.35	54.30	1949.67	8.84	
1975	2436.08	465.53	54.40	1916.15	9.16	3.16
1978	2476.98	446.19	103.25	1927.54	9.65	3.08
1979	2585.97	467.06	103.74	2015.17	10.74	3.16
1980	2672.60	482.55	84.62	2105.43	11.97	3.31
1981	2827.34	497.74	72.83	2256.77	13.16	3.74
1982	2936.88	511.62	70.01	2355.25	14.13	3.95
1983	3023.81	509.98	69.53	2444.30	15.30	3.98
1984	3025.58	512.16	65.67	2447.75	17.04	4.04
1985	3016.04	517.55	66.58	2431.91	17.29	4.07
1986	3119.98	537.81	73.32	2508.85	19.55	4.35
1987	3218.08	554.28	73.51	2590.29	21.26	4.62
1988	3333.32	565.36	78.85	2689.11	22.32	4.82
1989	3447.03	573.36	90.54	2783.13	24.58	5.06
1990	3496.40	575.88	89.71	2830.81	13.59	5.09

新疆维吾尔自治区乡村劳动力、耕地面积和播种面积

年份	乡村户数（万户）	乡村劳动力（万人）	耕地面积（万亩）	播种面积（万亩）	#粮食播种面积
1949			1814.55	1541.81	1303.46
1952			2114.71	2061.43	1703.81
1957			2929.54	2561.62	2026.22
1962	119.2	206.7	4580.73	3806.02	3118.07
1965	125.0	211.3	4747.08	4184.35	3315.14
1970	149.0	242.9	4697.79	4431.20	3521.12
1975	162.6	256.6	4720.45	4366.01	3439.43
1978	168.9	256.8	4777.03	4532.51	3466.06
1979	168.5	255.8	4800.28	4526.71	3371.49
1980	168.3	257.0	4772.55	4490.56	3243.56
1981	161.1	262.9	4759.78	4452.26	3107.96
1982	164.5	266.0	4781.92	4493.83	3036.76
1983	163.1	271.2	4742.17	4358.04	2969.27
1984	161.9	275.1	4729.02	4317.48	2978.00
1985	163.1	275.4	4623.78	4269.94	2779.56
1986	163.3	277.4	4575.39	4275.07	2700.61
1987	163.6	279.5	4591.47	4380.67	2668.04
1988	165.0	282.0	4613.84	4411.66	2676.94
1989	166.4	284.6	4609.40	4402.20	2759.30
1990	169.9	291.3	4630.20	4469.30	2753.30

新疆维吾尔自治区农业机械化情况

年份	农业机械总动力（亿瓦特）	大中型拖拉机（台）	小型拖拉机（台）	机耕地面积（万亩）	有效灌溉面积（万亩）	化肥施用量（万吨）	农村用电量（万千瓦小时）
1952		92					
1957		1028					
1962		3754	11				
1965		6239	176				
1970		10241	699				
1975	9.89	15137	3145	2628	3858	12.63	13651
1978	16.67	20087	7813	2946	3910	22.38	31989
1979	20.95	23549	12544	2972	3910	29.56	37569
1980	24.78	29267	14959	3070	3915	34.03	37796
1981	26.53	30985	14570	3027	3958	34.80	57401
1982	27.82	32984	15800	2994	3916	41.36	50991
1983	30.55	35673	20803	2924	3954	46.93	52004
1984	34.52	39407	32349	2900	3964	51.95	56175
1985	38.49	41004	41380	2813	3907	52.54	63490
1986	39.93	41540	48509	2851	4061	53.16	66497
1987	42.93	42928	59783	2913	4111	56.22	75979
1988	42.25	44575	78698	3151	4147	65.17	77696
1989	49.28	45491	95600	3291	4090	79.06	83595
1990	52.31	46188	10800	3678	4287	91.94	104721

注：化肥施用量按实物量计算。

新疆维吾尔自治区工业总产值

(按经济类型分类)

单位：亿元

年份	工业总产值	全民所有制	集体所有制			城乡个体工业	其他经济类型工业
				#乡办	#村办		
1952	2.20	0.71	0.02			1.39	0.08
1957	4.75	3.59	0.92			0.10	0.14
1962	12.19	11.48	0.69			0.02	
1965	13.77	13.04	0.72			0.01	
1970	18.10	17.20	0.90				
1975	21.41	19.88	1.53				
1978	33.91	30.23	3.68		0.89		
1979	36.70	32.54	4.16		1.08		
1980	40.71	36.20	4.51		1.29		
1981	43.59	38.97	4.42		1.23	0.05	0.15
1982	49.63	44.07	5.23		1.25	0.07	0.26
1983	58.67	52.32	5.85		1.42	0.14	0.36
1984	67.22	57.16	9.46	0.97	2.01	0.22	0.38
1985	86.78	73.18	11.93	1.40	1.15	1.20	0.47
1986	97.71	81.04	14.23	2.14	1.33	1.53	0.91
1987	115.64	95.77	16.32	2.35	1.21	2.20	1.35
1988	149.09	121.85	21.63	3.26	1.46	2.91	2.70
1989	187.41	151.73	29.50	3.89	2.01	3.27	2.91
1990	219.92	176.52	36.71	5.03	2.14	3.39	3.30

注:本表按当年价格计算。

新疆维吾尔自治区工业总产值

(按轻重工业分类)

单位：亿元

年份	工业总产值	轻工业	重工业	工业产值(按1980年不变价格计算)
		按1952年不变价格计算		
1952	1.72	1.32	0.40	1.93
		按1957年不变价格计算		
1957	4.42	2.81	1.61	5.00
1962	8.72	4.39	4.33	9.86
1965	12.38	6.69	5.69	13.99
1970	17.02	8.60	8.42	19.24
		按1970年不变价格计算		
1975	20.66	8.83	11.83	23.02
1978	29.86	12.70	17.16	34.16
1979	31.46	13.35	18.11	36.12
1980	34.90	15.11	19.79	40.16
		按1980年不变价格计算		
1981	41.16	18.66	22.50	42.38
1982	46.40	21.57	24.83	47.65
1983	53.49	24.46	29.03	54.86
1984	59.87	26.62	33.25	61.88
1985	72.94	33.04	39.90	74.08
1986	79.63	37.46	42.17	82.70
1987	88.87	42.37	46.50	92.52
1988	104.13	49.57	54.56	107.81
1989	114.50	54.34	60.16	118.96
1990	125.25	60.39	64.86	129.84

注:本表按不变价格计算。

新疆维吾尔自治区工业总产值指数

(以1952年为100)

年份	工业总产值	轻工业	重工业
1952	100	100	100
1957	254.1	210.6	392.3
1962	500.8	336.0	1024.9
1965	710.9	500.6	1379.4
1970	977.7	643.3	2041.1
1975	1169.1	638.9	2854.6
1978	1734.8	933.0	4283.9
1979	1834.9	982.5	4544.6
1980	2040.4	1114.0	4985.4
1981	2152.4	1264.6	4975.1
1982	2420.0	1459.3	5474.0
1983	2785.9	1653.9	6384.5
1984	3142.5	1808.0	7385.0
1985	3826.0	2295.5	8691.7
1986	4200.0	2602.3	9277.6
1987	4698.6	2961.5	10220.8
1988	5474.8	3459.6	11881.4
1989	6042.3	3799.1	13173.5
1990	6592.1	4220.8	14201.0

注:本表按可比价格计算。

新疆维吾尔自治区主要工业产品产量

单位：万吨

年份	原煤	发电量(亿千瓦小时)	原油	生铁	钢	水泥	农用化肥	纱(混合数)	布(混合数)(亿米)	机制纸及纸板	木材(万立方米)	卷烟(万箱)
1949	17.98											
1952	43.73	0.05	5.21	0.12	0.07	0.18		0.05	0.03		1.94	
1957	111.57	0.81	9.54	1.66	1.46	2.14		0.47	0.38		29.43	
1962	305.65	2.96	87.76	4.70	1.80	7.46		1.07	0.72	0.32	21.66	0.10
1965	387.00	4.46	97.31	4.77	4.72	29.68		2.33	1.44	0.81	53.75	0.34
1970	558.82	7.95	153.60	4.22	4.86	29.96	0.33	2.81	1.53	1.09	35.07	2.22
1975	716.25	13.23	300.19	7.66	2.66	40.90	0.76	1.74	0.92	0.94	37.13	1.77
1978	1079.01	21.17	353.05	17.52	8.46	78.15	2.03	2.80	1.56	1.99	42.23	3.01
1979	1026.15	22.77	380.75	17.14	9.87	83.70	2.19	3.02	1.69	2.02	52.74	2.54
1980	1136.84	23.58	390.58	15.81	10.74	90.89	0.92	3.13	1.69	2.38	58.75	3.11
1981	1140.47	25.21	383.81	15.13	10.30	89.15	0.53	3.39	1.78	1.95	51.92	4.26
1982	1168.09	28.05	403.27	14.13	13.00	110.43	1.12	3.78	1.96	2.28	53.36	5.31
1983	1285.10	31.62	427.02	17.15	15.27	146.59	2.98	3.87	2.17	2.53	53.46	7.09
1984	1433.36	34.17	450.17	20.29	17.16	169.27	4.36	3.73	2.02	3.31	47.70	7.57
1985	1600.22	38.11	499.00	22.89	19.79	201.05	5.81	3.91	2.12	4.15	47.94	8.04
1986	1634.39	42.85	550.53	26.30	19.91	200.52	10.49	5.03	2.42	4.90	42.10	8.65
1987	1578.40	48.45	575.12	24.58	20.71	218.12	16.61	6.03	2.59	5.44	34.62	9.01
1988	1813.16	54.72	615.04	34.53	27.33	257.41	25.91	6.39	2.66	6.72	34.89	10.03
1989	2020.10	62.99	643.81	36.95	30.33	253.04	27.97	6.99	2.76	8.28	37.45	12.05
1990	2100.20	69.79	679.00	40.57	36.49	284.97	28.76	10.19	3.00	9.09	34.27	12.34

新疆维吾尔自治区运输、邮电情况

年　　份	铁路通车里程(公里)	公路线路里程(公里)	货物周转量(亿吨公里)		旅客周转量(亿人公里)		邮电局(所)数(个)	邮路总长度(公里)
			铁　路	公　路	铁　路	公　路		
1949		3361					127	12779
1952		6065		1.67		1.98	192	12966
1957		12039		6.41		4.55	503	53550
1962	903	22887	12.58	11.14	7.36	5.02	748	60948
1965	988	22675	26.19	16.01	6.79	6.30	781	74431
1970	996	23092	34.24	19.02	8.30	3.75	833	91353
1975	997	23615	48.98	18.60	13.63	6.36	997	100816
1978	1031	23818	67.76	32.06	13.73	10.96	1090	108511
1979	1031	23818	74.24	38.32	16.46	11.11	1106	102308
1980	1103	21148	67.27	45.89	18.83	10.83	1086	100161
1981	1103	21231	65.00	42.71	19.39	13.89	1080	99103
1982	1216	21674	77.84	49.30	19.74	16.96	1116	100670
1983	1472	22213	85.91	54.23	22.71	20.41	1120	99915
1984	1580	22232	95.14	57.51	25.67	23.99	1143	101631
1985	1579	22232	102.03	61.26	33.16	29.13	1184	105707
1986	1344	22227	109.26	66.93	36.04	34.09	1199	109841
1987	1343	25049	117.44	72.40	37.14	39.44	1222	109664
1988	1343	25406	128.45	81.72	42.86	46.35	1257	108473
1989	1343	25374	132.67	116.90	44.52	53.82	1297	132278
1990	1343	25425	108.70	90.30	27.00	56.46	1317	119616

新疆维吾尔自治区全民所有制单位固定资产投资

单位：亿元

年　　份	固定资产投资				新增固定资产
		基建投资	更新改造	其他投资	
1980	20.21	17.23	2.06	0.92	10.60
1981	17.03	11.48	4.37	1.18	8.32
1982	23.14	13.22	6.92	3.00	12.58
1983	25.86	15.57	5.75	4.54	21.20
1984	29.94	18.83	5.28	5.83	22.81
1985	39.40	26.58	6.11	6.71	25.31
1986	41.97	24.35	8.53	9.09	34.17
1987	44.72	26.30	8.94	9.48	30.30
1988	57.60	31.24	15.33	11.03	43.57
1989	61.20	31.99	14.31	14.90	48.66
1990	73.55	48.00	15.27	10.28	61.36

新疆维吾尔自治区社会商业情况

单位：亿元

年份	社会零售商业机构（个）	社会零售商业人员（人）	社会商品零售总额	社会商品零售总额按用途对象分	
				消费品	农业生产资料
1952	27587	43208	3.71	3.66	0.05
1957	10515	38033	8.94	8.56	0.38
1962			10.98	10.55	0.43
1965	9314	26141	12.06	11.30	0.76
1970			14.58	13.23	1.35
1975			18.63	16.85	1.78
1978	10522	46373	24.73	21.88	2.85
1979	16432	112300	27.85	24.78	3.07
1980	20131	128243	32.86	29.36	3.50
1981	21721	145925	36.96	34.07	2.89
1982	45505	140631	39.61	36.41	3.20
1983	53083	213119	44.98	41.33	3.65
1984	76173	234303	51.20	46.14	5.06
1985	99189	189237	62.20	57.38	4.82
1986	101647	197482	68.84	63.90	4.94
1987	111125	217031	78.37	72.39	5.98
1988	115362	228324	96.94	88.70	8.24
1989	113781	323419	108.08	98.15	9.93
1990	108298	232959	115.94	104.30	11.64

年份	社会商品零售总额按经济类型分					国内纯购进总额	#农副产品
	全民所有制	集体所有制	合营	个体	农民对非农业居民		
1952	0.41	0.17		2.73	0.40	0.91	0.82
1957	4.87	1.71	1.41	0.55	0.40	5.40	2.54
1962	10.06			0.44	0.48	6.35	2.80
1965	8.46	2.90		0.43	0.27	9.97	4.62
1970	14.24				0.34	10.24	3.97
1975	14.57	3.69		0.02	0.35	12.36	4.40
1978	23.54	0.52		0.02	0.65	18.19	6.74
1979	26.30	0.61		0.04	0.90	21.13	7.73
1980	29.94	1.25	0.01	0.25	1.41	26.35	10.35
1981	32.43	2.37	0.01	0.61	1.54	28.57	12.16
1982	33.84	3.10	0.01	1.00	1.66	33.22	14.71
1983	36.71	3.89	0.02	2.15	2.21	38.96	16.39
1984	32.12	12.40	0.03	3.75	2.90	43.59	19.17
1985	36.10	14.74	0.04	7.08	4.24	49.13	20.36
1986	39.02	15.43	0.09	8.82	5.48	55.23	22.03
1987	43.93	17.21	0.13	10.69	6.41	66.25	27.53
1988	54.22	22.20	0.16	12.69	7.67	88.00	36.77
1989	60.34	22.79	0.10	16.44	8.41	95.27	37.26
1990	62.73	25.79	0.14	17.51	9.77	128.90	65.50

新疆维吾尔自治区地方财政收支情况

单位：亿元

年　份	财政收入	财政支出	收支差额
1950	0.22	0.67	−0.45
1951	0.37	0.51	−0.14
1952	0.74	0.60	0.14
1953	1.15	1.44	−0.29
1954	1.49	1.43	0.06
1955	1.73	1.83	−0.10
1956	2.02	2.55	−0.23
1957	2.26	2.25	0.01
1958	3.36	4.54	−1.18
1959	5.41	6.90	−1.49
1960	6.36	9.58	−3.22
1961	3.45	3.94	−0.49
1962	2.84	2.20	−0.64
1963	3.60	2.80	0.80
1964	4.07	3.92	0.15
1965	4.53	4.89	−0.36
1966	5.21	5.05	−0.16
1967	2.99	4.10	−1.11
1968	2.22	2.91	−0.69
1969	1.39	3.67	−2.28
1970	3.57	6.05	−2.48
1971	4.14	6.59	−2.45
1972	2.99	7.20	−4.21
1973	1.58	8.75	−7.17
1974	1.39	8.39	−7.00
1975	1.01	8.85	−7.84
1976	1.98	9.69	−7.71
1977	3.63	11.10	−7.47
1978	7.14	17.02	−9.88
1979	5.49	16.99	−11.50
1980	4.03	16.22	−12.19
1981	1.65	14.82	−13.17
1982	4.38	14.94	−10.56
1983	5.63	18.61	−12.98
1984	7.22	23.33	−16.11
1985	8.47	28.60	−20.13
1986	10.20	35.12	−24.92
1987	11.58	33.69	−22.11
1988	15.46	38.91	−23.45
1989	19.46	42.01	−22.55
1990	21.78	47.82	−26.04

新疆维吾尔自治区职工工资情况

年　份	职工工资总额(万元)	#全民所有制	#集体所有制	平均工资(元)	#全民所有制	#集体所有制
1952		10223			722	
1957		40198			953	
1962		70690			654	
1965		82087			657	
1970		91242			581	
1975	133438	125204	8234	677	686	563
1978	159409	148278	11131	717	726	614
1979	176298	163732	12566	770	784	624
1980	212446	196711	15735	882	904	676
1981	225376	207816	17560	907	935	672
1982	240773	220635	20138	941	968	722
1983	253066	230833	22233	972	998	767
1984	288849	259519	29138	1104	1129	923
1985	339109	304999	33789	1277	1310	1038
1986	402925	363634	38718	1489	1535	1158
1987	449725	405226	43654	1626	1673	1289
1988	520213	467529	51605	1848	1901	1467
1989	573577	517144	55189	2007	2070	1554
1990	673948	605777	66509	2289	2362	1783

新疆维吾尔自治区城乡居民家庭生活情况

单位：元

年　份	农业居民		非农业居民
	人均纯收入	人均消费水平	人均消费水平
1980	201	184	405
1981	236	211	450
1982	277	230	454
1983	307	261	483
1984	363	295	544
1985	394	336	658
1986	420	365	735
1987	453	416	838
1988	497	525	1004
1989	546	607	1138
1990	623		

新疆维吾尔自治区各级学校数

单位：所

年份	普通高等学校	中等学校			小学
			中等专业学校	普通中学	
1952	3	52	11	40	1776
1957	5	139	21	117	2253
1965	10	798	57	339	7015
1975	8	1381	55	1313	10274
1978	10	2086	79	1997	9891
1979	10	2125	90	1985	9111
1980	12	2197	96	2032	9006
1981	12	2201	99	2037	8753
1982	12	2243	101	2072	8533
1983	13	2333	104	2133	8261
1984	13	2374	100	2143	8253
1985	14	2360	97	2147	8104
1986	17	2284	99	2053	8178
1987	20	2284	100	2052	7813
1988	20	2335	108	2054	7597
1989	20	2301	112	2008	7494
1990	21	2070	112	1958	7247

新疆维吾尔自治区各级学校专任教师数

单位：人

年份	普通高等学校	中等学校			小学
			中等专业学校	普通中学	
1952	204	933	251	673	9052
1957	945	3208	831	2367	14143
1965	1624	8934	1455	6752	37745
1975	1670	26870	1622	25145	76437
1978	2458	44204	2543	41661	82616
1979	2952	44938	2864	42074	84198
1980	3149	48768	3459	45232	89027
1981	3377	53951	3808	50143	94966
1982	3994	59688	3869	55819	105556
1983	4724	62731	4140	58591	104536
1984	5109	62634	4183	58451	101025
1985	5473	65496	4554	60942	98294
1986	6052	68745	5114	63631	95473
1987	6789	71557	5162	66395	93910
1988	6822	72059	5560	66113	94342
1989	6898	77756	5989	65833	94397
1990	7002	71972	6158	65814	95060

新疆维吾尔自治区各级学校在校学生数

单位：人

年份	普通高等学校	中等学校	中等专业学校	普通中学	小学(万人)
1952	1582	20578	6152	14317	33.37
1957	3909	72727	11733	60858	49.23
1965	7740	156923	14858	121771	103.90
1975	5209	480186	19871	457315	185.92
1978	10229	838560	23696	806386	202.88
1979	11447	847948	38994	793256	220.77
1980	14308	886740	42362	823161	205.55
1981	16546	871359	34399	813269	201.05
1982	16235	894831	24881	842757	198.60
1983	16493	932761	22493	873657	194.10
1984	19689	994078	28150	906862	196.30
1985	26500	1054293	33251	955356	196.63
1986	29928	1134562	36231	1023533	194.82
1987	30145	1170333	39842	1046403	188.49
1988	30403	1128662	42524	993674	184.72
1989	31661	1042028	44920	893198	184.21
1990	31015	874379	45985	828394	185.72

新疆维吾尔自治区卫生机构、床位、人员

年份	机构(个)	#医院	床位(张)	#医院	卫生技术人员(人)	#医生
1949	54	48	696	696	348	82
1952	150	89	985	905	1114	245
1957	853	113	8358	8013	9455	2691
1962	1863	633	22795	17354	20156	6436
1965	2189	665	28731	18846	25401	9171
1970	1960	691	37135	25162	28298	9165
1975	2263	761	47408	30903	41438	13117
1978	2581	806	57647	39179	51050	16898
1979	2752	817	60211	42301	53717	17610
1980	2818	884	61075	47236	57949	20614
1981	3061	903	61169	47621	62979	23328
1982	3170	914	61804	48668	65184	24347
1983	3229	1016	63113	57761	67466	25101
1984	3251	1026	62738	57273	68337	25300
1985	3320	947	60930	55298	68961	25721
1986	3460	967	60793	55388	70797	26181
1987	3580	981	63122	56971	72244	26489
1988	3680	994	64523	58074	75045	31392
1989	3773	1033	66983	60112	76704	32797
1990	3945	1049	67414	60707	79853	33683

河北省民族自治地方年末总人口及工农业总产值

年　份	年末总人口(万人)	#少数民族人口	工农业总产值(万元)	农业总产值(万元)	工业总产值(万元)
1952	77.64		7703	7344	359
1957	88.42		7591	7160	431
1962	97.36		9864	9315	549
1965	106.06		19042	18080	962
1970	119.24		21208	18983	2225
1975	129.06		32958	26554	6404
1978	131.58		40669	30394	10275
1979	132.60		41339	31343	9996
1980	133.97	4.87	40066	29060	11006
1981	135.48	4.92	42394	31677	10717
1982	136.95	4.97	48190	36475	11715
1983	138.28	5.01	52609	38869	13740
1984	139.90	5.20	58674	41152	17522
1985	141.20	5.30	71704	46078	25626
1986	142.90	5.30	66360	33695	32665
1987	159.00	50.90	83206	38423	44783
1988	161.40	52.50	92260	42744	49516
1989	184.80	89.80	134790	46537	88253
1990	186.96	100.34	130984	51088	79896

注:工农业总产值、农业总产值、工业总产值均按1980年不变价格计算，并用新口径统计.

河北省民族自治地方耕地面积、有效灌溉面积及农牧业主要产品产量（一）

年份	耕地面积（万亩）	有效灌溉面积（万亩）	粮食总产量（万吨）	棉花（万吨）	油料（万吨）	甘蔗（万吨）
1952	267.66	10.48	25.94	0.03	0.35	
1957	336.92	22.16	24.48	0.05	0.45	
1962	340.06	21.00	23.45	0.06	0.17	
1965	338.44	16.64	30.21	0.10	0.44	
1970	327.06	32.05	38.70	0.10	0.43	
1975	323.78	76.32	42.76	0.09	0.77	
1978	323.70	78.74	48.20	0.04	0.69	
1979	322.40	76.00	49.46	0.03	1.08	
1980	322.52	74.64	47.87	0.05	0.75	
1981	321.50	71.98	44.39	0.04	0.73	
1982	321.18	57.00	46.32	0.19	1.35	
1983	320.84	65.16	45.72	0.39	1.07	
1984	320.84	63.36	36.96	0.60	1.41	
1985	320.52	62.48	48.54	0.36	2.16	
1986	320.20	63.10	34.20	0.14	0.91	
1987	264.20	45.30	36.46	0.45	0.73	
1988	262.96	59.22	42.89	0.21	0.82	
1989	365.20	70.00	34.30	0.07	0.39	
1990	351.76	65.07	57.42	0.15	1.41	

河北省民族自治地方农牧业主要产品产量（二）

年　份	甜　菜（万吨）	烟　叶（万吨）	#烤　烟	大牲畜年末头数（万头）	羊年末只数（万只）	生猪年末头数（万头）
1952		0.04		18.16	15.78	18.10
1957				21.42	38.00	26.72
1962				19.62	60.72	23.84
1965				22.78	65.94	32.12
1970	0.02			26.44	63.34	34.64
1975	0.56			27.52	68.74	51.38
1978	1.12			25.84	58.26	43.08
1979	1.08			25.58	69.06	45.62
1980	1.48	0.04	0.04	26.83	74.34	49.44
1981	0.94			27.76	72.32	47.74
1982	0.78	0.01	0.01	29.84	80.52	48.52
1983	0.64	0.01	0.01	31.16	82.32	49.12
1984	0.86	0.01		33.44	64.60	48.24
1985	1.06	0.01	0.01	35.78	63.74	51.90
1986	0.34			36.74	74.84	53.62
1987		0.02	0.02	26.82	74.90	55.10
1988	0.82	0.02		27.45	85.43	58.98
1989	0.19	0.01		39.10	117.40	71.40
1990	2.30	0.03		38.39	98.31	69.50

河北省民族自治地方主要工业产品产量

年　份	原油（万吨）	钢（万吨）	生铁（万吨）	原煤（万吨）	发电量（万千瓦小时）	木材（万立方米）	布（万米）	卷烟（万箱）
1952								
1957								
1962				1	199			
1965				1	260			
1970				6	641			
1975				17	572			
1978				12	649			
1979				10	407			
1980				9	570			
1981				7	137			
1982				8	222			
1983				6	331			
1984				7	317			
1985				4	439			
1986				4	611	0.89		
1987				4	899	1.45		
1988				6	908	3.48	6.00	
1989				5	704	5.45	32.00	
1990	0.45			22	691	7.51	45.87	

河北省民族自治地方交通、邮电情况

年　份	铁路通车里程（公里）	公路通车里程（公里）	邮电局（所）数（个）	邮路总长度（公里）
1952		9		
1957		637		
1962		700	6	
1965		1415	6	472
1970		1569	6	656
1975		1741	6	733
1978	8	2404	7	776
1979	8	2720	7	770
1980	8	2859	7	770
1981	8	2840	7	752
1982	8	2818	8	765
1983	7	2830	7	774
1984	6	2948	7	705
1985	7	2959	7	728
1986	7	3219	8	660
1987	10	1464	51	2335
1988	9	2077	52	2973
1989	119	1929	62	9459
1990	119	3134	76	5962

河北省民族自治地方全民所有制单位固定资产投资

单位：万元

年　份	全民固定资产投资	基建投资	更新改造	其他投资
1952				
1957				
1962				
1965				
1970				
1975	232	232		
1978	469	469	-	
1979	210	210		
1980	760	679	267	
1981	603	690	104	
1982	497	1197	283	
1983	1486	1035	451	
1984	2075	1567	508	
1985	3201	1225	1749	227
1986	3603	1938	1389	276
1987	4704	2539	1975	190
1988	7984	6320	1141	523
1989	8557	6647	1541	369
1990	8169	6267	1334	568

河北省民族自治地方社会商业及财政收支情况

单位：万元

年　份	社会商品零售总额	国内纯购进总额	财政收入	财政支出
1952	1376	422	33	123
1957	3302	1206	462	975
1962	5357	2162	860	1010
1965	5106	2322	907	992
1970	8648	3266	1121	1336
1975	14239	6451	1675	2373
1978	16552	6636	1790	3366
1979	18831	8387	1927	3871
1980	20634	9770	1821	4301
1981	21792	12170	2112	3506
1982	22812	13073	2206	4262
1983	26635	15338	2785	4817
1984	29199	16923	3162	6338
1985	35847	18492	4036	7154
1986	36648	18724	4234	8147
1987	44050	25602	5141	8313
1988	58745	37179	6801	10653
1989	79754	41060	10456	14638
1990	81193	43353	10374	16815

河北省民族自治地方各级学校数

单位：所

年份	普通高等学校	中等学校			小学
			中等专业学校	普通中学	
1952		2		2	762
1957		9		9	775
1965		51		51	1717
1975		194		194	1779
1978		188		188	1822
1979		188		188	1717
1980		183		183	1728
1981		169		169	1539
1982		162		162	1396
1983		153	2	151	1442
1984		142	2	140	1017
1985		139	2	137	958
1986		137	4	133	939
1987		141	3	138	928
1988		133	4	129	928
1989	1	228	8	220	1764
1990		216	3	213	1788

河北省民族自治地方各级学校专任教师数

单位：人

年份	普通高等学校	中等学校	中等专业学校	普通中学	小学
1952		42		42	1032
1957		192		192	1160
1965		531		531	2810
1975		2872		2872	4510
1978		3942		3942	4534
1979		3935		3935	5814
1980		3344		3344	6000
1981		2965		2965	5701
1982		2808		2808	5650
1983		2569	11	2558	5303
1984		2417	42	2375	4883
1985		2781	22	2759	4963
1986		2871	67	2804	4764
1987		2937	49	2888	4774
1988		2926	82	2844	5904
1989	4	4826	179	4647	7160
1990		5232	118	5114	8316

河北省民族自治地方各级学校在校学生数

年份	普通高等学校(人)	中等学校(人)	中等专业学校	普通中学	小学(万人)
1952		991		991	5.14
1957		3996		3996	5.90
1965		7261		7261	11.30
1975		57124		57124	16.66
1978		73112		73112	15.28
1979		67578		67578	15.63
1980		68386		68386	15.48
1981		48878		48878	14.74
1982		41614		41614	13.72
1983		40885	56	40829	12.43
1984		41318	99	41219	11.90
1985		42629	129	42500	11.38
1986		42449	453	41996	9.60
1987		43254	254	43000	13.50
1988		41853	953	40900	6.36
1989	152	61482	1340	60142	20.80
1990		62637	1110	61527	19.71

河北省民族自治地方卫生事业情况

年份	卫生事业机构数（个）	#医院个数	床位数（张）	#医院病床数	专业卫生技术人员（人）
1952	92	11	36	36	171
1957	80	31	179	179	502
1962	124	72	275	275	904
1965	125	71	446	442	755
1970	103	71	1192	1092	847
1975	191	159	2009	1563	1552
1978	203	165	2410	2214	1932
1979	207	165	2607	2437	2071
1980	211	165	2687	2507	2330
1981	224	165	2577	2377	2394
1982	226	165	2489	2449	2406
1983	223	165	2473	2433	2426
1984	232	164	2547	2472	2404
1985	248	154	2706	2612	2613
1986	208	154	2170	2076	2625
1987	228	116	2375	2215	2707
1988	211	108	2224	2071	2900
1989	209	109	2282	2127	3637
1990	237	131	3133	3039	3455

辽宁省民族自治地方年末总人口及工农业总产值

年份	年末总人口（万人）	#少数民族人口	工农业总产值（万元）	农业总产值（万元）	工业总产值（万元）
1952	175.85		34937	29120	5817
1957	224.63		43007	32838	10169
1962	277.57		44527	35715	8812
1965	303.91		46554	38080	8474
1970	351.37		62250	41175	21075
1975	372.15		101696	55889	45807
1978	381.32		134825	74832	59993
1979	377.14		135362	74727	60635
1980	377.38	16.31	143515	77269	66046
1981	380.61	17.12	155197	88550	66647
1982	383.83	17.98	168428	95054	73374
1983	385.71	18.30	194462	110826	83636
1984	385.95	18.83	203313	109238	94075
1985	434.46	118.90	247679	132466	115213
1986	435.61	119.80	294931	127196	167735
1987	437.98	119.60	317950	133848	184102
1988	438.94	121.00	372162	140817	231345
1989	440.97	223.43	487914	127877	360037
1990	444.77	245.49	484229	154741	329488

注:工农业总产值、农业总产值、工业总产值均按 1980 年不变价格计算，并用新口径统计。

辽宁省民族自治地方耕地面积、有效灌溉面积及农牧业主要产品产量（一）

年　　份	耕地面积（万亩）	有效灌溉面积（万亩）	粮食总产量（万吨）	棉　花（万吨）	油　料（万吨）	甘　蔗（万吨）
1952	978.84	6.20	59.98	0.42	0.80	
1957	1001.86	16.40	54.90	0.19	0.93	
1962	907.54	6.00	52.89	0.03	0.77	
1965	908.02	18.00	74.23	0.23	0.97	
1970	866.79	61.90	98.57	0.46	1.09	
1975	832.05	68.47	117.70	0.29	1.53	
1978	814.52	91.73	112.58	0.27	1.16	
1979	808.18	86.24	102.69	0.18	1.67	
1980	801.13	93.14	104.90	0.14	2.39	
1981	776.68	81.14	90.74	0.13	5.19	
1982	766.15	77.64	88.51	0.22	5.16	
1983	759.22	74.00	118.61	0.55	8.26	
1984	747.91	70.83	105.35	0.88	9.24	
1985	805.88	104.93	101.13	0.09	11.21	
1986	795.45	136.35	117.81	0.20	8.97	
1987	785.54	67.81	113.16	0.07	6.91	
1988	783.25	74.51	98.15	0.10	5.71	
1989	779.60	85.55	100.08	0.09	1.70	
1990	782.11	75.07	158.88	0.19	4.91	

辽宁省民族自治地方农牧业主要产品产量（二）

年份	甜菜（万吨）	烟叶（万吨）	#烤烟	大牲畜年末头数（万头）	羊年末只数（万只）	生猪年末头数（万头）
1952		2.88		52.32	18.84	50.46
1957		2.55		42.66	27.24	40.30
1962		0.98		40.30	43.30	31.12
1965		3.34		46.68	37.61	54.00
1970		3.10		55.49	41.87	84.51
1975	0.02	4.69		56.88	42.88	132.96
1978	0.39	4.06		56.16	36.65	151.51
1979	0.54	3.06		56.01	41.07	147.37
1980	0.91	3.79		55.60	46.69	133.71
1981	0.87	2.83		53.38	46.89	133.82
1982		2.36		52.65	50.54	139.03
1983		1.62		56.03	51.24	145.38
1984	0.04	1.79		55.99	48.31	129.75
1985	1.47	1.84	0.74	68.17	49.89	168.59
1986	3.40	1.33		71.29	58.12	178.05
1987	2.79	2.76	1.00	72.07	62.63	158.56
1988	5.00	3.20	1.37	63.33	69.94	156.53
1989	2.54	2.71	2.01	72.69	80.42	185.81
1990	5.43	2.02	1.60	74.84	77.04	192.57

辽宁省民族自治地方主要工业产品产量

年份	原油（万吨）	钢（万吨）	生铁（万吨）	原煤（万吨）	发电量（万千瓦小时）	木材（万立方米）	布（万米）	卷烟（万箱）
1952					8			
1957				1	40			
1962				2	309			
1965				5	352			
1970				38	127		107.14	
1975		0.04		54	872		519.31	
1978		0.06		97	1152	0.34	578.09	
1979		0.11		88	2466	0.91	814.75	
1980		0.17		96	2108	0.47	1241.58	
1981		0.01		104	3004	0.45	1306.58	
1982		0.01		112	3276	0.57	1575.20	
1983		0.02		149	4560	0.61	1657.02	
1984				196	5265	0.86	1869.12	
1985		0.06		276	6758	15.92	2184.47	2.10
1986		0.09		253	7075	14.16	1995.78	2.30
1987		0.10		273	9876	16.21	1719.16	
1988		0.14		294	9909	14.45	2384.85	
1989		0.20		266	7772	27.91	7147.00	
1990		0.33		362	21031	51.01	2434.00	

辽宁省民族自治地方交通、邮电情况

年份	铁路通车里程（公里）	公路通车里程（公里）	邮电局（所）数（个）	邮路总长度（公里）
1952	159	585	3	146
1957	159	1142	23	1039
1962	159	1599	44	4273
1965	159	2112	39	2389
1970	159	2777	45	3350
1975	159	3165	52	4699
1978	159	3168	56	5756
1979	159	3090	56	5814
1980	203	3099	60	5567
1981	207	2838	71	5825
1982	207	2941	61	5975
1983	207	2968	61	5975
1984	207	3008	61	5674
1985	207	4605	141	12218
1986	207	4727	139	9827
1987	207	5523	141	7175
1988	207	5827	141	16175
1989	298	7883	247	18757
1990	217	8934	244	17828

辽宁省民族自治地方全民所有制单位固定资产投资

单位：万元

年　　份	全民固定资产投资	基建投资	更新改造	其他投资
1952				
1957				
1962				
1965				
1970				
1975				
1978	1041	1041		
1979	1509	1509		
1980	3732	4733	651	24
1981	3532	3766	725	27
1982	9075	6529	2514	32
1983	6961	4312	2613	36
1984	8204	5665	2499	40
1985	15593	10106	4837	650
1986	19809	10568	8944	297
1987	17243	10898	6099	246
1988	30835	20365	10156	314
1989	23142	18482	4153	507
1990	24992	19750	4175	1067

辽宁省民族自治地方社会商业及财政收支情况

单位：万元

年份	社会商品零售总额	国内纯购进总额	财政收入	财政支出
1952	8137	2979	654	862
1957	12800	4264	1730	1788
1962	20882	3422	1996	6380
1965	22388	3910	7506	7797
1970	31210	11562	12265	20100
1975	52650	25380	12166	22203
1978	63344	27893	17351	37157
1979	67130	34748	5688	13619
1980	79468	38378	1644	15608
1981	87257	43371	6232	15321
1982	94122	43603	7479	19037
1983	103439	55466	12188	26186
1984	114830	57678	5975	21418
1985	148794	66310	8873	30172
1986	169042	51551	14821	37807
1987	194868	78100	14846	36060
1988	239691	99476	21821	46337
1989	278548	108691	25113	56154
1990	270829	137194	27633	64633

辽宁省民族自治地方各级学校数

单位：所

年份	普通高等学校	中等学校	中等专业学校	普通中学	小学
1952		11		11	2005
1957		27	1	26	1902
1965		339	1	338	3479
1975		882	1	881	2152
1978		597	1	596	2282
1979		312	2	310	2581
1980		331	17	314	2453
1981		339	18	321	2566
1982		339	2	337	2575
1983		348	3	345	2563
1984		369	3	366	2587
1985		369	3	366	2785
1986		374	6	368	2819
1987		374	5	369	2763
1988		366	7	359	2800
1989	1	370	9	361	2782
1990	3	340	50	290	2773

辽宁省民族自治地方各级学校专任教师数

单位：人

年份	普通高等学校	中等学校	中等专业学校	普通中学	小学
1952		346		346	4468
1957		702	9	693	5759
1965		2770	22	2748	11461
1975		13154	27	13127	16725
1978		16674	12	17262	15770
1979		17822	28	17794	23112
1980		14822	94	14728	23367
1981		14210	123	14087	25135
1982		12630	20	12610	25182
1983		11784	59	11725	25490
1984		11636	69	11567	25607
1985		13310	104	13206	28230
1986		11950	165	11785	25121
1987		13703	155	13548	28862
1988		14810	364	14446	31154
1989	6	14328	337	13991	29617
1990	133	15435	211	15224	33002

辽宁省民族自治地方各级学校在校学生数

年份	普通高等学校（人）	中等学校（人）	中等专业学校	普通中学	小学（万人）
1952		8247		8247	24.57
1957		16537	86	16451	29.07
1965		53828	292	53536	51.23
1975		234434	184	234250	67.60
1978		314638	200	314438	58.96
1979		313490	199	313291	56.39
1980		273683	1304	272379	53.68
1981		246027	1800	244227	52.84
1982		211113	137	210976	53.25
1983		180996	338	180658	56.54
1984		194136	423	193713	53.59
1985		191511	1034	190477	59.64
1986		239409	1275	238134	58.86
1987		228498	3341	225157	57.59
1988		225531	3292	222239	58.68
1989	101	215303	2309	212994	53.20
1990	1720	214915	2411	212504	51.25

辽宁省民族自治地方卫生事业情况

年　　份	卫生事业机构数（个）	#医院个数	床位数（张）	#医院病床数	专业卫生技术人员（人）
1952	160	18	135	49	1003
1957	310	53	401	183	1660
1962	672	57	1505	823	3759
1965	564	50	1793	1023	4295
1970	1825	430	4411	2003	8086
1975	1514	233	7508	4442	7927
1978	1420	184	7271	4278	8717
1979	1250	208	7452	4435	9675
1980	1248	170	7526	4353	9424
1981	1775	171	7933	4157	9901
1982	970	173	7971	4198	10175
1983	1078	180	7999	4399	10326
1984	836	181	8412	4559	10238
1985	632	207	9888	6880	11764
1986	686	221	10416	7336	12465
1987	718	228	10870	7709	11767
1988	827	225	11066	7628	12735
1989	444	164	7543	7261	8373
1990	442	166	7887	7573	8425

吉林省民族自治地方年末总人口及工农业总产值

年份	年末总人口（万人）	#少数民族人口	工农业总产值（万元）	农业总产值（万元）	工业总产值（万元）
1952	130.86		48404	25801	22603
1957	152.68		62012	27693	34319
1962	183.30		79447	43691	35756
1965	207.09		102021	55357	46664
1970	235.14		115167	50155	65012
1975	262.17		175097	59489	115608
1978	274.80		213471	62803	150668
1979	279.27		226704	63623	163081
1980	284.28	80.90	234694	62422	172272
1981	288.13	82.99	247800	74920	172880
1982	292.16	85.14	273233	84690	188543
1983	295.28	85.70	299172	94877	204295
1984	297.74	87.10	335570	113590	221980
1985	300.37	87.80	367605	106847	260758
1986	303.27	90.00	386784	96219	290565
1987	306.63	91.73	465728	117536	348192
1988	309.95	119.56	565055	119594	445461
1989	315.42	112.00	580273	125694	454579
1990	320.10	114.69	625395	143405	481990

注:工农业总产值，农业总产值、工业总产值均按 1980 年不变价格计算,并用新口径统计。

吉林省民族自治地方耕地面积、有效灌溉面积及农牧业主要产品产量（一）

年份	耕地面积（万亩）	有效灌溉面积（万亩）	粮食总产量（万吨）	棉花（万吨）	油料（万吨）	甘蔗（万吨）
1952	802.00		63.04		0.03	
1957	818.00		47.86		1.76	
1962	793.10		53.00		0.11	
1965	794.00	67.00	62.87		2.43	
1970	790.80	109.99	81.16		2.30	
1975	774.00	138.56	114.58		2.18	
1978	769.00	150.69	107.87		1.42	
1979	764.00	103.00	102.65		3.20	
1980	761.70	154.09	120.35		4.56	
1981	768.00	156.97	98.43		2.96	
1982	767.40	156.71	159.45		3.10	
1983	774.50	132.29	199.24		4.40	
1984	761.40	134.32	176.84		4.57	
1985	759.86	140.81	186.55		6.92	
1986	752.80	152.18	132.52		6.84	
1987	749.40	152.17	221.19		5.85	
1988	745.90	152.30	168.57		13.39	
1989	737.90	190.10	154.41		10.58	
1990	735.04	177.20	214.44		12.74	

吉林省民族自治地方农牧业主要产品产量（二）

年份	甜菜（万吨）	烟叶（万吨）	#烤烟	大牲畜年末头数（万头）	羊年末只数（万只）	生猪年末头数（万头）
1952	0.01	1.01	1.01	28.08	2.29	31.08
1957	1.70	0.75	0.75	21.34	3.53	30.95
1962	0.07	1.08	1.08	22.62	7.45	16.06
1965	2.35	1.35	1.35	28.40	9.61	26.19
1970	2.25	1.56	1.56	31.91	14.64	40.69
1975	2.15	1.80	1.80	34.49	21.93	67.31
1978	1.40	1.75	1.75	33.49	19.74	65.91
1979	3.56	1.25	1.25	33.97	20.89	59.07
1980	5.09	1.21	1.21	34.70	23.16	59.67
1981	2.78	1.23	1.20	34.35	22.64	55.02
1982	3.00	2.00	1.94	35.46	19.20	52.22
1983	4.33	1.02	1.00	37.74	17.24	44.22
1984	4.51	1.80	1.60	40.60	20.37	42.12
1985	7.05	2.44	1.43	42.82	20.20	52.28
1986	6.82	1.64	1.00	42.81	19.90	50.07
1987	5.89	1.85	1.32	45.83	20.70	45.72
1988	13.39	2.72	1.84	46.19	25.67	52.60
1989	10.58	2.73	2.01	47.32	34.64	61.82
1990	12.74	2.45	1.81	49.52	35.04	62.21

吉林省民族自治地方主要工业产品产量

年　份	原　油（万吨）	钢（万吨）	生　铁（万吨）	原　煤（万吨）	发电量（万千瓦小时）	木　材（万立方米）	布（万米）	卷　烟（万箱）
1952				29	850	103.60	6.00	
1957				39	2433	128.00	48.00	
1962				50	8042	140.80		
1965		0.05		47	14588	255.20	1.50	
1970		0.20		74	39936	265.00	440.00	
1975	135.51	0.81	1.18	116	109328	275.10	1032.00	
1978	185.07	0.77	1.19	134	207782	289.50	1202.00	
1979	186.20	1.04	0.66	119	254400	310.40	1100.00	1.09
1980	176.40	0.80	0.40	127	254000	328.60	1400.00	2.10
1981	163.21	0.60		129	249445	315.39	1148.00	3.11
1982	170.00	0.50		137	270321	316.41	2304.00	3.70
1983	178.60	0.60		264	269133	332.76	2591.00	5.80
1984	191.40	0.84	0.36	272	274312	316.21	2326.00	8.30
1985	213.00	1.17	0.93	268	253261	315.89	2556.00	11.80
1986	237.00	1.40	1.40	257	272578	342.76	2821.00	15.00
1987	286.00	1.40	1.00	253	298782	338.78	3132.00	18.60
1988	315.00	2.00	1.60	253	330522	321.46	3318.00	26.10
1989	342.00	2.00	1.40	305	393357	311.16	2884.00	31.60
1990	356.70	2.29	1.58	354	461831	301.09	1964.00	33.10

吉林省民族自治地方交通、邮电情况

年　　份	铁路通车里程（公里）	公路通车里程（公里）	邮电局（所）数（个）	邮路总长度（公里）
1952	551	1925	108	5561
1957	551	2263	121	6037
1962	551	2722	141	7844
1965	551	2799	147	2939
1970	551	3326	151	5211
1975	551	3987	154	9241
1978	587	4544	157	13027
1979	587	4073	155	13004
1980	587	4240	155	13274
1981	587	4278	155	13440
1982	587	4337	156	14805
1983	569	4283	155	15006
1984	664	4323	156	12035
1985	684	4323	156	15765
1986	664	4315	158	15172
1987	573	4360	158	21431
1988	573	4519	181	30271
1989	573	4575	181	27989
1990	573	4242	183	27748

吉林省民族自治地方全民所有制单位固定资产投资

单位：万元

年　　份	全民固定资产投资	基建投资	更新改造	其他投资
1952				
1957				
1962				
1965				
1970				
1975				
1978	15678	15678		
1979	15422	15422		
1980	18385	18385		
1981	16528	16390	138	
1982	38842	16585	22257	
1983	37516	20139	17377	
1984	35045	22179	12866	
1985	61007	35944	19679	5384
1986	77848	44880	25920	7048
1987	142592	49199	39374	54019
1988	186466	92090	56585	37791
1989	168962	61489	48172	59301
1990	184252	69181	41277	73794

吉林省民族自治地方社会商业及财政收支情况

单位：万元

年　份	社会商品零售总额	国内纯购进总额	财政收入	财政支出
1952	10698	3610	422	986
1957	16732	4456	3165	3426
1962	25030	9310	5134	3757
1965	28037	14487	7131	4214
1970	38439	22150	12012	8612
1975	52493	37864	19588	18138
1978	59445	42490	21096	26415
1979	68146	41438	11958	13535
1980	82465	46784	12610	15578
1981	95453	62100	12134	16678
1982	107623	66374	13412	18373
1983	118636	78553	15671	20136
1984	138385	92217	4084	12226
1985	141447	101195	22347	34030
1986	199311	115740	31724	47795
1987	221351	159290	44242	54343
1988	283320	184199	47493	57869
1989	320059	257195	57813	74698
1990	333455	296177	68608	77733

吉林省民族自治地方各级学校数

单位：所

年份	普通高等学校	中等学校	中等专业学校	普通中学	小学
1952	1	46	1	45	917
1957	1	55	1	54	813
1965	3	312		312	2618
1975	1	291	1	290	2366
1978	3	356	1	355	2188
1979	3	311	8	303	2164
1980	3	335	9	326	1947
1981	3	312	9	303	1949
1982	3	346	7	339	1910
1983	5	323	7	316	1787
1984	4	310	7	303	1834
1985	4	331	8	323	1820
1986	4	327	8	319	1769
1987	4	294	9	285	1552
1988	4	344	21	323	1761
1989	5	363	44	319	1755
1990	5	331	22	309	1726

吉林省民族自治地方各级学校专任教师数

单位：人

年　份	普通高等学校	中等学校			小　学
			中等专业学校	普通中学	
1952	138	1023	18	1005	632
1957	299	1380	5	1375	867
1965	386	3618		3618	1842
1975	218	11702	9	11693	2311
1978	581	14505	10	14495	2293
1979	678	15361	431	14930	18059
1980	707	14370	449	13921	17645
1981	733	14248	398	13850	18709
1982	767	14153	434	13719	18469
1983	973	17869	690	17179	21740
1984	985	12350	419	11931	17402
1985	1022	12470	467	12003	16677
1986	1069	12400	467	11933	18917
1987	1150	10210	551	9659	13432
1988	1200	13242	737	12505	20255
1989	1317	13669	716	12953	20680
1990	1346	13279	744	12535	20717

吉林省民族自治地方各级学校在校学生数

年份	普通高等学校（人）	中等学校（人）	中等专业学校	普通中学	小学（万人）
1952	1134	27857	196	27661	33.83
1957	1672	34047	77	33970	39.43
1965	1626	73382		73382	75.49
1975	1261	241174	127	241046	85.40
1978	3101	278647	171	278476	105.59
1979	3642	268535	2708	265827	105.54
1980	3130	256675	2563	254112	108.42
1981	4045	230600	1993	228607	107.62
1982	3566	218072	2352	215720	106.03
1983	4144	211210	2564	208646	109.90
1984	4540	204188	2871	201317	96.54
1985	5102	186097	3539	182558	89.17
1986	5460	186287	3712	182575	91.76
1987	5473	162752	3752	159000	31.10
1988	5824	180837	6537	174300	37.60
1989	5809	233834	8999	224835	37.40
1990	5621	171720	9379	162341	37.24

吉林省民族自治地方卫生事业情况

年份	卫生事业机构数（个）	#医院个数	床位数（张）	#医院病床数	专业卫生技术人员（人）
1952	173	15	983	429	2633
1957	512	18	1916	1370	6539
1962	1091	39	4347	2395	5881
1965	1101	62	4562	3348	6193
1970	819	106	5676	4507	7108
1975	609	182	7063	6068	8158
1978	705	194	8481	7355	9471
1979	776	189	8566	7412	10213
1980	798	190	8831	7632	10590
1981	880	194	8785	7800	12093
1982	846	204	9542	8509	12372
1983	886	202	9659	8611	12918
1984	883	204	10245	9247	13797
1985	915	227	11367	9465	14864
1986	924	227	11848	10058	15696
1987	921	229	12245	10313	16090
1988	858	197	11409	10307	15584
1989	908	227	12537	11475	20767
1990	945	227	12585	11481	17641

黑龙江省民族自治地方年末总人口及工农业总产值

年份	年末总人口（万人）	#少数民族人口	工农业总产值（万元）	农业总产值（万元）	工业总产值（万元）
1952	7.94	1.27	3417	3333	84
1957	10.14	1.80	3411	3075	336
1962	13.24	1.76	3267	2849	418
1965	15.04	1.96	3786	3300	486
1970	18.13	2.22	5098	3654	1444
1975	21.49	2.52	7273	5409	1864
1978	22.25	2.61	8248	5498	2750
1979	21.80	2.63	7507	4730	2777
1980	22.07	2.77	8117	5194	2923
1981	21.84	3.12	10128	6267	3861
1982	21.87	3.53	9616	5335	4281
1983	22.12	3.53	12574	8289	4285
1984	22.00	3.60	13319	9006	4313
1985	22.00	3.60	14385	9415	4970
1986	22.40	3.60	15754	9760	5994
1987	22.70	3.60	17644	10619	7025
1988	23.00	3.80	18991	10683	8308
1989	23.00	3.80	17080	8916	8164
1990	23.70	4.75	20473	12093	8380

注:工农业总产值、农业总产值、工业总产值均按1980年不变价格计算，并用新口径统计。

黑龙江省民族自治地方耕地面积、有效灌溉面积及农牧业主要产品产量（一）

年　份	耕地面积（万亩）	有效灌溉面积（万亩）	粮食总产量（万吨）	棉　花（万吨）	油　料（万吨）	甘　蔗（万吨）
1952	82.78		6.10		1.88	
1957	97.27		4.25		4.76	
1962	78.97	0.03	2.45		0.43	
1965	83.60	1.06	4.02		1.61	
1970	85.45	11.91	6.32		0.45	
1975	87.23	10.98	5.86		2.15	
1978	94.95	9.69	6.09		4.82	
1979	104.99	9.87	4.52		3.96	
1980	97.51	8.36	4.30			
1981	99.89	8.21	7.27		0.32	
1982	99.49	6.76	2.95		0.27	
1983	94.25	7.20	9.32		0.28	
1984	96.20	3.00	140.32		0.14	
1985	96.00	3.00	10.32		0.15	
1986	96.20	3.52	8.60		0.10	
1987	93.70	8.60	9.00		0.04	
1988	92.70	5.10	7.00		0.02	
1989	93.00	5.00	3.70		0.02	
1990	93.97	5.00	10.93		0.04	

黑龙江省民族自治地方农牧业主要产品产量（二）

年份	甜菜（万吨）	烟叶	#烤烟	大牲畜年末头数（万头）	羊年末只数（万只）	生猪年末头数（万头）
1952				3.77	0.67	1.73
1957	0.30			4.25	1.80	2.11
1962				3.62	2.35	1.87
1965	0.01			4.81	4.43	3.77
1970				5.28	6.22	3.40
1975	0.01			5.479	6.85	5.63
1978	0.01			5.66	8.17	5.40
1979				5.77	7.86	4.87
1980	0.26			5.26	8.06	4.71
1981	0.33			6.50	9.58	4.02
1982	0.01			7.35	9.23	4.10
1983	0.27			6.72	6.11	3.05
1984	0.08			7.71	5.00	3.50
1985	0.04			8.30	5.90	4.20
1986	0.13			8.90	4.60	4.40
1987	0.11			9.10	10.40	3.90
1988	0.81			9.30	5.50	4.30
1989	0.67			8.60	5.30	4.70
1990	0.55			9.03	5.49	5.19

黑龙江省民族自治地方主要工业产品产量

年份	原油 (万吨)	钢 (万吨)	生铁 (万吨)	原煤 (万吨)	发电量 (万千瓦小时)	木材 (万立方米)	布 (万米)	卷烟 (万箱)
1952					13			
1957					48	0.18		
1962					76	0.18		
1965					100	0.29		
1970					97	0.49		
1975						0.24		
1978						0.64		
1979						0.66		
1980								
1981							17.60	
1982							12.20	
1983							4.00	
1984								
1985								
1986								
1987								
1988						0.30		
1989								
1990								

黑龙江省民族自治地方交通、邮电情况

年　份	铁路通车里程（公里）	公路通车里程（公里）	邮电局（所）数（个）	邮路总长度（公里）
1952	79			
1957	79			
1962			10	207
1965			14	1546
1970		304	14	1546
1975		307	14	1707
1978	38	328	14	1913
1979	38	315	14	1925
1980	38	328	14	1691
1981	38	294	14	1494
1982	38	294	15	1494
1983	38	294	15	1486
1984	38	159	15	1568
1985	38	230	14	1568
1986	38	159	15	1568
1987	38	323	15	1690
1988	54	323	15	1690
1989	54	323	15	1836
1990	88	323	15	1878

黑龙江省民族自治地方全民所有制单位固定资产投资

单位：万元

年份	全民固定资产投资	基建投资	更新改造	其他投资
1952	1	1		
1957	40	40		
1962	88	88		
1965	177	177		
1970	156	156		
1975	126	126		
1978	267	267		
1979	238	238		
1980	2103	2103		
1981	412	412		
1982	690	576	114	
1983	530	418	112	
1984	683	645	38	
1985	2017	1471	546	
1986	733	312	421	
1987	2172	1662	510	
1988	876	472	404	
1989	799	442	357	
1990	787	490	297	

黑龙江省民族自治地方社会商业及财政收支情况

单位：万元

年　　份	社会商品零售总额	国内纯购进总额	财政收入	财政支出
1952	499	1235	15	31
1957	1054	1262	99	158
1962	1840	777	96	259
1965	1649	950	140	281
1970	2344	1233	114	420
1975	3288	1600	126	557
1978	3978	1635	436	14038
1979	4108	1477	198	964
1980	4628	1858	283	1220
1981	5173	2874	386	1443
1982	5192	2122	423	1375
1983	5717	2850	227	1438
1984	6450	3442	1	1635
1985	9239	3548	797	2087
1986	8567	4924	989	2528
1987	10072	4827	1272	2825
1988	12416	5361	1288	2971
1989	12250	5953	1258	2730
1990	13082	5122	1397	3330

黑龙江省民族自治地方各级学校数

单位：所

年　份	普通高等学校	中等学校	中等专业学校	普通中学	小　学
1952		1		1	81
1957		2		2	96
1965		27		27	282
1975		21		21	298
1978		24		24	293
1979		25		25	284
1980		25		25	276
1981		21		21	160
1982		20		20	192
1983		23		23	158
1984		21		21	160
1985		24	1	23	157
1986	1	23	1	22	163
1987		22		22	149
1988		21		21	153
1989		23		23	158
1990		26		26	161

黑龙江省民族自治地方各级学校专任教师数

单位：人

年份	普通高等学校	中等学校	中等专业学校	普通中学	小学
1952		17		17	312
1957		33		33	391
1965		148		148	1190
1975		679		679	1462
1978		934		934	1605
1979		946		946	1748
1980		954		954	1697
1981		922		922	1944
1982		974		974	2003
1983		981		981	1956
1984		849		849	1712
1985		785	6	779	1711
1986	5	905	4	904	1982
1987		779		779	1754
1988		787		787	1844
1989		859		859	1855
1990		849		849	1796

黑龙江省民族自治地方各级学校在校学生数

年份	普通高等学校（人）	中等学校（人）	中等专业学校	普通中学	小学（万人）
1952		346		346	0.89
1957		756		76	1.17
1965		2752		2752	2.94
1975		12232		12232	3.58
1978		15674		15674	3.71
1979		15368		15368	3.79
1980		15000		15000	3.70
1981		13000		13000	3.91
1982		13600		13600	3.86
1983		13200		13200	3.61
1984		14000		14000	3.40
1985		13029	29	13000	3.30
1986	162	15000		15000	3.40
1987		13000		13000	3.00
1988		12000		12000	3.00
1989		12089		12089	2.70
1990		11344		11344	2.68

黑龙江省民族自治地方卫生事业情况

年　份	卫生事业机构数（个）	#医院个数	床位数（张）	#医院病床数	专业卫生技术人员（人）
1952	5	1	18		29
1957	18	2	45		129
1962	32	7	200		317
1965	23	7	220		335
1970	31	14	411		340
1975	32	12	320		379
1978	36	12	285		409
1979	39	13	384		407
1980	40	13	415	400	434
1981	47	13	427	400	466
1982	50	13	450	360	528
1983	53	13	418	360	553
1984	40	14	404	370	562
1985	40	6	235	235	608
1986	40	6	247	247	596
1987	38	6	305	305	604
1988	38	6	275	275	604
1989	36	6	285	285	608
1990	36	6	285	285	608

浙江省民族自治地方年末总人口及工农业总产值

年　份	年末总人口（万人）	#少数民族人口	工农业总产值（万元）	农业总产值（万元）	工业总产值（万元）
1952	9.59		1315	1252	63
1957	10.24		2260	1910	350
1962	10.36		1846	1524	322
1965	10.86		2176	1800	376
1970	12.61		2973	2433	540
1975	14.35		3339	2648	691
1978	15.23		4044	3127	917
1979	15.50		4456	3372	1084
1980	15.71		4409	3241	1168
1981	15.90		4621	3447	1174
1982	16.08		4850	3650	1200
1983	16.23		5010	3754	1256
1984	16.38	1.65	5106	3755	1351
1985	16.61	1.67	5816	3940	1876
1986	16.75	1.68	6210	4080	2130
1987	16.88	1.70	6968	4105	2863
1988	17.07	1.71	7330	4079	3251
1989	17.19	1.72	9972	4036	5936
1990	17.22	1.72	9197	4177	5020

注：各年度工农业总产值、农业总产值、工业总产值均按1980年不变价格计算，并用新口径统计。

浙江省民族自治地方耕地面积、有效灌溉面积及农牧业主要产品产量（一）

年　份	耕地面积（万亩）	有效灌溉面积（万亩）	粮食总产量（万吨）	棉　花（万吨）	油　料（万吨）	甘　蔗（万吨）
1952	12.61		1.89		0.01	
1957	12.78		2.55			
1962	11.26		2.69			
1965	11.14		2.56			
1970	10.64		3.56			
1975	10.50		3.51			
1978	10.51		3.92			
1979	10.49		4.26			
1980	10.44		4.62		0.01	
1981	10.56		5.19		0.01	
1982	10.46		5.42		0.01	
1983	10.57		5.57		0.01	
1984	10.51		5.70		0.01	
1985	10.52		4.94		0.01	
1986	10.58	8.64	4.95		0.01	
1987	10.55	6.77	5.43		0.01	
1988	10.54	8.66	5.15		0.01	
1989	10.54	8.68	5.90		0.01	
1990	10.50	8.68	4.82		0.01	

浙江省民族自治地方农牧业主要产品产量（二）

年份	甜菜（万吨）	烟叶（万吨）	#烤烟	大牲畜年末头数（万头）	羊年末只数（万只）	生猪年末头数（万头）
1952				0.94	0.08	1.86
1957				1.08	0.09	2.63
1962				0.72	0.08	1.78
1965				0.89	0.34	3.09
1970				1.13	0.72	2.96
1975				1.07	0.74	4.37
1978				1.03	1.33	4.96
1979				1.09	1.83	5.53
1980				1.07	1.79	5.29
1981				1.12	1.64	5.47
1982				1.13	1.23	5.70
1983				1.13	0.92	5.86
1984				1.17	0.78	5.86
1985				1.19	0.69	5.98
1986				1.30	0.77	6.63
1987				1.37	0.92	6.93
1988				1.38	0.92	7.24
1989				1.39	0.91	7.53
1990				1.38	0.84	7.58

浙江省民族自治地方主要工业产品产量

年　　份	原　油（万吨）	钢（万吨）	生　铁（万吨）	原　煤（万吨）	发电量（万千瓦小时）	木　材（万立方米）	布（万米）	卷　烟（万箱）
1952					3			
1957					9	7.09		
1962					50	4.52		
1965					59	6.95		
1970					442	6.66		
1975					1716	5.12		
1978					2455	5.76		
1979					1673	5.59		
1980					1506	6.77		
1981					1963	5.59		
1982					2659	5.17		
1983					3673	5.57		
1984					2711	3.82		
1985					2872	4.81		
1986					2471	6.06		
1987					3653	4.14		
1988					3309	6.99		
1989					3474	6.19		
1990					3910	6.77		

浙江省民族自治地方交通、邮电情况

年　份	铁路通车里程（公里）	公路通车里程（公里）	邮电局（所）数（个）	邮路总长度（公里）
1952				
1957				
1962				
1965				
1970				
1975				
1978				
1979				
1980				
1981				
1982				
1983				
1984		324	37	995
1985		324	37	995
1986		324	33	977
1987		324	33	977
1988		364	37	752
1989		364	37	495
1990		370	37	365

浙江省民族自治地方全民所有制单位固定资产投资

单位：万元

年份	全民固定资产投资	基建投资	更新改造	其他投资
1952	1	1		
1957	27	27		
1962	55	55		
1965	172	172		
1970	65	65		
1975	124	124		
1978	107	107	18	
1979	77	77		
1980	127	81	46	
1981	62	56	6	
1982	156	98	58	
1983	207	57	100	50
1984	89	21	9	59
1985	859	822	27	10
1986	1160	1128	12	20
1987	1724	1556	73	95
1988	2441	1842	517	82
1989	2802	1967	705	130
1990	2173	1565	384	224

浙江省民族自治地方社会商业及财政收支情况

单位：万元

年　份	社会商品零售总额	国内纯购进总额	财政收入	财政支出
1952	126		47	30
1957	332		80	94
1962	412		60	107
1965	412		118	215
1970	540		110	211
1975	763		139	304
1978	1055		238	335
1979	1268		240	388
1980	1531		302	462
1981	1741		341	531
1982	1907		349	591
1983	1970		357	651
1984	2278	581	254	920
1985	3352	1264	399	1291
1986	3685	1361	486	1609
1987	4499	1554	564	1739
1988	5541	2145	575	1995
1989	5867	2960	804	2605
1990	5609	2968	703	3147

浙江省民族自治地方各级学校数

单位：所

年份	普通高等学校	中等学校	中等专业学校	普通中学	小学
1952					
1957					
1965					
1975					
1978					
1979					
1980					
1981					
1982					
1983					
1984		12		12	583
1985		17		17	556
1986		11	2	9	515
1987		21		21	523
1988		10		10	520
1989		10		10	512
1990		7	2	5	462

浙江省民族自治地方各级学校专任教师数

单位：人

年份	普通高等学校	中等学校	中等专业学校	普通中学	小学
1952					
1957					
1965					
1975					
1978					
1979					
1980					
1981					
1982					
1983					
1984		249		249	1126
1985		288		288	855
1986		241	16	225	876
1987		242		242	878
1988		303		303	859
1989		317		317	854
1990		337	19	318	706

浙江省民族自治地方各级学校在校学生数

年份	普通高等学校（人）	中等学校（人）	中等专业学校	普通中学	小学（万人）
1952		212		212	0.64
1957		309		309	0.75
1965		542		542	1.28
1975		5207		5207	2.39
1978		5906		5906	2.38
1979		5332		5332	2.40
1980		5195		5195	2.38
1981		4378		4378	2.41
1982		3446		3446	2.42
1983		3688		3688	2.36
1984		4079		4079	2.49
1985		4787		4787	2.62
1986		5527		5527	2.59
1987		6271		6271	2.35
1988		6647		6647	2.21
1989		7178		7178	2.08
1990		7444	406	7038	1.86

浙江省民族自治地方卫生事业情况

年份	卫生事业机构数（个）	#医院个数	床位数（张）	#医院病床数	专业卫生技术人员（人）
1952	3	1	17	17	24
1957	37	1	25	25	51
1962	49	2	75	45	106
1965	54	4	84	45	164
1970	36	35	230	230	224
1975	40	35	136	120	235
1978	36	33	187	173	360
1979	37	33	218	198	358
1980	35	31	219	205	366
1981	36	32	206	194	364
1982	39	34	199	185	382
1983	38	34	225	215	364
1984	46	29	259	182	383
1985	50	29	244	177	373
1986	50	29	247	197	381
1987	51	29	277	204	389
1988	51	26	261	257	415
1989	49	26	262	257	527
1990	49	26	265	260	527

湖北省民族自治地方年末总人口及工农业总产值

年份	年末总人口（万人）	#少数民族人口	工农业总产值（万元）	农业总产值（万元）	工业总产值（万元）
1952	214.54		32328	31249	1079
1957	239.19		45815	41618	4197
1962	247.24		44696	38945	5751
1965	266.77		59212	51448	7764
1970	308.52		61178	51139	10039
1975	338.91		73721	58474	15247
1978	350.50		99162	77521	21641
1979	355.00		101892	78382	23510
1980	358.84		97057	71049	26008
1981	363.03		112565	84144	28421
1982	367.82		120884	87079	33805
1983	370.90		124959	80619	44340
1984	393.26	161.64	149530	105448	44082
1985	397.75	164.27	179182	115535	63647
1986	403.15	175.93	183975	113388	70587
1987	409.45	169.06	208284	113400	94884
1988	415.84	183.46	223768	116537	107231
1989	419.99	185.44	229841	114564	115277
1990	422.92	175.60	235865	115916	119949

注:工农业总产值、农业总产值、工业总产值均按1980年不变价格计算，并用新口径统计。

湖北省民族自治地方耕地面积、有效灌溉面积及农牧业主要产品产量（一）

年　份	耕地面积（万亩）	有效灌溉面积（万亩）	粮食总产量（万吨）	棉　花（万吨）	油　料（万吨）	甘　蔗（万吨）
1952	551.66		53.51		0.53	
1957	568.92		68.65		0.65	
1962	599.01		60.26		0.36	
1965	608.98	81.96	81.21		0.60	
1970	570.91	91.77	74.07		0.65	
1975	533.16	92.64	89.72	0.01	1.00	
1978	522.90	69.22	131.38	0.01	1.47	
1979	521.43	81.17	126.97	0.01	1.79	
1980	518.15	95.19	106.44	0.01	2.40	
1981	516.45	93.40	140.39	0.01	3.97	
1982	512.26	91.67	131.40		5.96	
1983	510.64	89.93	116.93		4.21	
1984	537.18	95.52	152.43		5.04	0.05
1985	530.76	89.94	152.20		5.76	0.17
1986	525.31	77.85	143.15		7.16	0.31
1987	521.55	103.76	140.62		7.24	0.45
1988	520.77	79.77	139.23		7.19	0.32
1989	521.16	81.66	135.87		7.57	0.28
1990	521.77	81.92	146.67		8.11	0.25

湖北省民族自治地方农牧业主要产品产量（二）

年　　份	甜　菜 （万吨）	烟　叶 （万吨）	#烤　烟	大牲畜年末头数 （万头）	羊年末只数 （万只）	生猪年末头数 （万头）
1952		0.22		26.06	9.55	63.23
1957		0.19		31.84	17.76	96.14
1962		0.05		31.72	25.40	71.99
1965		0.09		34.84	32.42	95.86
1970		0.19	0.12	41.49	34.64	116.98
1975		0.61	0.22	43.08	47.38	138.72
1978		1.88	0.69	42.38	52.06	184.86
1979		1.29	0.55	42.54	57.69	207.06
1980		1.21	0.48	40.18	51.26	184.89
1981		3.11	1.02	38.04	47.65	181.85
1982		4.50	1.56	36.89	44.80	203.76
1983		2.40	0.87	34.09	39.01	207.10
1984		3.35	1.08	34.18	39.57	218.96
1985		6.03	2.90	34.76	30.74	230.27
1986		5.30	2.34	36.07	30.15	250.18
1987		5.06	2.08	37.62	35.08	260.25
1988		7.14	2.94	38.34	35.35	251.29
1989		7.38	3.15	38.61	35.53	255.17
1990		7.01	3.24	39.34	36.41	258.78

湖北省民族自治地方主要工业产品产量

年份	原油（万吨）	钢（万吨）	生铁（万吨）	原煤（万吨）	发电量（万千瓦小时）	木材（万立方米）	布（万米）	卷烟（万箱）
1952				2	8	0.25	32.00	
1957				17	69	9.76	143.00	
1962				9	426	9.13	32.00	
1965				10	604	11.85	48.00	
1970				25	1243	10.75	41.00	
1975				60	6325	11.04	110.00	0.20
1978				103	10544	13.15	175.00	1.05
1979				84	11348	13.94	185.00	1.66
1980				64	13936	15.85	207.00	3.62
1981				74	15695	14.10	242.00	5.94
1982				93	19890	12.42	299.00	11.61
1983				115	24082	10.45	211.00	24.89
1984				142	32385	17.02	101.19	20.37
1985				187	12198	25.69	132.44	24.32
1986				174	42575	21.95	323.00	28.85
1987				143	52646	22.11	361.00	43.74
1988				227	52818	18.80	439.48	46.00
1989				212	76162	19.78	337.13	48.08
1990				184	69853	14.61	174.69	52.54

湖北省民族自治地方交通、邮电情况

年份	铁路通车里程（公里）	公路通车里程（公里）	邮电局（所）数（个）	邮路总长度（公里）
1952		396	190	4422
1957		568	210	15975
1962		919	164	14313
1965		1242	150	19509
1970		3171	146	23302
1975		4469	189	38840
1978		5381	185	39826
1979		5554	185	34263
1980		5554	185	33510
1981		5856	185	32464
1982		5886	184	30934
1983		5952	185	31782
1984		6730	217	11944
1985		6205	277	9966
1986		5525	216	10403
1987		7142	212	36365
1988		7440	215	36365
1989		7661	214	33478
1990		7878	210	32797

湖北省民族自治地方全民所有制单位固定资产投资

单位：万元

年 份	全民固定资产投资	基建投资	更新改造	其他投资
1952				
1957				
1962	403	403		
1965	478	478		
1970	2547	2547		
1975	2481	2481		
1978	5255	5255		
1979	7270	7270		
1980	8244	8062	182	
1981	7724	5139	2585	
1982	11705	7840	3865	
1983	10296	6312	3984	
1984	13278	7320	5958	
1985	17556	11440	4789	1327
1986	20068	13764	5766	538
1987	44706	34838	8885	983
1988	56738	43350	13132	256
1989	24925	16063	8648	214
1990	25221	18299	6348	574

湖北省民族自治地方社会商业及财政收支情况

单位：万元

年份	社会商品零售总额	国内纯购进总额	财政收入	财政支出
1952	3220	822	816	316
1957	8620	4563	1723	1936
1962	10109	4864	2252	2304
1965	12550	7101	2903	2856
1970	16371	8019	2761	4396
1975	21193	11722	4024	7221
1978	29505	17594	6482	10428
1979	33587	18964	6910	11892
1980	38979	20803	7873	12611
1981	44558	30082	10975	15731
1982	50302	34323	12895	19494
1983	55204	37043	10823	17435
1984	64189	46501	11363	21488
1985	83941	55093	14001	23764
1986	88065	68644	14925	32350
1987	99916	94310	21134	35950
1988	126272	108664	26953	39154
1989	125344	125203	30283	46049
1990	131511	140393	31859	49349

湖北省民族自治地方各级学校数

单位：所

年　份	普通高等学校	中等学校	中等专业学校	普通中学	小　学
1952		11	2	9	1410
1957		28	4	24	2421
1965		71	5	66	11271
1975	1	525	13	512	6074
1978	2	828	22	806	4363
1979	2	941	23	918	4017
1980	2	910	24	886	4065
1981	2	620	8	612	3926
1982	2	533	16	517	3929
1983	2	540	16	524	4472
1984	2	524	17	507	5044
1985	2	485	13	472	4462
1986	2	469	13	465	4087
1987	2	468	11	457	4202
1988	2	445	12	433	4300
1989	2	420	13	407	4042
1990	2	179	15	164	3790

湖北省民族自治地方各级学校专任教师数

单位：人

年份	普通高等学校	中等学校			小学
			中等专业学校	普通中学	
1952		170	37	133	3507
1957		453	106	347	5703
1965		1192	111	1081	15236
1975	61	5523	177	5346	20051
1978	203	10724	256	10468	19929
1979	225	9791	366	9425	20712
1980	200	9889	399	9490	21029
1981	200	9369	383	8986	20181
1982	198	8792	412	8380	19897
1983	267	11210	450	10760	23429
1984	264	8505	520	7985	22733
1985	271	9448	634	8814	22956
1986	274	9414	653	8761	22449
1987	306	9563	631	8932	22231
1988	309	9824	690	9134	22521
1989	318	9800	748	9052	22525
1990	352	9249	737	8512	22504

湖北省民族自治地方各级学校在校学生数

年　份	普通高等学校(人)	中等学校(人)	中等专业学校	普通中学	小　学(万人)
1952		3274	627	2620	9.10
1957		10255	1837	8418	21.84
1965		23127	1430	21697	34.98
1975	61	94411	2877	91534	57.30
1978	203	167543	3701	163842	56.16
1979	225	155313	5736	149577	53.36
1980	200	143696	4314	139382	52.38
1981	200	126417	3037	123380	50.09
1982	198	110626	2572	108054	46.34
1983	982	115807	2698	113109	45.92
1984	1054	128369	3618	124751	52.64
1985	1398	135606	4385	131221	52.66
1986	1850	139189	6289	132900	52.16
1987	1815	142954	6754	136200	49.87
1988	2031	133636	7509	126127	48.90
1989	2246	130219	8106	122113	48.50
1990	2392	104177	7114	97063	47.50

湖北省民族自治地方卫生事业情况

年份	卫生事业机构数（个）	#医院个数	床位数（张）	#医院病床数	专业卫生技术人员（人）
1952	500	8	312	309	1021
1957	2181	11	1117	602	3217
1962	1157	81	1635	1332	3992
1965	1098	79	1969	1515	3903
1970	1466	75	2930	1926	6073
1975	338	177	4051	3998	6742
1978	352	178	4449	4388	7800
1979	358	177	4979	4918	7821
1980	361	178	5485	5398	8332
1981	377	178	5331	5246	8574
1982	390	179	5643	5565	8886
1983	376	158	6485	6389	9099
1984	917	213	8304	7363	11009
1985	1084	211	8453	7393	11149
1986	1198	184	8284	6739	11107
1987	1234	186	8552	6828	11267
1988	1238	206	8700	7047	11384
1989	1250	209	8784	7128	11789
1990	1264	213	8917	7210	12076

湖南省民族自治地方年末总人口及工农业总产值

年份	年末总人口（万人）	#少数民族人口	工农业总产值（万元）	农业总产值（万元）	工业总产值（万元）
1952	245.88		48136	46562	1574
1957	269.85		68227	63242	4985
1962	282.82		69483	63811	5672
1965	293.91		72458	66558	5900
1970	337.30		84552	73184	11368
1975	384.46		98655	77518	21137
1978	394.29		124570	92022	32548
1979	397.79		136124	100039	36085
1980	401.88	175.20	131396	92530	38866
1981	407.94	180.64	133403	91352	42051
1982	412.09	186.25	148738	102988	45750
1983	420.69	218.60	160296	110558	49738
1984	425.27	238.15	177501	121939	55562
1985	430.65	246.05	186666	114826	71840
1986	437.28	268.89	209976	117625	92351
1987	445.72	288.08	239316	124654	114662
1988	487.67	310.91	262671	123522	139149
1989	499.01	318.31	291388	133333	158055
1990	507.03	336.47	320314	138243	182071

注:1、工农业总产值、农业总产值、工业总产值均按1980年不变价格计算，并用新口径统计。

2、湖南省民族自治地方各项指标数均包括大庸市和桑植县数,与综合篇中的数字在统计口径上不一致。

湖南省民族自治地方耕地面积、有效灌溉面积及农牧业主要产品产量（一）

年份	耕地面积（万亩）	有效灌溉面积（万亩）	粮食总产量（万吨）	棉花（万吨）	油料（万吨）	甘蔗（万吨）
1952	455.50	9.56	69.13	0.06	0.75	0.16
1957	481.56	13.53	91.39	0.06	1.42	0.13
1962	496.02	18.27	80.04	0.02	0.61	0.27
1965	486.14	18.55	96.56	0.12	1.21	0.78
1970	480.37	13.61	140.58	0.12	1.23	0.87
1975	474.74	182.35	202.02	0.12	1.15	1.16
1978	468.65	190.42	144.48	0.09	2.04	2.30
1979	468.98	191.97	152.74	0.08	3.02	4.85
1980	445.56	198.68	132.21	0.07	2.71	1.95
1981	460.62	194.87	121.49	0.06	4.55	1.02
1982	460.55	192.26	149.28	0.05	6.15	1.30
1983	458.41	246.70	155.38	0.05	4.76	1.01
1984	457.50	274.19	160.78	0.04	5.00	1.82
1985	452.10	275.59	141.30	0.03	6.09	2.22
1986	450.46	273.00	156.60	0.03	6.44	3.50
1987	447.76	273.14	154.42	0.02	6.39	2.75
1988	472.34	248.97	138.03	0.02	6.22	2.69
1989	472.92	264.49	153.77	0.03	7.37	2.39
1990	472.09	278.47	176.93	0.04	8.40	1.78

湖南省民族自治地方农牧业主要产品产量（二）

年份	甜菜（万吨）	烟叶（万吨）	#烤烟	大牲畜年末头数（万头）	羊年末只数（万只）	生猪年末头数（万头）
1952				33.98	2.47	55.94
1957				41.68	4.96	93.69
1962				32.95	4.35	56.89
1965		0.01	0.01	38.95	9.31	87.29
1970		0.06	0.06	42.72	15.04	481.30
1975		0.33	0.33	46.99	24.86	136.75
1978		0.67	0.67	45.07	23.62	154.81
1979		0.70	0.70	46.97	27.86	175.56
1980		0.41	0.41	47.37	24.52	179.50
1981		0.73	0.73	48.37	20.84	165.65
1982		1.47	1.47	49.88	20.65	175.21
1983		1.01	0.64	50.83	20.73	181.58
1984		1.74	1.13	52.27	18.93	191.54
1985		3.01	2.04	55.65	16.56	203.00
1986		2.09	1.22	59.42	17.96	214.95
1987		2.04	1.22	62.49	21.41	224.88
1988		2.94	1.99	67.93	23.10	246.58
1989		4.39	2.64	71.99	21.99	235.97
1990		2.84	1.76	75.18	21.18	243.62

湖南省民族自治地方主要工业产品产量

年份	原油（万吨）	钢（万吨）	生铁（万吨）	原煤（万吨）	发电量（万千瓦小时）	木材（万立方米）	布（万米）	卷烟（万箱）
1952					44	9.07	118.00	0.26
1957			0.16	1	271	40.78	166.00	0.25
1962				9	622	26.58	7.00	0.47
1965				4	2047	42.33	69.96	0.68
1970				27	6270	44.64	182.63	1.21
1975			0.20	36	19641	47.07	476.74	2.38
1978			0.26	51	30348	58.83	766.06	4.38
1979			0.06	50	31853	61.30	669.00	5.30
1980				36	38061	51.63	1500.00	9.64
1981				41	33777	40.96	1009.0	10.72
1982				43	32948	43.25	986.00	15.44
1983				53	45188	43.60	900.00	20.08
1984				8	47737	54.25	762.00	24.27
1985				6	54856	52.59	1260.00	29.20
1986				45	59859	54.50	1796.00	40.99
1987				62	70565	50.74	1830.00	49.02
1988				73	75458	65.58	2090.00	53.73
1989			0.02	70	88904	60.07	2093.00	49.65
1990			0.05	73	95305	41.86	1980.96	48.45

湖南省民族自治地方交通、邮电情况

年　份	铁路通车里程（公里）	公路通车里程（公里）	邮电局（所）数（个）	邮路总长度（公里）
1952		662	119	6447
1957		1335	186	21479
1962		2958	226	17731
1965		3098	248	24707
1970		4398	286	27289
1975	65	6782	329	30144
1978	330	8738	358	31992
1979	318	8863	260	31607
1980	318	7767	311	32335
1981	334	8165	310	33571
1982	334	7898	304	33139
1983	380	9602	305	27519
1984	380	9862	309	29360
1985	378	9841	300	28801
1986	373	9268	273	32010
1987	327	7434	345	32068
1988	238	8907	321	32126
1989	242	9386	327	32493
1990	347	7296	342	29602

湖南省民族自治地方全民所有制单位固定资产投资

单位：万元

年 份	全民固定资产投资	基建投资	更新改造	其他投资
1952				
1957				
1962				
1965				
1970				
1975				
1978	3251	3251		
1979	5294	5294		
1980	8772	8493	279	
1981	10641	10462	179	
1982	12038	10000	2038	
1983	10922	8238	2684	
1984	11757	8064	3693	
1985	24579	15498	7467	1614
1986	27711	17981	9395	335
1987	23664	14626	8952	86
1988	33468	20410	12678	380
1989	27468	15626	9740	2072
1990	31737	16092	11919	3726

湖南省民族自治地方社会商业及财政收支情况

单位：万元

年份	社会商品零售总额	国内纯购进总额	财政收入	财政支出
1952	4765	1925	922	1540
1957	9422	6075	2001	2342
1962	7901	8825	2433	2363
1965	14006	10919	3305	3872
1970	22406	14977	3996	5607
1975	32625	21772	4757	8108
1978	39431	29888	6145	13247
1979	45401	39508	6593	15250
1980	53505	32723	7140	14473
1981	61502	46305	9104	16362
1982	64512	49173	11458	17588
1983	71965	50519	9298	18330
1984	83704	48215	10080	21539
1985	112179	66234	16626	29294
1986	124647	70600	21265	37563
1987	142552	58681	27760	42016
1988	187662	85496	33630	49847
1989	195176	124563	38477	49627
1990	194680	129693	42467	62106

湖南省民族自治地方各级学校数

单位：所

年份	普通高等学校	中等学校	中等专业学校	普通中学	小学
1952		21		21	2775
1957		41		41	2779
1965	1	347		347	12053
1975	1	602		602	6843
1978	3	715		715	6373
1979	1	613	6	607	6417
1980	1	563	6	557	6418
1981	1	458	6	452	6303
1982	1	516	5	511	4261
1983	1	374	6	368	6091
1984	1	336	8	328	5911
1985	1	332	9	323	5747
1986	1	344	7	337	5790
1987	4	345	9	336	5686
1988	2	379	14	365	6046
1989	2	391	19	372	6251
1990	1	280	12	268	5189

湖南省民族自治地方各级学校专任教师数

单位：人

年份	普通高等学校	中等学校	中等专业学校	普通中学	小学
1952		517		517	722
1957		1048		1048	700
1965	26	2228		2228	800
1975	81	7630		7630	2007
1978	133	11273		11273	1852
1979	151	9509	237	9272	25480
1980	420	9191	259	8932	13950
1981	225	11024	591	10433	26029
1982	242	10071	266	9805	25833
1983	252	8424	273	8151	25293
1984	251	8309	388	7921	25296
1985	285	8412	562	7850	25233
1986	273	8461	411	8050	24741
1987	480	8636	567	8069	24576
1988	866	12484	1501	10983	28372
1989	489	10890	761	10129	24821
1990	316	9757	1794	7963	26312

湖南省民族自治地方各级学校在校学生数

年份	普通高等学校（人）	中等学校（人）	中等专业学校	普通中学	小学（万人）
1952		7160		7160	19.55
1957		15036		15036	28.52
1965	191	33226		33226	41.26
1975	410	136190		136190	59.34
1978	1186	213601		213601	60.55
1979	1394	208572	2730	205842	63.29
1980	1785	180228	2906	177322	64.47
1981	1193	150390	2636	147754	63.27
1982	1299	156218	2009	154209	62.29
1983	1361	140640	1896	138744	58.44
1984	1255	146821	2435	144386	61.46
1985	1471	147799	4922	142877	61.76
1986	1723	155922	4550	151372	58.38
1987	1815	155155	5395	149760	60.35
1988	1803	175297	8232	167065	62.06
1989	4926	179963	8371	171592	58.17
1990	1891	164306	28688	135618	61.66

湖南省民族自治地方卫生事业情况

年　份	卫生事业机构数（个）	#医院个数	床位数（张）	#医院病床数	专业卫生技术人员（人）
1952	124	37	366	331	1044
1957	434	54	632	622	2247
1962	795	91	2372	1763	3802
1965	630	126	2906	2522	3954
1970	781	277	4787	4377	5398
1975	941	534	7899	7605	7398
1978	834	524	8682	8395	7809
1979	884	522	8703	8421	8302
1980	904	521	8948	8648	8418
1981	906	520	8577	8289	8796
1982	898	510	8708	8402	8824
1983	857	483	8237	7976	8687
1984	913	527	8930	8747	9402
1985	947	508	9065	8898	9680
1986	930	458	9140	9013	9665
1987	956	478	9489	9446	9737
1988	965	466	9569	9527	10613
1989	828	429	9036	8994	9410
1990	840	428	9291	9238	9479

广东省民族自治地方年末总人口及工农业总产值

年份	年末总人口（万人）	#少数民族人口	工农业总产值（万元）	农业总产值（万元）	工业总产值（万元）
1952	9.99		1003	952	51
1957	11.46		2101	1680	421
1962	12.18		1794	1435	359
1965	25.74		6069	3662	2407
1970	30.12		7930	4772	3158
1975	33.55		11675	6262	5413
1978	35.59		15804	8453	7351
1979	36.34		15989	8811	7178
1980	36.97		16451	8721	7730
1981	37.55		16708	9028	7680
1982	38.27		17968	9968	8000
1983	38.79		18321	10330	7991
1984	39.46		19394	10762	8632
1985	39.77		20135	11860	8275
1986	40.33		20733	12005	8728
1987	40.73	12.71	24593	12655	11938
1988	41.19	12.74	31928	13952	17976
1989	41.70	13.13	29917	13308	16609
1990	42.30	14.02	32599	16351	16248

注:工农业总产值、农业总产值、工业总产值均按1980年不变价格计算，并用新口径统计。

广东省民族自治地方耕地面积、有效灌溉面积及农牧业主要产品产量（一）

年　份	耕地面积（万亩）	有效灌溉面积（万亩）	粮食总产量（万吨）	棉　花（万吨）	油　料（万吨）	甘　蔗（万吨）
1952	25.16		2.61		0.05	
1957	29.01		4.24		0.08	0.09
1962	23.42		3.57		0.04	0.02
1965	37.94	6.98	8.00		0.14	0.38
1970	36.73	16.95	8.80		0.15	0.13
1975	37.52	16.24	10.90		0.28	0.17
1978	37.05	15.84	11.39		0.21	0.22
1979	37.06	15.86	12.20		0.28	0.11
1980	37.14	15.71	12.66		0.23	0.14
1981	37.36	15.73	13.03		0.21	0.62
1982	37.10	15.55	14.55		0.24	0.85
1983	37.19	15.06	15.09		0.25	0.31
1984	37.19	15.19	15.39		0.32	0.29
1985	37.01	14.50	15.38		0.37	0.50
1986	36.72	22.68	15.13		0.40	0.63
1987	37.53	26.98	15.96		0.33	0.77
1988	37.05	20.31	16.13		0.39	0.74
1989	37.22	20.05	15.65		0.39	0.76
1990	37.43	19.89	16.99		0.44	0.69

广东省民族自治地方农牧业主要产品产量（二）

年　　份	甜　菜 （万吨）	烟　叶 （万吨）	#烤　烟	大牲畜年末头数 （万头）	羊年末只数 （万只）	生猪年末头数 （万头）
1952				1.57	0.01	2.38
1957				2.54	0.01	2.76
1962				1.87	0.01	1.80
1965				3.67	0.01	6.93
1970				3.48	0.01	7.56
1975				3.61	0.01	8.35
1978				3.59	0.01	9.39
1979				3.64	0.01	9.43
1980				3.52	0.01	39.79
1981				3.61	0.01	10.49
1982				3.83	0.01	11.44
1983				3.95	0.01	12.28
1984				4.29	0.01	11.79
1985				4.71	0.01	12.28
1986				5.23	0.01	13.39
1987		0.01		5.83	0.01	13.90
1988		0.06	0.03	6.12	0.01	17.94
1989		0.05	0.01	6.51	0.01	14.33
1990		0.05		6.77	0.01	15.23

广东省民族自治地方主要工业产品产量

年份	原油（万吨）	钢（万吨）	生铁（万吨）	原煤（万吨）	发电量（万千瓦小时）	木材（万立方米）	布（万米）	卷烟（万箱）
1952								
1957					7			
1962					55			
1965				1	224		2.00	
1970				10	22482		13.00	
1975				5	31299		23.00	
1978				7	29034		12.00	
1979				5	22404		17.00	
1980				3	39416		14.00	
1981				2	45727		19.00	
1982				4	56041		26.00	
1983				4	55685		40.00	
1984				3	56299		31.00	
1985				1	48512		39.00	
1986				2	48446		46.00	
1987			2.58	1	61275	15.82	61.00	
1988			3.51	7	66163	13.58	65.00	
1989				6	59237	14.86	58.60	
1990				5	64351	16.62	70.50	

广东省民族自治地方交通、邮电情况

年份	铁路通车里程（公里）	公路通车里程（公里）	邮电局（所）数（个）	邮路总长度（公里）
1952		12	13	372
1957		112	33	1154
1962		200	38	1698
1965		269	32	1586
1970		341	34	1837
1975		408	35	1829
1978		1102	40	1786
1979		1138	41	1632
1980		1149	42	2062
1981		1215	41	2383
1982		1214	42	2383
1983		1214	42	2300
1984		1112	42	2300
1985		1175	42	2300
1986		1224	42	2400
1987		1160	42	2414
1988		1183	42	2949
1989		1070	42	2001
1990		1176	41	2154

广东省民族自治地方全民所有制单位固定资产投资

单位：万元

年　份	全民固定资产投资	基建投资	更新改造	其他投资
1952				
1957				
1962				
1965				
1970				
1975				
1978				
1979				
1980	1555	1471	84	
1981	1812	1689	122	
1982	2506	2264	242	
1983	1876	998	854	24
1984	2922	1797	1085	40
1985	2887	1298	1563	26
1986	2388	901	1382	105
1987	3555	1309	2155	91
1988	7837	4268	3416	153
1989	3442	2234	680	528
1990	3986	2371	1314	301

广东省民族自治地方社会商业及财政收支情况

单位：万元

年份	社会商品零售总额	国内纯购进总额	财政收入	财政支出
1952	86	15	71	103
1957	159	73	128	203
1962	805	704	241	433
1965	1351	615	446	522
1970	2058	951	432	874
1975	4404	1056	661	1025
1978	5821	2117	836	1351
1979	6064	2233	828	1445
1980	7199	2385	743	1609
1981	8471	2584	856	2021
1982	8875	2662	891	2368
1983	9242	2752	995	2576
1984	11482	2309	1298	3294
1985	11358	3261	1259	3394
1986	11620	2842	1482	4380
1987	15541	4991	1812	5058
1988	20582	6030	2225	5143
1989	22576	7286	2432	6454
1990	22996	9213	2545	7117

广东省民族自治地方各级学校数

单位：所

年份	普通高等学校	中等学校	中等专业学校	普通中学	小学
1952		2		2	59
1957		4		4	129
1965		6		6	425
1975		37	1	36	243
1978		45	3	42	262
1979		46	3	43	282
1980		45	3	42	275
1981		45	3	42	286
1982		47	3	44	288
1983		48	3	45	298
1984		50	3	47	295
1985		52	4	48	297
1986		55	3	52	295
1987		57	3	54	297
1988		57	3	54	294
1989		54	3	51	296
1990		54	3	51	295

广东省民族自治地方各级学校专任教师数

单位：人

年份	普通高等学校	中等学校	中等专业学校	普通中学	小学
1952		6		6	56
1957		57		50	190
1965		178		133	1066
1975		693	9	508	1818
1978		1079	17	817	1942
1979		1158	9	910	2003
1980		1056	20	806	2086
1981		1198	29	854	2092
1982		1289	24	933	2012
1983		1283	24	915	2022
1984		1345	27	943	1922
1985		1398	28	960	2039
1986		1343	30	929	2369
1987		1353	30	991	2423
1988		1358	47	1065	2361
1989		1100	27	841	2134
1990		1182	58	891	2280

广东省民族自治地方各级学校在校学生数

年份	普通高等学校（人）	中等学校（人）	中等专业学校	普通中学	小学（万人）
1952		100		100	0.10
1957		588		588	0.54
1965		1991		1991	2.79
1975		7566	31	7535	3.96
1978		15669	200	15469	4.20
1979		13809	105	13704	4.07
1980		13846	106	13740	4.15
1981		13637	80	13557	4.13
1982		11020	114	10906	3.93
1983		10817	110	10707	3.96
1984		11762	128	11634	4.27
1985		12922	164	12758	4.48
1986		14019	177	13842	4.40
1987		14884	174	14710	4.48
1988		14601	176	14425	3.63
1989		13122	134	12988	4.58
1990		13377	134	13243	4.46

广东省民族自治地方卫生事业情况

年份	卫生事业机构数（个）	#医院个数	床位数（张）	#医院病床数	专业卫生技术人员（人）
1952	9	3	68	14	18
1957	13	3	162	35	90
1962	35	5	234	38	213
1965	34	15	202	69	223
1970	45	17	243	65	459
1975	62	26	683	386	760
1978	69	28	757	471	857
1979	84	28	754	474	905
1980	87	28	745	452	921
1981	87	28	721	437	931
1982	87	28	722	419	934
1983	74	28	713	420	927
1984	74	29	840	549	939
1985	92	28	737	445	1000
1986	80	26	746	446	1044
1987	87	25	742	413	1037
1988	87	36	769	713	1186
1989	87	36	783	753	1139
1990	88	36	816	792	1170

海南省民族自治地方年末总人口及工农业总产值

年　份	年末总人口（万人）	#少数民族人口	工农业总产值（万元）	农业总产值（万元）	工业总产值（万元）
1952	34.37		3830	3593	237
1957	39.79		6414	5604	810
1962	51.93		9498	7328	2170
1965	59.07		13316	8468	4848
1970	85.08		17317	10554	6763
1975	100.92		28128	15330	12798
1978	110.47		27834	13456	14378
1979	113.30		27304	13654	13650
1980	115.84		41109	19512	21597
1981	116.92		46057	23208	22849
1982	119.25		51778	27604	24174
1983	120.92		57801	31143	26658
1984	122.94		68569	35250	33319
1985	124.82		84053	40963	43090
1986	125.09		88395	44645	43750
1987	206.79	89.84	94013	46947	47066
1988	209.80	89.83	100021	47827	52194
1989	212.95	91.65	95862	49612	46250
1990	214.81	92.98	113639	64489	49150

注:1、工农业总产值、农业总产值、工业总产值均按 1980 年不变价格计算，并用新口径统计。

2、海南省民族自治地方各项指标数均包括三亚市、通什市数，与综合篇中统计数字在口径上不一致。

海南省民族自治地方耕地面积、有效灌溉面积及农牧业主要产品产量（一）

年　份	耕地面积（万亩）	有效灌溉面积（万亩）	粮食总产量（万吨）	棉　花（万吨）	油　料（万吨）	甘　蔗（万吨）
1952	138.36	5.28	14.60		0.04	0.77
1957	156.44	12.00	23.07		0.36	5.09
1962	159.45	19.94	18.07		0.40	0.76
1965	161.28	27.94	23.68		0.43	9.93
1970	153.80	39.48	28.63		0.17	10.08
1975	180.42	63.05	47.89		0.44	26.66
1978	185.37	68.80	39.11		0.33	16.40
1979	183.02	58.72	37.30		0.33	15.73
1980	180.69	57.37	35.58		0.30	15.08
1981	182.14	51.84	40.03		0.44	28.08
1982	180.52	52.73	42.64		1.19	43.97
1983	181.36	57.07	43.27		1.08	69.22
1984	180.58	52.50	45.99		1.16	93.30
1985	181.30	48.88	39.06		1.25	155.49
1986	181.06	50.79	45.38		1.49	114.89
1987	173.18	73.11	45.58		1.71	71.97
1988	183.05	69.94	40.71		1.51	63.27
1989	184.78	69.48	44.17		1.47	66.14
1990	184.66	74.84	60.54		1.65	83.47

海南省民族自治地方农牧业主要产品产量（二）

年　份	甜　菜（万吨）	烟　叶（万吨）	#烤　烟	大牲畜年末头数（万头）	羊年末只数（万只）	生猪年末头数（万头）
1952				15.05	2.11	17.28
1957				22.70	2.44	26.77
1962				16.86	1.90	26.76
1965				22.08	3.69	36.17
1970				22.55	3.69	40.20
1975				25.92	3.80	49.55
1978				26.38	4.30	47.88
1979				26.72	4.69	48.78
1980				27.07	5.12	49.70
1981				26.69	4.74	53.24
1982				28.54	6.26	61.57
1983				30.44	7.00	62.99
1984				33.30	7.62	65.04
1985				35.49	8.97	67.99
1986				36.95	9.60	71.30
1987				38.80	10.02	71.19
1988				40.56	10.15	74.79
1989				42.12	12.14	77.90
1990				44.68	13.68	82.53

海南省民族自治地方主要工业产品产量

年　份	原油（万吨）	钢（万吨）	生铁（万吨）	原煤（万吨）	发电量（万千瓦小时）	木材（万立方米）	布（万米）	卷烟（万箱）
1952								
1957					105			
1962					1702			
1965					2973			
1970					6032			
1975		0.10			7410			
1978		0.15			11188			
1979		0.14			10963		106.00	
1980		0.11			10732		106.00	
1981		0.13			10459		114.00	
1982		0.14			11227		200.00	
1983		0.15			11381		340.00	
1984		0.16			14486		100.00	
1985		0.15	1.01		24986	6.87	170.00	
1986		0.15	1.62		26316	7.38	140.00	
1987		0.10	2.01		28561	6.99	9.40	
1988		0.13	1.14		22181	6.74	34.00	
1989		0.14	2.24		21799	7.79	118.00	
1990		0.10	2.35		24593	7.87	200.00	

海南省民族自治地方交通、邮电情况

年　份	铁路通车里程（公里）	公路通车里程（公里）	邮电局（所）数（个）	邮路总长度（公里）
1952	12		50	1247
1957	12	246	122	3645
1962	12	1081	145	3015
1965	12	1279	122	3690
1970	12	2563	126	5040
1975	12	3196	132	6840
1978	12	3461	151	6511
1979	12	3563	155	6404
1980	12	3571	158	6300
1981	12	3609	156	6390
1982	12	3487	156	6255
1983	12	3552	157	6390
1984	12	3602	157	6660
1985	12	3126	159	6480
1986	12	3557	159	6165
1987	214	6181	158	8300
1988	214	6181	155	3478
1989	308	4327	157	6943
1990	308	5027	157	6439

海南省民族自治地方全民所有制单位固定资产投资

单位：万元

年 份	全民固定资产投资	基建投资	更新改造	其他投资
1952				
1957				
1962				
1965	3332	3332		
1970	2183	2183		
1975	5705	5705		
1978	7245	7245		
1979	6517	6517		
1980	6107	6066	41	
1981	3596	3179	417	
1982	6631	4590	2040	1
1983	8221	6309	1710	202
1984	11733	9220	2298	215
1985	29927	24724	5203	
1986	32073	23352	8721	
1987	25040	14459	10040	541
1988	30996	19765	10894	337
1989	41280	30428	10421	431
1990	51117	37872	12682	563

海南省民族自治地方社会商业及财政收支情况

单位：万元

年　份	社会商品零售总额	国内纯购进总额	财政收入	财政支出
1952	200	260	54	142
1957	800	1146	462	656
1962	8373	2156	940	1165
1965	10849	3954	1484	1763
1970	14753	4747	4177	4438
1975	21493	5505	3915	4240
1978	25658	7172	4626	5209
1979	28599	8854	4738	6079
1980	31876	26872	4467	5925
1981	36953	28218	3873	8142
1982	42840	38361	4544	8450
1983	49664	37222	5868	10036
1984	57576	48307	8494	12411
1985	66743	13524	8977	15153
1986	70655	14468	9139	19072
1987	84017	30388	8830	20527
1988	109988	53920	9840	22958
1989	110401	67571	11039	31442
1990	108600	74035	12894	33681

海南省民族自治地方各级学校数

单位：所

年份	普通高等学校	中等学校	中等专业学校	普通中学	小学
1952		2		2	158
1957		10	1	9	272
1965		48	1	47	647
1975		84	3	81	1001
1978		89	5	84	1039
1979		92	5	87	967
1980	2	95	11	84	887
1981		100	3	97	946
1982		103	4	99	904
1983		102	6	96	903
1984		100	6	94	935
1985	1	95	7	88	887
1986	1	106	7	99	890
1987	1	214	8	206	1531
1988	1	213	7	206	1479
1989	1	216	6	210	1489
1990	2	198	15	183	1385

海南省民族自治地方各级学校专任教师数

单位：人

年　份	普通高等学校	中等学校	中等专业学校	普通中学	小　学
1952		52		52	391
1957		100	4	96	715
1965		336	7	329	2136
1975		1436	20	1416	3760
1978		1905	39	1866	4663
1979		1519	33	1486	4715
1980		1576	31	1545	5032
1981		1843	33	1810	5537
1982		1875	37	1838	5174
1983		1943	40	1903	5176
1984		1958	41	1917	4865
1985		1791	37	1754	4765
1986		2251	52	2199	5074
1987	99	3914	217	6299	13063
1988	94	6660	276	6562	13036
1989	210	5839	264	6643	12848
1990	121	5657	565	5092	11298

海南省民族自治地方各级学校在校学生数

年份	普通高等学校（人）	中等学校（人）	中等专业学校	普通中学	小学（万人）
1952		778		778	1.60
1957		2062	87	1975	2.38
1965		9324	30	9294	6.07
1975		34509	86	34423	13.09
1978		41554	296	41258	13.93
1979		33858	483	33375	13.07
1980	752	33363	2150	96378	12.98
1981		30576	515	30061	12.48
1982		37438	519	36919	14.00
1983		35139	790	34349	14.17
1984		43150	1229	41921	15.82
1985	411	42069	2801	108122	34.61
1986	477	50590	3130	120536	35.03
1987	720	78718	2472	121597	34.79
1988	888	116124	2817	114681	34.14
1989	890	92141	2328	103471	33.24
1990	1069	85616	5822	79794	30.88

海南省民族自治地方卫生事业情况

年　份	卫生事业机构数（个）	#医院个数	床位数（张）	#医院病床数	专业卫生技术人员（人）
1952	19	13	80	80	86
1957	49	28	125	125	316
1962	112	67	960	812	1135
1965	131	67	1220	1000	1413
1970	200	88	1732	1374	2036
1975	1222	194	6693	6640	6465
1978	1240	196	7196	7135	7348
1979	1290	194	7135	7135	7707
1980	1342	193	7075	7075	8084
1981	1352	187	7047	7047	8309
1982	1361	182	7019	7019	8541
1983	1371	177	6991	6991	8779
1984	1381	172	6963	6963	9024
1985	1391	167	6936	6936	9276
1986	1416	170	6967	6967	9494
1987	1396	172	7188	7188	9702
1988	1388	172	7471	7459	9727
1989	520	173	7545	7526	9772
1990	734	173	7620	7551	10176

四川省民族自治地方年末总人口及工农业总产值

年份	年末总人口(万人)	#少数民族人口	工农业总产值(万元)	农业总产值(万元)	工业总产值(万元)
1952	457.84	211.09	70223	63232	6991
1957	495.48	227.75	98425	80474	17951
1962	449.48	209.60	89757	68428	21329
1965	500.27	229.31	118432	93755	24677
1970	586.86	264.63	129466	102304	27162
1975	673.73	301.93	167801	122401	45400
1978	702.27	319.07	209417	141714	67703
1979	709.83	325.02	226161	152577	73584
1980	718.58	331.50	223308	149590	73718
1981	731.17	340.05	226801	155865	70936
1982	744.49	350.52	245305	170113	75192
1983	751.62	377.10	261452	178577	82875
1984	756.93	371.42	294171	199929	94242
1985	764.09	393.24	317003	215224	101779
1986	772.98	393.08	346933	208472	138461
1987	782.85	402.34	372583	212861	159722
1988	793.79	409.14	412022	228762	183260
1989	803.54	415.44	439721	236111	203610
1990	814.42	435.41	453853	249184	204669

注：工农业总产值、农业总产值、工业总产值均按1980年不变价格计算，并用新口径统计。

四川省民族自治地方耕地面积、有效灌溉面积及农牧业主要产品产量（一）

年　份	耕地面积（万亩）	有效灌溉面积（万亩）	粮食总产量（万吨）	棉花（万吨）	油料（万吨）	甘蔗（万吨）
1952	1075.88	62.44	96.78		0.71	2.79
1957	1133.11	110.15	138.84		1.17	2.33
1962	1133.79	139.81	116.16		0.82	1.67
1965	1203.57	178.89	153.45		1.34	5.55
1970	1148.89	205.78	163.94		1.00	6.35
1975	1137.52	259.58	190.48		1.22	10.17
1978	1123.29	302.25	231.75		1.65	15.07
1979	1123.85	313.14	239.01		1.69	17.86
1980	1127.45	323.92	235.19		2.35	16.27
1981	1126.86	325.33	234.82		2.78	16.72
1982	1122.40	323.84	250.32		3.46	19.95
1983	1114.00	322.13	255.29		2.71	24.73
1984	1099.59	291.49	269.09		2.90	30.66
1985	1076.63	294.52	252.77		3.73	37.79
1986	1071.64	277.96	250.27		4.28	36.72
1987	1070.48	275.48	242.13		3.94	36.47
1988	1071.00	281.04	259.82		4.03	37.92
1989	1071.67	291.42	273.27		4.50	41.83
1990	1074.34	286.34	287.75		5.31	45.45

四川省民族自治地方农牧业主要产品产量（二）

年　份	甜　菜（万吨）	烟　叶（万吨）	#烤　烟	大牲畜年末头数（万头）	羊年末只数（万只）	生猪年末头数（万头）
1952		0.16		269.45	240.34	113.98
1957		0.19		257.95	274.49	170.76
1962	0.14	0.07		227.61	302.91	118.16
1965		0.11	0.01	294.73	441.29	203.49
1970		0.09	0.01	355.39	534.17	200.92
1975	0.02	0.35	0.13	416.63	646.83	251.78
1978	0.08	0.87	0.61	444.61	663.65	303.30
1979	0.22	0.62	0.53	454.86	678.67	333.97
1980	0.42	0.46	0.37	469.71	710.08	332.52
1981	0.34	0.73	0.51	487.10	705.23	338.21
1982	0.99	1.70	1.38	496.14	680.63	373.01
1983	1.27	1.11	0.80	507.55	664.42	396.55
1984	1.43	1.70	1.37	525.31	677.92	428.22
1985	1.11	3.23	2.85	545.98	654.42	434.84
1986	1.90	3.42	3.02	570.50	648.66	445.12
1987	1.03	2.95	2.50	582.30	654.47	459.71
1988	1.30	4.37	3.82	595.73	667.37	487.41
1989	2.10	4.87	4.29	607.91	675.73	506.47
1990	1.81	4.82	4.30	619.65	689.93	527.85

四川省民族自治地方主要工业产品产量

年份	原油（万吨）	钢（万吨）	生铁（万吨）	原煤（万吨）	发电量（万千瓦小时）	木材（万立方米）	布（万米）	卷烟（万箱）
1952			0.05	3	279	24.59	427.92	
1957			0.16	10	538	52.63	570.21	
1962			0.10	32	2349	63.96	8.66	
1965			0.01	33	3664	91.01	105.59	
1970			0.01	51	8651	103.51	53.26	
1975			0.02	76	19314	194.17	90.35	
1978			0.26	91	28603	264.62	120.56	0.51
1979			0.30	86	32288	326.68	115.73	0.45
1980			0.23	80	34672	318.95	141.65	0.76
1981			0.32	80	38425	269.91	145.10	1.04
1982			0.25	83	46311	281.11	112.31	1.52
1983			0.31	91	54276	294.04	80.68	1.95
1984			0.25	102	60479	318.50	53.23	3.61
1985			0.82	125	74560	328.38	95.39	6.03
1986			0.67	138	272951	256.86	86.00	13.72
1987			1.34	142	313911	334.46	47.58	17.83
1988			2.69	168	384652	298.74	62.00	21.79
1989			5.05	182	408063	271.84	73.27	29.16
1990			10.60	182	210524	251.42	71.43	33.65

四川省民族自治地方交通、邮电情况

年　份	铁路通车里程（公里）	公路通车里程（公里）	邮电局（所）数（个）	邮路总长度（公里）
1952		1665	383	14221
1957		3208	511	28369
1962		8255	613	35079
1965		9583	577	42837
1970	387	11467	614	47810
1975	387	14509	608	59723
1978	387	20383	617	73972
1979	387	21671	614	63238
1980	387	21698	603	68213
1981	387	23087	603	56418
1982	387	23319	603	50928
1983	387	23718	607	50637
1984	387	24253	613	50515
1985	387	24980	614	49442
1986	387	25674	608	41929
1987	387	26180	612	42801
1988	387	26216	607	46332
1989	387	26961	615	46124
1990	387	27130	591	36858

四川省民族自治地方全民所有制单位固定资产投资

单位：万元

年　份	全民固定资产投资	基建投资	更新投资	其他投资
1952	923	923		
1957	4392	4392		
1962	1633	1633		
1965	4578	4578		
1970	6962	6962		
1975	10653	10653		
1978	18200	18200		
1979	23794	23794		
1980	20116	20116		
1981	15954	14144	1734	76
1982	22005	18317	3548	140
1983	25751	20731	3646	1374
1984	28468	19483	5210	3775
1985	53122	37981	11660	3481
1986	55537	40258	12207	3072
1987	71785	55233	12181	4371
1988	77901	54796	18130	4975
1989	68413	49519	16086	2808
1990	87091	63448	17966	5677

四川省民族自治地方社会商业及财政收支情况

单位：万元

年份	社会商品零售总额	国内纯购进总额	财政收入	财政支出
1952	8840	2224	1741	1541
1957	21045	8597	3657	8012
1962	25397	10917	4304	6121
1965	31975	15135	6549	10266
1970	42862	18402	4078	12267
1975	56445	25745	7900	22508
1978	72856	34325	11735	36327
1979	79802	37605	11616	39195
1980	89220	40280	12709	38030
1981	94283	45221	14328	31950
1982	100357	47468	17269	38281
1983	111684	55307	18281	46389
1984	126940	63315	19507	60169
1985	156536	76241	24439	65424
1986	178335	83172	34792	87427
1987	206743	99069	42870	93326
1988	264710	135545	54269	104736
1989	285427	158951	70022	121788
1990	292170	188283	77700	150475

四川省民族自治地方各级学校数

单位：所

年　份	普通高等学校	中等学校	中等专业学校	普通中学	小学
1952		30	5	25	2298
1957		47	6	41	3161
1965		150	11	139	9213
1975		362	31	331	14673
1978	3	726	33	693	13441
1979	3	708	33	675	12692
1980	3	694	31	663	11292
1981	3	491	32	459	9870
1982	3	451	32	419	9559
1983	3	455	30	425	9456
1984	3	454	30	424	9361
1985	4	452	28	424	9175
1986	5	452	28	424	8820
1987	5	438	29	409	8638
1988	5	436	30	406	8410
1989	5	439	30	409	8361
1990	5	473	28	445	8368

四川省民族自治地方各级学校专任教师数

单位：人

年份	普通高等学校	中等学校	中等专业学校	普通中学	小学
1952		471	74	397	6442
1957		846	209	637	9243
1965		2150	256	1894	16848
1975		7592	636	6956	36909
1978		14458	948	13510	42139
1979	154	13931	1030	12901	42975
1980	209	14676	1032	13644	42479
1981	225	14429	1075	13354	40861
1982	268	13947	1228	12719	41161
1983	295	13575	1096	12479	40943
1984	336	13211	1111	12100	38783
1985	391	13425	1091	12334	38183
1986	516	13904	1180	12724	37696
1987	704	14412	1296	13116	37371
1988	574	15116	1395	13721	37405
1989	596	15504	1341	14163	36911
1990	608	16292	1436	14856	37242

四川省民族自治地方各级学校在校学生数

年份	普通高等学校（人）	中等学校（人）	中等专业学校	普通中学	小学（万人）
1952		5493	1119	4374	24.06
1957		16376	3381	12995	30.06
1962		19377	2721	16656	23.33
1965		32254	3086	29168	50.82
1970		67584	1241	66343	42.34
1975		164579	10936	153643	100.57
1978	1255	332421	12842	319579	106.70
1979	1110	299153	12670	286483	104.94
1980	1231	280712	11886	268826	101.11
1981	1123	241456	10743	230713	92.28
1982	1337	215765	8295	207470	89.91
1983	1517	206376	8122	198254	88.33
1984	1994	212232	8106	204126	89.65
1985	2826	212272	9147	203125	86.89
1986	3595	221010	10196	210814	85.42
1987	3926	223991	10201	213790	83.50
1988	4190	228833	11833	217000	79.04
1989	4177	229285	12290	216995	76.61
1990	4307	234326	12418	221908	26.65

四川省民族自治地方卫生事业情况

年　份	卫生事业机构数（个）	#医院个数	床位数（张）	#医院病床数	专业卫生技术人员（人）
1952	219	121	947	947	1408
1957	523	285	2296	2230	5692
1962	1068	773	5733	5318	6703
1965	1273	899	7388	6574	8479
1970	1439	1021	9047	8092	10746
1975	2198	1587	13085	12005	14139
1978	2509	1766	17618	15887	18322
1979	2558	1779	77060	15669	19320
1980	2664	1776	17629	16159	21663
1981	2706	1784	17745	16268	22704
1982	2718	1790	17873	16256	23600
1983	2711	1789	17319	15807	23870
1984	2731	1776	17422	15830	23188
1985	2843	1130	17975	16292	23725
1986	2848	1034	18053	16204	23624
1987	2829	1056	18344	16531	23398
1988	2826	1081	18597	16830	23358
1989	2816	1041	18648	16798	23221
1990	2840	1065	19067	17153	23145

贵州省民族自治地方年末总人口及工农业总产值

年　份	年末总人口（万人）	#少数民族人口	工农业总产值（万元）	农业总产值（万元）	工业总产值（万元）
1952	630.31		73315	69950	43650
1957	704.60		123968	108163	15805
1962	705.12		88585	76740	11845
1965	765.05		131400	111586	19814
1970	908.68		144237	119863	24374
1975	1048.18		187508	138420	49088
1978	1109.48		230056	155309	74747
1979	1124.59		236468	159546	76922
1980	1143.90	452.65	234259	162237	72022
1981	1166.23	486.57	249008	174656	74352
1982	1188.11	523.03	284979	200291	84688
1983	1200.16	533.98	307705	215853	91852
1984	1212.95	557.52	357817	243108	114709
1985	1226.56	564.48	383106	247405	135701
1986	1243.81	649.70	405905	263233	142672
1987	1257.18	662.77	444906	272656	172250
1988	1294.26	683.61	492503	279380	213123
1989	1314.23	696.85	555272	290025	265247
1990	1337.04	737.02	581590	308314	273276

注：工农业总产值、农业总产值、工业总产值均按1980年不变价格计算，并用新口径统计。

贵州省民族自治地方耕地面积、有效灌溉面积及农牧业主要产品产量（一）

年份	耕地面积（万亩）	有效灌溉面积（万亩）	粮食总产量（万吨）	棉花（万吨）	油料（万吨）	甘蔗（万吨）
1952	1124.92		153.69	0.10	1.23	1.57
1957	1264.56		229.80	0.11	3.01	4.15
1962	1138.81		166.01	0.01	0.80	0.28
1965	1213.19	113.92	225.64	0.11	2.97	2.69
1970	1177.15	160.35	233.22	0.08	1.58	3.74
1975	1172.20	225.70	249.43	0.06	2.77	5.20
1978	1176.64	310.50	287.79	0.04	3.86	7.13
1979	1173.51	269.01	287.13	0.03	3.53	7.29
1980	1185.28	264.34	300.49	0.05	3.63	6.11
1981	1186.33	261.85	252.63	0.06	12.27	5.97
1982	1185.84	268.02	304.22	0.07	15.84	11.63
1983	1183.23	286.02	309.99	0.07	10.17	10.80
1984	1181.45	249.94	333.49	0.07	10.71	12.55
1985	1169.47	304.00	266.97	0.11	11.50	13.51
1986	1163.09	355.54	299.90	0.38	14.22	16.92
1987	1161.14	356.70	295.72	0.05	17.04	17.10
1988	1157.75	382.86	268.22	0.10	12.65	20.29
1989	1188.98	384.49	284.67	0.05	10.44	19.64
1990	1188.48	251.37	328.27	0.06	16.00	19.36

贵州省民族自治地方农牧业主要产品产量（二）

年　份	甜　菜（万吨）	烟　叶（万吨）	#烤　烟	大牲畜年末头数（万头）	羊年末只数（万只）	生猪年末头数（万头）
1952		0.87	0.57	117.73	23.85	159.04
1957		2.12	1.78	160.07	35.77	227.69
1962	0.02	2.08	0.54	96.23	28.59	112.44
1965	0.10	2.06	1.77	149.87	42.65	266.24
1970	0.10	2.07	0.73	167.38	51.35	263.40
1975	0.11	2.09	1.84	186.27	64.15	307.48
1978	0.30	2.11	2.11	180.46	70.59	345.63
1979	0.14	2.28	2.28	186.78	79.93	431.96
1980	0.01	1.48	1.30	193.09	80.55	359.04
1981	0.02	2.99	2.99	201.39	82.10	363.11
1982	0.01	4.49	4.49	246.83	82.84	374.20
1983	0.01	4.16	4.12	255.68	82.97	398.89
1984		5.87	5.77	273.33	75.93	419.24
1985	0.05	7.26	7.26	286.15	69.98	467.23
1986	0.05	5.04	3.91	299.90	75.05	522.24
1987	0.07	5.88	5.07	311.69	80.13	537.48
1988	0.02	8.10	7.38	324.02	83.04	554.98
1989		9.06	8.26	336.06	86.99	564.33
1990	0.01	8.93	8.17	349.22	86.97	585.82

贵州省民族自治地方主要工业产品产量

年份	原油（万吨）	钢（万吨）	生铁（万吨）	原煤（万吨）	发电量（万千瓦小时）	木材（万立方米）	布（万米）	卷烟（万箱）
1952			1.59	3	32	10.87	48.05	
1957			0.55	16	474	48.78	135.91	
1962			0.58	42	2932	24.15	2.00	
1965			0.87	48	6837	43.98	303.12	2.14
1970			0.75	87	14270	48.19	274.52	1.67
1975			0.64	155	29803	52.80	248.62	1.31
1978			0.66	207	22477	61.16	361.85	3.44
1979		0.04	0.70	175	39162	61.71	300.00	3.01
1980		0.02	0.25	126	33156	70.80	335.00	4.80
1981		0.02	4.54	152	34841	66.02	283.00	6.38
1982		0.03	4.20	177	37563	70.24	312.00	7.73
1983		0.04		204	41467	61.40	200.00	8.51
1984		0.03		234	46471	69.11	782.00	13.83
1985		0.04	1.25	252	51070	97.56	1235.00	17.19
1986		0.04	1.62	387	44725	75.44	1770.00	17.46
1987			1.23	474	58257	59.07	2059.00	20.42
1988			0.09	1233	74564	51.16	2019.00	28.16
1989			0.57	430	89244	38.64	2218.00	32.76
1990		0.05	0.96	365	92643	34.67	2551.00	37.13

贵州省民族自治地方交通、邮电情况

年　份	铁路通车里程（公里）	公路通车里程（公里）	邮电局（所）数（个）	邮路总长度（公里）
1952		1223	402	7810
1957	161	2053	491	32032
1962	161	5301	427	21980
1965	161	5757	366	17743
1970	161	8529	388	26546
1975	161	12791	416	40436
1978	269	16194	434	50570
1979	269	14314	432	51610
1980	579	14803	421	49568
1981	575	12571	408	45571
1982	575	15446	462	62074
1983	575	16783	465	48945
1984	588	12353	477	49391
1985	596	17136	488	49768
1986	596	14745	535	52670
1987	645	19300	540	51814
1988	668	21122	535	34017
1989	648	22625	529	49533
1990	613	18628	529	48268

贵州省民族自治地方全民所有制单位固定资产投资

单位：万元

年　份	全民固定资产投资	基建投资	更新改造	其他投资
1952	195	195		
1957	1214	1214		
1962	1689	1689		
1965	5406	5406		
1970	4666	4666		
1975	5465	5465		
1978	9183	9183		
1979	10348	10348		
1980	13066	13066		
1981	8478	8262	216	
1982	15243	11378	3865	
1983	19535	15513	4022	
1984	18419	17397	1022	
1985	29326	23903	4617	806
1986	36397	26762	9635	
1987	42411	29557	11372	1482
1988	45513	27238	15419	2856
1989	39870	23204	15862	804
1990	52379	35518	15598	1263

贵州省民族自治地方社会商业及财政收支情况

单位：万元

年　份	社会商品零售总额	国内纯购进总额	财政收入	财政支出
1952	9781	406	2790	1045
1957	24815	4733	6083	3850
1962	30636	9525	4679	4518
1965	40863	15383	8532	7241
1970	43472	15752	7947	12478
1975	47474	16951	10120	18993
1978	81704	19947	15980	26504
1979	87266	30239	13907	28742
1980	96722	37819	14419	31753
1981	110496	45505	16769	35848
1982	129085	67026	20421	39469
1983	140993	60109	23311	43621
1984	158319	71181	26686	54185
1985	182532	89438	28231	57239
1986	200595	96453	33341	68808
1987	231075	111548	40410	79727
1988	285597	129005	50757	88013
1989	292095	149294	58135	106100
1990	295572	150718	66403	116005

贵州省民族自治地方各级学校数

单位：所

年份	普通高等学校	中等学校	中等专业学校	普通中学	小学
1952		25		25	2221
1957		44		44	4359
1965		103		103	8316
1975		482		482	17174
1978		484		484	14940
1979	1	580	49	531	13850
1980	2	511	48	463	11828
1981	2	436	38	398	11539
1982	3	552	53	499	12996
1983	3	699	56	643	13779
1984	3	596	108	488	11949
1985	3	545	74	471	10907
1986	3	588	44	544	11541
1987	6	626	38	588	10367
1988	6	604	37	567	10537
1989	5	548	34	514	10377
1990	5	822	36	786	9589

贵州省民族自治地方各级学校专任教师数

单位：人

年份	普通高等学校	中等学校	中等专业学校	普通中学	小学
1952		437		437	
1957		657		657	
1965		1999		1999	
1975		8488		8488	
1978		10880		10880	
1979	81	16545	603	15942	48444
1980	181	17288	1040	16248	48297
1981	181	15676	1154	14522	49947
1982	315	15054	1063	13991	56111
1983	332	16153	1144	15009	57878
1984	382	14115	1374	12741	59459
1985	397	16019	1478	14541	66316
1986	401	18260	1257	17003	70409
1987	560	18799	1303	17496	71637
1988	668	19761	1408	18353	71655
1989	550	20694	1496	19198	72512
1990	572	21394	2030	19364	73024

贵州省民族自治地方各级学校在校学生数

年份	普通高等学校（人）	中等学校（人）	中等专业学校	普通中学	小学（万人）
1952		5390		5390	24.65
1957		11589		11589	46.87
1965		22436		22436	59.28
1975		197587		197587	119.29
1978		207290		207290	126.21
1979	615	349058	6858	342200	119.60
1980	1279	294607	7907	286700	108.40
1981	1211	254002	8802	245200	111.39
1982	1581	276162	11262	264900	136.15
1983	1956	259074	12374	246700	138.93
1984	2240	282434	22778	259656	141.33
1985	2208	301164	19964	281200	149.21
1986	2257	359157	13473	345684	179.51
1987	2769	360528	13928	346600	179.49
1988	3374	370032	14252	355780	170.58
1989	2938	353744	16405	337339	175.57
1990	2799	358298	17430	340868	173.00

贵州省民族自治地方卫生事业情况

年　份	卫生事业机构数（个）	#医院个数	床位数（张）	#医院病床数	专业卫生技术人员（人）
1952	168	113	259	259	747
1957	470	289	873	873	2894
1962	1384	307	3176	2062	6083
1965	1142	320	2894	2818	7483
1970	1186	523	4586	4452	7964
1975	1218	859	7173	6959	8351
1978	2392	1531	12286	10445	17694
1979	2424	1600	13130	11224	18548
1980	2547	1597	13513	11152	21232
1981	2615	1853	13524	12548	21882
1982	2657	1865	14473	12786	24058
1983	2689	1868	14650	13531	24674
1984	2663	1900	15235	13943	25100
1985	2676	1252	15344	14288	26167
1986	2623	1313	15668	14248	26405
1987	2658	1342	16100	15430	26525
1988	2787	1657	16547	15812	28282
1989	2840	1398	17601	16695	26996
1990	2880	1536	19428	18086	29061

云南省民族自治地方年末总人口及工农业总产值

年份	年末总人口（万人）	#少数民族人口	工农业总产值（万元）	农业总产值（万元）	工业总产值（万元）
1952	866.00	478.00	130671	115239	15432
1957	955.00	500.00	201717	160884	40833
1962	1054.00	523.00	216410	165210	51200
1965	1118.00	537.00	225735	167861	57874
1970	1291.00	632.00	287827	199745	88082
1975	1491.00	743.00	366999	237686	129313
1978	1597.00	801.00	471721	276017	195704
1979	1617.00	814.00	471471	272165	199306
1980	1638.00	828.00	471222	268367	202855
1981	1660.00	844.00	517803	292538	225265
1982	1683.00	859.00	569014	318896	250118
1983	1705.00	876.00	625289	347628	277661
1984	1728.00	892.00	687130	378949	308181
1985	1752.00	909.00	754953	413042	341911
1986	1776.00	926.00	777563	410646	366917
1987	1803.00	945.00	868140	442439	425701
1988	1837.00	966.00	963105	482725	480380
1989	1887.00	985.00	985240	490911	494329
1990	1914.00	1019.00	1081215	525747	555468

注：工农业总产值、农业总产值、工业总产值均按1980年不变价格计算，并用新口径统计。

云南省民族自治地方耕地面积、有效灌溉面积及农牧业主要产品产量（一）

年份	耕地面积（万亩）	有效灌溉面积（万亩）	粮食总产量（万吨）	棉花（万吨）	油料（万吨）	甘蔗（万吨）
1952	1875.00	527.00	234.70			17.40
1957	2293.00	635.00	310.40			43.00
1962	2339.00	715.00	321.00			60.00
1965	2367.00	767.00	327.00			73.00
1970	2326.00	778.00	370.00			82.60
1975	2286.00	789.00	419.00			93.40
1978	2368.00	828.00	456.00			116.50
1979	2418.00	841.00	445.00			119.80
1980	2470.00	855.00	436.00	0.09	1.66	123.10
1981	2460.00	860.00	444.00	0.08	2.13	150.80
1982	2449.00	864.00	452.00	0.07	2.74	184.70
1983	2439.00	869.00	466.00	0.06	3.52	226.30
1984	2429.00	873.00	468.00	0.05	4.53	277.20
1985	2418.00	878.00	476.00	0.05	5.82	339.60
1986	2424.00	881.00	462.00	0.04	5.38	382.00
1987	2445.00	886.00	491.00	0.04	5.89	402.00
1988	2461.00	896.00	500.10	0.04	6.52	457.30
1989	2376.00	917.00	514.90	0.04	5.19	409.00
1990	2496.00	917.00	564.60	0.04	6.14	489.00

云南省民族自治地方农牧业主要产品产量（二）

年　份	甜　菜（万吨）	烟　叶（万吨）	#烤　烟	大牲畜年末头数（万头）	羊年末只数（万只）	生猪年末头数（万头）
1952		0.14	0.14	227.00	122.00	204.00
1957		1.14	1.14	316.00	238.00	363.00
1962		1.24	1.24	330.00	307.00	459.00
1965		1.30	1.30	338.00	358.00	528.00
1970		1.65	1.65	364.00	365.00	601.00
1975		2.10	2.10	391.00	373.00	683.00
1978		3.40	3.40	405.00	378.00	717.00
1979		3.40	3.40	409.00	387.00	709.00
1980		3.40	3.40	414.00	397.00	703.00
1981		4.60	4.60	438.00	404.00	738.00
1982		6.30	6.30	463.00	410.00	775.00
1983		8.70	8.70	489.00	417.00	814.00
1984		11.90	11.90	517.00	424.00	854.00
1985		16.20	16.20	547.00	431.00	897.00
1986		10.40	10.40	566.00	403.00	905.00
1987		12.10	12.10	577.00	409.00	959.00
1988		19.80	19.80	578.00	414.00	1018.00
1989		16.20	16.20	576.00	420.00	1055.00
1990		15.20	15.20	587.00	425.00	1109.00

云南省民族自治地方主要工业产品产量

年 份	原油（万吨）	钢（万吨）	生铁（万吨）	原煤（万吨）	发电量（万千瓦小时）	木材（万立方米）	布（万米）	卷烟（万箱）
1952			0.14	6	1143	1.00	155.00	
1957			0.80	65	4722	21.00	264.00	
1962				65	5361	47.00	197.00	
1965		0.10		66	5785	75.00	165.00	
1970		0.13		107	11844	87.00	205.00	
1975		0.15	3.00	175	24248	101.00	254.00	
1978		0.13	4.40	194	41398	130.00	439.00	1.30
1979		0.16	4.20	179	41766	122.00	530.00	2.50
1980		0.19	4.10	166	42137	115.00	641.00	4.90
1981		0.26	4.40	221	64686	131.00	852.00	6.90
1982		0.34	4.60	294	99300	150.00	1133.00	9.80
1983		0.46	4.90	390	152436	172.00	1505.00	13.80
1984		0.62	5.30	519	234004	196.00	2001.00	19.50
1985		0.84	5.60	690	359261	224.00	2660.00	27.50
1986		0.71	6.40	693	418131	238.00	3308.00	33.50
1987		0.60	10.20	823	501057	183.00	3714.00	45.80
1988		0.66	12.70	850	524265	201.00	3875.00	56.90
1989		0.98	13.80	869	547250	186.00	4185.00	72.10
1990		0.54	15.70	888	615361	154.00	4776.00	87.90

云南省民族自治地方交通、邮电情况

年份	铁路通车里程（公里）	公路通车里程（公里）	邮电局（所）数（个）	邮路总长度（公里）
1952	545	2328	464	26000
1957	545	6200	652	82000
1962	545	6200	701	71500
1965	545	12481	732	66000
1970	545	16917	863	105600
1975	881	22930	1017	169000
1978	913	28233	1026	157000
1979	913	30291	1013	155000
1980	913	32500	1000	153000
1981	913	34404	1000	148000
1982	913	36420	1000	143000
1983	913	38554	1000	138700
1984	913	40814	1000	134300
1985	913	43200	1009	130000
1986	913	36256	1001	128000
1987	913	51100	995	127000
1988	913	53179	990	126000
1989	913	50717	990	127000
1990	913	52906	1006	127000

云南省民族自治地方全民所有制单位固定资产投资

单位：万元

年　　份	全民固定资产投资	基建投资	更新改造	其他投资
1952				
1957				
1962				
1965				
1970				
1975				
1978	48574	48574		
1979	24405	24405		
1980	29175	29175		
1981	17551	17551		
1982	36544	24455	12089	
1983	41244	24079	17165	
1984	82154	54585	27569	
1985	115843	78462	33053	4328
1986	97035	55581	36646	4808
1987	114624	59449	50527	4650
1988	133501	57851	69924	5726
1989	126066	73862	43993	8211
1990	149226	88612	52389	8225

云南省民族自治地方社会商业及财政收支情况

单位：万元

年份	社会商品零售总额	国内纯购进总额	财政收入	财政支出
1952	16373	5777	6288	2834
1957	43667	22127	11753	7689
1962	62319	31938	16301	10879
1965	77144	39805	19836	13398
1970	101885	52682	23129	21866
1975	134562	69724	26968	35685
1978	159824	84063	30215	50410
1979	181876	88715	30224	53497
1980	206971	93625	30234	56774
1981	240968	112178	36532	67036
1982	280559	134412	44142	79156
1983	326655	161052	53337	93468
1984	380324	192973	64447	110367
1985	442750	231191	77875	130300
1986	458675	247920	83150	159037
1987	531568	344400	98007	182690
1988	692857	474746	137440	242385
1989	714674	485086	171060	300365
1990	733220	544328	195508	326536

云南省民族自治地方各级学校数

单位：所

年　　份	普通高等学校	中等学校	中等专业学校	普通中学	小　学
1952		71		71	9153
1957		100		100	7522
1965	1	715		715	34316
1975	1	535		535	36778
1978	3	832		832	35127
1979	3	809	47	762	35348
1980		781	41	740	33566
1981	5	785	34	751	31532
1982	6	849	34	815	31080
1983	7	851	40	811	31941
1984	4	915	43	872	32295
1985	5	1022	45	977	35200
1986	5	1047	47	1000	34773
1987	5	1074	47	1027	34137
1988	5	1108	50	1058	33597
1989	5	1135	52	1083	32325
1990	5	1250	54	1196	32470

云南省民族自治地方各级学校专任教师数

单位：人

年份	普通高等学校	中等学校	中等专业学校	普通中学	小学
1952		821		821	
1957		1736		1736	
1965	181	3577		3577	
1975	287	17054		17054	
1978	422	27070		27070	
1979	176	23498	1169	22329	86457
1980		25914	1148	24766	90821
1981	214	23690	1026	22664	91735
1982	276	22338	1018	21320	90604
1983	266	23386	1152	22234	91295
1984	317	23367	1194	22173	87067
1985	443	26855	1333	25522	93578
1986	542	28885	1554	27331	92989
1987	635	29717	1737	27980	92702
1988	761	31282	2111	29171	92772
1989	692	32784	2251	30533	94113
1990	1172	36306	2184	34122	94771

云南省民族自治地方各级学校在校学生数

年份	普通高等学校（人）	中等学校（人）			小学（万人）
			中等专业学校	普通中学	
1952		21599		21599	66.95
1957		45075		45075	71.33
1965	748	86453		86453	142.15
1975	1432	400833		400833	219.75
1978	2612	588415		588415	207.82
1979	1693	446856	16056	430800	211.40
1980		475541	15381	460160	208.00
1981	1631	420683	10983	409700	202.89
1982	1109	396587	10887	385700	209.37
1983	1162	410109	12809	397300	221.30
1984	1368	443340	12740	430600	235.36
1985	1770	513615	17115	496500	264.25
1986	2551	548529	19429	529100	264.29
1987	3454	573239	20839	552400	258.29
1988	3834	588698	22298	566400	250.21
1989	4098	574103	22949	551154	239.73
1990	3865	633286	22033	611253	238.21

云南省民族自治地方卫生事业情况

年份	卫生事业机构数（个）	#医院个数	床位数（张）	#医院病床数	专业卫生技术人员（人）
1952	182	92	1428	1359	1715
1957	982	99	4902	3558	8462
1962	1385	139	9225	6295	13353
1965	1703	171	13481	8864	17557
1970	2027	1060	19040	15074	21240
1975	2412	1051	26891	25634	25696
1978	2681	1045	29819	26957	30073
1979	2889	1056	31493	27743	31608
1980	3114	1067	33262	28553	33222
1981	3123	1062	34033	29387	34401
1982	3131	1058	34822	30245	35622
1983	3140	1053	35630	31128	36886
1984	3148	1049	36457	32037	38196
1985	3157	1044	37299	32973	39548
1986	3236	1030	37731	33936	40646
1987	3271	1035	38169	34917	42949
1988	3319	1381	38897	35569	44188
1989	3296	1062	38729	25227	44803
1990	3380	1076	39453	35497	46607

甘肃省民族自治地方年末总人口及工农业总产值

年份	年末总人口（万人）	#少数民族人口	工农业总产值（万元）	农业总产值（万元）	工业总产值（万元）
1952	120.96		11700	11100	600
1957	148.50		19700	17600	2100
1962	144.36		15600	12800	2800
1965	156.59		28400	22300	6100
1970	182.05		49000	29300	19700
1975	211.65		115400	34800	80600
1978	221.93		89800	33600	56200
1979	224.89		91200	30800	60400
1980	228.32		91900	35200	56700
1981	231.22		90600	33200	57400
1982	237.56	122.28	102800	36200	66600
1983	239.35	128.52	108400	37500	70900
1984	244.10	130.60	111700	39700	72000
1985	247.16	130.27	117800	43200	74600
1986	250.58	132.95	111451	45876	65575
1987	254.22	135.00	113723	46408	67315
1988	258.38	137.43	120919	48493	72426
1989	262.60	140.22	138053	48247	89806
1990	272.60	147.39	112138	51967	60171

注：工农业总产值、农业总产值、工业总产值均按 1980 年不变价格计算，并用新口径统计。

甘肃省民族自治地方耕地面积、有效灌溉面积及农牧业主要产品产量（一）

年　份	耕地面积（万亩）	有效灌溉面积（万亩）	粮食总产量（万吨）	棉　花（万吨）	油　料（万吨）	甘　蔗（万吨）
1952	394.13	23.31	22.37		0.80	
1957	462.75	37.50	36.06		0.99	
1962	440.90	41.04	19.32		0.22	
1965	452.86	51.39	43.01		1.39	
1970	445.55	65.33	45.52		1.05	
1975	448.48	123.77	58.90		1.55	
1978	444.37	90.08	48.88		1.07	
1979	442.61	87.66	44.07		0.88	
1980	443.18	88.29	51.58		1.52	
1981	439.56	91.74	45.61		1.28	
1982	445.07	92.16	47.74		1.21	
1983	444.57	90.67	50.18		1.80	
1984	439.35	91.46	44.24		2.12	
1985	431.87	90.59	47.62		2.76	
1986	429.70	86.58	48.98		2.72	
1987	428.92	92.18	45.78		2.63	
1988	427.84	92.58	52.10		1.72	
1989	427.90	86.11	52.60		1.77	
1990	427.48	82.00	52.58		2.74	

甘肃省民族自治地方农牧业主要产品产量（二）

年　份	甜　菜（万吨）	烟　叶（万吨）	#烤　烟	大牲畜年末头数（万头）	羊年末只数（万只）	生猪年末头数（万头）
1952				63.41	164.15	8.85
1957				90.60	212.92	18.02
1962	0.16			64.43	175.46	11.56
1965	0.06			87.86	253.50	25.23
1970	0.17			101.30	256.57	31.27
1975	0.49			114.45	189.04	34.31
1978	0.46			118.38	345.24	35.57
1979	0.46			121.25	346.67	33.82
1980	0.19			130.70	363.73	33.98
1981	0.13			135.43	363.48	33.89
1982	0.17			138.38	354.31	36.09
1983	0.15			142.69	344.30	34.80
1984	0.16			149.83	348.80	36.07
1985	0.17			158.67	355.67	40.37
1986	0.18			168.63	357.69	39.19
1987	0.22			166.16	360.90	39.16
1988	0.27			167.66	368.22	41.08
1989	0.29			169.03	378.73	43.17
1990	0.40			170.06	380.85	44.72

甘肃省民族自治地方主要工业产品产量

年 份	原 油（万吨）	钢（万吨）	生 铁（万吨）	原 煤（万吨）	发电量（万千瓦小时）	木 材（万立方米）	布（万米）	卷 烟（万箱）
1952				1	18			
1957				2	42			
1962				6	142			
1965				3	295			
1970				6	1016			
1975			0.21	13	3499	2.74		
1978			0.16	20	5913	3.27		
1979				15	6000	2.09		
1980				10	6200	1.34		
1981				12	6197	1.54		
1982				12	7334	2.13		
1983				12	7657	1.78		
1984				9	7834	3.38		
1985				4	737596	2.73		
1986				34	634445	5.67		
1987				50	545719	22.00		
1988				52	495665	25.38		
1989				58	773243	25.49		
1990				68	792705	26.83		

甘肃省民族自治地方交通、邮电情况

年　份	铁路通车里程（公里）	公路通车里程（公里）	邮电局（所）数（个）	邮路总长度（公里）
1952	52	284	22	840
1957	52	1918	73	5207
1962	52	3335	120	5724
1965	87	3200	127	7706
1970	87	6337	138	9764
1975	87	6337	151	12371
1978	87	6358	160	12405
1979	87	6888	157	11153
1980	87	7463	155	10028
1981	87	8148	155	10669
1982	87	7959	156	6278
1983	87	8310	156	15324
1984	87	7883	157	18174
1985	87	8357	158	18763
1986	87	8187	157	18590
1987	87	5757	157	18526
1988	87	6536	160	11002
1989	87	6573	158	17784
1990	52	8554	159	16037

甘肃省民族自治地方全民所有制单位固定资产投资

单位：万元

年 份	全民固定资产投资	基建投资	更新改造	其他投资
1952	57	57		
1957	506	506		
1962	2253	2253		
1965	1665	1665		
1970	7029	7029		
1975	7979	7979		
1978	3603	3603		
1979	4763	4763		
1980	3826	3826		
1981	3424	3424		
1982	4371	4371		
1983	2843	2843		
1984	7319	4870	2449	
1985	9633	6281	2626	726
1986	12778	7968	4253	557
1987	11209	8021	2512	676
1988	15701	10331	4881	489
1989	13850	8538	5069	243
1990	9935	7723	1765	447

甘肃省民族自治地方社会商业及财政收支情况

单位：万元

年　份	社会商品零售总额	国内纯购进总额	财政收入	财政支出
1952				
1957	6834	316	1044	1852
1962	8215	2677	989	2519
1965	9905	1917	1477	3547
1970	10817	3271	1656	4406
1975	19444	5265	3088	8411
1978	22918	7006	3460	10910
1979	23911	6934	2658	12065
1980	27420	4213	3117	13776
1981	27304	4163	3017	13378
1982	29485	4348	7592	14721
1983	33564	5665	8140	16278
1984	38183	10272	8899	22942
1985	47506	15464	5589	23568
1986	58416	26568	5893	29309
1987	64366	22427	6744	30501
1988	74069	25187	7806	35325
1989	81394	28286	9560	36344
1990	85886	37642	10282	40199

甘肃省民族自治地方各级学校数

单位：所

年份	普通高等学校	中等学校	中等专业学校	普通中学	小学
1952		6		6	561
1957		13		13	887
1965		20		20	1255
1975		71		71	6048
1978		243		243	4487
1979		140	6	134	3208
1980		158	8	150	2430
1981		147	8	139	2622
1982		151	9	142	2495
1983		153	9	144	2495
1984		151	9	142	2483
1985	1	132	9	123	2611
1986	2	127	9	118	2673
1987	2	141	10	131	2628
1988	2	147	10	137	2584
1989	2	149	10	139	2581
1990	1	118	9	109	2591

甘肃省民族自治地方各级学校专任教师数

单位：人

年份	普通高等学校	中等学校	中等专业学校	普通中学	小学
1952		115		115	548
1957		227		227	1356
1965		470		470	3179
1975		1695		1695	11468
1978		3313		3313	5242
1979		3194	130	3064	11012
1980		3553	263	3290	12267
1981		3566	198	3368	11489
1982		3527	163	3364	11591
1983		3683	233	3450	11461
1984		3705	228	3477	11672
1985	12	3972	260	3712	12220
1986	54	4435	273	4162	12225
1987	68	4868	311	4557	12331
1988	93	4850	378	4472	12324
1989	94	5173	390	4783	13075
1990	80	4761	378	4383	12983

甘肃省民族自治地方各级学校在校学生数

年份	普通高等学校（人）	中等学校（人）			小学（万人）
			中等专业学校	普通中学	
1952		398		398	4.90
1957		1980		1980	9.26
1965		2216		2216	14.64
1975		42802		42802	32.94
1978		73147		73147	32.68
1979		68060	1960	66100	29.52
1980		38862	2294	36568	27.50
1981		35113	2402	32711	24.26
1982		34838	2126	32712	23.75
1983		36001	2325	33676	23.95
1984		38987	2469	36518	25.22
1985	114	41714	3103	38611	26.00
1986	306	80551	3281	77270	26.55
1987	485	82096	3510	78586	26.11
1988	603	83964	3564	80400	25.92
1989	634	80903	3252	77651	25.01
1990	483	75364	3355	72009	25.02

甘肃省民族自治地方卫生事业情况

年　　份	卫生事业机构数（个）	#医院个数	床位数（张）	#医院病床数	专业卫生技术人员（人）
1952	31	14	40	40	149
1957	84	24	325	325	745
1962	187	75	874	864	3251
1965	301	149	1581	1552	7870
1970	350	207	2092	1933	5186
1975	402	287	2769	2407	3417
1978	440	302	3050	2827	3795
1979	454	307	3150	2983	3930
1980	468	312	3253	3147	4070
1981	477	300	3268	2780	4248
1982	465	313	3159	2960	4095
1983	470	309	3427	2980	4222
1984	473	317	3710	3368	4543
1985	485	270	3747	3462	4616
1986	521	252	3799	3571	5187
1987	520	260	3791	3563	5729
1988	511	256	3639	3564	5732
1989	483	246	3696	3584	5685
1990	473	254	3814	3756	5806

青海省民族自治地方年末总人口及工农业总产值

年份	年末总人口（万人）	#少数民族人口	工农业总产值（万元）	农业总产值（万元）	工业总产值（万元）
1952	71.48		3451	2529	922
1957	91.16		6326	4490	1836
1962	100.91		13282	9482	3800
1965	107.25		19178	14850	4328
1970	130.00		47194	31356	15838
1975	157.57		63868	40556	23312
1978	172.69		84316	47326	36990
1979	176.16		77185	46164	31021
1980	178.34	97.26	84132	50364	33768
1981	180.17	100.31	79790	51935	27855
1982	182.35	103.46	86315	56334	29981
1983	185.87	106.03	93987	61125	32862
1984	188.37	106.44	98794	61927	36867
1985	256.84	137.21	143627	78381	65246
1986	265.80	139.95	182503	99918	82585
1987	263.80	144.11	151346	78811	72535
1988	278.11	151.74	215478	85450	130028
1989	271.09	150.76	225217	87346	137871
1990	283.57	160.78	252086	91979	160107

注：工农业总产值、农业总产值、工业总产值均按1980年不变价格计算，并用新口径统计。

青海省民族自治地方耕地面积、有效灌溉面积及农牧业主要产品产量（一）

年　份	耕地面积（万亩）	有效灌溉面积（万亩）	粮食总产量（万吨）	棉　花（万吨）	油　料（万吨）	甘　蔗（万吨）
1952	267.03		13.92		0.45	
1957	295.65		20.46		0.69	
1962	483.30		20.95		0.36	
1965	382.03		27.14		1.30	
1970	368.40		31.83		1.57	
1975	355.25	89.90	37.33		1.89	
1978	362.74	92.70	36.65		1.72	
1979	323.45	64.24	31.80		1.64	
1980	339.57	90.77	36.95		2.75	
1981	344.34	90.70	33.77		2.88	
1982	344.34	91.49	38.08		3.01	
1983	343.19	154.25	53.34		5.00	
1984	342.05	85.97	60.00		3.03	
1985	553.11	190.14	55.69		1.53	
1986	626.56	114.78	65.17		7.83	
1987	469.12	149.95	63.57		5.38	
1988	632.53	189.48	72.39		8.51	
1989	638.00	194.61	76.16		8.74	
1990	646.37	201.20	78.85		10.01	

青海省民族自治地方农牧业主要产品产量（二）

年　份	甜　菜（万吨）	烟　叶（万吨）	#烤　烟	大牲畜年末头数（万头）	羊年末只数（万只）	生猪年末头数（万头）
1952				282.62	595.53	4.05
1957				385.26	1031.67	8.07
1962	0.12			199.10	741.70	11.60
1965	0.03			329.72	1056.43	17.17
1970	0.05			394.46	1202.02	18.77
1975	0.08			471.92	1367.68	20.52
1978	0.19			530.36	1565.55	25.75
1979	0.21			516.78	1505.70	22.05
1980				510.80	1509.38	20.27
1981				526.63	1507.00	22.06
1982				543.84	1408.00	23.22
1983				551.80	1328.90	26.40
1984				551.33	1299.73	22.28
1985				573.03	1260.09	47.99
1986				573.03	1260.09	47.99
1987				566.51	1235.99	48.32
1988	0.18			576.40	1213.41	51.22
1989				569.31	1489.77	53.70
1990				586.28	1560.96	53.56

青海省民族自治地方主要工业产品产量

年　份	原油（万吨）	钢（万吨）	生铁（万吨）	原煤（万吨）	发电量（万千瓦小时）	木材（万立方米）	布（万米）	卷烟（万箱）
1952								
1957								
1962				16	2226	1.76		
1965				6	1761	0.12		
1970				16	3283	0.33		
1975				38	6122	0.93		
1978			0.05	53	7909	2.19		
1979				47	9100	3.04		
1980				43	9300	3.34		
1981	16.89			40	11544	0.17		
1982				41	12464	2.46		
1983	17.54			93	18984	5.43		
1984	18.50			54	15578	3.31		
1985	20.00			255	15520	2.86		
1986	35.01			192	17330	0.98		
1987				100	12790	3.22		
1988				82	10454	1.79		
1989	72.50			180	459055	1.34		
1990	81.00			314	703100	7.07		

青海省民族自治地方交通、邮电情况

年　份	铁路通车里程（公里）	公路通车里程（公里）	邮电局（所）数（个）	邮路总长度（公里）
1952		2095	41	1878
1957		6660	97	5047
1962		13695	120	6928
1965		10304	127	8150
1970		14876	146	10682
1975		11032	161	14000
1978	222	11888	166	16472
1979	733	12417	165	17352
1980	733	11100	163	15774
1981	733	11180	161	15382
1982	733	11180	160	10013
1983	733	12772	161	15468
1984	768	12772	161	17174
1985	768	13026	179	17174
1986	768	13026	165	18031
1987	768	11648	164	14584
1988	768	13154	169	13979
1989	768	14854	168	13400
1990	990	14854	168	13400

青海省民族自治地方全民所有制单位固定资产投资

单位：万元

年　份	全民固定资产投资	基建投资	更新改造	其他投资
1952				
1957				
1962				
1965				
1970				
1975				
1978	8023	8023		
1979	8973	8973		
1980	8496	8496		
1981	5501	5501		
1982	61478	61478		
1983	63838	59677	4161	
1984	64340	60857	3483	
1985	86292	82189	2936	1167
1986	102326	96630	4956	740
1987	102188	75004	6730	20454
1988	142855	115144	8465	19246
1989	133019	98092	11841	23086
1990	118259	76952	10334	30973

青海省民族自治地方社会商业及财政收支情况

单位：万元

年份	社会商品零售总额	国内纯购进总额	财政收入	财政支出
1952			733	1319
1957			2058	3176
1962	13653		1936	4252
1965	13147		3626	5260
1970	18807		3309	7665
1975	26903	13024	7703	14527
1978	21860	15101	9816	23117
1979	23494	10928	9141	24043
1980	35560	19195	8316	18497
1981	39982	20487	7899	20897
1982	36207	19615	8436	22103
1983	46535	22335	9101	25099
1984	51576	21443	9169	31445
1985	71784	30221	12615	35492
1986	84363	36989	15705	43365
1987	88835	31727	18631	43454
1988	125510	42695	21235	50596
1989	130270	57454	25150	57423
1990	131008	63585	26007	64614

青海省民族自治地方各级学校数

单位：所

年　份	普通高等学校	中等学校	中等专业学校	普通中学	小　学
1952		3		3	329
1957		8		8	532
1965		23		23	2610
1975		166		166	3992
1978		237		237	4069
1979		239		239	3965
1980		615	33	582	5207
1981		224	15	209	2713
1982		207	15	192	2265
1983		210	15	195	2199
1984		211	15	196	2445
1985		299	17	282	2780
1986		291	17	274	2815
1987		295	16	279	2716
1988	1	295	17	278	2471
1989	1	295	17	278	2657
1990	1	312	17	295	2636

青海省民族自治地方各级学校专任教师数

单位：人

年份	普通高等学校	中等学校			小学
			中等专业学校	普通中学	
1952		23		23	
1957		82		82	
1965		558		558	
1975		1969		1969	
1978		3583		3583	
1979		3946		3946	11885
1980		12696	1917	10779	25162
1981		5102	502	4600	12006
1982		4823	492	4331	11400
1983		5086	487	4599	11219
1984		5268	492	4776	11263
1985		7278	541	6737	17055
1986		7775	586	7189	15890
1987		8393	676	7717	16156
1988	43	8691	641	8050	16316
1989	52	4072	627	8445	16824
1990	52	9179	618	8561	16984

青海省民族自治地方各级学校在校学生数

年份	普通高等学校（人）	中等学校（人）	中等专业学校	普通中学	小学（万人）
1952		313		313	3.80
1957		1237		1237	4.40
1965		4498		4498	10.60
1975		32759		32759	21.70
1978		57353		57353	25.00
1979		70503		70503	25.42
1980		208670	9615	199055	57.48
1981		69241	3141	66100	21.50
1982		67001	3301	63700	19.91
1983		68885	3203	65682	19.80
1984		76726	3609	73117	20.79
1985		27908	4856	23052	31.58
1986		118666	4466	114200	32.46
1987		124469	4775	119694	31.25
1988	122	120490	4990	115500	32.40
1989	135	115166	5038	110128	31.18
1990	135	116022	4368	111654	30.67

青海省民族自治地方卫生事业情况

年　份	卫生事业机构数（个）	#医院个数	床位数（张）	#医院病床数	专业卫生技术人员（人）
1952	27	21	190	190	93
1957	78	55	760	760	372
1962	356	228	1964	1630	2107
1965	262	242	1295	1295	1529
1970	305	266	1857	1857	2254
1975	355	293	2663	2663	3323
1978	407	309	2287	2287	3770
1979	562	343	5713	5413	6167
1980	592	346	6024	5095	7146
1981	627	351	5813	5494	7716
1982	661	359	5983	5684	7846
1983	661	365	6199	5969	8399
1984	729	379	6160	5899	8382
1985	757	356	6126	5957	8426
1986	772	336	7064	6840	7875
1987	786	314	7373	7197	9399
1988	789	320	8000	7794	9899
1989	743	310	8380	8115	10251
1990	733	319	8371	8175	10134

后　　记

《中国民族统计》（1949—1990）在国家民委副主任文精同志指导下，在国家统计局综合司副司长汪新平同志热情支持下，承蒙中央有关主管部门以及各省、自治区、直辖市民委、统计局、部分民族自治县政府、统计局和民委的大力配合，比较圆满地完成了汇编任务，在此谨向领导和同志们表示衷心的感谢。

参加《中国民族统计》（1949—1990）编写工作的同志有赵星、朱鸿津、莫益麟、金兆丰、徐未来、李小维、滕建民、冯学世、张弛。辽宁省民委金枫同志、四川省民委向泽朗同志也参加了本书的编写工作。

由于编写时间较为仓促，资料涉及的时间跨度大，来源有限，其间的疏漏和错误恐在所难免，恳请批评指正。

国家民委经济司司长　　王福临

副司长　　周明甫

一九九一年九月